SCIENCES PO

TOUT-EN-UN

Questions contemporaines • Histoire • Anglais

CONCOURS COMMUN DES IEP

Intégrer

2022

SCIENCES PO

TOUT-EN-UN

Questions contemporaines • Histoire • Anglais

CONCOURS COMMUN DES IEP

Ouvrage coordonné par **Jérôme Calauzènes**
Agrégé d'histoire, professeur en CPGE au lycée Ampère de Lyon,
à l'IEP de Saint-Germain-en-Laye et en classes prépas Sciences Po

Paul Leitch
Professeur d'anglais en classes préparatoires
et en écoles de commerce

Ghislain Tranié
Docteur en histoire, professeur en lycée,
chargé de cours à l'université

Vuibert

ISBN : 978-2-311-21039-2

Création de la maquette de couverture : les PAOistes
Adaptation de la maquette de couverture : Séverine Tanguy
Composition : Nord Compo

Sommaire

TOUT SAVOIR SUR LE CONCOURS ET LES IEP 15

Le concours commun des IEP en 20 questions-réponses

1. À combien d'IEP, sur les dix présents en France, le concours commun permet-il de se présenter ? 15
2. Qui peut passer le concours ? 15
3. Y a-t-il des aménagements pour les élèves handicapés ? 16
4. Comment se fait l'inscription ? 16
5. Quels sont les frais d'inscription ? 16
6. Comment les candidats sont-ils évalués ? 16
7. Y a-t-il des spécialités à privilégier au lycée ? 17
8. Sur combien de jours les épreuves se déroulent-elles ? 17
9. Quelle est la date du concours écrit ? 17
10. Où peut-on passer le concours ? 17
11. Combien y a-t-il de places disponibles ? 18
12. Le taux de sélectivité est-il important ? 18
13. Y a-t-il une sélection sur dossier ? 18
14. Y a-t-il un entretien oral d'admission ? 18
15. Existe-t-il une voie parallèle d'admission ? 18
16. Comment se fait l'affectation dans l'un des sept IEP ? 19
17. Quelle moyenne faut-il obtenir pour être admis ? 19
18. Comment est-on informé des résultats ? 19
19. Y a-t-il des IEP meilleurs que les autres ? 19
20. Faut-il faire une « prépa » ? 20

Les sept IEP

1. Sciences-Po Aix 22
2. Sciences-Po Lille 22
3. Sciences-Po Lyon 22
4. Sciences-Po Rennes 22
5. Sciences-Po Saint-Germain-en-Laye 22
6. Sciences-Po Strasbourg 23
7. Sciences-Po Toulouse 23

Témoignages
1. Témoignages de membres du jury 24
1. Témoignages de lauréats 24

PARTIE 1. QUESTIONS CONTEMPORAINES

PRÉSENTATION DE L'ÉPREUVE 28
1. En quoi consiste l'épreuve ? 28
2. Quels sont les enjeux de l'épreuve ? 28
3. Quelles sont les compétences attendues ? 29
4. Quelles sont les difficultés de l'épreuve ? 30

MÉTHODOLOGIE EN 8 ÉTAPES 31
Étape 1. Gérez votre temps 31
Étape 2. Choisissez et analysez le sujet 32
Étape 3. Définissez la problématique 33
Étape 4. Rassemblez les idées 34
Étape 5. Construisez le plan détaillé au brouillon 35
Étape 6. Rédigez l'introduction et la conclusion 37
Étape 7. Rédigez le développement 38
Étape 8. Relisez votre travail 39

THÈME 1. LA PEUR 40
CHAPITRE 1. La peur : un fait contemporain et global 40
1. Les peurs sanitaires et environnementales 40
2. La peur sociale et économique 42
3. La peur culturelle et politique 44

CHAPITRE 2. La peur : un fait inscrit dans la durée 46
1. Les peurs sanitaires et environnementales 46
2. La peur sociale et économique 47
3. Les peurs politiques, religieuses et idéologiques 49

CHAPITRE 3. La peur : un moteur pour la société et sa représentation 51
1. La société se façonne à partir d'une multiplicité de peurs et d'incertitudes 51
2. Les acteurs de la société jouent sur la peur pour obtenir la participation de tous 53
3. La peur structure la dynamique sociale, politique et culturelle 55

CHAPITRE 4. La peur : un fait social total qui appelle un dépassement critique 58
1. La peur et la raison : du dialogue ancien au clivage actuel 58
2. La société doit créer les conditions d'un dépassement des peurs 60
3. Le politique doit dépasser la peur en créant la confiance 61

LES RÉFÉRENCES INCONTOURNABLES 65
10 œuvres littéraires à connaître 65
10 œuvres artistiques à connaître 67
10 citations à connaître 69
10 débats d'actualité à connaître 70

SUJETS CORRIGÉS 72
Sujet 1 La démocratie peut-elle encore triompher de la peur ? 72
Sujet 2 A-t-on raison d'avoir peur aujourd'hui ? 79
Sujet 3 Faut-il avoir peur des mutations sociétales ? 81
Sujet 4 Tout pouvoir est-il nécessairement fondé sur la peur ? 84

THÈME 2. RÉVOLUTIONS 87

CHAPITRE 1. Les révolutions : un phénomène longtemps relatif à la longue durée 87
1. Un phénomène inscrit dans l'histoire de l'humanité 87
2. Vers un changement de paradigme : la révolution, un concept moderne 89

CHAPITRE 2. Les révolutions, des situations politiques essentiellement contemporaines 92
1. Le siècle des révolutions (1789-1914) 92
2. Révolutions communistes et nationalistes du XXe siècle 94
3. Nouveau siècle, nouvelles révolutions ? 96

CHAPITRE 3. Révolution, révolutions. Un outil polysémique pour penser les dynamiques d'une société 98
1. Un état des lieux : la révolution numérique, moteur d'une révolution globale ? 98
2. Des révolutions, pour quoi faire ? 101
3. Une actualité qui plonge ses racines au XIXe siècle 102

CHAPITRE 4. Révolutions : regards critiques et perspectives 105
1. La révolution entretient un rapport ambigu à l'idée de progrès 105
2. La révolution entretient un rapport ambigu à la violence 106
3. La révolution va-t-elle vers sa fin ? 108

LES RÉFÉRENCES INCONTOURNABLES 111
10 œuvres littéraires à connaître 111
10 œuvres artistiques à connaître 112
10 citations à connaître 113
10 débats d'actualité à connaître 114

SUJETS CORRIGÉS 116
Sujet 1 Peut-on révolutionner la démocratie ? 116
Sujet 2 Faut-il craindre tout phénomène révolutionnaire ? 118
Sujet 3 La solution passe-t-elle par une révolution écologique et citoyenne ? 120
Sujet 4 Que veut dire « révolution » ? 122

PARTIE 2. HISTOIRE

PRÉSENTATION DE L'ÉPREUVE 126
1. En quoi consiste l'épreuve ? 126
2. À quoi correspond le programme ? 126
3. Quelles sont les difficultés de l'épreuve ? 128

MÉTHODOLOGIE EN 9 ÉTAPES 129
Étape 1. Recopiez l'intitulé de la consigne sur votre brouillon 129
Étape 2. Réalisez au brouillon la présentation des deux documents 129
Étape 3. Formulez une problématique à partir de la consigne et des documents 130
Étape4. Faites l'analyse suivie des deux documents 131
Étape 5. Élaborez le plan détaillé au brouillon 131
Étape 6. Rédigez l'introduction 132
Étape 7. Rédigez le devoir 132
Étape 8. Rédigez la conclusion 133
Étape 9. Relisez-vous 134
Conseils généraux 134

COURS 136
CHAPITRE 1. L'impact de la crise de 1929 : déséquilibres économiques et sociaux 136
1. Les origines de la crise économique aux États-Unis et sa diffusion mondiale 137
2. Une crise nouvelle et qui se généralise 139
3. Des solutions peu efficaces 143

CHAPITRE 2. Les régimes totalitaires 148
1. Des origines communes liées à la Première Guerre mondiale et à la crise économique 149
2. Caractéristiques et différences entre les trois régimes totalitaires 151
3. Des régimes totalitaires qui bouleversent l'ordre européen 155

CHAPITRE 3. La Seconde Guerre mondiale (1939-1945) 159
1. Un conflit d'ampleur mondiale 160
2. Une véritable guerre d'anéantissement 162
3. La France dans la Seconde Guerre mondiale : entre collaboration et résistance 167

CHAPITRE 4. La fin de la Seconde Guerre mondiale et les débuts d'un nouvel ordre mondial 174
1. Un désastre sans précédent 174
2. Les tentatives de renouveau : vers un nouvel ordre international 177
3. Une nouvelle donne internationale 180

CHAPITRE 5. La France, une nouvelle place dans le monde (1945-1974) 183
1. La IVe République entre décolonisation, guerre froide et construction européenne 183
2. Crise algérienne et naissance de la Ve République 187
3. Les débuts de la Ve République : indépendance, modernisation et contestation politique 190

CHAPITRE 6. Une nouvelle donne géopolitique : bipolarisation et émergence du tiers-monde, de 1945 aux années 1970 ... 193
1. Guerre froide et bipolarisation du monde ... 194
2. Décolonisation et émergence du tiers-monde ... 196
3. La Chine de Mao, l'affirmation d'un nouvel acteur des relations internationales ... 199
4. Les conflits au Proche et au Moyen-Orient de 1945 aux années 1970 ... 202

CHAPITRE 7. La modification des grands équilibres économiques et politiques mondiaux des années 1970 à 1991 ... 205
1. La crise économique des années 1970 et la nouvelle donne économique ... 206
2. Vers la fin de la guerre froide : contestation du modèle occidental et implosion de l'URSS ... 209
3. La construction européenne et la démocratisation de l'Europe méridionale ... 211

CHAPITRE 8. Un tournant social, politique et culturel : la France de 1974 à 1988 ... 215
1. L'alternance politique : de Giscard d'Estaing à Mitterrand ... 215
2. Des transformations sociales et culturelles importantes ... 217

CHAPITRE 9. Les relations internationales depuis 1991 : vers un désordre mondial ... 222
1. Nouvelle hiérarchie des puissances et multipolarité du monde ... 223
2. Nouvelles formes de conflictualités et crimes de masse ... 227
3. Les difficultés de la gouvernance mondiale face aux défis contemporains ... 229

CHAPITRE 10. La construction européenne depuis 1991 : élargissements, approfondissements et remise en question ... 233
1. Des élargissements et des approfondissements importants ... 234
2. L'UE : une puissance incomplète ... 237
3. Crises et remises en cause de l'UE ... 239

CHAPITRE 11. La République française depuis les années 1990 : principes et évolutions constitutionnelles ... 243
1. La Ve République : un régime stable qui connaît des évolutions constitutionnelles ... 243
2. La réaffirmation de principes et les combats pour des valeurs et des droits nouveaux ... 246

BIOGRAPHIES ET AUTRES FICHES À FAIRE ... 250
1. Biographies à faire ... 250
1. Fiches à faire ... 250

SUJETS CORRIGÉS ... 252
Sujet 1 Le conflit israélo-arabe dans les sannées 1970 ... 252
Sujet 2 Le régime nazi et ses spécificités ... 266
Sujet 3 Le régime de Vichy et la collaboration en France pendant la Seconde Guerre mondiale ... 270
Sujet 4 La volonté d'un nouvel ordre mondial en 1945 ... 275
Sujet 5 La Détente dans la guerre froide ... 280
Sujet 6 La décolonisation ... 286
Sujet 7 La Ve République sous de Gaulle en 1962 ... 290
Sujet 8 Le nouvel ordre mondial depuis 1991 ... 294

PARTIE 3. ANGLAIS

PRÉSENTATION DE L'ÉPREUVE 302
1. En quoi consiste l'épreuve ? 302
2. Quels sont les enjeux de l'épreuve ? 303
3. Quelles sont les difficultés de l'épreuve ? 304

MÉTHODOLOGIE ÉTAPE PAR ÉTAPE 306
1. Partie Compréhension 306
2. Partie Essai 310

GRAMMAIRE 316
FICHE 1. Top Ten Mistakes (les dix erreurs impardonnables) 316
FICHE 2. La ponctuation 319
FICHE 3. Les temps 322
FICHE 4. Noms dénombrables et indénombrables 329
FICHE 5. Les articles 331
FICHE 6. Les déterminants 333
FICHE 7. Les pronoms 335
FICHE 8. Point d'orthographe 337

VOCABULAIRE 338
FICHE 1. Les indispensables du vocabulaire politique 340
FICHE 2. La politique aux États-Unis 343
FICHE 3. La politique au Royaume-Uni 348
FICHE 4. Le processus électoral 351
FICHE 5. L'exercice du pouvoir présidentiel 353
FICHE 6. Les indispensables du vocabulaire économique 354
FICHE 7. Récession et redressement 356
FICHE 8. Bourse et finance 358
FICHE 9. Les entreprises 360
FICHE 10. Le commerce 361

CIVILISATION 363
FICHE 1. Political Institutions of the United States of America 367
FICHE 2. Election System in the United States 369
FICHE 3. The Republican Party 370
FICHE 4. The Democratic Party 373
FICHE 5. US Foreign Policy 376
FICHE 6. Immigration and Race in the US 380
FICHE 7. Political Institutions in the UK 382
FICHE 8. The Conservative Party 385
FICHE 9. The Labour Party 390
FICHE 10. Other Political Parties in the UK 393
FICHE 11. The UK and Europe 396
FICHE 12. UK Foreign Relations 398

SUJETS CORRIGÉS 402

Sujet 1 Sujet inédit 402

Sujet 2 Session 2019 407

Sujet 3 Session 2018 413

Sujet 4 Session 2017 419

Sujet 5 Session 2016 424

Table des compléments en ligne

PARTIE 1. QUESTIONS CONTEMPORAINES

THÈME 1. LA PEUR.

SUJETS CORRIGÉS

Sujet e-1 La peur définit-elle mieux l'humanité que la raison ?

Sujet e-2 Les révolutions et la peur

Sujet e-3 La peur définit-elle la société contemporaine ?

Sujet e-4 Faut-il exclure la peur de la société ?

Sujet e-5 Les théories du complot sont-elles à l'origine des peurs contemporaines ?

THÈME 2. RÉVOLUTIONS.

SUJETS CORRIGÉS

Sujet e-1 Une nouvelle révolution sociale est-elle possible aujourd'hui ?

Sujet e-2 Les révolutions sont-elles toujours possibles aujourd'hui ?

Sujet e-3 Est-il souhaitable d'achever une révolution ?

Sujet e-4 La mémoire de la Révolution française fait-elle toujours sens aujourd'hui ?

Sujet e-5 Faut-il être marginalisé ou discriminé pour faire la révolution ?

Sujet e-6 Les révolutions scientifiques sont-elles l'avenir de l'humanité ?

Sujet e-7 La révolution est-elle source d'émancipation ?

Sujet e-8 « En période révolutionnaire, la volonté de la majorité ne compte pas. »

Sujet e-9 La révolution peut-elle régénérer une société ?

PARTIE 2. HISTOIRE

SUJETS CORRIGÉS

Sujet e-1 La crise économique de 1929 et ses conséquences dans le monde

Sujet e-2 La chute du bloc communiste

FIL D'ACTU

De juillet 2021 à juillet 2022

Pour accédez aux compléments en ligne, flashez le code ci-contre

Tout savoir sur le concours et les IEP

Depuis 2008, sept des dix instituts d'études politiques (IEP) de province ont décidé de créer un concours commun d'entrée en 1re année : Aix, Lille, Lyon, Rennes, Saint-Germain-en-Laye, Strasbourg et Toulouse. Ils forment le réseau ScPo. Le site du concours est le suivant : http://www.reseau-scpo.fr/

Depuis sa création, le concours commun comporte trois épreuves : histoire, questions contemporaines et langue vivante.

Certains IEP comme Bordeaux ou Paris ont décidé de supprimer les épreuves écrites pour ne se fonder que sur les résultats obtenus au lycée (dossier), une lettre de motivation et, si l'étudiant est déclaré admissible à l'issue de cette étape, sur un oral. En revanche, les sept IEP ont fait le choix de conserver un concours écrit, qui permet à tous les candidats d'avoir une chance d'intégrer l'une de ces écoles, même si leurs résultats dans l'enseignement secondaire ne sont pas ceux attendus au niveau académique.

Le concours commun des IEP en 20 questions-réponses

1 À combien d'IEP, sur les dix présents en France, le concours commun permet-il de se présenter ?

Il permet de postuler à sept IEP : Aix-en-Provence, Lille, Lyon, Rennes, Saint-Germain-en-Laye, Strasbourg et Toulouse.

2 Qui peut passer le concours ?

Le concours d'entrée en première année est ouvert aux candidat(e)s passant le baccalauréat (ou équivalent : diplômes étrangers et DAEU, diplôme d'accès aux études universitaires) l'année du concours (« année n ») et aux titulaires du baccalauréat (ou équivalent : diplômes étrangers et DAEU) de l'année n-1. Par exemple, pour le concours 2021, les bacheliers 2020 et les candidats au baccalauréat 2021 pourront se présenter aux épreuves.

3 Y a-t-il des aménagements pour les élèves handicapés ?

Oui, un aménagement des épreuves pourra être accordé aux candidat(e)s après l'envoi d'un certificat médical délivré uniquement par un médecin désigné par la commission des droits et de l'autonomie des personnes handicapées (CDAPH). Celui-ci est envoyé avant la fin de la procédure d'inscription dans Parcoursup. Pour obtenir ce certificat, les candidat(e)s, élèves du second degré ou de classes préparatoires, effectuent une demande en ce sens auprès du médecin intervenant dans l'établissement fréquenté. Les candidat(e)s inscrits à l'université s'adressent au médecin du Service universitaire de médecine préventive et de promotion de la santé (SUMPPS).

4 Comment se fait l'inscription ?

L'inscription se fait uniquement *via* la plateforme Parcoursup. Elle existe depuis janvier 2018. Les lycéens y mentionnent leur choix d'orientation, le plus souvent motivé, selon le calendrier suivant, lors de l'année de terminale :

- de novembre à janvier : phase de découverte et d'information sur les différentes formations ;
- de janvier à avril : phase d'inscription et de formulation des vœux ;
- de mai à juillet : phase de décision en fonction des formations obtenues.

Chaque étudiant peut sélectionner jusqu'à dix vœux et vingt sous-vœux. Le choix du réseau ScPo (concours commun) compte comme un vœu au sein duquel les différents IEP représentent des sous-vœux.

La création du dossier est relativement simple et se fait sur la plateforme à l'adresse suivante : https://www.parcoursup.fr/

Vos professeurs principaux sont là pour vous aider à le constituer.

5 Quels sont les frais d'inscription ?

Les frais d'inscription sont de 180 € (60 € pour les boursiers)*.

6 Comment les candidats sont-ils évalués ?

Les candidats sont évalués à partir de cinq notes de coefficients différents.

Ils passent trois épreuves écrites :

- questions contemporaines (QC), coefficient 3 ;
- histoire, coefficient 3 ;

* Sous réserve de modification.

- langue vivante (anglais, allemand, espagnol ou italien), coefficient 1,5.

Ils doivent également fournir deux notes du baccalauréat :

- la moyenne des notes de bulletins de Terminale des langues vivantes A et B (coefficient 0,5) ;
- la moyenne des deux notes obtenues aux épreuves finales des enseignements de spécialité (coefficient 1).

NOTE DU PROFESSEUR

Pour le concours commun 2022, les bacheliers 2021, qui n'ont pas de spécialité, bénéficieront d'une mesure de transition. Leur moyenne de bac sera prise en compte pour un coefficient 1 à la place des deux notes de spécialités des bacheliers 2022.

7 Y a-t-il des spécialités à privilégier au lycée ?

A priori non. Le réseau ScPo affirme que toutes les spécialités et toutes les options permettent de réussir le concours. De plus, les IEP recherchent des profils diversifiés.

Conseil : il est donc préférable de choisir les spécialités dans lesquelles vous êtes susceptibles d'avoir les meilleures notes dans le cadre du contrôle continu et, surtout, des épreuves communes de Terminale.

8 Sur combien de jours les épreuves se déroulent-elles ?

Elles se déroulent toujours sur une journée :

- matin : QC (3 heures) ;
- après-midi : histoire (2 heures) + langue vivante (1 heure).

9 Quelle est la date du concours écrit ?

Elle se situe en général entre la mi-avril et début mai.

10 Où peut-on passer le concours ?

Il se passe dans les sept villes du réseau ScPo et dans neuf centres délocalisés (Guadeloupe, Martinique, Nouvelle-Calédonie, Émirats arabes unis, Réunion, Guyane, Maroc, Thaïlande, Polynésie française).

11 Combien y a-t-il de places disponibles ?

Cela dépend de chaque IEP.

- Aix-en-Provence : environ 180 places en 2020.
- Lille : environ 190 places en 2020.
- Lyon : environ 240 places en 2020.
- Rennes : environ 140 places en 2020.
- Saint-Germain-en-Laye : environ 100 places en 2020.
- Strasbourg : environ 180 places en 2020.
- Toulouse : environ 180 places en 2020.

12 Le taux de sélectivité est-il important ?

En 2020, 10 000 candidats se sont présentés au concours commun des sept IEP, pour un nombre de places de 1 210, soit un taux de 12,1 %. Il se situe chaque année entre 11 et 14 %.

Le concours commun reste donc un concours difficile, mais moins que le concours d'entrée à Sciences Po Paris, voire à Sciences Po Bordeaux.

13 Y a-t-il une sélection sur dossier ?

Non, pas de sélection sur dossier, en dehors des notes de contrôle continu (moyenne des notes des deux langues vivantes) et des épreuves communes des deux spécialités de terminale.

14 Y a-t-il un entretien oral d'admission ?

Non, l'admission se fait uniquement sur la base des cinq notes coefficientées.

15 Existe-t-il une voie parallèle d'admission ?

Les sept Sciences Po ajoutent aux admis par le concours commun un effectif correspondant à 10 % de ceux-ci en admission parallèle. Ces étudiants sont admis par une procédure dite « Mention Très Bien » et/ou une procédure concernant les candidats du programme d'études intégrées (PEI : le programme commun de démocratisation, ouvert aux étudiants de lycées défavorisés).

16 Comment se fait l'affectation dans l'un des sept IEP ?

Les étudiants obtiennent, en fonction de leur classement au concours, une affectation dans un ou plusieurs IEP. Les premiers classés ont donc le choix des IEP, les suivants ne pourront intégrer que les IEP pour lesquels il restera des places. En général, les IEP les plus demandés sont ceux de Lille et de Lyon.

17 Quelle moyenne faut-il obtenir pour être admis ?

En 2019, la moyenne du premier admis était de 17,17/20 et la moyenne du dernier admis sur liste principale de 12,02. La moyenne du dernier admis sur liste complémentaire était de 11,67/20. De façon globale, il faut considérer qu'il faut avoir assez largement plus de 11/20 de moyenne pour espérer intégrer l'un des sept IEP.

18 Comment est-on informé des résultats ?

Les résultats sont publiés sur Parcoursup, généralement fin mai ou début juin de l'année scolaire.

Une liste d'attente est toujours réalisée et des étudiants sont finalement admis après que certains étudiants ont refusé leur admission dans l'un des sept IEP, considérant par exemple qu'ils ont eu mieux comme Sciences Po Paris.

Vous n'aurez pas nécessairement l'IEP que vous avez choisi, en fonction de votre classement au concours. Cela dit, et même s'il existe des classements, un IEP quel qu'il soit reste une très bonne école post-bac et une excellente formation, en plus d'une ligne enviable sur un CV.

19 Y a-t-il des IEP meilleurs que les autres ?

Chaque année, il existe des classements des différents IEP en fonction de critères multiples. Nous vous conseillons de choisir les IEP en fonction de quatre critères dans l'ordre suivant :

- les formations proposées (notamment les masters) ;
- les partenariats avec les universités étrangères dans la perspective de l'année de mobilité (3e année) ;
- la vie associative sur le campus ;
- la localisation géographique.

Certains IEP du réseau ScPo ont une très bonne réputation, à l'image de celui de Lille, mais tous proposent le même type de formation : deux premières années de tronc commun fondées sur cinq disciplines issues des sciences humaines et sociales (histoire, sociologie, économie, droit, science politique), une année à l'étranger et une spécialisation en master (2 ans).

20 Faut-il faire une « prépa » ?

Les IEP communiquent sur le lien entre le programme et les épreuves du concours et ceux du lycée. En histoire, le programme de révision s'appuie clairement sur ce qui est étudié en terminale. Il en va de même en langue. Cela dit, une « bonne prépa » peut être une vraie valeur ajoutée.

Attention à bien la choisir. De nombreuses prépas font une publicité très agressive sur les réseaux sociaux, mais ce ne sont pas les meilleures ! Comparez vraiment les formules, le nombre d'heures de cours, vérifiez si les professeurs travaillent à SciencesPo ou pas... Le suivi réel des étudiants (et non pas simplement promis) est capital.

CONSEILS DU PROFESSEUR

1. Hiérarchiser les concours des IEP que vous voulez passer

Il existe dix IEP en France et quatre concours. Les IEP de Paris et de Bordeaux ont mis fin à leurs épreuves écrites, ce qui représente beaucoup moins de travail de préparation. Cela laisse donc plus de temps pour les deux autres concours, à savoir le concours commun et le concours de Grenoble.

À vous de voir, en fonction de vos objectifs professionnels et de votre capacité de travail, quels concours il est opportun de passer.

Si vous souhaitez vous présenter aux IEP de Paris, Bordeaux et Grenoble, nous vous conseillons : J. Calauzènes, *Sciences Po Paris + Bordeaux + Grenoble, dossier et oral,* Vuibert, 2021.

2. Se préparer dès la première

C'est possible puisque le programme d'histoire ne change pas et puisque l'un des deux thèmes de questions contemporaines reste d'une année sur l'autre.

Cela permettra aussi d'anticiper, dès la première, sur le programme d'histoire de terminale et sur la démarche d'analyse d'un sujet en philosophie (avec l'épreuve de questions contemporaines).

3. Réserver des plages hebdomadaires de travail uniquement pour le concours commun

Cela peut être le soir, après les cours et/ou le week-end. L'idéal serait, l'année de terminale, de pouvoir dégager deux ou trois demi-journées dans l'année et un ou deux soirs par semaine.

4. Élaborer un planning de révisions

L'idéal est d'en faire un pendant l'année scolaire de première, pendant les vacances d'été entre la classe de première et la terminale, et pendant l'année de terminale jusqu'au concours.

Il faut élaborer un planning qui soit réalisable, à défaut de quoi cela va vous stresser encore plus. Pour cela, il faut donc bien connaître vos méthodes de travail. Vous devez savoir combien de temps va vous prendre la mémorisation d'un cours, le fichage d'un article...

5. Apprendre à apprendre

Les neurosciences montrent aujourd'hui de plus en plus comment la mémoire fonctionne. Celle-ci est d'abord liée à un bon sommeil. Elle fonctionne en outre bien plus sur de la régularité que sur un apprentissage intensif d'un seul coup. Il vaudra donc mieux effectuer des passages réguliers sur un cours pour le faire passer de la mémoire immédiate à la mémoire à long terme.

Enfin, n'oubliez pas qu'il existe plusieurs types de mémoire et que chaque individu est différent de ce point de vue. Certains mémoriseront plus facilement en lisant ou en soulignant un cours, d'autres en le récitant à haute voix, d'autres en faisant des fiches... À vous de déterminer quelle méthode fonctionne finalement le mieux.

6. S'entraîner régulièrement

Après le travail de mémorisation, il faut régulièrement faire des sujets d'annales ou, mieux, se poser des sujets. L'idéal serait de réaliser, pendant l'année de terminale, un sujet de chaque matière tous les mois (un sujet d'histoire, un sujet de QC, un sujet de langue).

7. Suivre régulièrement l'actualité

Non seulement cela vous préparera à la scolarité à Sciences Po, mais cela vous donnera des arguments pour préparer l'épreuve de questions contemporaines. De même, l'actualité du pays ou de l'aire géographique liée à la langue choisie au concours pourra aider à trouver des éléments pour l'essai.

Lire l'actualité, c'est feuilleter (en lisant quelques articles) tous les jours un journal quotidien (*Le Monde*, *Libération*, *Le Figaro*), c'est lire un hebdomadaire (*L'Express*, *L'Obs*), c'est aussi regarder les journaux télévisés (préférez celui d'Arte) ou podcaster des émissions de radio (France Culture, France Inter).

En questions contemporaines, cela permet d'analyser ce qui se passe dans le monde au prisme des deux thèmes qui sont proposés pour le concours.

PIÈGES À ÉVITER

1. Faire une impasse dans une matière

L'épreuve d'histoire ne propose qu'un seul sujet. Il n'est donc pas possible de ne pas réviser une partie du programme.

En questions contemporaines, deux sujets sont certes proposés, mais ils ne sont pas toujours sur deux thèmes différents. S'il n'est jamais arrivé que les deux sujets portent sur le même thème, à plusieurs reprises, un sujet a porté sur l'un des thèmes et l'autre sujet mêlait les deux thèmes.

2. Négliger l'une des trois matières du concours écrit

Privilégier une matière parmi les trois ne semble pas un choix très efficace. Les coefficients sont d'abord assez proches et il semble assez délicat de compter sur une excellente note dans une matière pour compenser une très mauvaise note dans une autre.

3. Négliger le lycée

Les résultats dans votre établissement comptent pour les deux langues vivantes et indirectement pour les épreuves communes de spécialité. Même si ces deux notes ne comptent que pour un coefficient total de 1,5 sur 9, celles-ci peuvent faire la différence pour être admis ou pour avoir l'IEP que vous souhaitez et ainsi remonter au classement.

4. Ne faire que lire, sans mémoriser

La préparation du concours commun se révèle en général intéressante. Elle permet d'accéder à des lectures originales, souvent enthousiasmantes. Le risque serait ici de ne faire que lire des documents sans chercher à mémoriser à proprement parler.

5. Ne pas se relire

Les résultats sont toujours extrêmement serrés : un échec au concours peut s'expliquer par à peine plus de 1/2 point manquant à la moyenne des trois épreuves (0,58 point a séparé en 2019 le dernier admis sur liste principale et le dernier inscrit sur liste complémentaire ; cela correspondait à un écart de 400 places). Il faut donc éviter de perdre des points, ce qu'une relecture attentive peut empêcher.

Les sept IEP

1 Sciences-Po Aix

L'IEP d'Aix propose des spécialisations tournées vers l'Europe méditerranéenne, le monde arabe et musulman ainsi que l'Amérique latine, et obtient de bons résultats quant aux concours administratifs. Il possède enfin un observatoire des religions.

Contact : 04 42 17 01 85 – admission@sciencespo-aix.fr

2 Sciences-Po Lille

L'IEP de Lille est particulièrement réputé pour sa formation en journalisme. Il propose des passerelles avec l'École supérieure de journalisme. Certains masters sont très demandés, comme celui en « gestion des conflits » ou en « management des institutions culturelles ». C'est l'IEP le plus demandé parmi ceux du réseau ScPo.

Contact : 03 20 90 48 61 – admission@sciencespo-lille.eu

3 Sciences-Po Lyon

L'IEP de Lyon permet de se spécialiser dans la plupart des grandes aires culturelles et linguistiques, dès la première année : l'Amérique latine et les Caraïbes, les États-Unis, l'Europe, l'Afrique subsaharienne contemporaine, le monde arabe contemporain, ainsi que le monde extrême-oriental contemporain. Cette dernière spécialisation est de plus en plus demandée par les étudiants.

Contact : 04 37 28 38 06 – infosconcours@sciencespo-lyon.fr

4 Sciences-Po Rennes

L'IEP de Rennes offre de très bons résultats en ce qui concerne les concours administratifs et de la haute fonction publique. Son master « Politiques et métiers du local et de l'urbain » est également très demandé. Enfin, l'IEP attire parce qu'il propose de nombreuses formations en alternance.

Contact : 02 99 84 19 58 – concours-iep@sciencespo-rennes.fr

5 Sciences-Po Saint-Germain-en-Laye

L'IEP de Saint-Germain-en-Laye tend à se spécialiser en politique de la ville mais aussi sur certains concours, notamment celui de la DGSE. La recherche en sociologie y est également encouragée. Il présente un avantage indéniable : classé comme un IEP de province, il permet aux étudiants de demeurer à Paris ou en région parisienne, ce qui offre des opportunités en termes de stages par exemple. L'IEP de Saint-Germain-en-Laye permet aux étudiants de poursuivre durant la quatrième année des doubles diplômes, notamment IEP/ESSEC.

Contact : 01 30 87 47 66 – cc1a@sciencespo-saintgermainenlaye.fr

6 Sciences-Po Strasbourg

L'IEP de Strasbourg présente également de grands avantages et de belles opportunités dans les métiers liés à l'Europe et à l'Union européenne, voire à la fonction publique internationale. Il a de très bons résultats dans le cadre de sa préparation au concours de l'ENA et ses masters en économie et en finance sont très demandés.

Contact : 03 68 85 83 75/89 49 – scolarite.iep@unistra.fr

7 Sciences-Po Toulouse

L'IEP de Toulouse propose divers masters en défense et sécurité particulièrement prisés des étudiants. D'autres formations font également la réputation de cet établissement, comme le master « Politique, discrimination, genre » pour ceux qui souhaitent se spécialiser dans les *gender studies*. Enfin, l'établissement offre la possibilité de suivre le double cursus IEP/Management en partenariat avec la Business School de Toulouse.

Contact : 05 61 11 02 68 – concours@sciencespo-toulouse.fr

Voici quelques données sur les différents IEP[1] :

IEP	Admis en 1re année	Professeurs permanents	Intervenants extérieurs	Boursiers (%)	Coût annuel de la scolarité (en euros)	Budget (M€)	Salaire d'embauche brut annuel (€)
Aix-en-Provence	150	42	450	31 %	0 ou 812	5,6	NC
Lille	240	41	430	27 %	0 à 4 000	5,8	36 000
Lyon	240	71	350	30 %	0 à 3 770	5,3	31 503
Rennes	140	41	200	31 %	0 à 3 911	3,8	NC
Saint-Germain-en-Laye	100	5	230	23 %	0 à 4 034	2,9	NC
Strasbourg	200	60	480	30 %	0 à 3 243	9	28 700
Toulouse	200	56	250	37 %	0 à 3 350	9	30 700

Source : www.challenges.fr

1. Ceci n'est pas un classement. Les données ont été collectées auprès des écoles, de leur site Internet et du Haut Conseil de l'évaluation de la recherche et de l'enseignement supérieur, en 2019.

Témoignages

1 Témoignages de membres du jury

■ Privilégier la réflexion à la récitation

Je privilégie – et on nous demande de privilégier – la réflexion à l'accumulation de connaissances et de références dans les devoirs de questions contemporaines. Le but reste de croiser différentes approches, différentes disciplines, pour construire un raisonnement cohérent. (…) Les candidats doivent comprendre que c'est un peu comme pour l'épreuve de philosophie du bac, mais en ne mobilisant pas que des connaissances philosophiques.

J., professeur de philosophie, correcteur de l'épreuve de QC au concours commun.

■ Soigner la copie

Ce n'est peut-être pas le plus important, mais cela compte plus ou moins consciemment pour le correcteur : la présentation, l'orthographe, la syntaxe, la qualité de l'écriture… sont des éléments qui affectent notre façon de noter, quelle que soit la discipline. (…) Et puis à quoi bon laisser entrer à Sciences-Po un étudiant ou une étudiante qui ne maîtrise pas l'écrit ? qui ne maîtrise pas bien l'argumentation ? (…) Il n'y a rien de pire pour un correcteur que de ne plus savoir où l'auteur de la copie veut en venir…

C., correctrice de l'épreuve d'histoire.

■ Faire le moins de fautes possible

Les consignes de correction, communes aux sept IEP, nous demandent avant tout de porter une attention particulière à la qualité de la langue. Les étudiants qui présentent un tel concours doivent certes être en mesure de témoigner d'un vocabulaire riche, mais surtout ils doivent être capables de nous montrer qu'ils sont en mesure de s'exprimer en anglais avec des tournures idiomatiques, sans faute. (…) La technique de l'essai, très différent d'une dissertation en français, doit être maîtrisée.

N., correctrice en anglais.

2 Témoignages de lauréats

■ Une bonne gestion du temps : la clé du succès

Je crois que ce qui m'a sauvée et qui m'a permis d'avoir le concours, c'est la bonne gestion du temps à laquelle je m'étais entraînée. Au début, je voulais toujours tout dire, je ne lâchais pas mon plan tant que je considérais qu'il n'était pas parfait… Et je ne terminais pas. Grâce à l'un de mes professeurs, j'ai compris que, dans le cadre d'un concours difficile, le but était de rendre un travail qui correspondait aux attentes, même si ce dernier ▸

pouvait difficilement être parfait. J'ai alors repris la méthode, notamment en QC, et je me suis employée à passer les étapes une à une, en me chronométrant… Cette année, j'ai fini tous mes devoirs dans les temps et j'ai même eu le temps de me relire dans les trois matières.

A., admise à l'IEP de Lille en juin 2019.

■ **Travailler régulièrement**

Dès la fin de l'année de première, je me suis astreint à travailler un peu tous les jours, et de façon croissante, pour le concours commun des IEP. En entrant en terminale, je m'étais fixé un programme comme suit : lundi soir et samedi après-midi : histoire, mercredi soir et dimanche matin : actualité et QC, une partie du mercredi après-midi, anglais. (…) J'ai réussi à tenir jusqu'au concours, malgré le travail en plus pour le lycée, les bacs blancs, les devoirs à rendre. Cela a été intense, surtout à la veille des vacances de février, mais j'ai réussi.

F., admis à l'IEP de Rennes en juin 2019.

PARTIE 1

Questions contemporaines

Présentation de l'épreuve 28

Méthodologie en 8 étapes 31

Thème 1. La peur 40

Thème 2. Révolutions 87

Présentation de l'épreuve

Intitulé exact de l'épreuve : « dissertation de questions contemporaines »

Durée : 3 heures

Coefficient : 3

Thèmes 2022 : La peur ; Révolutions

1 En quoi consiste l'épreuve ?

Le réseau ScPo maintient le format existant pour le concours 2022 : les candidats sont donc évalués sur la production d'une dissertation. Deux énoncés sont proposés mais un seul doit être traité. Chaque énoncé porte en général sur un thème : les deux thèmes se trouvent ainsi également représentés (même si, en théorie, deux énoncés sur un même thème demeurent possibles). Une approche transversale n'est enfin pas à exclure pour l'un des deux énoncés.

L'intitulé « Questions contemporaines » signifie que la culture générale doit être mise au service d'une réflexion construite et argumentée sur des enjeux contemporains. Il ne s'agit donc pas d'un exercice d'érudition. Dans la mesure où le concours s'adresse à de futurs bacheliers ou à des bacheliers récents, la culture attendue relève d'abord des enseignements de tronc commun du lycée (histoire, géographie, philosophie, éducation civique et morale, littérature, enseignement scientifique). La culture transmise par certains enseignements de spécialité – en particulier la spécialité « Sciences économiques et sociales », ainsi que la spécialité « Histoire géographie géopolitique science politique » – constitue également un socle appréciable. Les candidats doivent enfin porter leur attention sur les rapports possibles entre l'actualité et les thèmes du concours.

2 Quels sont les enjeux de l'épreuve ?

L'enjeu de l'épreuve est de répondre aux trois exigences de la dissertation : la maîtrise de la méthode, la capacité à produire une rédaction correcte et claire sur la forme, et la mise en œuvre d'une pensée problématisée et construite de façon progressive. Englobant ces trois points, l'attention des correcteurs se porte ensuite sur la capacité des candidats à présenter et à analyser les débats qui traversent la société contemporaine.

3 Quelles sont les compétences attendues ?

Quatre attendus – tous déclinés en une série de compétences – concourent à la sélection des candidats selon le réseau ScPo :

Attendu 1 Savoir construire une problématique à partir d'un sujet. Ce point de méthode doivent faire l'objet d'un entraînement régulier. Les compétences attendues sont les suivantes :

- Savoir analyser un sujet de façon à en déduire un fil conducteur pour l'ensemble de la dissertation ;
- Savoir comprendre et définir les termes essentiels du sujet en fonction de l'ensemble de son énoncé afin que la problématique proposée soit justifiée par son analyse ;
- Savoir repérer les enjeux contemporains du sujet.

Attendu 2 Savoir construire sa réflexion de façon logique, ordonnée et progressive. Cette formation de l'esprit requiert à la fois une maîtrise de la méthode et de s'entraîner à échanger des arguments. Les compétences attendues sont les suivantes :

- Savoir rédiger une introduction ;
- Concevoir un plan structurant la démonstration ;
- Savoir argumenter ;
- Savoir ménager des transitions ;
- Savoir conclure.

Attendu 3 Savoir investir ses connaissances dans une réflexion personnelle. Dans la mesure où les deux thèmes de Questions contemporaines sont connus très longtemps à l'avance, les candidats doivent s'être préparés à partir des lectures, d'un suivi de l'actualité et des exercices d'entraînement. Les compétences attendues sont les suivantes :

- Savoir mettre ses connaissances au service de la réflexion personnelle ;
- Savoir mobiliser des connaissances issues de domaines disciplinaires différents ;
- Proposer des exemples pertinents.

Attendu 4 Maîtriser les règles essentielles de l'expression écrite. L'objectif est de proposer un exposé clair et lisible. Les compétences attendues sont les suivantes :

- Savoir être lisible et compréhensible ;
- Savoir adapter son registre de langue au contexte d'un concours ;
- Maîtriser les règles fondamentales de l'orthographe et de la grammaire.

4 Quelles sont les difficultés de l'épreuve ?

- La nécessité d'articuler des savoirs différents, des exemples d'actualité et une pensée problématisée impose une gestion du temps rigoureuse.
- L'épreuve n'est pas un exercice d'érudition et ne doit pas prendre la forme d'une juxtaposition de références, mêmes pointues.
- Les exemples pris dans l'actualité ne peuvent pas constituer des arguments en soi, au risque de transformer la dissertation en une présentation sérielle de faits d'actualité.
- La diversité des disciplines qui peuvent être utilisées est à la fois une chance et un écueil : les candidats doivent former leur pensée à l'aide de savoirs issus de différentes approches sans forcément rechercher l'exhaustivité, ni trop privilégier un seul champ disciplinaire.

Méthodologie en 8 étapes

Étape 1 Gérez votre temps

EXTRAIT DU RAPPORT DU JURY 2015

Ce que l'on demande surtout est que le candidat [...] dispose du temps nécessaire pour aller au bout de sa construction.

L'épreuve de questions contemporaines dure 3 heures. Il est important de bien s'organiser pour réussir la dissertation dans les temps. Voici une proposition d'organisation décomposant les différentes étapes de votre travail.

Étapes de votre travail	Temps
Choix du sujet	5 minutes
Analyse au brouillon des mots-clés du sujet	10 minutes
Problématique	5 minutes
Recherche des idées et mise en place du plan	40 minutes
Rédaction de l'introduction	10 minutes
Rédaction au brouillon de la conclusion	5 minutes
Rédaction du développement	90 minutes
Reprise au propre de la conclusion	5 minutes
Relecture	10 minutes
	Total : 3 heures

PIÈGES À ÉVITER

- Ne pas être pourvu d'une montre.
- Laisser la dissertation inachevée.

CRITÈRES DE RÉUSSITE

- S'entraîner au préalable de façon chronométrée.
- Se donner un temps équilibré pour la rédaction de chaque partie.

Étape 2 Choisissez et analysez le sujet

EXTRAIT DU RAPPORT DU JURY 2019

Il est donc absolument indispensable qu'à un moment ou un autre, de préférence très tôt même si ce n'est pas forcément dans l'introduction, les termes du sujet soient clairement définis [...]. Et l'attention doit évidemment porter sur l'ensemble des termes du sujet : "Faut-il..." semble désigner un impératif qu'il faudra donc nécessairement interroger.

Deux sujets sont proposés tous les ans. Il faut en choisir un, sans hésiter à prendre le temps nécessaire (réfléchir aux connaissances mobilisables, à une éventuelle problématique). Il arrive parfois que l'un des deux sujets croise les deux thèmes au programme : il n'est pas interdit non plus que le concours commun propose deux sujets sur le même thème.

Deux types de sujets sont présentés :

- Des questions ouvertes, assez générales. Exemple : « Le risque zéro est-il possible ? »
- Deux termes rapprochés par un mot-clé. Exemple : « Argent et démocratie ».

Une fois le sujet choisi, il faut commencer l'analyse au brouillon. Celle-ci ne doit négliger aucun mot du sujet, en faisant bien attention aux mots de liaison et aux adverbes. Il faut recopier l'intégralité du sujet sur chacune des feuilles utilisées pour le brouillon, afin de ne jamais perdre de vue le sens général du sujet.

L'analyse est une étape essentielle : elle vise à décortiquer le moindre mot, à en révéler tous les sens possibles, et à donner ensuite à l'ensemble de l'intitulé toutes les perspectives envisageables. Pour y arriver, il faut passer par un moment de *brainstorming*, c'est-à-dire mobiliser tout ce à quoi le sujet fait penser.

Il convient, en particulier, de faire porter l'attention sur la tournure du sujet :

- Un sujet du type « Faut-il ? » peut renvoyer à un sens rationnel, à un devoir moral ou encore à un lieu commun.
- Un sujet du type « Peut-on ? » est ambigu, car il peut aussi bien avoir un sens moral que signifier une capacité.
- Un sujet en forme de citation ne nécessite pas de connaître de façon approfondie la pensée de l'auteur, mais il est toujours bienvenu d'être capable de la présenter.

Enfin, il faut faire attention à l'inclusion du pronom personnel « vous » impliquant dans le sujet, dans un intitulé du type : « Le système d'enseignement en France vous paraît-il assurer l'égalité des chances ? » Il ne s'agit évidemment pas de défendre un point de vue exclusivement personnel, mais l'inclusion de ce pronom engage à personnaliser la réflexion, c'est-à-dire à aller au-delà d'une simple démonstration dialectique.

PIÈGES À ÉVITER

- Faire une impasse sur l'un des deux thèmes au programme.
- Changer de sujet en cours de route.
- Choisir le sujet le plus difficile en pensant que cela rapportera plus de points.

CRITÈRES DE RÉUSSITE

- Prendre le sujet pour lequel un socle suffisant de connaissances permet une analyse approfondie et pour lequel une problématique émerge rapidement.
- Prendre en compte l'éventuelle polysémie des mots du sujet et bien mettre en évidence ses possibles ambiguïtés.

Étape 3 Définissez la problématique

EXTRAITS DE RAPPORTS DU JURY

« La problématisation permet de déterminer les enjeux, les éléments de contextualisation. Elle est essentielle. C'est elle qui va organiser la réflexion et l'argumentation. Une dissertation doit répondre à une ou des questions posées, et les développements constituent toujours les étapes de la démonstration. » (Rapport du jury 2014)

Le rapport du jury 2018 précise en outre : « Face à des candidats bien préparés, les correcteurs ne sont pas surpris d'un bon niveau de connaissances. Ils auront alors tendance à être plus stricts sur la justification des problématiques choisies par les candidats et, quelquefois, à accorder une prime à l'originalité dans la construction du devoir et de l'argumentaire [...]. »

La problématique est un fil directeur rédigé sous la forme d'une question fondamentale, reprenant les aspects majeurs du sujet. La formule retenue doit permettre d'identifier :

- Un angle d'approche synthétique mais suffisamment ouvert pour permettre, de manière implicite *a minima*, de comprendre la diversité des thématiques à aborder.
- Un paradoxe qui interroge la société contemporaine, en soulevant une contradiction temporelle ou spatiale, en interrogeant les normes et leurs limites, etc.

PIÈGES À ÉVITER

- Utiliser des formules lourdes du type : « On pourrait se demander si... » ou « La problématique est la suivante : ... ».
- Ne pas reprendre *stricto sensu* les termes du sujet, faute de quoi la problématisation sera considérée comme nulle et non avenue.

CRITÈRES DE RÉUSSITE

- Trouver une formule qui donne à penser de façon complexe, en associant deux pôles antagonistes comme l'opposition et la complémentarité.
- Utiliser des termes qui démontrent la compréhension du sujet et en même temps la contradiction sur laquelle le sujet ouvre.

Étape 4 Rassemblez les idées

EXTRAIT DU RAPPORT DU JURY 2019

Trop de copies se contentent d'énumérer et d'enchaîner des exemples sans suffisamment se demander en quoi ils contribuent à traiter le sujet. Un exemple, on l'a dit, illustre une proposition, ou un argument, un raisonnement, une affirmation générale, qui ont préalablement été énoncés et qui entretiennent un vrai rapport avec le sujet ; il ne s'y substitue pas. Surtout, il faut absolument éviter, en guise d'exemples, les faits ou pire les anecdotes du moment, inspirés par une surmédiatisation, mais qui n'ont qu'un rapport lointain avec la réflexion demandée – voire aucun [...].

Le rassemblement des idées consiste à mettre par écrit, au brouillon, dans n'importe quel ordre apparent, les idées qui sont les plus à même de répondre au sujet. Il peut ensuite être pertinent de procéder à la manière d'une carte mentale, en repartant du sujet comme centre de la carte et en connectant chaque idée à des branches afin de faire émerger des liens entre les idées, de voir lesquelles développent, nuancent ou critiquent d'autres idées, et de mettre à l'écart des idées qui ne seraient connectées à aucune branche.

La recherche des idées doit par ailleurs tenir compte du type de sujet :

- Un sujet centré sur une notion (« Qu'est-ce que l'école apporte à la société ? ») demande à fouiller l'origine, l'historicité, les ambiguïtés et les usages différenciés selon les disciplines ou les idéologies de la notion.
- Un sujet centré sur deux notions (« Mondialisation et contestations ») ne doit pas être traité comme s'il s'agissait d'une alternative. Il ne faut surtout pas séparer les deux notions (et notamment en faire des parties distinctes). Il est essentiel d'explorer toutes les relations qui les unissent, les rapprochent ou les distinguent, voire les opposent : causalité, concordance, partie et tout, corrélation, dialectique, rapprochement-exclusion, etc.
- Un sujet centré sur une alternative (« La démocratie doit-elle être politique ou sociale ? ») amène à explorer chacun des choix ; mais il est impératif de dépasser cette alternative pour répondre au sujet et ne pas se laisser enfermer dans une opposition rhétorique.

- Un sujet centré sur une possibilité (« Peut-on être à la fois radical et démocrate ? ») ou l'impératif (« Doit-on faire confiance à la justice ? ; Faut-il tout démocratiser ? ») demande de distinguer deux types de possibilités : le droit (« A-t-on le droit de ? ») et la capacité réelle (« A-t-on les moyens de ? »).
- Un sujet centré sur une fonction (« La mémoire, un fondement politique de la société ? ») ou sur un prédicat (« L'armée, une fonction démocratique ? ») doit partir de l'analyse de la fonction ou du prédicat pour ensuite dépasser cette première approche, dans le sens d'une perspective plus large ou abordant d'autres fonctions.
- Un sujet centré sur une citation doit partir de la compréhension de la citation, afin de pouvoir ensuite la discuter.

PIÈGES À ÉVITER

- Restreindre à un ou deux aspects (ex. : actualité, histoire).
- Préparer un catalogue qui empêcherait de faire émerger un plan.
- Gardez-vous de tout hors-sujet : une dissertation présente des arguments et des exemples qui doivent tous pouvoir être connectés entre eux et avec le sujet.

CRITÈRES DE RÉUSSITE

- Rechercher toutes les idées disponibles, en épuisant tous les aspects (actualité, politique, société, économie, culture, histoire, géographie, philosophie, sciences, autres sociétés et civilisations, etc.).
- Rechercher tous les liens possibles entre les idées (au moyen d'une carte mentale, de flèches, de couleurs différentes...).

Étape 5 Construisez le plan détaillé au brouillon

EXTRAITS DE RAPPORTS DU JURY

« Il n'existe pas de "doctrine" en la matière entre le "modèle Sciences po" du plan en deux parties et la tradition des dissertations d'histoire construites en trois parties. Ce que l'on demande surtout est que le candidat soit à l'aise avec son plan [...]. » (Rapport de jury 2015)

Le rapport du jury 2019 précise : « Une dissertation doit être construite par étapes successives dont la logique est pertinente. Trop de copies affirment de façon artificielle et inauthentique une chose dans une partie puis, sans autre explication, le contraire dans la partie suivante. Un plan assure une progression, ou des convergences [...]. Un plan ne consiste pas à énoncer des contradictions sans aucune conviction. »

Le plan comporte deux ou trois parties, sans préférence particulière. La troisième partie n'est pas obligatoire. Néanmoins, si elle permet de dynamiser et de dépasser le sujet elle est tout à fait souhaitable. L'essentiel est de ne pas s'enfermer dans une opposition stérile.

Le plan doit être détaillé : sa précision doit être la plus grande possible. Il s'agit donc de mentionner les titres des parties (I, II, III), des sous-parties (A, B, C) et des arguments (1, 2, 3). Attention : tous les éléments doivent faire l'objet d'une argumentation justifiée par un exemple précis et concret (référence à un fait politique, historique, social, à un ouvrage ; chiffres, statistiques, citation...).

Plusieurs types de plans peuvent être envisagés, à condition d'être clairs et de comporter une démonstration :

- Le plan thématique convient bien aux sujets sous la forme de questions ouvertes ou croisant deux notions affirmatives. Ce plan peut s'avérer très judicieux, à condition d'explorer plusieurs approches dans l'analyse (Étape 2) et de proposer une articulation où chaque thème nuance et met en perspective le thème précédent.
- Le plan dialectique convient aux sujets qui mettent en évidence un antagonisme :

  I. Oui ou non (avec explication de la raison principale qui servira de fil conducteur à la partie) ;

  II. Mais (avec explication de la raison principale qui servira de fil conducteur à la partie) ;

  III. Si possible une synthèse qui apporte une solution conciliant les points de vue ; sinon un dépassement du sujet démontrant que les termes de la dialectique doivent être reformulés.
- Le plan explicatif a le mérite de la clarté, tout en restant très classique :

  I. Causes, origines du problème ;

  II. Caractéristiques et modalités de ce problème ;

  III. Conséquences et/ou limites.

PIÈGES À ÉVITER

- Rechercher l'originalité à tout prix au détriment de la qualité et de la cohérence.
- Se limiter au seul plan explicatif en cas de sujet sous forme de question ouverte.
- Aborder une seule discipline par partie (I. Philosophie ; II. Histoire ; III. Sociologie).

CRITÈRES DE RÉUSSITE

- Clarté du plan.
- Précision du plan.
- Capacité à proposer une progression démonstrative.

Étape 6 Rédigez l'introduction et la conclusion

EXTRAITS DE RAPPORTS DU JURY

« Face à des candidats bien préparés, les correcteurs ne sont pas surpris du niveau des connaissances. Ils auront alors tendance à être plus stricts dans la justification des problématiques choisies par les candidats [...]. » (Rapport du jury 2018)

Le rapport du jury 2019 précise : « Enfin, la conclusion doit... conclure. Non pas reformuler le sujet, ou un autre sujet ou énoncer un élément nouveau trouvé en dernière minute, mais montrer à quoi aboutit l'ensemble de la réflexion qu'on vient de proposer. Un bon test consiste à relire son introduction et à concevoir sa conclusion de façon à résoudre le ou les problème(s) qu'on a évoqué(s) au départ. »

L'introduction se rédige dans un premier temps au brouillon. Elle est ensuite recopiée au propre. Cette préparation est nécessaire, car l'introduction donne le ton à l'ensemble de la copie.

Elle se compose obligatoirement de quatre parties :

- L'accroche est une référence puisée dans l'actualité, dans la culture (roman, pièce de théâtre, film), dans l'histoire (événement, citation datée et contextualisée). Elle ne doit pas être trop anecdotique et triviale. Il faut surtout en faire une analyse qui permette d'aborder le sujet. Mobiliser une opinion commune est possible, à condition que celle-ci fasse l'objet d'une déconstruction amenant au sujet.
- La définition des termes reprend l'analyse du sujet. Il ne faut cependant pas faire étalage de définitions juxtaposées, mais poser tous les enjeux du sujet (en indiquant éventuellement les éléments de débats entre des auteurs).
- La problématique est à formuler de préférence sous la forme de question(s), afin qu'elle se détache de l'introduction et donne matière à réflexion.
- L'annonce du plan doit éviter les formules trop alambiquées (« une première partie sera en priorité dédiée à l'examen de... ») ou trop lourdes (« on va commencer par... »). La clarté doit être le maître mot.

La conclusion gagne à être rédigée, au moins dans ses grandes lignes, au brouillon, avant d'être recopiée au propre à la fin du devoir. Surtout, elle peut être préparée juste après l'introduction afin d'avoir en tête, avant même la rédaction du développement, le début et la fin de la démonstration (ce qui peut éviter de s'écarter du sujet ou d'en sortir). Cela permet en outre de mieux gérer son temps, sans avoir à préparer toute la conclusion à la fin du temps imparti.

La conclusion se compose de trois parties :

- Le résumé de ce qui a été démontré.
- La réponse aux problématiques et, éventuellement, un avis personnel argumenté et nuancé.

- L'ouverture qui doit permettre d'aborder une réflexion connexe d'actualité (qui n'est pas dans le sujet), de prospective (en présentant des *scenarii* possibles pour le futur). Il est préférable de ne pas faire d'ouverture en cas d'absence d'idée.

PIÈGES À ÉVITER

- Pour l'introduction, écrire une accroche trop banale. Éviter les accroches qui commencent par « de tout temps ».
- Pour l'introduction, omettre la définition de certains termes du sujet et les formuler de façon non rédigée, sous forme de tirets.
- Pour la conclusion, confondre le résumé et la réponse à la problématique.
- Pour l'ouverture, poser une question passe-partout (« On pourrait se demander si... », « Qu'adviendra-t-il donc de la démocratie dans le futur », etc.).

CRITÈRES DE RÉUSSITE

- Dégager tous les enjeux du sujet dans l'introduction.
- Annoncer très clairement le plan suivi dans l'introduction.
- Donner une réponse claire et précise aux problématiques dans la conclusion.

Étape 7 Rédigez le développement

EXTRAITS DE RAPPORTS DU JURY

« Les développements structurés par le plan obéissent à une règle simple : une idée, une illustration, éventuellement une nuance ou une perspective critique ». (Rapport du jury 2014)

Le rapport du jury 2018 ajoute : « Une copie qui s'intéresse seulement à l'analyse de l'énoncé du sujet, au sens des termes en jeu, est souvent trop abstraite et bientôt creuse ; une copie qui ne comprend que des exemples, même précis et variés, ne donnera pas le sentiment de répondre à la question posée ni de traiter le sujet. »

La rédaction du développement doit exclusivement se faire au propre, en suivant le plan détaillé sans rien y changer. La qualité de la rédaction est importante : les phrases claires, concises et précises sont à privilégier. Le développement est une démonstration : il ne s'agit pas de raconter mais de convaincre, en faisant suivre l'explication de chaque idée d'un exemple, là encore clair et précis.

Des liens logiques doivent être présents pour établir des causalités, des contradictions, des nuances, des oppositions, des approfondissements (d'abord, ensuite, cependant, c'est pourquoi, par conséquent, par ailleurs, en outre, etc.).

PIÈGES À ÉVITER

- Changer d'organisation au dernier moment (mieux vaut suivre scrupuleusement le plan préparé).
- Réciter un catalogue de connaissances monocorde et sans démonstration.
- Faire des digressions, qui ne sont que du bavardage et n'apportent rien à la démonstration.

CRITÈRES DE RÉUSSITE

- Aérer le devoir afin de guider la lecture lors de la correction.
- Annoncer le fil directeur de chaque partie, en précisant brièvement les idées abordées dans chaque sous-partie.
- Utiliser des connecteurs logiques variés pour démontrer votre capacité à construire une démonstration.
- Soigner les transitions, en rappelant ce qui a été démontré et ce qu'il reste à démontrer.

Étape 8 Relisez votre travail

EXTRAIT DU RAPPORT DU JURY 2019

Même sans faire preuve d'un "style" particulièrement "brillant", qui n'est pas exigé du moment qu'on est compréhensible, un minimum de correction dans l'usage de la langue est requis. Un mode d'expression simple, mais qui répond à cette exigence ne sera pas pénalisé, au contraire. Les copies difficiles à lire ou à comprendre [...] deviennent difficilement compréhensibles et sont pénalisées en conséquence. [...] Écrire, c'est nécessairement penser à ceux qui liront...

La relecture est une étape nécessaire. Elle n'a pas pour objectif de revenir sur les idées ou les exemples apportés dans la dissertation. Elle doit porter sur l'orthographe et la syntaxe de façon prioritaire. Se relire permet d'éviter de perdre des points précieux – qui peuvent potentiellement décider de l'intégration à un IEP. Se relire peut également permettre de corriger des formulations qui obscurciraient le propos, pour gagner en clarté et rendre ainsi la copie plus aisément lisible : c'est là un atout pour convaincre.

PIÈGES À ÉVITER

- Ne relire que l'introduction ou la conclusion.
- Se lancer dans un examen minutieux qui empêcherait de consacrer l'essentiel du temps à la rédaction.

CRITÈRES DE RÉUSSITE

- Identifier les fautes d'orthographe ou de syntaxe commises en raison du stress et de l'urgence.
- Penser à la personne qui va lire la dissertation et se demander quelle formulation pourrait être confuse.

THÈME 1
La peur

CHAPITRE 1
La peur : un fait contemporain et global

1 Les peurs sanitaires et environnementales

A. Les peurs activées par la pandémie

Le coronavirus, nommé Covid-19 par l'OMS, est une pandémie dont la diffusion depuis décembre 2019 produit des peurs, des angoisses et des craintes – vérifiées ou non – dans le monde. Il s'agit de la première pandémie réellement mondialisée, conjuguant la plus grande médiatisation et une part d'inconnu sanitaire difficile à accepter dans une société globalisée. Celle-ci, qui s'appuie sur Internet, ne peut plus admettre des événements inexplicables, quoique prédictibles.

Ce rapport connu et inconnu, vecteur de la peur, se retrouve dans la question des origines de la Covid-19. La peur résulte d'abord de l'incapacité à trouver l'origine du virus (un marché de la ville Wuhan ou le laboratoire de virologie P4 de la même ville, lié aux activités de l'armée chinoise ?), qui entraîne des interprétations irrationnelles. Ainsi :

- l'hypothèse d'une transmission animale réactive des clichés colonialistes sur le degré de civilisation de la Chine qui se vérifierait à travers la consommation d'espèces interdites ;
- l'hypothèse d'une fuite de laboratoire apporte la peur et le fantasme d'une supposée volonté meurtrière du régime chinois.

L'essentiel des peurs porte sur les réactions à la diffusion incontrôlée de la pandémie. Elles sont aiguisées par les contradictions apparentes entre la saturation immédiate de l'espace médiatique par la pandémie et l'absence quasi totale de données vérifiables, du moins dans un premier temps.

La peur, dans un contexte sanitaire, repose sur l'approche médicale de l'inconnu. La difficulté à reconnaître les symptômes et leur diversité due aux variants (variant anglais ou Alpha à l'automne 2020, variant brésilien ou Gamma à l'hiver 2020-2021, variant indien ou Delta au printemps 2021) sont des facteurs d'angoisse pour l'opinion publique. Les faits objectifs ne suffisent plus à calmer les peurs : si la mortalité ne remonte pas forcément de façon rapide à l'été 2021 avec le variant Gamma, la peur se nourrit de l'incertitude véhiculée par la possibilité d'une infinité de variants.

Mais la part connue de la pandémie contribue aussi à la peur. D'une part, le décalage entre la surmédiatisation de la Covid-19 et la mise en place de protocoles de prise en charge médicale, de protection sanitaire et de vaccination par l'État suscite une incompréhension. D'autre part, des failles récentes dans la politique sanitaire de l'État ou dans sa perception en France (la controverse sur le vaccin contre l'hépatite B en 1997, l'excès de commande de vaccins contre la grippe H1N1 en 2009-2010, l'élimination de stocks de masques entre 2017 et 2020) rendent le champ connu de la gestion sanitaire peu fiable aux yeux d'une partie de l'opinion. Une telle atmosphère crée une peur diffuse, cristallisée dès le premier confinement (printemps 2020) et reprend de la vigueur avec la relégation du vaccin d'AstraZeneca lors de la phase vaccinale.

B. Les peurs activées par le changement climatique

Le changement climatique est à l'origine de peurs plus diffuses, car celui-ci n'est guère perceptible au quotidien. Néanmoins, deux types d'épisodes météorologiques contribuent à inscrire une peur de l'avenir au sein de l'opinion publique. Le premier concerne la saisonnalité. La temporalité des saisons constitue un repère imaginaire dans la représentation du temps social et culturel. Le dicton « Noël au balcon, Pâques aux tisons » perd de son sens en Europe avec un climat peu prévisible. Les conséquences en sont réelles : les rythmes sont bousculés dans des sociétés fondées sur la saisonnalité (pour le tourisme, la consommation, etc.). Le second correspond aux catastrophes climatiques. Il s'agit d'une peur fondée sur l'incapacité d'une société développée à prévenir des risques « naturels ». Ce phénomène se retrouve à l'occasion des inondations meurtrières, comme celles de la vallée de la Roya en octobre 2020 pour la France, celles de la Meuse en Belgique et de la zone rhénane en Allemagne en juillet 2021. La peur procède dans ce dernier cas du caractère imprévisible de l'évènement (en été, à la saison dite sèche). Auparavant, la catastrophe du tsunami du 26 décembre 2004 a concentré tous les ingrédients de la peur panique activée par une catastrophe naturelle due à un phénomène climatique : haute saison touristique, décalage entre un cadre idyllique et une destruction absolue, incompréhension devant l'échelle des dégâts dans tout l'océan Indien.

Ces peurs entraînent deux réactions : l'une, objective, vise le traitement de la peur par le souci rationnel de l'environnement, à travers l'adoption de pratiques de développement durable, de négociations politiques (l'accord de Paris, 2015) et par la progression des partis écologistes en Allemagne et en France ; l'autre, irrationnelle, consiste à traiter la peur en considérant les explications scientifiques au réchauffement comme relatives. Dans ce cas, la peur, en tant qu'affect, enferme le sujet dans une posture où toute donnée ne correspondant pas à son horizon d'attente – lui-même produit par la peur – est refusée. C'est la tendance climatosceptique sur laquelle Donald Trump s'est appuyé durant son mandat.

C. La peur d'une nouvelle ère, l'Anthropocène

Les peurs liées à la pandémie et au changement climatique s'inscrivent de façon plus large dans la peur de l'entrée de l'humanité dans une nouvelle ère, l'Anthropocène. Ce serait le résultat de la fin d'une ère des révolutions (1789-1989), d'un échec de la mondialisation, de la place gagnée par les outils numériques et de la multiplication des catastrophes naturelles et industrielles (avec en particulier les accidents de Tchernobyl et Fukushima).

Dans l'Anthropocène (un terme proposé en 2002 par Paul Crutzen, prix Nobel de chimie), l'humanité tient le rôle d'une force géologique capable de modifier la Terre de manière irréversible. Une vision radicale de cette configuration aboutit à la collapsologie, ou effondrement de la civilisation. La peur serait le moteur de ce changement d'ère. Surtout, elle est systémique, car elle se rapporte à tous les actes humains et se situe dans la longue durée. L'idée que la peur puisse être le moteur d'un changement aussi essentiel fait l'objet de débats. Les scientifiques estiment ainsi que la vision découlant d'une peur humaine ne peut être comparée aux phénomènes découlant des temps géologiques. De plus, la peur du dérèglement systémique et la notion d'Anthropocène renvoient à une responsabilité de toutes et tous alors que quelques entreprises seulement (dans les domaines du charbon, du gaz et du pétrole, en Chine, au Moyen-Orient et en Russie) émettent un quart des rejets de CO_2 dans le monde. Enfin, la notion d'Anthropocène comporte un dernier risque : en centrant les ruptures subies par la planète sur l'action de l'humain, elle semble indiquer que ce dernier est la source du problème. La peur devient alors la peur de soi et acquiert une dimension apocalyptique contenue dans la collapsologie.

2 La peur sociale et économique

A. Les peurs induites par la mondialisation et le recul de l'État

La mondialisation métamorphose l'organisation sociale et économique : c'est pourquoi elle entraîne des peurs spécifiques. En novembre 2020, un rapport remis à l'Assemblée nationale par France Stratégie (institution autonome dépendante de Matignon) indique que, depuis 1980, les effectifs de l'industrie française ont fondu de moitié. La peur de la désindustrialisation est un sentiment fondé sur le réel, d'autant que ces effectifs sont concentrés dans des espaces restreints – ce qui accroît l'angoisse des populations concernées. Ce même phénomène touche les emplois publics et le salariat des petites entreprises dans les villes petites et moyennes, dans les espaces ruraux ou concernés par la fracture numérique, créant une réaction de peur semblable qui est l'une des sources majeures du mouvement des Gilets jaunes de 2018-2019.

La peur de la numérisation des emplois et des actes du quotidien résulte du même contexte. L'outil numérique assigne désormais un statut social : quiconque reste en marge l'est également de la société. Le contrat social s'en trouve touché. Or, l'impératif de s'adapter à la numérisation trouve un écueil à travers les zones blanches : le manque de justice spatiale en matière de desserte est en cours de comblement, mais les écarts sont significatifs. La recherche de logements par des populations urbaines en quête d'un meilleur cadre de vie dans un territoire aux infrastructures suffisantes pour assurer un télétravail en donne un contre-exemple aux conséquences identiques. Les prix en sont affectés au détriment de la population locale ne bénéficiant pas des mêmes revenus, qui est potentiellement exclue de l'accès à la propriété – un totem de la distinction sociale.

Les conséquences de cette situation sont nombreuses. Au niveau social et sociétal, il faut noter la tendance à considérer les zones peu connectées ou ayant connu une forte désindustrialisation comme des espaces de refuge pour des individus ou des groupes qui refusent désormais les normes imposées de l'extérieur. Le phénomène des ZAD en est l'une des manifestations concrètes : la peur de l'urbanisation et de la bétonisation explique la mobilisation pour la création d'espaces alternatifs, autour de notions telles que la décroissance, l'empreinte carbone nulle… quitte à susciter, en retour, la peur des populations locales qui voient dans les projets de développement des espaces ruraux des opportunités, et ne comprennent pas toujours leurs nouveaux voisins, ce qui entraîne la diffusion d'autres formes de peurs.

B. La peur d'une impossibilité à faire société

Toutes ces peurs comportent un risque : l'impossibilité de faire société, car elles renvoient à un même problème qui porte sur l'intérêt général. Celui-ci est censé être symbolisé par l'État, mais ce dernier est désormais fragilisé en raison de la multiplicité des crises (la pandémie, les Gilets jeunes, les ZAD, etc.) qui dévoilent ses failles. L'État ne rassure plus : il fait désormais peur – comme en témoigne encore la volonté d'imposer le vaccin aux professions médicales ou de créer un « pass sanitaire » à l'été 2021. Cette peur provient du décalage entre l'horizon d'attente du public vis-à-vis de l'État (assurer des missions régaliennes, protéger la population, promouvoir une justice spatiale et sociale), les failles révélées de l'exercice du pouvoir, et la perception de ce même État par un public plus attentif aux questions sociétales (l'État incarne une forme de domination élitiste masculine, parisienne, sans diversité ethnique ni sociale) et à la question de l'autorité (l'État incarne une violence pour certains nécessaire et pour d'autres illégitime). Ces incompréhensions favorisent la peur d'un État défaillant et, en même temps, la peur d'un État abusif et liberticide.

La peur diffuse au sein de la société ne se situe pas seulement dans son rapport à l'État, mais, plus largement, dans le rapport à la possibilité d'être reconnu par la société. La peur du déclassement social en est la principale manifestation. Elle est l'une des composantes qui expliquent l'élection de Donald Trump en 2016 ou les scores des partis populistes et d'extrême droite en Europe. Il ne s'agit pas forcément d'un déclassement réel, mais de la possibilité pour les individus de perdre un statut social vécu comme un acquis. Cette angoisse naît de l'incapacité, dans un contexte économique et social troublé, de se projeter dans le futur et d'envisager un avenir meilleur que le sien pour sa descendance. Un sondage réalisé par l'IFOP en novembre 2019 montre ainsi que le futur est anxiogène pour 84 % des Français, et que seuls 51 % des moins de 35 ans pensent le futur comme quelque chose d'excitant.

3 La peur culturelle et politique

A. La peur du déclin civilisationnel

La peur du déclin de la civilisation est aujourd'hui brandie par des acteurs de la sphère publique : il s'agit pêle-mêle de dénoncer l'influence de Mai 68, la déstabilisation de la société patriarcale, la remise en cause de la place de l'armée ou de la religion dans la société, la dynamique d'inclusion et d'acceptation de toutes les différences, le primat de l'individuel sur le collectif.

Qui sont les déclinistes ? Éric Zemmour, Patrick Buisson, Philippe de Villiers diffusent dans les médias ou dans leurs ouvrages l'idée que l'identité de la France est en train de changer de nature ethnique en raison d'une immigration issue en assez grande partie du monde musulman. Cette thèse du déclin est donc liée à la peur de « grand remplacement », un fantasme depuis longtemps véhiculé par l'extrême droite.

Le schéma est presque toujours le même : il s'agit de présenter des faits objectifs pris isolément (exemple : la hausse de la dette nationale, le principe de repentance pour la colonisation, le recul de la France dans les classements internationaux en matière d'éducation, de PIB, d'armement, etc.) pour en déduire un déclin général du pays qui n'aurait plus la société qu'il mérite – ou du moins dont une partie de celle-ci constituerait un danger pour le reste de la nation.

B. La peur saisit le débat démocratique

La peur politique prend plusieurs formes : le retour des assassinats de journalistes politiques et d'investigation, la visibilité accrue des partis extrêmes et populistes maniant une rhétorique de la peur et, au final, l'impossibilité croissante d'obtenir un débat démocratique réel en raison de la peur inspirée par des protagonistes laissant leur affect, souvent irrationnel, les gouverner.

Les assassinats politiques rappellent ainsi le souvenir de pratiques trop vite oubliées car reliées aux seules mafias ou aux régimes totalitaires des années 1930. Pourtant, les assassinats de cinq journalistes dans des pays démocratiques et membres de l'UE (Bulgarie, Malte, Slovaquie, Suède, Pays-Bas) depuis 2017 montrent que ces attaques existent désormais au cœur d'un espace démocratique.

Le reflux des partis modérés et les succès des parties populistes et d'extrême droite traduisent la diffusion d'un climat de peur dans les démocraties. Les élections italiennes de 2018 ont ainsi porté au pouvoir deux partis – le Mouvement 5 étoiles et la Ligue – qui ont attaqué de front les autres partis, de sorte à créer une polarisation par le stress et la peur. La peur des migrants a joué dans le cas italien, comme dans le cas de la Grèce lorsque, entre 2012 et 2019, Aube dorée, un parti d'extrême droite, voire néonazi, a obtenu une représentation au Parlement.

Enfin, l'impossibilité de tenir un débat démocratique apaisé est aussi le résultat d'un climat de peur, comme l'a démontré au monde stupéfait l'assaut du Capitole par les partisans radicalisés du président défait, Donald Trump, le 6 janvier 2021. La peur du « rouge » sans cesse brandie par l'ex-président a installé un climat de panique parmi ses supporters qui sont passés à l'action, franchissant un totem de la démocratie étasunienne.

C. Les peurs géopolitiques : peur des tyrans, peur des terroristes

La peur dans le domaine politique provient également des sources d'angoisse réelles ou perçues à l'échelle mondiale, et dont le passé récent a démontré que celles-ci peuvent avoir des résonances dramatiques sur le territoire national. Le général Lecointre, chef d'état-major des armées françaises, en poste de 2017 à 2021, témoigne de la pluralité des risques de guerres susceptibles de concerner la France dans les années à venir. Il identifie cinq menaces : des compétiteurs qui n'hésitent plus à agresser militairement leurs concurrents, le risque terroriste qui demeure toujours important, le terrain africain instable depuis 2011, la cyber-guerre et la guerre sous-marine. La prise de parole de ce très haut gradé porte d'autant plus qu'elle est exceptionnelle et peut constituer une source de peur pour l'opinion publique, même si l'analyse relève de données objectives. Car cet état des lieux coïncide avec la perception d'un monde de plus en plus dangereux, avec le glissement de nombreux États vers des régimes autoritaires (Russie, Turquie, Venezuela, etc.), vers des actes aux relents totalitaires (Chine, Corée du Nord), ainsi que la multiplication de guerres aux contours mal compris et, par conséquent, perçus comme d'autant plus dangereux (Yémen, Sahara). Tous ces risques induisent une forme de banalisation de la peur dans les représentations. L'exemple de la lutte contre le terrorisme en est l'une des meilleures expressions puisque le plan Vigipirate, en théorie temporaire, est maintenant effectif à un niveau très élevé depuis 2015. L'exceptionnel est devenu la norme sous le régime de la peur du terrorisme.

CHAPITRE 2

La peur : un fait inscrit dans la durée

1 Les peurs sanitaires et environnementales

A. La peste, symbole de la peur sanitaire depuis l'Antiquité

Les épidémies sont souvent convoquées pour comprendre la disparition des civilisations. La civilisation grecque démontre le lien entre peur existentielle et épidémie. Sophocle contextualise son *Œdipe Roi* dans la ville de Thèbes parcourue par la peste qui semble agir comme une force implacable. C'est parce qu'il y a la peste à Thèbes qu'Œdipe lance une enquête qui va lui être fatale. De même, en pleine guerre du Péloponnèse, la peste d'Athènes (430-426 av. J.-C.) provoque, selon l'historien grec Thucydide, un effondrement social, avec la mort d'un quart des hoplites en quarante jours. La peste aurait aussi été à l'origine du déclin et de la chute de l'Empire romain. La peur produite par un cycle épidémique (et par la baisse des températures) aurait entraîné une désorganisation politique et sociale : c'est la thèse de l'historien américain Kyle Harper, auteur de *Comment l'Empire romain s'est effondré : le climat, les maladies et la chute de Rome* (La Découverte, 2019).

La peste noire demeure la référence en termes de peur provoquée par une épidémie. Elle aurait provoqué la mort de 30 à 50 % des Européens (soit vingt-cinq millions de personnes) de 1347 à 1352, bien plus que la guerre de Cent Ans. Cette peur entraîne de lourdes conséquences qui traduisent l'angoisse des populations, avec l'apparition de courants religieux plus spirituels et, dans l'art, la focalisation croissante sur l'enfer et sur le Jugement dernier.

La peur des épidémies est au cœur des préoccupations politiques et sociales : à chaque bruit d'une peste à l'époque moderne (jusqu'en 1720), les villes se confinent derrière leurs murs. Ces mesures prophylactiques s'inscrivent dans une vision angoissée de tout ce qui entoure l'humain, à un moment où les scientifiques des Lumières commencent à comprendre les maladies. Au XIXe siècle, les hygiénistes traquent tout élément angoissant au niveau sanitaire. Ils font ainsi déplacer les cimetières, perçus négativement, vers des lieux aérés et réputés sains. Mais l'hygiénisme, fondé sur la peur des classes possédantes, évolue vite vers une discrimination politique et sociale des classes populaires jugées malsaines. La peur du sale devient la peur des pauvres…

Enfin, à l'heure de la Covid-19, les médias rappellent que les épidémies ne sont pas une histoire ancienne, avec en particulier la grippe espagnole (1918-1921), qui aurait fait entre vingt et cent millions de victimes, surtout en Inde et en Chine.

B. Les peurs induites par le changement climatique

Les peurs collectives suivent souvent une interprétation biaisée par un contexte de crise de la société des signes naturels : passage d'une comète, éclipse du soleil ou de la lune, marées anormales, inondations meurtrières, séisme touchant un lieu symbolique, éruption volcanique, etc. La nature constitue en réalité une source incessante d'interrogations pour les humains, qui se transforme en peur lorsque le signe correspond, dans les imaginaires, à une forme de désespoir déjà présente. Ainsi, dans les périodes d'angoisse religieuse comme au XVIe siècle avec la fracture de la chrétienté entre protestants et catholiques, le ciel est souvent scruté et une mauvaise conjonction astronomique est considérée comme la possibilité d'une diffusion inédite de l'hérésie ou, au contraire, de son extermination. Autre exemple : autour de 1600, des centaines de femmes accusées de sorcellerie sont brûlées en Allemagne à la suite de gelées qui ont détruit les raisins et dont elles sont tenues responsables.

Avec le développement de l'esprit scientifique, la peur du changement climatique se développe, car les explications apportées confirment l'impression angoissée première. Un sondage à l'été 2020 de l'institut américain Pew Research Center dans quatorze pays occidentaux le confirme : 70 % des sondés voient dans le changement climatique la plus grande des menaces, avant les maladies infectieuses, le terrorisme ou le nucléaire. Cette peur est très élevée en France, avec 83 % des sondés, contre 69 % en Allemagne ou 62 % aux États-Unis. Ce résultat s'explique par l'histoire de l'Occident, longtemps fondée sur sa prétention à dominer la nature, et par l'actualité récente, avec les arrivées des migrants climatiques. Pourtant, le danger est plus grand ailleurs dans le monde, comme dans les îles Kiribati ou les Tuvalu qui risquent de disparaître avec la montée des eaux océaniques. De réaction émotionnelle, la peur du climat devient aujourd'hui une réalité.

2 La peur sociale et économique

A. La peur de la faim

La peur de la faim – et de tout ce qui touche aux besoins vitaux – est doublement angoissante : pour la population qui la subit, et qui s'en trouve désespérée en plus d'être affamée, et pour le pouvoir en place, qui y voit les germes d'une révolte ou d'une révolution – et qui pour cette raison a tout intérêt à y remédier. La peur trouve ses fondements dès le Néolithique puisque la conversion des chasseurs-cueilleurs en agriculteurs-éleveurs a créé les conditions d'une abondance nouvelle et, lorsque les récoltes s'avérèrent insuffisantes, d'une pénurie redoutable. L'Empire romain constitue un point de repère pertinent pour en mesurer les effets, tant parmi la population que parmi ses gouvernants. Ravitailler Rome est d'une importance cruciale pour l'empereur qui craint une révolte populaire appelant l'armée à le renverser. Le préfet de l'annone est ainsi chargé du bon approvisionnement en grain de la ville et de sa distribution aux citoyens. De même, l'expression *panem et circenses* traduit deux besoins auxquels tout citoyen doit impérativement avoir accès : le pain et les jeux (du cirque).

Cette peur se retrouve ainsi dans l'histoire à travers les révoltes de la faim : elles sont d'autant plus graves que l'État se représente structuré et s'avère en réalité défaillant. De telles situations se retrouvent ainsi lors de la « guerre des farines » (1775) dans une France agitée par la libéralisation du marché des grains en 1774 et par de mauvaises récoltes, mais aussi dans les prémices de la révolution de 1848 ou encore récemment en Afrique, en 2011, avec l'augmentation des prix des biens de base. Cette peur exprime la faillite de l'État à gérer une crise. C'est pourquoi dans l'Inde frappée de plein fouet par la Covid-19, c'est bien la peur de la faim qui prédomine.

B. La peur d'une impossibilité à faire société

La peur de l'autre constitue également un défi pour l'humanité sur le long terme. Avec les « grandes découvertes », la question de « l'autre » est propulsée sur le devant de la scène européenne – ce dont Montaigne traite d'ailleurs dans ses *Essais* (*Des Cannibales*, I, 31 ; *Des Coches*, III, 6). La peur et son double, la fascination, s'observent dès les premières exhibitions d'Amérindiens en France (comme lors de l'entrée de Charles IX à Rouen en 1563), sur fond d'imaginaire effrayant de cannibalisme. Ce même mouvement de répulsion et de fascination se retrouve de manière plus explicite encore avec l'imaginaire sexualisé du colonisé aux XIXe et XXe siècles. Les « zoos humains », tel celui de l'Exposition coloniale de 1931 à Paris renvoient à une vision de l'indigène ensauvagé, fascinant et dangereux. La mode de l'orientalisme dans la peinture de la seconde moitié du XIXe siècle traduit aussi une forme de peur de l'autre en présentant des colonisés efféminés et, de fait, infériorisés. Ces représentations sont les miroirs d'une peur de ceux qui, en paraissant différents, nous questionnent sur notre identité. Jusqu'au premier tiers du XXe siècle, les colons se refusent à faire venir des femmes d'Europe, par peur d'une contamination morale et sexuelle qui serait le fait des colonisés sur celles qui sont encore vues comme trop faibles.

La peur de l'autre ne nécessite pas toujours d'être confronté à d'autres civilisations : celle-ci se joue aussi à l'intérieur de la société, en raison des idéologies qui la travaillent. Les distinctions de classes passent ainsi par la peur qui travaille chaque classe d'être submergée ou exploitée par une autre classe. Ce phénomène opère dans les sociétés émergentes où les classes sociales moyennes et aisées cherchent absolument à se distinguer des classes populaires. Le principe de la distinction sociale, cher à Pierre Bourdieu, se nourrit de la peur de se fondre dans une masse source d'angoisse.

La peur de l'autre se retrouve enfin dans les sociétés totalitaires : dans ce cas, l'autre est dégénéré et sa seule existence constitue pour la société – selon l'idéologie du régime – un risque mortifère à impérativement éliminer. La peur travaille ainsi la société totalitaire à la racine même des relations sociales, comme l'a montré l'adaptation par Ivo van Hove des *Damnés* de Luchino Visconti, jouée pour la première fois par la troupe de la Comédie-Française au festival d'Avignon de 2017.

C. La peur du système économique et social

Chaque système économique porte en lui les germes d'une angoisse et d'une peur dans la mesure où il paraît imposer à une société donnée un fonctionnement qu'elle n'a pas choisi. La peur d'une exploitation sans fin générée par le capitalisme est ainsi à l'origine des premières mobilisations ouvrières du XIXe siècle (avec en particulier la révolte des tisserands à partir de 1844 en Allemagne). Cette peur est créatrice car l'angoisse de l'exploitation permet à l'ouvrier de développer une conscience de classe.

La mondialisation apporte également son lot de peurs pour celles et ceux qui paraissent en être les perdants ou qui se refusent à en accepter les normes (la pensée libérale, le cosmopolitisme, la tendance à l'uniformisation culturelle, etc.). L'altermondialisme – un terme apparu en 1999 – désigne l'ensemble des opinions qui refusent d'adhérer à une mondialisation libérale parce que celle-ci apporte de la peur, de l'angoisse et du désespoir en raison du renforcement des inégalités, de la désindustrialisation et de son corollaire, la perte d'emplois et d'un tissu social et culturel, et de l'absence de contrôle démocratique des firmes transnationales (FTN). Les mouvements complotistes utilisent d'ailleurs cette peur née d'une impossibilité apparente à contrôler les FTN, accusées, de façon irrationnelle, avec le cas des vaccins contre la Covid-19, de prendre le contrôle de nos vies à la manière d'un Big Brother.

3 Les peurs politiques, religieuses et idéologiques

A. L'angoisse politique et culturelle : le sentiment du déclin

Le désespoir face au présent ou à l'avenir n'est pas seulement un sentiment diffus ; il est aussi une réalité qui s'est vérifiée à plusieurs reprises de façon dramatique à travers les suicides collectifs. Parmi les cas célèbres, il faut citer celui des habitants de Massada en Judée qui préfèrent se tuer plutôt que de tomber aux mains des Romains en 73 ; celui de la bataille de l'île de Saipan, en 1944, marquée par les assauts suicides des soldats japonais et par les suicides de plusieurs milliers de civils se jetant des falaises, ainsi que par ceux commis par des Guarani entre 1985 et 1999 au Mato Grosso (Brésil) après avoir perdu leurs terres.

Le suicide collectif renvoie à la question plus large du déclinisme. Celui-ci a une histoire ancienne, liée aux adversaires de la Révolution française et à la génération romantique. Les deux ont en commun de regarder vers un passé fantasmé qui nourrit leur angoisse après 1789. Mais Chateaubriand et Hugo jeunes n'ont rien à voir avec les déclinistes politiques de la fin du XIXe siècle et du début du XXe siècle, tel Charles Maurras dont le déclinisme radical débouche sur un « nationalisme intégral ». Le déclinisme politique se présente souvent comme scientifique. Il utilise les théories malthusiennes du XIXe siècle et établit un lien entre baisse de la natalité et arrivée de migrants inassimilables, selon l'économiste Paul Leroy-Beaulieu en 1913. Récemment, les déclinistes voient dans Mai 68 le tournant entraînant la baisse de la France dans les classements internationaux, l'entraînant également dans des violences urbaines, dans la perte de repères moraux et, au final, dans une perte d'influence à l'échelle mondiale. Cette position n'est pas uniforme : les prises de parole considérées comme déclinistes sont le fait d'acteurs très divers, d'Éric Zemmour à Michel Houellebecq

B. Faire peur, terroriser : un moyen de gouverner

Le gouvernement par la peur peut être qualifié de tyrannie, dans la mesure où la force physique et psychologique est employée pour obtenir le pouvoir absolu par celui qui devient tyran. La tyrannie renvoie à un mode de gouvernement qui s'appuie sur une partie des citoyens qui est contre une autre, tel Pisistrate au VIe siècle av. J.-C. à Athènes qui prend le pouvoir par la ruse et bénéficie du soutien de la petite paysannerie contre l'oligarchie. Mais l'âge d'or de la tyrannie, dans l'imaginaire politique, est le Moyen Âge, pour lequel Patrick Boucheron a montré que la tyrannie constitue à la fois un symbole du mauvais gouvernement et une réalité dans des cités où le chef d'une faction confisque par la force, voire la terreur, le pouvoir. Ainsi, à Milan autour de 1300, les frères Visconti rivalisent de brutalité sur la population pour éteindre toute contestation.

La modernité politique apparaît avec un changement de paradigme autour de la peur : celle-ci est désormais assumée comme une finalité de la politique. À la suite de Hobbes, l'idée que l'État détient la violence légitime implique que celui-ci doit imprimer la peur au cœur de chaque individu afin d'obtenir son consentement aux normes qu'il édicte. La Révolution française en est l'aboutissement avec le gouvernement de la « Terreur » (1793-1794) : la radicalisation des idéaux de 1789 aboutit à la volonté d'exercer une peur terroriste sur tout ennemi réel ou supposé. Ce modèle influence les contre-révolutionnaires qui, à la chute de Napoléon Ier, en 1815, exercent une « terreur blanche ». La terreur prend ainsi une coloration idéologique qui atteint son paroxysme avec les régimes totalitaires où la peur est érigée en système : peur et fascination envers le chef, peur de ne pas être absolument conforme à l'idéologie, etc. L'emblème des SS, le crâne, renvoie d'ailleurs à cette inscription de la peur terreur au plus profond de l'être de cet « homme nouveau » voulu par les nazis.

Ainsi, 1945 ne marque pas la fin de l'usage de la peur dans la politique, mais repense son champ d'application. Pendant la guerre froide, la « peur rouge » se manifeste pour souder la population des États-Unis derrière la doctrine Truman à l'époque du maccarthysme. Avec le retour du terrorisme au début du XXIe siècle, la peur terreur revient comme un moyen pour diviser l'ennemi en faisant changer la peur de camp, tout en l'installant dans une dynamique proche de celle des régimes totalitaires pour les populations concernées directement par l'emprise terroriste. Il est ainsi possible de penser aux exécutions publiques perpétrées par l'État islamique en Syrie et en Iraq.

C. Les peurs religieuses et culturelles

Parce qu'elle procède à la fois de l'intime et de l'idéologie, la peur est étroitement liée au sentiment religieux, aux religions, aux représentations culturelles du sacré et à l'usage politique du sacré et du religieux.

Les religions du salut sont celles qui se focalisent sur la délivrance et la libération de l'Homme voulues par Dieu, mais accessibles seulement aux élus, à celles et à ceux qui ont usé positivement de leur libre arbitre, ou encore qui ont agi dans la voie de Dieu durant leur vie terrestre. Les monothéismes, l'hindouisme et le bouddhisme sont concernés. Pour les croyants, faire son salut est un risque à accepter, mais qui peut aussi produire de l'angoisse et des peurs : peur du péché, peur de la damnation et de l'enfer. Cette peur n'est pas exempte d'instrumentalisation comme le montre l'exemple des mouvements terroristes qui se fondent sur des versions fondamentalistes des religions. Elle se rattache aussi à l'imaginaire du temps qui passe et aux signes que ce temps court peut être arrivé à sa fin. Dans ce cas, il s'agit d'une peur eschatologique. Celle-ci se manifeste par exemple dans la crainte du millenium, qui peut être concret (le passage à l'an 2000 par exemple) ou symbolique (le Jugement dernier).

CHAPITRE 3

La peur : un moteur pour la société et sa représentation

1 La société se façonne à partir d'une multiplicité de peurs et d'incertitudes

A. Des peurs présentes à tous les âges de la vie

La peur est une émotion ressentie par le sujet, en général face à la perspective d'un danger supposé, réel ou fantasmé, qui alerte le sujet et induit deux types de réponses : le combat ou la fuite. En d'autres termes, la peur est un état psychologique qui suppose un rapport au monde fondé sur le besoin de se sécuriser. Ce principe est un moteur pour la construction de l'enfant pour lequel l'expérience de l'environnement est un enjeu essentiel. L'enfant présente donc, selon son âge, des peurs différentes qui traduisent son niveau de développement : peur des bruits et de la séparation jusqu'à l'âge de 4 ans, d'événements dépassant le seul cadre immédiat de 4 à ans, de ne pas s'intégrer au groupe social de 8 à 12 ans. L'adolescence présente la caractéristique de voir surgir des peurs internes (peur de son corps, de sa capacité à agir sur son corps, d'aller vers l'autre) et externes (peur du regard porté sur soi ou de l'absence de regard porté sur soi). La peur à l'adolescence crée l'identité, mais elle comporte aussi un risque de désocialisation. Le cas des « hikikomori » apparus au Japon, de jeunes garçons qui se cloîtrent dans leur chambre des mois, voire des années, démontre l'étendue de la peur sociale qui peut naître. Les peurs de l'adulte ne sont pas moins nombreuses, mais l'insertion de l'adulte dans un entrelacs de responsabilités sociales produit deux comportements majeurs face à la peur : le sentiment d'angoisse, qui n'empêche pas l'exercice de ces responsabilités, et la rupture, qui se traduit par un fantasme de retour à l'adolescence ou une fuite en avant.

B. Des peurs individuelles ou collectives

La peur est d'abord un sentiment éprouvé par l'individu. Mais parce qu'elle découle aussi de l'expérience de l'environnement, son contenu social rend floues les limites entre les peurs individuelle et collective.

La plupart des peurs contemporaines sont à la fois individuelles et collectives : peur des épidémies (Covid-19, Ebola, chikungunya, etc.), du terrorisme, du changement climatique, de la bombe atomique, de la perte de son emploi, du déclassement social, etc. Ces peurs pourraient déclencher un désespoir absolu et un sentiment de chute irrémédiable. Pourtant, les craintes ne deviennent pas forcément des paniques généralisées : ainsi la catastrophe de Fukushima qui, en 2011, a mis l'accent sur le danger nucléaire comme l'avait fait celle de Tchernobyl, en 1986, avant de s'essouffler quelques mois après en raison du trop-plein d'informations et de l'apparition d'autres peurs. L'afflux massif d'informations freine le potentiel de la peur et la transforme en un sentiment diffus, mais incapable de modifier durablement les comportements.

En ce sens, les peurs contemporaines diffèrent des peurs collectives du passé (millénarisme, peste, épidémies, bandes de brigands, soldats désœuvrés). Celles-ci procédaient de rumeurs insistantes, mais non étayées par des données objectives. C'est pourquoi elles envahissaient tout l'univers social, culturel et mental des populations concernées, et avaient de plus une dimension religieuse. Il fallait donc recourir à des outils à la fois collectifs (pour souder la communauté) et individuels (pour soulager l'âme) pour y remédier, et ce, avec des pèlerinages, des processions publiques, des « émotions » (du mouvement de foule à la révolte). Tel n'est plus tout à fait le lot de l'humanité au XXIe siècle, qui vit sous le régime de « l'incertitude », pour citer Edgar Morin, plutôt que sous celui de la peur panique.

C. Les peurs sociétales

Les phobies expriment des peurs démesurées dans leur représentation et dans les réactions qu'elles provoquent parce qu'elles touchent à la peur absolue (la mort), et qu'elles activent l'instinct de survie. Néanmoins, en général, les phobies sont des constructions sociales : elles se présentent comme des réactions épidermiques face à une situation, à un autre qui semble mettre en danger l'image que l'on se fait de soi. Le fantasme de mort renvoie à une mort imaginaire, culturelle et sociale, qui traduit le décalage entre le sujet et la société réelle, le renvoie à une société fantasmée, et le projette sur une victime émissaire d'autant plus insupportable qu'elle symbolise, à ses yeux, la présence continue de l'angoisse existentielle.

Trois phobies s'illustrent aujourd'hui : la xénophobie, l'islamophobie et l'homophobie. La xénophobie mêle la crainte et la haine de l'étranger, au sens premier du terme : celui-ci, étrange, nous renvoie à notre propre étrangeté et au sentiment de ne plus être au cœur de la société. La peur propagée par les mouvements d'extrême droite (« identitaires ») s'y inscrit, en diffusant la théorie du « grand remplacement », car la peur réside dans l'idée d'un afflux d'immigrés surpassant la population « nationale ». L'islamophobie part de cette même peur et se focalise sur une haine de l'islam qui serait incompatible avec les valeurs de la République et qui favoriserait le terrorisme. L'état de sa diffusion dans une frange de la société se mesure à la diffusion de l'expression « islamo-gauchisme » qui fait porter la phobie initialement développée à l'extrême droite sur l'islam vers des personnes (universitaires, liées à des mouvements de gauche, etc.) sans lien avec l'islam. L'homophobie et plus récemment la transphobie interrogent les mêmes peurs fantasmées sur autrui à partir de la question de l'orientation sexuelle et du genre. Là encore, il s'agit d'une polarisation qui renvoie à un fantasme (la personne trans ne « contamine » personne) utilisé à des fins politiques, comme le montre la loi anti-LGBTI adoptée par la Hongrie (juillet 2021), et contraire aux valeurs de l'Union européenne.

2 Les acteurs de la société jouent sur la peur pour obtenir la participation de tous

A. La peur omniprésente dans la gestion politique et sociale de la société

Le fonctionnement d'une société requiert le consentement, l'adhésion ou, à défaut, l'obéissance de ses membres. Ce principe amène à se poser la question de l'utilité de la peur (de la simple crainte à la terreur), dans la gestion politique et sociale d'une société. Est-il possible de gouverner sans faire usage de la peur ? L'expression « lois liberticides », pour la loi « sécurité globale » et le « pass sanitaire » en 2021, renvoie à un tournant sécuritaire de l'État, selon ses opposants, en jouant du contexte de peur sanitaire pour légiférer. Gouverner la société par la peur n'est pas un fait nouveau. L'histoire des États-Unis au xxe siècle en témoigne : peur de l'opposition entre sciences et religion (le « procès du singe » en 1925), du communisme mise en scène par les autorités politiques, depuis le maccarthysme (1947-1954) jusqu'à « l'empire du mal » de Ronald Reagan en 1983, du terrorisme islamiste avec le Patriot Act en 2001, peur de l'invasion migratoire alimentée par le fantasme du mur à la frontière mexicaine par Donald Trump (2016-2020). Ces exemples désignent la peur comme un outil de mobilisation incessante des individus et de leur projection dans une peur collective commune qui donne à l'État les moyens de sa politique.

Cette situation n'est possible que parce que la peur est une donnée subjective qui s'adresse au moi profond des individus. Il faut noter que le même mécanisme se retrouve dans les techniques du management par la peur, dont l'irrationalité tient dans le jeu sur la peur des salariés pour obtenir leur obéissance absolue.

Si l'État peut utiliser ou susciter des peurs afin de mettre en œuvre ses principes de gouvernement, il doit tenir compte des peurs sociales susceptibles de mobiliser contre lui individus et groupes sociaux. La peur du déclassement social constitue l'une des peurs fondamentales dans des sociétés marquées par la centralité de la classe moyenne. Cette peur touche des individus qui ne la subiront pas forcément, surtout s'ils bénéficient des marqueurs symboliques de la moyennisation de la société : CDI stable, propriété de son logement, capacité à épargner, etc. Mais deux facteurs rendent omniprésente cette peur sociale. Tout d'abord, la peur de ne pas arriver à maintenir le statut social (à cause de l'échec scolaire notamment) en raison de la démocratisation continue qui ouvre de nouvelles possibilités à d'autres générations (plus jeunes) et à d'autres classes sociales ; ensuite, la protection accrue des personnes ayant acquis un statut social lors des crises (comme la prise en charge du chômage technique pendant les confinements par l'État) donne à voir tout ce qui pourrait être perdu.

B. Les outils de la circulation de la peur dans la société

La médiatisation de la peur participe au lien social à travers les rumeurs (qui entretiennent la peur par leur caractère imprécis, voire irrationnel), les discours (qui, en s'adressant à un auditoire, créent une communauté de destin) et, surtout, les médias.

Les rumeurs sont un puissant moteur social : leur diffusion repose sur les fantasmes qui sont alors d'autant plus aisément transmis d'une personne à une autre. Elles traduisent une forme de crise au sein de la société, à l'instar des rumeurs d'enlèvements dans la société française à la fin de l'Ancien Régime et, dans la continuité, de la « Grande Peur » de l'été 1789.

HISTOIRE

EXTRAIT DU JOURNAL DE L'AVOCAT PARISIEN BARBIER (1749)

« Depuis huit jours, on dit que des exempts de la police déguisés rôdent dans différents quartiers de Paris et enlèvent des enfants, filles et garçons, depuis 5 ou 6 ans jusqu'à 10 ans et plus, et les mettent dans des carrosses de fiacre qu'ils ont tout prêts. Ce sont des petits enfants d'artisans et autres qu'on laisse aller dans le voisinage, qu'on envoie à l'église ou chercher quelque chose. Comme ces exempts sont en habits bourgeois et qu'ils tournent dans différents quartiers, cela n'a pas fait d'abord grand bruit. »

Les discours politiques diffusent des peurs en créant des processus d'identification, d'empathie ou d'angoisse. Leur objectif est de souder le public derrière un affect qui provoque un élan d'obéissance des gouvernés. Ainsi le président serbe Milosevic tient, en 1989, des propos rappelant la défaite nationale devant les Turcs, six siècles auparavant, afin de créer un climat traumatique. Il s'agit d'influencer la population à prendre le parti d'une politique nationaliste à l'encontre des adversaires de la Serbie.

Le rôle des médias est de loin le plus important dans la diffusion des peurs, avec Internet et le développement des chaînes d'information en continu dont l'objet est d'informer sans cesse, quitte à répéter indéfiniment les mêmes informations. Or, le mécanisme de répétition accroît les émotions, en particulier l'angoisse et la peur. Le rôle de ces chaînes (et des réseaux sociaux !) dans la diffusion d'un tel climat avec la Covid-19 est important : il s'explique par l'absence d'informations claires et bénéficiant d'un recul scientifique susceptible de les nuancer, puis par la nécessité de fournir des informations toujours renouvelées alors même que le temps de l'analyse scientifique et médicale est déconnecté du temps immédiat de l'information.

Ainsi, les nouvelles technologies participent à la diffusion de la peur : non seulement parce qu'elles accélèrent la diffusion potentielle, mais aussi parce qu'elles semblent réduire comme peau de chagrin l'intimité et le droit à la vie privée. La peur de perdre toute intimité crée alors une rupture avec le contrat social reconnaissant la vie privée comme un droit essentiel, notamment lorsqu'il s'agit de tracer des cas contacts en temps de pandémie…

Actualité **LE POINT DE VUE D'EDWARD SNOWDEN SUR LE SCANDALE « PEGASUS »**

« Quand je parle "d'espions dans nos poches", c'est le potentiel, la possibilité, le fait que ces choses communiquent à travers le réseau mobile, et connaissent votre localisation. C'est Facebook qui vous espionne, par exemple. [...] Ce qu'on découvre là, ce sont des gens qui ont créé une industrie dédiée au piratage de ces téléphones, qui vont au-delà de l'espionnage dont on connaissait l'existence, et qui prennent le contrôle de ces téléphones, pleinement, pour les retourner contre les gens qui les ont achetés, qui ne les possèdent plus vraiment. [...] C'est une attaque réfléchie, intentionnelle sur des infrastructures dont nous dépendons tous. Peu importe sous quel drapeau on vit, peu importe la langue qu'on parle, on est tous visés dans cette histoire. »

FranceInter.fr, 19 juillet 2021.

3 La peur structure la dynamique sociale, politique et culturelle

A. La peur fondatrice

La peur tient une place essentielle dans la plupart des récits de fondation. Qu'il s'agisse de la Bible, des mythes grecs ou issus du Proche-Orient et du Moyen-Orient, la peur apparaît à de nombreuses reprises. René Girard fait ainsi de la peur un sentiment ontologique de la relation des humains au sacré : son hypothèse sur l'origine du sacré et des rites est celle d'une chasse originelle – réelle ou imaginaire – d'un homme par d'autres hommes qui aboutirait à la divinisation de l'homme chassé. Cet épisode fondateur d'une communauté soudée par la chasse originelle (qui renvoie au passage des chasseurs-cueilleurs aux agriculteurs-éleveurs à la fin du Néolithique) serait le résultat d'une dissension née parmi les hommes et qui les aurait poussé, par peur de la guerre de tous contre tous, à désigner une victime émissaire, seule à même de ressouder la communauté.

Le processus sacrificiel de la victime fonderait donc les rites et l'idée du sacré : cette idée se retrouve aussi dans le mythe d'Œdipe tel que Sophocle l'a mis en scène dans sa version du récit mythico-tragique puisque la pièce débute sur la peur qui a envahi la ville dont Œdipe est devenu roi, Thèbes, parcourue par une peste rapidement interprétée comme la preuve d'une malédiction dont le roi se doit de découvrir l'origine… qui lui sera fatale. L'Ancien Testament comporte enfin des récits de peurs, en particulier dans le Livre de Job, autre victime émissaire emblématique.

Focus **LA PEUR DANS LE LIVRE DE JOB (ANCIEN TESTAMENT)**

« Périsse le jour où j'allais être enfanté [...]. (3,3)
Pourquoi ne suis-je pas mort dès le sein ? À peine sorti du ventre j'aurais expiré. (3,11)
Pourquoi ce don de la vie à l'homme dont la route se dérobe ? (3,23)
Quand cesseras-tu de m'épier, me laisseras-tu avaler ma salive ? (7,19)
Ai-je péché ? Qu'est-ce que cela te fait [..] ? Pourquoi m'avoir pris pour cible ? (7,20) »

B. La peur organisatrice

La dimension fondatrice de la peur énonce sa capacité à organiser de nombreux aspects de la vie en société autour des relations des idéologies et des relations de pouvoir. La peur apparaît ainsi comme un moteur pour les idéologies politiques, surtout celles qui se fondent sur la peur d'une perte (des valeurs, de l'identité, du capital, des acquis sociaux, etc.). La « peur rouge » tout comme les peurs issues de la mondialisation néolibérale se nourrissent de l'angoisse qui mobilise ou qui immobilise, qui crée du lien social ou, au contraire, déjoue un lien social qui viendrait contester le pouvoir en place.

La capacité organisatrice de la peur se mesure aussi à partir de l'approche géographique. La peur est en effet un outil de perception de l'espace : certains lieux sont décrits de façon positive parce qu'ils rassurent (un lieu éclairé la nuit, une métropole avec des services de haut niveau) alors que d'autres souffrent d'une image négative (les friches industrielles, les « quartiers »). L'aménité d'un lieu constitue aussi un facteur privilégié d'implantation des entreprises, ce qui conduit parfois à des choix peu en phase avec la réalité du marché de l'emploi. Ces exemples montrent que la peur de certains espaces pose la question du rapport à l'autre dans l'aménagement de l'espace pour s'ouvrir à lui ou, au contraire, s'en prémunir. À l'échelle infralocale, la peur se traduit par l'essor des quartiers fermés (*gated communities*). À l'échelle locale et nationale, elle prend la forme de murs qui séparent un quartier d'un autre, un pays d'un autre (l'Arabie saoudite avec l'Iraq et le Yémen). À l'échelle régionale et internationale, les zones de guerre et d'instabilité sont répulsives et produisent un sentiment de peur, surtout à l'occasion d'enlèvements et d'attentats terroristes.

C. La peur salvatrice

Et si le salut spirituel autant que concret de l'humanité résidait dans la peur ? Cette hypothèse ne doit jamais être écartée, et ce, pour trois raisons. D'une part, la peur peut engendrer un moment décisif en incitant le sujet apeuré à prendre une décision susceptible de changer sa vie. Ainsi, en 1505, le jeune Martin Luther est pris dans un violent orage : la foudre qui le terrorise s'abat juste à côté de lui. Il fait alors le vœu de se faire moine s'il demeure sauf. Après quelques jours, il entre au couvent à Erfurt contre la volonté de son père, et commence le parcours qui le mènera à rompre avec Rome en enclenchant la Réforme protestante en 1517. D'autre part, la peur peut également jouer le rôle d'une alerte instinctive de nature biologique ou exprimant l'inconscient du sujet, afin de préserver son intégrité d'un risque avéré ou mortel. C'est par exemple le cas du vertige. Enfin, la peur peut agir comme un moteur de résilience pour le sujet qui, confronté à une angoisse en apparence impossible à surmonter, en vient à imaginer des solutions également en apparence utopiques. Il faut d'ailleurs noter que la capacité à inventer un après dépend de la perception imminente du risque et de la peur qui en résulte : plus la peur semble proche et réelle, plus le cerveau est stimulé ; moins la peur semble nouvelle ou efficiente, moins le cerveau est stimulé.

Actualité LA PANDÉMIE DE COVID-19 ET LE « MONDE D'APRÈS »

« Au printemps 2020, experts et stratèges de tous bords se sont attelés à l'étude des implications du gigantesque choc sanitaire, social, économique, technologique et géopolitique qui s'était abattu sur la planète sans crier gare. Lorsque la crise aurait pris fin, il y aurait, forcément, un monde d'après. On se plaisait à en percevoir les ferments, à en imaginer les contours, à débattre de l'effet coronavirus : transformateur ? Ou simplement accélérateur ? Plus d'un livre a germé dans ce nirvana pour cerveaux confinés.

Nous voilà en 2021, un peu plus d'un an après l'arrivée du virus sur le continent, et le monde d'après a disparu. Sans cesse repoussée, la fin de la crise est un concept de plus en plus insaisissable. »

LeMonde.fr, 17 février 2021.

CHAPITRE 4

La peur : un fait social total qui appelle un dépassement critique

1 La peur et la raison : du dialogue ancien au clivage actuel

A. La persistance de l'irrationnel traduit-elle une peur de la pensée scientifique ?

L'irrationnel entretient des rapports ambigus avec la pensée scientifique, favorisant l'apparition et la diffusion de peurs individuelles et collectives. Le développement conjoint de la science et du spiritisme au XIXe siècle le démontre. La peur de l'inconnu, de la mort, et du retour des morts se conjugue alors avec de pseudo-théories scientifiques pour expliquer la croyance en la présence de forces invisibles. Les scientifiques s'avèrent fascinés par ce qui résiste à la science et qui touche aux peurs fondamentales de l'humain. D'un autre côté, dans la classe ouvrière confrontée à la dureté de la vie, le spiritisme apparaît comme une pratique salvatrice. Enfin, à un moment où le rapport entre la société et ses morts change, avec une distanciation désormais physique entre le monde des morts (les cimetières sont déplacés hors des villes) et celui des vivants, le spiritisme apporte un apaisement à l'angoisse d'une population inquiète de cette mutation des rapports morts et vivants.

De façon plus rationnelle, Sigmund Freud voit dans les peurs des miroirs de l'inconscient et, en particulier, du surmoi. En ce sens, la peur permet le développement de la psychanalyse au début du XXe siècle.

TEXTE-CLÉ **L'EFFROI, LA PEUR ET L'ANGOISSE DÉFINIS PAR SIGMUND FREUD**

« Effroi, peur, angoisse sont des termes qu'on a tort d'utiliser comme synonymes. Leur rapport au danger permet de bien les différencier. Le terme d'angoisse désigne un état caractérisé par l'attente du danger et la préparation à celui-ci, même s'il est inconnu. Le terme de peur suppose un objet défini dont on a peur ; quant au terme d'effroi, il désigne l'état qui survient quand on tombe dans une situation dangereuse sans y être préparé. Il met l'accent sur le facteur de surprise. Il y a donc dans l'angoisse quelque chose qui protège de l'effroi et donc aussi contre la névrose d'effroi. »

S. Freud, *Au-delà du principe du plaisir*, 1920.

Le retour du religieux dans le dernier tiers du XXe siècle est l'une des conséquences du bilan désenchanté dans la foi en une science qui a permis Auschwitz et Hiroshima. La peur a désormais changé de camp : ce n'est plus l'irrationnel, mais la science qui fait peur, pour reprendre la célèbre phrase de Paul Valéry en 1919 sur la Première Guerre mondiale : « Nous autres, civilisations, nous savons maintenant que nous sommes mortelles. » Il semble donc dangereux, à ce stade, d'opposer l'angoisse de la croyance et l'apaisement de la science.

B. Le repli sur la peur traduit-il l'impossibilité à saisir rationnellement la société ?

Le repli sur la peur est un repli sur soi, sur ses seules opinions, d'où le refus de tout ce qui provient de l'extérieur considéré comme illégitime à soi-même. Une telle conduite favorise évidemment un état permanent d'angoisse et est à l'origine de conduites à risque pour soi comme pour la société. Le complotisme (ou conspirationnisme) se définit comme le mode de pensée ou de discours à l'origine des théories du complot, c'est-à-dire des récits interprétatifs d'un ou de plusieurs évènements à la lumière d'un complot organisé par un groupe secret dans l'intention de nuire à l'intérêt général. Il se nourrit des angoisses, car il plaque sur le réel des peurs irrationnelles qui prétendent déjouer des organisations relevant elles-mêmes de politiques de la peur puisqu'elles chercheraient à imposer leur pouvoir. Pas de théorie du complot sans une peur qui empêche d'exercer la pensée critique : tout raisonnement rationnel devient inopérant. Pour être diffusées, les théories du complot ont besoin de relais : les « infox » ou *fake news*. Celles-ci stimulent la peur à travers des contenus falsifiés pour répondre à l'horizon d'attente des personnes déjà apeurées…

Le mouvement « antivax », apparu au printemps 2021, joue sur la crise de confiance touchant toutes les institutions et qui s'est aggravée devant les incohérences du discours politique tenu depuis le début de la crise de la Covid-19. Il s'agit d'une peur d'un prétendu inconnu (la nature des vaccins) qui pourtant faisait l'objet d'un large consensus (avec la figure totémique d'un Pasteur en France). Quelques signes de défiance naissent au début des années 2000, en lien avec des théories jouant sur la peur de servir de cobayes pour les laboratoires. Mais ce mouvement va au-delà de la seule critique des vaccins : il se rapporte à des extrémismes de tout bord, en utilisant des symboles qui en viennent à les révéler (l'étoile jaune, la notion de crime contre l'humanité).

C. La rencontre de la peur avec l'irrationnel est-elle à l'origine des populismes actuels ?

Les régimes populistes (les « démocraties illibérales » en Hongrie, en Pologne, en Turquie, au Venezuela, Brésil, etc.) sont des miroirs de l'angoisse ressentie par les peuples au début du XXIe siècle. D'un côté, ces régimes jouent sur la peur des sociétés vis-à-vis des mutations contemporaines (la déstructuration des sociétés traditionnelles, l'impossible conjonction entre le roman national et la réalité géopolitique, etc.) pour imposer l'idée d'un homme providentiel. De l'autre, ce même leader provoque de la peur dans les autres sociétés, qui y voient la gestation d'un tyran.

Le cas de la Pologne illustre les peurs manipulées par un gouvernement aux accents populistes, qui prétend sauvegarder les valeurs morales en associant la modernité occidentale à la peur sur les droits des minorités, le droit à l'avortement, l'égalité hommes femmes. L'utilisation par le régime turc de la tentative de coup d'État, en 2016, contre son dirigeant le montre également : le président Erdoğan en profite pour diriger la peur contre tout élément critique, en le dépeignant comme un ennemi de l'intérieur.

Faut-il, pour autant, avoir peur du populisme ? Car, *a priori*, le populisme se fonde sur un appel direct aux masses populaires, ce qui s'inscrit dans la démocratie. Le contexte d'émergence du populisme pose problème : celui-ci profite d'une déception ou d'un désespoir de la population. L'homme providentiel réussit d'abord, par sa seule présence au pouvoir qui semble désactiver les angoisses évoquées précédemment, tel un Erdoğan mis en scène au milieu d'images du passé ottoman de la Turquie. Pourtant, la Turquie n'est plus l'Empire ottoman, et la société civile peut réagir, en portant, par exemple, des opposants au pouvoir, comme pour les élections municipales à Istanbul.

2 La société doit créer les conditions d'un dépassement des peurs

A. Le « désangoissement » collectif naît de la capacité à produire un contrat social

Apaiser une société implique de penser ou de repenser le contrat social qui la fonde. L'objet de ce dernier est de créer du lien social, et donc de réduire les angoisses susceptibles de dévitaliser le groupe social. Dans *Du contrat social* (1762), Rousseau montre qu'un pacte social juste repose sur la liberté et l'égalité entre tous les citoyens et doit être approuvé par l'ensemble des citoyens. Réduire les peurs passe par la participation du corps citoyen aux opérations politiques. La démocratie participative semble donc un régime politique idéal pour faire baisser les peurs.

Mais il faut que cette société puisse produire réellement un contrat social. Deux situations sont possibles : (1) un événement inédit bouleverse les cadres de la société amenant la refondation du pacte social (c'est le cas du programme du Conseil National de la Résistance en 1944) ; (2) un consensus large permet un processus de révision de la Constitution (c'est le cas au Chili avec l'Assemblée constituante élue en mai 2021).

B. Le « désangoissement » collectif naît de la capacité à espérer en l'avenir

La projection dans l'avenir est un indice important de la confiance des individus en la société telle qu'elle est dirigée. Au XVIe siècle, la pensée eschatologique est un moteur d'angoisse religieuse : la Réforme (protestante) y répond par des concepts tels que la prédestination (les œuvres sont inutiles puisque Dieu seul choisit les « élus ») qui tendent à apaiser les consciences.

Plus récemment, l'expression du pape Jean-Paul II, « n'ayez pas peur », prononcée lors de la messe d'intronisation de son pontificat en 1978, et omniprésente dans les Écritures (trois cent soixante-cinq occurrences !) a une ambition explicite : associer la foi à l'espérance, dans un monde où les raisons d'avoir peur sont pourtant nombreuses. Ce pape propose une solution qui n'est pas sans limites : si promouvoir le « désangoissement » permet à une société d'appréhender plus paisiblement le réel, faire de la tranquillité le seul horizon métaphysique est problématique, car cela suppose d'abandonner la part de peur à l'origine de la pensée critique. Car la peur ne produit pas seulement un blocage, elle peut tout autant être à l'origine d'une réaction de sursaut.

C. Le « désangoissement » naît de la légitimation de la peur dans la société

La peur n'est en fait ni illégitime ni opposable au besoin de « désangoissement » Plusieurs situations le confirment.

Dans le monde de l'entreprise, lever le tabou de la peur (c'est-à-dire assumer la pression comme une peur utile, et refuser la peur visant à dominer et à écraser) peut permettre de produire des peurs créatrices et de supprimer des peurs stériles qui aboutissent à une démotivation caractérisée. Donner des objectifs rationnels à des salariés peut certes parfois provoquer une forme de crainte, mais ne débouche pas sur une angoisse bloquante si ces objectifs sont perçus comme logiques et réalisables par les salariés. À l'inverse, un management par la peur qui se matérialise par des objections irrationnelles ne fait qu'accroître le sentiment d'échec, voire le syndrome de l'imposteur pour le salarié. Cela débouche souvent sur une impossibilité à exercer quelque tâche que ce soit dans le cadre de la relation employeur employé, engendre un *burn-out*. Une peur légitime est donc fondée sur des informations partagées et expliquées de part et d'autre : elle tend moins à créer de l'angoisse.

Accepter la peur peut également permettre de la dépasser dans la gestion des risques : la maîtrise du nucléaire passe par une appréciation précise des peurs qu'il induit. Se confronter à la peur est donc la seule manière de la dépasser. Ainsi, les révolutions naissent le plus souvent lorsque les peuples surmontent leurs peurs du pouvoir : ce phénomène s'est retrouvé lors de la Révolution française, lors des Printemps arabes de 2011, etc.

3 Le politique doit dépasser la peur en créant la confiance

A. Mesurer le degré de peur pour analyser les pratiques du pouvoir

Le politique tire sa légitimité de sa capacité à mettre en pratique un contrat social faisant tenir ensemble un groupe humain, et à donner un sens de nature culturelle et idéologique à ce groupe. Le politique doit donc éteindre les sources potentielles d'angoisses et de peurs au sein de ce groupe. Gérer la peur est donc inscrit au cœur des pratiques du pouvoir.

Or, selon les sociétés et les pouvoirs qui les encadrent, les peurs ne sont jamais les mêmes. Il est possible de distinguer une société belliciste d'une autre dite neutre. Dans la première, le politique fait le constat d'une peur à l'intérieur de la société, et y répond par un déplacement du champ de la peur vers l'extérieur en menant une politique de nature impérialiste (les superpuissances de la guerre froide) ou en se réarmant (la Suède inquiète de la Russie actuelle). Dans la seconde, le politique fait le choix docculter la peur : celle-ci n'a pas droit de cité. Il s'agit là d'une fiction politique qui se retrouve en Suisse ou dans le sultanat d'Oman : le pouvoir se veut un non-pouvoir face aux éléments (puissances étrangères ou franges intérieures de la société) qui pourraient lui faire peur.

Cette distinction rappelle que la peur demeure, pour reprendre le politiste Renaud Payre, « un marqueur des ambiguïtés de l'exercice du pouvoir ». La façon dont un gouvernement manie les registres de la peur renseigne donc non seulement sur la présence de celle-ci au sein de la société, mais surtout sur la nature de ce pouvoir. De là découle l'idée de ce que la « politique de la peur » ne désigne qu'une seule et même chose : pas de politique sans présence de la peur. Tel est le principe général de science politique retenu depuis Hobbes au XVIIe siècle.

Il convient de nuancer ce principe en opérant une autre distinction entre la peur des objectifs d'un gouvernement, et la peur des pratiques politiques opérées par ce même gouvernement. La peur de l'autoritarisme et du bellicisme d'un pouvoir renvoie à la peur concrète de l'excès de pouvoir qui mène à un régime autoritaire, à une guerre, voire à une disparition de la société civile. L'objectif d'un dirigeant peut être de faire peur, comme Donald Trump envers les Européens. Mais cette peur est moins grave pour la société que celle d'un régime politique qui cherche, par ses pratiques, à subvertir les esprits, à instiller en eux une peur irrationnelle telle que la société abdique toute pensée critique à l'égard du pouvoir. Le cas du nazisme est ici éclairant, car il opère par un dérèglement angoissant de toutes les habitudes culturelles, politiques et sociales.

Enfin, il faut aborder la situation d'un pouvoir qui opérerait un retournement de l'horizon de la peur en plaçant au cœur de son idéologie la tranquillité. L'annihilation de la peur va-t-elle dans le sens d'une société de plus en plus démocratique, d'une « Fin de l'histoire » pour reprendre une partie du titre de l'essai de Francis Fukuyama publié en 1992, au sortir de la guerre froide ? Il semble que ce soit plutôt l'inverse : à la suite de Tocqueville, et comme les régimes totalitaires l'ont montré, la suppression de la peur engendre une suppression de la pensée au seul bénéfice du pouvoir.

TEXTE-CLÉ **UNE INQUIÉTANTE SOCIÉTÉ SANS ANGOISSE**

« Je veux imaginer sous quels traits nouveaux le despotisme pourrait se produire dans le monde : je vois une foule innombrable d'hommes semblables et égaux qui tournent sans repos sur eux-mêmes pour se procurer de petits et vulgaires plaisirs dont ils emplissent leur âme. Chacun d'eux, retiré à l'écart, est comme étranger à la destinée de tous les autres : ses enfants et ses amis particuliers forment pour lui toute l'espèce humaine [...].

Au-dessus de ceux-là s'élève un pouvoir immense et tutélaire, qui se charge seul d'assurer leur jouissance et de veiller sur leur sort. [...] Il travaille volontiers à leur bonheur ; mais il veut en être l'unique agent et le seul arbitre ; il pourvoit à leur sécurité, prévoit et assure leurs besoins, facilite leurs plaisirs, conduit leurs principales affaires, dirige leur industrie, règle leurs successions, divise leurs héritages, que ne peut-il leur ôter entièrement le trouble de penser et la peine de vivre ? »

Alexis de Tocqueville, *De la démocratie en Amérique* (1835)

B. Conjurer la peur par une pédagogie du bon et du mauvais gouvernement

L'historien Patrick Boucheron propose une analyse historique et politique de la peur, qui vise à la « conjurer ». Cela revient, dans son esprit, à lui donner son objet véritable : la vigilance. Il se fait donc citoyen, et recherche les mécanismes mis en œuvre par les pouvoirs politiques, afin de juger du caractère autoritaire ou non du pouvoir étudié. Selon son analyse, tout pouvoir tend vers la tyrannie à partir du moment où il imprime au cœur de la société gouvernée des angoisses et des peurs, assez lointaines pour ne pas être déconstruites et pour détourner la société de problèmes plus concrets. Ainsi, dès le XVe siècle, de nombreux pouvoirs stigmatisent les nomades et les populations minoritaires – en particulier les juifs et les femmes seules. Il s'agit d'apeurer le peuple en signifiant le potentiel anxiogène de ces populations (réputation de voleurs, de perpétrer des enlèvements d'enfants, de pratiquer la sorcellerie, etc.). Il s'agit aussi, pour les pouvoirs, de gommer les éventuelles dissensions en désignant un ennemi commun : face à la division au sein de la chrétienté à la Renaissance, la peur des Turcs a été mise en scène et instrumentalisée pour légitimer des pouvoirs. Pourtant, ces mêmes Turcs ne constituent pas une menace réelle pour le quotidien de la plupart des Européens de l'Ouest à cette époque.

Cette réflexion sur la validité de la vigilance face à des régimes qui instrumentalisent la peur afin de se maintenir au pouvoir trouve son aboutissement dans l'ouvrage, écrit par Patrick Boucheron, consacré aux fresques *Allégorie et effets du bon et du mauvais gouvernement* peintes par Ambrogio Lorenzetti dans le palais communal de Sienne, en 1338-1339. En donnant à voir les effets du bon gouvernement et ceux de la tyrannie, le peintre construit une image politique qui appelle à la vigilance. Elle est ainsi capable de déjouer la peur, prenant ici la forme du gouvernement d'un seul, qui est l'un des devenirs possibles – comme l'a montré aussi la Révolution française débouchant sur l'épopée napoléonienne.

C. Protéger la société en réduisant le sentiment de peur : est-ce la mission de l'État ?

L'État ne doit pas être considéré sous le seul prisme de ses pratiques d'instrumentalisation de la peur pour obtenir l'obéissance. Il peut et il doit aussi assurer le devenir de la société et partir des peurs présentes dans celle-ci afin de les gérer et, si possible, leur enlever leur potentiel anxiogène.

L'État-providence, apparu en 1945, est un marqueur majeur de la gestion des peurs collectives. Celui-ci cherche, en effet, au moyen d'interventions fortes et durables dans les domaines réglementaires, économiques, sociaux et culturels, à rassurer les citoyens. Il s'oppose ainsi à un « État-gendarme » qui cherche seulement à faire peur. Ce modèle, symbolisé par la Sécurité sociale en France, est aujourd'hui en déclin : le Royaume-Uni, pays fondateur de l'État-providence, ne cherche plus à incarner la protection sociale du citoyen ; les États-Unis, qui évoluent de l'État-providence au laisser-faire absolu, s'en tiennent à une protection sociale minimale (*Obamacare*).

Les politiques actuelles de lutte contre la peur se situent en réalité essentiellement au niveau de la lutte contre l'insécurité, qui a le mérite de concerner des domaines extrêmement variés de la vie, mais qui, du fait de son caractère flou, revêt surtout un caractère idéologique et théorique.

L'État peut enfin faire un usage paradoxal de la peur afin de créer au sein de la population une forme de résistance, ou de contre-pouvoir, qui lui permet de faire baisser le sentiment de peur dans la société. Cette manipulation apparente n'est possible qu'à condition de bien placer le curseur de la peur. L'appel à la peur est une pratique désormais récurrente dans les campagnes de prévention voulues par le gouvernement, qu'il s'agisse de montrer des enfants terrorisés par ce qu'ils voient à la télévision ou sur Internet, de renforcer le plan Vigipirate en invoquant une énième menace terroriste, ou de restreindre les relations sociales pour lutter contre la Covid-19. Reste un problème : comment savoir si cet appel à la peur créera une réaction positive et non de panique ? Kim Witte, professeure de psychologie sociale aux États-Unis, spécialiste des « tactiques de peur » dans le domaine de la santé, répond par le « calibrage » de la peur, afin d'obtenir la dose de peur qui déclenche une plus grande probabilité de protection sanitaire au sein de la société civile.

Les références incontournables

10 œuvres littéraires à connaître

■ **Edgar Allan Poe, *Nouvelles histoires extraordinaires* (1857)**

Ce recueil de nouvelles, réunies et traduites par Charles Baudelaire, explore l'univers fantastique cher à l'auteur, dans lesquelles la peur et la fascination se mêlent, comme dans *Le Masque de la Mort Rouge*.

■ **Guy de Maupassant, *La Peur* (1882)**

L'écrivain, célèbre pour son recueil *Le Horla* (1886), débute ses contes fantastiques et torturés avec cette nouvelle de 1882, publiée dans *Les Contes de la bécasse* l'année suivante. L'un des intérêts réside dans le fait que son écriture croise l'état de santé de l'auteur, rongé par une maladie nerveuse. Surtout, il démontre qu'une histoire peut tout à fait provoquer de la peur, de l'angoisse avec une dose d'inexplicable et sans recourir aux artifices des monstres ou de manifestations effrayantes.

■ **Bram Stocker, *Dracula* (1897)**

Chef d'œuvre de la littérature gothique, le roman manipule l'étrange et l'effrayant à la fois pour faire peur et pour fasciner, fondant le mythe moderne de Dracula dont la postérité joue ensuite sur cette représentation ambiguë. Le roman n'est pas seulement une histoire de vampires : il convoque les thèmes de la science, de la folie, de la psychiatrie (en mêlant l'amour et la mort), faisant ressortir toute la complexité des peurs humaines.

■ **Franz Kafka, *La Métamorphose* (1915)**

Dès le début de l'œuvre, le personnage central se métamorphose en un insecte. L'affaire est d'emblée jouée. Ce sont les réactions de sa famille qui constituent le cœur de l'intrigue, et qui contribuent à poser une atmosphère inquiétante et effrayante. L'œuvre est allégorique : elle décrit le refus de vivre une vie dépourvue de sens. Finalement, l'aliéné n'est pas celui que l'on croit : l'insecte conserve sa conscience alors que son entourage sombre dans la peur puis la folie.

■ **Stefan Sweig, *La Peur* (1920)**

Ce recueil de six nouvelles (dont le principe témoigne de l'influence de Maupassant sur Sweig) s'attache à la description psychologique des caractères humains. Différentes peurs y sont explorées : celle de l'adultère, de la perte de l'amour naissance, d'un collectionneur, d'un voleur pris au piège, de l'attente anxieuse d'un orage, un soir d'été. En découle le sentiment que la peur dévore, détruit tout et laisse une impression glaçante à plusieurs reprises.

■ Bertold Brecht, *Grand-peur et misère du IIIe Reich* (1938)

Brecht démontre dans cette œuvre destinée à ses compatriotes exilés la capitulation morale et intellectuelle de l'intelligentsia allemande face à la terreur inspirée par le nazisme. Se voulant une peinture naturaliste de son époque, à l'image de *La Comédie humaine* balzacienne, l'œuvre repose sur huit scènes destinées à faire naître une légitime peur de la dictature hitlérienne, mais une peur qui dévoile également la précarité de ce régime reposant uniquement sur la force et la terreur.

■ Albert Camus, *Les Justes* (1949)

Cette pièce de théâtre explore le projet terroriste et ses conséquences d'un groupe de socialistes révolutionnaires russes en 1905. Il ne s'agit pas d'une œuvre historique mais d'une mise en scène de l'oppression, des peurs qu'elle suscite, de la fidélité à une cause également, qui transcende la peur de la mort. Sans constituer le cœur de la pièce, la peur conduit le regard porté sur la justice, la trahison, le recours à la religion, l'amitié, la fraternité.

■ Stephen King, *Simetierre* (1983)

Cet ouvrage du maître du suspense et de l'horreur décrit le drame atroce vécu par la famille Creed qui, à peine installée dans le Maine, découvre un « simetierre » dans lequel des générations d'enfants ont enterré leurs animaux, non loin d'une forêt sacrée pour les Amérindiens. Le cocktail des angoisses et des peurs associées à l'enfance, au fantastique mythologique, à l'insécurité, au dévoilement de l'horreur fait passer dans les différents états liés à la peur, à quiconque lit ce livre.

■ Vincent Villeminot, *Réseau(x)* (2013)

Les réseaux sociaux sont les protagonistes centraux de ce livre, sur fond de cybercriminalité, de troubles sociaux et de terrorisme. L'auteur y narre les parcours d'utilisateurs des réseaux sociaux, tel César, qui bascule de l'anarchie rêveuse au terrorisme sanglant. L'objectif est de jouer sur la dimension anxiogène des réseaux sociaux, et sur leur pouvoir à créer peur et terreur.

■ Deon Meyer, *L'Année du lion* (2016)

Un livre consacré à la fin du monde… due à une pandémie, qui fait succomber 90 % de la population mondiale. L'action se situe en Afrique du Sud et prend la forme d'une dystopie sociale : à la peur de la pandémie succède les espoirs d'une reconstruction de l'humanité, dont on ne sait si elle s'avèrera susceptible d'apaiser les peurs ou si elle en produira de nouvelles.

10 œuvres artistiques à connaître

A. Peinture

■ Johann Heinrich Füssli, *Le cauchemar* (1781)

Le peintre, fasciné par une version fantastique de la mystique, peint dans ce tableau à succès (il en peindra trois autres versions) l'inconscient d'une jeune femme endormie en train de faire un cauchemar. Le rêve prend ici une dimension inquiétante et funèbre, qui appartient au genre romantique, et qui servira de matrice à la caricature politique de Napoléon Ier et de Louis XVIII.

■ Francisco de Goya, *Saturne dévorant un de ses fils* (1819-1823)

Ce tableau est l'une des « peintures noires » de Goya, qui le rattachent au romantisme. Évoquant un tabou et une peur existentielle – le cannibalisme – il était destiné à la salle à manger de l'artiste. Il présente surtout une image de la folie, qui apporte son lot de peurs sur soi-même (le cannibale semble avoir des remords) et sur l'existence.

■ Edvard Munch, *Le Cri* (1893)

Un homme au visage difforme, dans un environnement inquiétant : telle se présente cette œuvre, dont il existe plusieurs versions. Deux interprétations principales existent. Le tableau pourrait représenter les états d'âme torturés d'un artiste intéressé par la psychiatrie, ou l'émotion suscitée par l'éruption d'un volcan indonésien, le Krakatoa, dont le bruit aurait été assourdissant.

■ Frida Kahlo, *Fille au masque de mort* (1938)

L'artiste peint après une fausse couche, lorsqu'elle pleure la mort de son bébé. La peur de la mort s'est ici faite réalité. Le masque des morts placé sur le visage de la fillette renvoie à une conception classique de la mort au Mexique. Un masque de tigre, placé à ses pieds, sert de talisman pour la protéger du mal. La peinture n'est pas là pour faire peur mais, au contraire, permet de faire le deuil, pour désangoisser l'artiste/la mère.

■ Francis Bacon, *Étude d'après le portrait du pape Innocent X par Velasquez* (1953)

L'obsession du peintre pour le tableau de Velasquez est à l'origine de cette version torturée et singulière d'un portrait de pape. La version de 1953 n'est que l'une des versions du portrait du pape, qui semble émettre un cri angoissé et angoissant. La comparaison des différentes versions fait pencher pour un traitement par méta-représentation du portrait original, qui ferait ressortir les non-dits – pour le moins inquiétants ou terrifiants – du portrait d'origine.

B. Cinéma

■ *Psychose* (1960)

Réalisation : Alfred Hitchcock. Ce drame criminel est mis en scène par le maître du thriller à suspense, ce qui donne au film une tonalité psychiatrique et même métaphysique. Car le film combine plusieurs strates de peur : peur de l'héroïne (qui a volé une importante somme d'argent et cherche à le cacher), peur du spectateur face au suspense mis en scène, peur de la société face à une œuvre qui rompt avec les canons du code Hays de 1934 (interdiction des choses « immorales » à l'écran).

■ ***L'Exorciste* (1973)**

Réalisation : William Friedkin. Le film, sorti dans l'Amérique de Nixon en proie à plusieurs peurs (guerre du Vietnam, crise pétrolière, scandales politiques), est un film d'angoisse et d'épouvante considéré dès sa sortie comme un film culte. Pour le réalisateur, il s'agit d'un film sur la foi, avec le combat entre l'exorciste et le démon à travers le corps d'une fillette sous l'emprise d'une force paranormale.

■ ***Orange mécanique* (1971)**

Réalisation : Stanley Kubrick. Dans une Angleterre futuriste définie par la violence et le sexe, un jeune chef de bande exerce son sadisme sur fond de Beethoven, avant d'être arrêté et enfermé. Il subit ensuite une thérapie de choc décidée par le gouvernement et qui doit lui enlever tout libre-arbitre pour le neutraliser. À la peur induite par l'insécurité, le pouvoir oppose la peur de l'aliénation, par le formatage et le contrôle des citoyens. Le film est ainsi une fable politique sur la capacité du pouvoir à jouer sur la peur pour régner en maître.

■ ***Sleepy Hollow* (1999)**

Réalisation : Tim Burton. Ce film fantastique décrit l'enquête d'un jeune inspecteur féru de science et de logique qui, dans la Nouvelle-Angleterre de la fin du XVIIIe siècle, se retrouve confronté à des meurtres étranges. Le fantastique interroge ici des peurs symboliques de l'humanité, mêlant les peurs de l'enfance et celles des adultes. Il résume bien l'univers de Tim Burton, dans lequel les peurs ne sont jamais vraiment négatives, et participent à la construction d'un imaginaire foisonnant.

■ ***American Nightmare* (2013)**

Réalisation : James DeMonaco. Le film, qui a donné lieu à plusieurs suites et à une série télévisée, à mi-chemin entre le film d'horreur et le thriller, a pour point de départ une société rongée par l'angoisse que le gouvernement décide, en jouant sur la peur, de purger en légalisant toutes les activités criminelles le temps d'une journée. Véritable outil de contrôle social et politique, la purge doit maintenir les classes populaires dans la crainte et permettre aux élites de se maintenir au pouvoir.

10 citations à connaître

- **Sophocle, *Ajax* (vers 445 av. J.-C.) :**

  « Jamais, dans une cité, les lois n'auraient la force qui convient, si elles n'étaient pas maintenues par la peur. »

- **Aristote, *Éthique à Nicomaque* (IVe s. av. J.-C.) :**

  « Le courage est le juste milieu entre la peur et l'audace. »

- **Nicolas Machiavel, *Le Prince* (1532) :**

  « Celui qui contrôle la peur des gens devient le maître de leurs âmes. »

- **Mary Shelley, *Frankenstein ou le Prométhée moderne* (1818) :**

  « Si je ne peux inspirer l'amour, je sèmerai la peur ! »

- **Alain, *Propos* (1956) :**

  « Le courage nourrit les guerres, mais c'est la peur qui les fait naître. »

- **Martin Heidegger, *De l'essence de la vérité* (1931-1932, publ.1988) :**

  « L'angoisse est la disposition fondamentale qui nous place face au néant. »

- **Anthony Burgess, romancier, auteur d'*Orange mécanique*. Entretien, juin 1977 :**

  « L'homme n'est pas une créature destinée au bonheur. Voilà. Il est confronté à cette angoisse qui n'existe pas chez l'animal : la conscience du futur. Et plus encore, celle de la mort. »

- **Umberto Eco, *Le Nom de la rose* (1980) :**

  « Le livre pourrait enseigner que se libérer de la peur du diable est sapience. »

- **Marcel Conche, *Vivre et philosopher* (1992) :**

  « La religion est un phénomène culturel engendré par la peur de la mort. »

- **Rosa Parks, *Quiet Strenght : the Faith, the Hope, and the Heart of a Woman Who Changed a Nation* (2000) :**

  « J'ai appris au fil du temps que quand nous sommes fermement résolus, notre peur diminue. »

10 débats d'actualité à connaître

■ La peur de la pandémie de la Covid-19

La peur de la pandémie suscite deux réactions en apparence inverses : d'un côté, le blocage de la société et l'impossibilité de se projeter dans un futur sans cesse décalé avec les variants ; de l'autre, l'idée de profiter de cette période pour bâtir le monde d'après, tenant compte des défis qui attendent l'humanité, à l'image du changement climatique et ou de la régulation de la mondialisation.

■ La peur d'un tournant autoritaire et liberticide de l'État

L'État d'urgence sanitaire, les mesures de couvre-feu et de restriction des déplacements, l'obligation vaccinale et le pass sanitaire sont les dernières mesures à être vécues comme liberticides, dans un contexte d'angoisse généralisée depuis le printemps 2020. En réalité, la peur d'un tournant autoritaire de l'État est plus ancienne, avec des mobilisations qui ont visé la constitution de fichiers par l'État, l'encadrement des écoutes téléphoniques, la possible limitation du droit à manifester.

■ La peur du déclassement social

L'insécurité ressentie par les classes moyennes est le résultat de l'ascension sociale rendue possible durant la seconde moitié du XXe siècle par les Trente Glorieuses, par la démocratisation de l'accès à l'école, à l'emploi, aux symboles d'une forme de réussite sociale (la propriété, les vacances, etc.). Car les classes moyennes ressentent aujourd'hui ce qu'elles ont à perdre dans un monde perçu comme en mutation permanente qui fait donc courir le risque de redistribuer les cartes de la hiérarchie sociale.

■ La peur des États émergents sur la scène mondiale

La Chine et la Russie sont volontiers présentés comme des États agressifs, dont le nationalisme est poussé par ses dirigeants pour imposer leurs vues à leurs populations et pour faire peur aux autres dirigeants de l'espace mondial. Cependant, la peur suscitée par ces États ne provient-elle pas aussi, voire surtout, de l'intérieur de nos sociétés ?

■ La peur de la disparition des démocraties

La multiplication des démocraties illibérales, des régimes autoritaires, la radicalisation intérieure du régime chinois depuis l'avènement de Xi Jinping, la présidence de Donald Trump ou de Jaïr Bolsonaro apparaissent, depuis l'Europe occidentale, comme des événements angoissants. À l'intérieur même des démocraties occidentales, l'abstention, les positions radicales, le refus de vivre ensemble portent la même angoisse d'une disparition de la démocratie.

■ La peur des nouvelles technologies et de l'espionnage généralisé

L'affaire Pegasus de l'été 2021 a, une nouvelle fois, révélé les dérives de la surveillance liée à l'explosion de l'usage des nouvelles technologies. Ces dernières qui devaient impulser des échanges généralisés et à la transparence nouvelles sont désormais vues avec crainte : peur des virus, peur de l'espionnage, peur du vol de données, etc. Le numérique semble donc la nouvelle dimension des angoisses liées à la peur de l'insécurité et de l'absence de respect de la vie privée.

■ La peur de la perte de l'identité dans la mondialisation

La mondialisation représente à la fois un ensemble d'opportunités qui permettent aux individus de pleinement se réaliser, en étant connecté aux autres personnes avec lesquelles ils partagent des identités proches ou similaires ; et un risque d'uniformisation culturelle, politique et sociale qui marquerait la fin des identités nationales ou régionales. L'angoisse liée à la perte de l'identité est surtout ressentie par des populations qui se représentent comme minoritaires ou qui voient dans la mondialisation un facteur de déclin de leur puissance.

■ La peur du changement climatique

La peur du changement climatique est aujourd'hui démultipliée par le sentiment d'accélération de l'intensité et de la gravité des catastrophes naturelles. Cette peur est aujourd'hui fortement polarisée du point de vue politique et idéologique, comme l'a montré la présidence de Donald Trump aux États-Unis. Or, il n'est pas certain que ce glissement idéologique soit de nature à apaiser les peurs, en leur donnant un contenu qui s'éloigne du raisonnement scientifique.

■ La peur de l'insécurité liée à la criminalité

L'insécurité est un leitmotiv du discours politique depuis le dernier quart du XXe siècle. La peur, plutôt ressentie qu'éprouvée, pose problème : s'agit-il d'une angoisse provoquée par des faits concrets et mesurés ou faut-il y avoir la traduction de la reconnaissance de la sécurité comme l'un des droits fondamentaux de l'humanité depuis 1789 ?

■ La peur de la disparition de l'État

L'État doit aujourd'hui faire face à deux demandes concurrentes et, *a priori*, inconciliables : d'une part, la revendication d'un État qui assume pleinement ses missions, dans l'héritage de l'État-providence ; de l'autre, la volonté de voir l'État laisser les individus s'épanouir sans jamais entraver leur volonté. En réalité, ce débat masque plusieurs peurs : celle d'un État absent ou failli, celle d'un État intrusif et angoissant, celle d'un État qui jouerait sur la peur pour imposer son autorité. Mais au final, il faut se poser la question des peurs qu'entraînerait la disparition de l'État.

Sujets corrigés

Sujet 1 La démocratie peut-elle encore triompher de la peur ?

Introduction

[Accroche] La répression menée par la Chine à Hong Kong contre les partisans de la démocratie et du respect des accords signés avec le Royaume-Uni en 1997 a accru la peur des citoyens hongkongais : nombre d'entre eux s'exilent en Occident, témoignant de la peur qui s'est immiscée dans les esprits et de la disparition progressive, mais réelle, de toute empreinte démocratique dans l'ancienne colonie britannique.

[Analyse du sujet] La démocratie est un régime politique dans lequel le peuple exerce pleinement sa souveraineté, de façon directe ou, le plus souvent, à travers des représentants. Fondée sur des valeurs de liberté, d'égalité et d'exercice de la citoyenneté, elle répond au besoin d'une société à décider collectivement de son devenir. Ce régime politique paraît donc devoir apaiser les craintes, les tensions, les angoisses, voire les peurs présentes parmi les citoyens. Pourtant, les démocraties actuelles donnent une image inverse : la peur des dirigeants (pourtant élus) y est fréquente, la peur d'autrui y est de plus en plus visible (alors que la démocratie suppose le collectif), la peur surtout de l'avenir y paraît générale, d'autant que des partis peu rattachés à l'idéal démocratique s'y illustrent désormais.

[Problématique] Comment les démocraties peuvent-elles traiter les peurs et les angoisses présentes dans le champ politique et caractéristiques du climat anxiogène contemporain sans se laisser submerger et subvertir par elles ?

[Annonce du plan] Dans une première partie, il convient d'analyser en quoi la démocratie a pour finalité le contrôle des passions, en abaissant le niveau d'angoisse présent au sein de la société et en promouvant l'expression citoyenne. Dans une deuxième partie, il faudrait faire le constat d'une rupture actuelle avec cet idéal qui semble indiquer que la peur triomphe au sein des démocraties. Enfin, dans une troisième partie, il est nécessaire de revenir sur la signification de la peur pour la démocratie, en se demandant quelles peurs sont nécessaires ou acceptables, et lesquelles traduisent des formes diverses, mais réelles, de crises au sein de la démocratie.

Développement

[Partie I] La démocratie a pour objet le contrôle des passions et l'apaisement de l'espace politique et social : elle se doit de triompher des peurs.

La singularité de la démocratie parmi tous les régimes politiques est de rechercher le consentement (et non le consensus) des citoyens à l'organisation de la vie politique et à la prise de décision, dans un esprit de transparence qui doit permettre d'étaler au grand jour les craintes des citoyens. Ces craintes doivent ensuite être prises en compte par les gouvernants qui, au nom du peuple, doivent chercher à les atténuer ou à les supprimer en permettant à la société civile de participer sans entraves aux opérations démocratiques. Ce n'est qu'à ces conditions que la démocratie peut repousser hors des murs de la cité les angoisses qui pourraient inciter les citoyens à se méfier les uns des autres, et encore davantage du pouvoir en place.

[A] La démocratie repose sur la transparence des relations entre le pouvoir et la société civile...

La démocratie est établie sur une exigence de transparence dans l'organisation et la gestion de la vie publique. Les mandats confiés aux gouvernants sont renouvelés à des intervalles réguliers. Une limite à leur continuité et à leur cumul est désormais inscrite dans la loi. Ainsi, en France, la fonction de président de la République correspond à un mandat dont la durée a été réduite (du septennat au quinquennat) et dont la répétition est limitée à deux.

La liberté d'expression est l'un des droits les plus fondamentaux dans un régime démocratique : elle permet le débat entre les citoyens et marque l'importance égale de la parole de tout citoyen. Elle se traduit par le droit de vote et, surtout, le secret du vote garanti par l'isoloir, afin d'exclure toute pression au moment du vote, à l'inverse des pratiques du XIXe siècle où, lors des deux Empires, notamment, des listes nominatives permettaient de connaître les opposants au régime : exprimer son opinion n'était alors pas formellement interdit, mais exposait ceux qui s'y aventuraient à d'éventuelles mesures de la part du pouvoir à leur encontre.

Ces quelques caractéristiques de la démocratie ont été rappelées afin de bien comprendre pourquoi et comment la démocratie apaise les angoisses des citoyens et met la peur à distance. Parce qu'elle recherche le respect de la Déclaration des droits de l'homme et du citoyen, parce qu'elle vise à apaiser les relations politiques et sociales au sein de la cité, la démocratie doit créer les conditions d'une absence de crainte à participer à la vie publique pour les citoyens.

[B] ... ce qui entraîne la société civile à la rechercher...

Cette configuration est un puissant moteur pour les peuples opprimés en faveur de la démocratie. Dans le cas le plus général, les régimes populistes ou autoritaires utilisent la peur pour se maintenir au pouvoir et établir un rapport de force entre le gouvernant et les gouvernés : la peur ainsi produite doit paralyser toute action politique ou la rendre tellement précaire qu'elle en devient inefficace. La stratégie du président de la République de Turquie, Recep Tayyip Erdoğan, s'inscrit dans cette perspective. À un moment, concurrencé par le HDP, un parti de gauche en faveur des Kurdes, celui-ci s'est lancé dans une contre-offensive mêlant poursuites judiciaires, arrestations plus ou moins légales, procès expédiés et campagne de dénigrement par une confusion volontaire entre le HDP, démocratique et opposé à la violence politique, et le PKK, d'origine léniniste et surtout classé comme terroriste par de nombreux pays ou organisations (comme l'Union européenne, même si le débat existe). Toutes ces pratiques créent de la peur qui rend le rapport de la démocratie au « désangoissement » confus. Pourtant, les dernières élections municipales ont démontré, avec la victoire de l'opposition à Istanbul, notamment, combien les Turcs peuvent passer outre ces peurs pour manifester leur désir de démocratie contre le dirigeant en place.

Les révolutions populaires symbolisées par les manifestations de masse autour de grandes places dans les capitales signifient également comment les peuples cherchent à secouer le joug de gouvernements autoritaires ou dictatoriaux et les peurs qu'ils entretiennent : c'est le cas de figure qui se retrouve aussi bien dans la Révolution orange qui a secoué l'Ukraine en 2004 que dans les Printemps arabes en 2011.

Néanmoins, certains régimes, aux tendances totalitaires, cherchent à contrecarrer ce désir de sortir de la peur imposée par les dirigeants en adoptant une tactique inverse : supprimer toute peur au sein de la société civile en lui enlevant toute possibilité d'éprouver des peurs. C'est là le propos célèbre d'Alexis de Tocqueville dans *De la démocratie en Amérique* (1835) : ne plus penser, c'est ne plus se trouver dans les conditions d'éprouver de la peur. La stratégie du gouvernement chinois dans la province du Xinjiang paraît aujourd'hui relever de ce cas de figure. Pourtant, la mobilisation des peuples dominés par l'URSS en 1989 démontre que cette tactique n'est pas sans limites et n'enlève pas toute pensée autonome et tout affect à la population.

[C]… d'où le devoir moral pour la démocratie de repousser les peurs hors de la société.

Évacuer la peur de l'espace public, dans ces conditions, relève donc d'un devoir majeur et moral pour les tenants de la démocratie, car celle-ci nécessite l'exercice de la raison en politique, ce qui l'entraîne à rejeter la peur en ce qu'elle est le vecteur de l'émotionnel et, par conséquent, de l'irrationnel. Cette opposition entre la raison et la déraison s'est vérifiée dans les semaines qui ont suivi l'élection de Joe Biden à la présidence des États-Unis en novembre 2020. L'épisode de l'assaut du Capitole par des soutiens radicalisés de Donald Trump et galvanisés par ce dernier, incapable de reconnaître de façon rationnelle sa défaite, en a été le symbole. Ces militants ont opéré une action jusque-là inconcevable dans la démocratie américaine et qui a contribué à totalement délégitimer Donald Trump parce qu'ils ont rompu avec un totem intimement lié à l'exercice de la raison démocratique : la violation du temple de la représentation du peuple. Cette seule action a ainsi contribué à poser les débuts de la présidence de Joe Biden dans une forme de retour à la raison politique, dans laquelle le président expose ses idées, les fait discuter et débattre au Capitole avant de promulguer des lois qui, même si elles ne sont pas acceptées par tous, ne sont pas contestées en tant que loi : cela sonne donc comme un apaisement de la société après des années d'angoisse.

[Transition] Si l'opposition entre une démocratie aux vertus apaisantes pour le citoyen et des régimes fondés sur la peur paraît légitime, et si l'exemple des États-Unis démontre que la peur n'a pas encore triomphé de la démocratie, il faut cependant constater qu'à l'échelle mondiale, les raisons d'une pensée inquiète autour de la démocratie sont nombreuses.

[Partie II] Pourtant, la peur semble avoir triomphé de la démocratie du fait de l'omniprésence des politiques de la peur.

La visibilité croissante de la peur et le cycle des angoisses qui en découle sur la scène politique et sociale paraissent aujourd'hui sonner le glas de la démocratie : défiance et crainte envers les pouvoirs, peur du citoyen de perdre ses droits et de ne plus être entendu, peur des gouvernants d'être mis au pilori et d'être désignés comme victimes émissaires. Pourtant, il faut tout d'abord prendre du champ en examinant les politiques de la peur sur la longue durée, afin de mieux comprendre, par la suite, comment les régimes démocratiques contemporains utilisent la peur à des fins pratiques mais aussi, et enfin, à des fins plus symboliques.

[A] Les politiques de la peur sont des « tactiques de peur » qui relèvent d'une longue histoire du politique.

Les « tactiques de peur » désignent un ensemble de pratiques concrètes ou, le plus souvent, symboliques car relatives à la communication d'un gouvernement, dont l'objectif est de diffuser une angoisse réelle parmi la population, afin d'en obtenir l'obéissance, voire le consentement, lorsque la peur se transforme en une forme de panique. Ces tactiques de ne sont pas récentes : si le cas du Patriot Act, voté à l'automne 2001 par le Congrès américain à la suite du traumatisme et de la panique créés par les attentats du 11 septembre, en est l'une des expressions les plus contemporaines, celles-ci se retrouvent dès la formation des premiers États dans l'Antiquité. La démocratie athénienne en donne un exemple à travers l'un de ses dirigeants les plus emblématiques, Périclès, dont la constante réélection aux fonctions de stratège, en dépit des règles limitant normalement la possibilité d'être confirmé à ce poste, est liée à un contexte de peur au sein de la cité. En effet, Périclès n'est pas seulement le symbole de la puissance athénienne et le bâtisseur de l'Acropole, il est également celui qui est chargé de la guerre. La fonction de stratège lui permet donc de désigner des motifs de crainte et de diriger cette même crainte des citoyens soldats athéniens durant le temps de la guerre.

[B] Avec l'avènement des démocraties modernes depuis 1789, les États utilisent la peur à des fins pratiques. Des politiques de la peur sont développées contre des adversaires géopolitiques, pour obtenir le consentement de la population en faisant usage de l'irrationnel pour faire face à une situation irrationnelle (faire par exemple croire que les balles allemandes traversent les corps sans dommage, selon la propagande française durant la Première Guerre mondiale, pour laquelle les soldats comprennent de moins en moins l'objet de la guerre), pour viser enfin l'efficacité de l'action politique dans le rapport entre les gouvernants et les gouvernés. L'enracinement de la République en France à la fin du XIXe siècle s'inscrit dans toutes ces perspectives. Le gouvernement républicain cherche alors à inscrire les valeurs démocratiques dans l'ensemble du territoire : d'un côté, il se fonde sur des principes positivistes (valorisation de la science, de la rationalité, des grands hommes dont le « culte » est instauré avec le Panthéon), mais, d'un autre côté, il utilise des tactiques de peur *a priori* irrationnelles pour justifier la politique de puissance, incarnée dans le désir de revanche, face à l'Allemagne, et dans la construction d'une image infériorisée des peuples colonisés qu'il faudrait civiliser. L'Allemand comme le colonisé apparaissent alors comme deux peuples dangereux : le premier représente la puissance agressive et antidémocratique, là où le second symbolise le sauvage dont il faut se méfier, mais que la République, par ses valeurs démocratiques, doit pouvoir civiliser. Ainsi, au nom de la politique de puissance, la peur de l'Allemand est compensée par la possibilité de transformer la peur de l'indigène en une mission civilisatrice où le colonialisme se prétend légitimé.

[C] Mais les politiques de la peur présentent aussi des finalités plus symboliques et idéologiques, en rappelant la persistance du danger d'un glissement de la démocratie vers des régimes à la nature plus autoritaire. Le cas contemporain de l'Allemagne dans ses rapports à l'extrême droite rappelle qu'une société doit toujours se prémunir du fascisme par une politique du souvenir à actualiser par rapport aux crimes contre l'humanité qui ont découlé de la prise du pouvoir par les nazis. À l'inverse de ce qu'a pu avancer l'universitaire américain, Francis Fukuyama, après la fin de la guerre froide, l'histoire ne va pas vers sa fin à cause de la victoire de la démocratie libérale. L'historien médiéviste, Patrick Boucheron, le montre assez dans son analyse des fresques d'Ambrogio Lorenzetti, *Allégorie et effets du bon et du mauvais gouvernement*, dans le palais communal de Sienne en Italie au XIVe siècle. Cette œuvre n'exalte en effet pas seulement l'action des gouvernants siennois ; elle vient rappeler combien un régime fondé sur le bien commun peut facilement dériver vers la prise du pouvoir par une faction, ou par un seul : en mettant en lumière la facilité pour une tyrannie à exister, la peur visée se veut une peur salutaire pour mieux la repousser hors des murs de la cité.

[Transition] Si la démocratie idéale cherche bien à évacuer la peur de la cité, la démocratie réelle est donc entourée par la peur qu'elle utilise au quotidien pour viser l'efficacité, pour se légitimer et pour perdurer. La peur triomphe d'une certaine manière, mais sans nécessairement remettre en cause l'idée même de démocratie. Pourtant, à bien des égards, la peur constitue aujourd'hui une menace pour les démocraties. C'est ce rapport de crise qu'il convient maintenant d'analyser.

[Partie III] Il faut en effet tenir compte du degré de peur ressenti dans les démocraties comme un indice de leur état de santé des crises qui les minent aujourd'hui. Cette évaluation est indispensable pour comprendre si les peurs ont atteint un point de non-retour, ou si elles participent d'une tension inhérente à la vie politique, quel que soit le régime considéré.

Prétendre supprimer la peur du champ politique ou se laisser submerger par elle sans réagir ne permet pas de penser sereinement la peur qui, elle, semble toujours présente dans une société de type démocratique. Il convient donc de changer d'approche, et de mettre en place une typologie des angoisses et des peurs réellement présentes dans l'espace public et au sein de l'État afin d'en mesurer le degré, l'intensité et, éventuellement, la gravité. Trois types de situations se présentent alors : une configuration où les peurs sont cantonnées à la peur des concurrents géopolitiques et qui se situe en dehors du cadre idéologique de la démocratie, une configuration où les peurs se multiplient au cœur même de l'espace civique mais sont freinées par une peur plus grande encore, celle de la disruption de la démocratie, et enfin une configuration où les démocraties sont tellement assaillies par l'angoisse des citoyens que ceux-ci s'en remettent à des solutions nouvelles peu enclines à perpétuer le modèle démocratique hérité.

[A] Lorsque les peurs concernent seulement la géopolitique, elles ne remettent nullement en cause l'existence de la démocratie en tant que régime. Ainsi, chaque État doit veiller à la sécurité de la population et du territoire et établir un rapport sur les dangers potentiels. Ces derniers peuvent ensuite éveiller légitimement des craintes sur la nature des risques, d'autant que ceux-ci sont maintenant démultipliés par deux facteurs : le retour sur le devant de la scène du terrorisme et la mondialisation des conflits. Mais ces peurs géopolitiques n'ont pas réellement de conséquence sur la nature démocratique de l'État dans la mesure où l'un de ses devoirs absolus est d'assurer la sécurité des citoyens. Le droit à la sécurité compte d'ailleurs parmi les principes essentiels de la Déclaration des droits de l'homme et du citoyen de 1789. L'activation continue du plan Vigipirate à son niveau le plus élevé depuis 2015 peut, certes, être théoriquement considérée comme un risque de diminution des libertés. Toutefois, son application ne précède pas mais résulte de faits avérés et concrets : l'irrationnel n'est pas à la manœuvre dans ce cas. De plus, la préservation de la démocratie est un objectif de la mise en œuvre de la sécurité, y compris lors de conflits idéologiques. La « peur rouge », symbolisée par le maccarthysme durant la guerre froide, a créé des peurs irrationnelles au sein de la société américaine. Mais désigner des victimes émissaires (des acteurs et des réalisateurs d'Hollywood, des journalistes, des agents administratifs, des membres de l'US Army) ne s'est jamais accompagnée d'une volonté de modifier les structures de la démocratie américaine.

[B] Le problème de la quantité des peurs se pose, en revanche, dans les démocraties en crise. Celles-ci sont assaillies de multiples peurs qui sont le résultat de la défiance généralisée au sein de la société, et notamment entre les gouvernants et les gouvernés. Les démocraties occidentales se trouvent dans cette situation : les problèmes de corruption, d'inefficacité chronique, l'incapacité à respecter des engagements des programmes et l'impression d'une dilution des pouvoirs avec le mille-feuille administratif y contribuent largement. Mais cette crise présente encore une limite : la peur de l'arrivée au pouvoir de partis extrémistes, désormais bien implantés en Europe, se heurte à la réalité d'un « plafond de verre » pour reprendre une expression médiatique qui s'est une nouvelle fois vérifiée à l'occasion des élections régionales du printemps 2021 en France. De la même manière, les menées populistes de la Ligue en Italie se heurtent, pour le moment, à la réalité de la diversité des opinions et de l'attachement aux valeurs démocratiques, démontrée par le succès du mouvement citoyen des « Sardines » contre le chef de la Ligue, Matteo Salvini, en 2020.

[C] Néanmoins, la crise de confiance peut, dans certains cas, faire refluer les valeurs démocratiques et entraîner des populations à soutenir de nouvelles options politiques, incarnées en particulier par les « démocraties illibérales » et les régimes populistes. Ces deux régimes traduisent une subversion des libertés au profit d'un leader charismatique se réclamant du peuple. Le cas de la Pologne illustre le contexte d'arrivée au pouvoir d'un parti, Droit et Justice, qui s'inscrit dans le jeu démocratique, mais attise la peur présente au sein de la société pour s'imposer. Depuis la fin de la guerre froide, face à une Pologne urbaine, ouverte à l'Union européenne, aux idées libérales, occidentales et laïques, la Pologne rurale, conservatrice et catholique perd ses repères et s'enferme dans des angoisses liées au sentiment de perte de l'identité, des valeurs et des racines. Depuis son retour au pouvoir en 2015, Droit et Justice rassure ses électeurs en désignant des victimes émissaires : les femmes (avec la quasi-interdiction de l'avortement), les homosexuels (avec les zones anti-LGBT), et la justice (avec la quasi-fin de l'indépendance des juges). Mais de telles mesures traduisent une subversion explicite des principes de liberté, d'égalité et de séparation des pouvoirs qui sont pourtant à la base de n'importe quel régime démocratique.

Conclusion

[Résumé] Les ambivalences du rapport de la démocratie à la peur semblent aujourd'hui tourner à l'avantage de la peur. Certes, le régime démocratique est établi sur une volonté d'expulser la peur contraire à l'exercice de la raison politique, mais des politiques de la peur sont présentes presque partout et se conjuguent désormais avec des crises démocratiques qui accroissent, selon le cas, les angoisses nocives pour la stabilité démocratique.

[Réponse à la problématique] Les démocraties ne peuvent donc plus s'exonérer d'un examen critique de leur usage de la peur dans le contexte actuel de crise de confiance, alimenté par un nombre toujours plus important d'angoisses dans la société civile. C'est à cette condition qu'elles peuvent espérer ne pas être submergées par des peurs qui pourraient, par leur triomphe, faire dégénérer ces démocraties en des régimes où les valeurs de liberté et d'égalité se trouveraient subverties ou anéanties.

[Ouverture] À cet égard, l'actualité de la jeune démocratie tunisienne est significative. Depuis les Printemps arabes, celle-ci se cherche sans pour autant trouver la sérénité, ayant en son sein des peurs contradictoires : peur d'un parti islamiste opposé au progrès mais qui a une forte assise électorale, peur d'hommes nouveaux se réclamant de la démocratie mais sans expérience du pouvoir, peur des inégalités économiques issues d'un régime autoritaire, mais aussi peur de la crise économique sur laquelle la démocratie ne semble pas avoir de prises.

Sujet 2 A-t-on raison d'avoir peur aujourd'hui ?

Piège à éviter

L'intitulé comporte deux écueils : 1) avoir raison, c'est avoir une preuve de ce que l'on avance, ce qui est complexe dans le cas d'une émotion ; 2) « on » est un pronom indéfini et il faut impérativement réfléchir à la question du point de vue individuel et collectif.

Éléments d'introduction

[Accroche] Pandémie, changement climatique, risque terroriste, regain de tensions internationales : les raisons d'avoir peur ne manquent pas aujourd'hui. Mais c'est quand la peur est omniprésente qu'il faut la relativiser car, pour citer le romancier André Maurois, « surtout n'ayez jamais peur ; l'ennemi qui vous fait reculer a peur de vous au même instant ».

[Problématique] Dans quelle mesure la peur est-elle un sentiment utile pour soi et pour la société dans le contexte actuel ?

Plan détaillé

I. [Thèse] Il faut prendre la peur au sérieux

A. Les raisons d'avoir peur dans l'immédiat sont inédites

- La pandémie
- Le changement climatique
- La crise des démocraties et du modèle social

B. Les raisons d'avoir peur proviennent cependant de loin

- Les politiques de la peur sont anciennes (fresques siennoises)
- Les périodes d'angoisse ont bouleversé la société (peste noire)

C. La peur est une part constitutive de l'être humain

- Les peurs individuelles se retrouvent à tous les âges de la vie
- Les peurs collectives peuvent déstructurer la société (Liban actuel)

II. [Antithèse] Il faut relativiser les peurs et calmer l'angoisse avec la raison ou d'autres émotions

- La raison politique permet d'apaiser le rapport au pouvoirLa démocratie athénienne
- La raison en politique permet de mettre fin aux guerres de Religion (édit de Nantes, 1598)

A. Le lien social permet d'apaiser les angoisses présentes au sein de la société

- La socialisation par l'école fait des valeurs républicaines des principes collectifs (fin XIXe siècle)
- Les réseaux sociaux favorisent de nouvelles formes de socialisation qui intègrent des personnes autrefois en marge

B. La raison et la foi sont des forces qui permettent de mieux appréhender le rapport au monde

- Le positivisme au XIXe siècle
- Les religions du salut

III. [Dépassement du sujet] Il faut considérer la peur de façon positive

A. La peur permet de développer la vigilance

- La question du nucléaire
- Les mobilisations sociales

B. La peur permet de prendre conscience de notre capacité à la résilience

- Les périodes angoissées sont propices à la production d'utopies (Thomas More)
- Le témoignage d'un scientifique, Axel Kahn, face à sa fin de vie (2021)

C. La peur n'est pas seulement bloquante, elle porte la créativité

- Les utopies apparaissent dans des périodes angoissées
- L'impulsion pour un nouveau monde durant le premier confinement

Éléments de conclusion

Face à la peur, il faut toujours raison garder. Cela signifie que la raison nous permet de prendre du recul par rapport à nos propres peurs, et aux angoisses collectives qui traversent la société. Mais ce recul critique ne signifie pas pour autant que nous devons ignorer la peur. Au contraire, elle doit être traitée avec le plus grand sérieux pas les sociétés : c'est la condition pour qu'elle puisse affecter de façon positive la société et ses membres.

Sujet 3 Faut-il avoir peur des mutations sociétales ?

Piège à éviter

Attention aux sujets commençant par « faut-il » qui semblent marquer un impératif moral. De plus, une telle formulation implique de réfléchir aussi à un « peut-on », c'est-à-dire à un « a-t-on la possibilité ».

Éléments d'introduction

[Accroche] Entre 2010 et 2016, la proportion de jeunes engagés dans une ou plusieurs associations s'est accrue de près d'un tiers. Ce changement sociétal s'accompagne pour cette génération, lors de son entrée dans le monde du travail, d'une plus grande recherche de sens et à une réelle sincérité au sein des entreprises.

[Problématique] Pourquoi les craintes sur le devenir de la société ont-elles tendance à se polariser sur la question de changements sociétaux, qui entraînent de nouvelles configurations politiques, économiques, sociales et culturelles au sein de cette société ?

Plan détaillé

I. [Thèse] Les mutations sociétales sont le lot de toute société qui se projette dans l'avenir

A. Le rapport à l'autre se modifie en fonction de l'évolution de l'environnement social

- La fin de la classe ouvrière bouleverse les rapports sociaux
- Les différences salariales femmes hommes sont plus négativement perçues

B. Le rapport à l'autre se modifie en fonction de l'évolution de l'environnement politique

- La fin de l'Apartheid en Afrique du Sud
- La question du vote des étrangers en France

C. Le rapport à l'espace se modifie en fonction de l'évolution de la conception de l'espace

- La métropolisation entraîne l'apparition de territoires périphériques
- Le changement climatique entraîne une réflexion sur l'Anthropocène

II. [Antithèse] L'accélération et l'intensification inédites des mutations sociétales aujourd'hui rendent néanmoins légitimes les réactions d'angoisse et de peur

A. Les mutations sociales contemporaines font peur parce qu'elles projettent la société dans l'inconnu

- Le débat sur la PMA
- La question du genre

B. Les mutations politiques contemporaines sont angoissantes car elles semblent conduire à la fin des démocraties

- L'incapacité des partis de gouvernement à enrayer l'abstention et le vote d'extrême droite
- Le développement des « démocraties illibérales »

C. Les mutations du rapport à l'environnement donnent le vertige car elles placent l'homme dans une position de culpabilité absolue face au devenir de la terre

- Le sentiment d'accélération des catastrophes naturelles
- Les rapports de l'homme au nucléaire depuis 1945

III. [Dépassement du sujet] La peur des mutations sociétales importe moins que la capacité d'une société à dépasser ses angoisses devant son devenir

A. Dépasser les angoisses sociales et culturelles n'est possible qu'à la condition de refonder le pacte social

- L'inscription du droit au travail dans le préambule à la Constitution de 1946
- Les Gilets jaunes

B. Dépasser les angoisses politiques n'est possible qu'en réactivant la participation citoyenne

- La « démocratie participative », slogan politique de l'élection présidentielle de 2007
- La création d'un nouveau parti politique en 2016, LREM

C. Dépasser ses angoisses face au rapport à l'environnement et à l'espace n'est possible qu'avec la mise en place d'une justice durable

- La mobilisation pour l'environnement (Greta Thunberg)
- L'accord de Paris (2015)

Éléments de conclusion

Aucune société ne peut prétendre se pérenniser dans le temps sans apporter de changement, progressif ou significatif, à son fonctionnement, à ses valeurs et à ses normes. Ce serait renoncer à la réalité d'une histoire toujours en devenir. Mais cette nécessité pour une société de s'actualiser et de se projeter dans l'avenir peut, de façon légitime, susciter des peurs. Le débat est donc plus que jamais indispensable pour que ces peurs ne déstructurent par la société et qu'elles n'entravent pas la capacité créatrice contenue dans chaque société.

Sujet 4 Tout pouvoir est-il nécessairement fondé sur la peur ?

Piège à éviter

Un sujet débutant par « tout » est très large et englobe la presque totalité de la question. L'adverbe « nécessairement » doit être discuté : la nécessité peut être aussi bien morale que pratique.

Éléments d'introduction

[Accroche] En 2021, le régime chinois fête avec faste le centenaire de la fondation du Parti communiste chinois. Pourtant, derrière la parade officielle, l'État est peut-être un colosse aux pieds d'argile. Surtout, il fait aussi bien peur à l'intérieur de la société chinoise qu'à l'extérieur, au point de laisser supposer que les décennies à venir seront marquées par une nouvelle guerre froide entre la Chine et les États-Unis.

[Problématique] Pourquoi et comment le pouvoir, dans son exercice comme dans sa représentation, peut-il être amené à construire et à développer une politique de la peur ?

Plan détaillé

I. [Thèse] La nature du pouvoir est de développer des politiques de la peur

A. L'exercice du pouvoir repose sur une hiérarchie entre gouvernants et gouvernés

- Spinoza : la peur définie comme une physique des forces et une chimie des passions en politique
- Un rapport actuel de défiance mutuelle qui inspire la peur (Marcel Gauchet)

B. Le gouvernement nécessite le consentement ou l'obéissance des gouvernés pour être efficace

- Les principes de l'efficacité politique (Machiavel)
- Le cas de Viktor Orban en Hongrie

C. Le gouvernement manipule la société pour se légitimer et se maintenir

- La conception de l'État et ses rapports à la peur chez Hobbes
- La politique de la peur aux États-Unis après 2001

II. [Antithèse] Le pouvoir, en particulier démocratique, peut avoir pour objet l'apaisement des peurs

A. La vie démocratique suppose de désactiver les peurs

- L'exigence de transparence en démocratie
- Angela Merkel et la question migratoire : un essai d'apaisement des peurs face à la question des réfugiés

B. La présence de représentants des citoyens à toutes les strates du pouvoir permet de déjouer l'angoisse de la verticalité du pouvoir et du rapport gouvernants gouvernés

- Les pouvoirs intermédiaires en démocratie
- Les contre-pouvoirs en démocratie

C. Exclure la peur demeure cependant une utopie politique

- Un exemple d'utopie : Thomas More
- L'établissement de la démocratie ne peut se faire que par la peur (Platon)

III. [Typologie] Transcender, assumer, systématiser la peur dans les pratiques de pouvoir : des sociétés aujourd'hui incertaines dans leur rapport à la peur

A. Un peuple opprimé et désespéré est un peuple en situation de transcender sa peur

- 1789, la Révolution française
- 2011, les Printemps arabes

B. Assumer la peur pour inverser les dynamiques politiques et sociales et s'emparer du pouvoir en dénonçant les politiques de la peur

- Inverser la peur dans les rapports de genre : #MeToo
- Inverser la peur dans les rapports sociaux : les Gilets jaunes

C. Systématiser la peur, un choix et une idéologie politiques

- Les totalitarismes des années 1930
- Le retour de la peur dans la Chine de Xi Jinping

Éléments de conclusion

Si la peur irrigue profondément la nature du pouvoir, celle-ci n'est pas une fin en soi. La démocratie est une forme de régime politique dans lequel le pouvoir cherche explicitement à atténuer, voire à supprimer, les angoisses présentes au sein de la société. Néanmoins, elle n'arrive pas à éliminer complètement leur présence car, dans les représentations comme dans les pratiques, la peur demeure un puissant levier de gouvernement. La situation actuelle complexifie davantage le rapport du pouvoir à la peur puisque celle-ci peut être utilisée aussi bien pour donner de la dynamique au pouvoir que refermer l'accès au pouvoir.

THÈME 2
Révolutions

CHAPITRE 1

Les révolutions : un phénomène longtemps relatif à la longue durée

1 Un phénomène inscrit dans l'histoire de l'humanité

A. La révolution néolithique

Le Néolithique (8 500 av. J.-C. à 3 000 av. J.-C.) révolutionne la Préhistoire : les premières sociétés sédentaires, fondées sur l'agriculture, apparaissent. La notion de « révolution », défendue par les archéologues et les ethnologues, vient de la radicalité du changement : le mode de vie, nomade, devient sédentaire ; le mode de subsistance, basé sur la chasse, la pêche et la cueillette, évolue vers l'agriculture et l'élevage. Mais cette révolution se prolonge dans ses conséquences : la population humaine s'accroît (malgré les épidémies), s'agglomère (pour stocker, échanger, protéger récoltes et animaux), commence à faire société (les nouvelles activités créent des relations sociales plus complexes, hiérarchisées, sources de tensions, de négociations et de distinctions sociales). Deux conséquences présentent en particulier un caractère révolutionnaire : le développement de l'inégalité sociale d'une part, et le rapport de l'Homme à la nature d'autre part. Le premier point est toujours débattu (le Néolithique voit-il la création ou seulement l'accroissement des inégalités ?), mais part du principe que les sociétés préhistoriques demandaient une organisation horizontale (collaborer pour œuvrer à la survie du groupe) alors que les sociétés néolithiques distinguent les individus par leur compétence et la valeur (réelle ou symbolique) accordée à leur activité. Produire, échanger, surveiller et réguler deviennent des activités qui impliquent une verticalité dans les rapports sociaux. Au niveau politique, la conséquence en est l'émergence de modalités de gouvernance qui définissent qui est inclus et qui est exclu. Le Néolithique correspond d'ailleurs à la période d'apparition des remparts urbains, des palais, des tombes princières et des temples monumentaux. Le second point, dont l'actualité est prégnante à l'heure du changement climatique, n'est pas seulement économique et écologique. Défrichements et domestications entraînent des changements politiques, juridiques, culturels et symboliques : la terre a une valeur, la nature devient paysage, l'espace vécu est modelé à l'image de la société qui y habite.

B. La révolution de l'écrit

L'invention de l'écrit constitue également un tournant radical pour l'histoire de l'humanité. L'écriture naît du besoin de « faire signe » dans des sociétés qui se complexifient : il s'agit de mesurer, de quantifier, de normer, de contrôler les activités économiques et sociales (actes de vente et comptables, codes de lois) et de les faire encoder par des autorités reconnues (le roi, le prêtre). L'écriture apparaît dans des sociétés urbaines en Mésopotamie (les pictogrammes) et en Égypte (les hiéroglyphes) vers 3 000 av. J.-C. Les premières traces d'écriture ont été trouvées dans les temples sumériens. En Égypte, les documents les plus anciens sont très divers (actes administratifs, propos éducatifs, pharmacologie...). La cursive permet ensuite d'écrire plus rapidement : vers 650 av. J.-C., le démotique permet ainsi de toucher d'autres strates sociales de la population en Égypte. Une évolution semblable se retrouve en Chine : les pictogrammes (apparus vers 3 000 av. J.-C.) sont stylisés dans un souci de plus grande rapidité d'exécution.

L'invention de l'écriture est un tournant majeur pour l'information et la diffusion du savoir : l'écrit donne une forme visible à ce qui ne l'est pas, elle fait savoir des données, dispense des éléments de connaissance, définit et diffuse un sens susceptible de rassembler une communauté autour d'elle. D'autres moments-clés dans l'histoire de l'humanité peuvent ainsi être qualifiés de révolutionnaire dans le rapport entretenu par les sociétés à l'écrit : au Moyen Âge central, l'écrit distingue la diplomatique (écrits officiels) et les documents de la pratique (écrits du quotidien). Mis en œuvre par des clercs et de plus en plus par des laïcs, l'écrit participe à la naissance de pouvoirs (en particulier l'État) qui se légitiment à travers lui. En France, la documentation passe ainsi de quelque 5 000 manuscrits avant le XIIe siècle à plusieurs dizaines de milliers ensuite. La création de l'imprimerie par Johannes Gutenberg (1454) donne une ampleur encore plus grande à l'écrit, qui se diffuse plus vite, en plus grandes quantités et de façon moins onéreuse. Cette révolution technique entraîne une révolution culturelle qui se déploie véritablement au XVIIIe siècle : l'écrit devient un vecteur d'informations et du débat d'idées (notamment politiques). C'est la naissance du tribunal de l'opinion, considéré comme l'une des sources culturelles importantes de la Révolution française.

C. Des révolutions aux « renaissances »

L'usage du terme « révolution » pose cependant parfois plus de problèmes qu'il n'en résout. Il implique en effet une conception de l'histoire où la discontinuité constitue le moteur de l'avancée de l'humanité. La révolution serait donc le seul moyen d'introduire du progrès dans les sociétés. Cette vision linéaire, seulement rythmée par des moments de vérité, et surtout progressiste, de l'histoire, s'oppose pourtant à la conception cyclique du temps qui prévaut de l'Antiquité au début de l'époque moderne. De cette perspective, il faut retenir l'idée que la révolution n'a pas sa place : il ne s'agit pas de créer une ère nouvelle, mais de retrouver une ère perdue. La révolution cède donc sa place à la « renaissance », qui prétend renouer (dans le sillon du mythe grec de l'âge d'or, selon lequel l'humanité dégénère en cinq âges, de l'or jusqu'au fer, avant de renouer avec l'âge d'or) avec un temps originel idéalisé (en général l'Antiquité). L'utilisation du terme « renaissance » dans les sciences humaines fait aujourd'hui débat, mais il demeure en usage pour évoquer la « renaissance carolingienne » (VIIIe-IXe siècles), la « Renaissance du XIIe siècle », et la Renaissance (XVe-XVIe siècles) – cette dernière étant dénommée ainsi par l'artiste et biographe d'artistes, Giorgio Vasari (1511-1574).

2 Vers un changement de paradigme : la révolution, un concept moderne

A. De la physique à la politique : le glissement sémantique de la « révolution » à l'époque moderne (XVIe-XVIIIe siècles)

L'usage du terme « révolution » apparaît au XIIe siècle : il désigne alors le cycle des astres. Avec la Renaissance, le terme devient parfois synonyme de « circonvolution » et, plus rarement, d'achèvement. À partir du XVIIe siècle, la signification politique du terme apparaît progressivement. Le dictionnaire de Furetière mentionne ainsi deux définitions : l'une astronomique, et l'autre politique. Le terme demeure cependant lié à la conception cyclique du temps, hérité de l'astronomie. Le *Dictionnaire de Trévoux*, au XVIIIe siècle, achève de complexifier la notion, en lui conférant également une acception psychologique (la révolution de l'esprit), morale (le duel du bien et du mal) et médicale (la révolution des humeurs). Cette apparente dilution du terme « révolution » ne doit pas masquer l'essentiel : peu à peu, la conception cyclique du temps incluse dans le concept de « révolution » glisse vers une conception plus disruptive de l'histoire, dont le moteur réside dans l'association de forces politiques, d'un événement-catastrophe et d'un achèvement par le bouleversement global de l'État et de la société. Certes, les implications politiques du phénomène révolutionnaire restent encore fragmentaires : ainsi, *L'Encyclopédie* (1751-1772) de Diderot et d'Alembert n'y voit qu'un changement de gouvernement, alors qu'un changement plus global de conception politique et sociale y est classé sous le vocable de « rébellion ». Du côté du pouvoir, la révolution garde jusqu'à la fin de l'Ancien Régime sa connotation originelle : elle renvoie plus à une restauration de la plénitude du pouvoir monarchique qu'à sa contestation radicale.

B. Distinguer « révolte » et « révolution »

L'époque moderne est également un moment de distinction entre « révolte » et « révolution », comme en témoigne le dialogue (historiquement fondé, mais à la formulation douteuse) entre Louis XVI et le duc de La Rochefoucauld-Liancourt, le 14 juillet 1789 : « Mais c'est une révolte ? – Non Sire, c'est une révolution ! » La juxtaposition des deux termes a le mérite de démontrer la maturation du concept de révolution, à l'aube de la Révolution française. Le terme « révolution » n'est en effet plus considéré au prisme du temps cyclique, et il se trouve affecté d'un sens différent du mot « révolte », qui renvoie, dans le vocabulaire politique de la France d'Ancien Régime, à une émotion populaire. Celle-ci suspend le temps historique par une série de rites, tantôt carnavalesques, tantôt tragiques, avant de trouver une issue où la répression s'exerce de façon raisonnée, de sorte à restaurer l'ordre social et politique préexistant. Les révoltes se dispersent souvent aussi vite qu'elles ont émergé dans un espace politique en général circonscrit à quelques provinces. La révolte et l'insurrection ont ainsi de la valeur pour elles-mêmes, et forment des occasions pour le pouvoir en place de maîtriser à nouveau l'espace qui lui a été disputé par les révoltés et les insurgés.

La révolution politique affirme un autre rapport au temps parce qu'elle est d'une nature différente. La révolution s'inscrit dans le temps historique. Elle introduit une discontinuité et non une suspension, car son objectif est précisément de rompre avec un ordre établi faisant scandale au regard du temps (politique, social et culturel) vécu par la société (que celle-ci soit entendue comme l'élite portant les idées révolutionnaires, ou les masses laissées à l'écart et ne reconnaissant plus par consensus l'autorité établie et faisant émerger une nouvelle conception de la souveraineté). Surtout, la révolution pose un « avant » et un « après » qui la situe certes comme une disruption, mais n'empêche donc nullement la possibilité d'une continuité entre cet « avant » et cet « après ».

Ce rapport intime au temps, au progrès des temps et à l'instauration/restauration d'une forme de consensus au sein de la société explique la fortune du terme dans les sciences humaines, sociales et fondamentales.

NOTIONS-CLÉS

- **Insurrection** : Action de se soulever dans le but de renverser le pouvoir établi.
- **Manifestation** : Expression publique d'une opinion individuelle ou collective.
- **Protestation** : Contestation publique d'un objet préalablement déclaré injuste ou illégitime.
- **Rébellion** : Indignation qui débouche sur l'insubordination.
- **Révolte** : Action violente par laquelle un groupe se place en marge de l'ordre public pour mieux détruire l'autorité politique ou sociale établie.
- **Révolution** : Renversement d'un régime soudain et brutal, accompagné d'un bouleversement politique et social.

C. Les révolutions atlantiques (XVIIᵉ-XVIIIᵉ siècles) : laboratoires de la révolution politique moderne ?

L'historiographie récente a développé la thèse d'un espace politique atlantique, dans lequel un ensemble de situations converge vers la contestation et le renversement de monarchies qui évolueraient vers le despotisme, et qui témoignent d'une acculturation de la révolution politique.

La première révolution d'Angleterre (1642-1649) est un conflit révélateur de l'inadéquation entre une forme de représentation attachée aux libertés (le Parlement) et un État (monarchique) dont la construction passe par une autorité refondée (la raison d'État) et par la mainmise sur la société (à travers l'absolutisme). Le conflit exacerbe les tensions sociales et coloniales (Irlande, Amérique du Nord). La guerre civile tourne au profit du Parlement, mené par Oliver Cromwell, qui s'empare du roi, le fait juger puis exécuter en janvier 1649. La révolution renverse la monarchie, mais dérive vers un régime dictatorial jusqu'à la mort de Cromwell en 1658.

La seconde révolution d'Angleterre (« Glorieuse Révolution », 1688-1689) s'inscrit dans un contexte politico-religieux semblable (la restauration monarchique de 1660 recrée le conflit entre le Parlement et une monarchie qui lorgne vers l'absolutisme) mais aussi différent (le contexte religieux voit le roi s'ouvrir aux catholiques, alors que la société s'inquiète du sort des protestants persécutés dans la France de Louis XIV). Les opposants au roi font appel à son gendre, Guillaume d'Orange, chef politique et militaire des Pays-Bas, et calviniste convaincu. Celui-ci monte sur le trône et doit signer la Déclaration des droits (1689). Cette « révolution » crée une monarchie parlementaire : elle n'a pas la radicalité de 1649 et vise la conservation de l'État (du point de vue parlementaire).

La révolution américaine (1765-1783) est le résultat de la rupture géopolitique due au traité de Paris (1763). La consécration de la domination anglaise en Amérique du Nord rend caduc le besoin de protection des treize colonies britanniques. Les injonctions de Londres sur la nécessité pour les colons de se défendre eux-mêmes, les taxes imposées aux produits coloniaux et la concurrence frustrante de la Compagnie anglaise des Indes orientales, accroissent les tensions. Un acte subversif change le sens du conflit : le « Boston Tea Party » (une cargaison de thé est jetée par-dessus bord par des Bostoniens grimés en Amérindiens en 1773) manifeste une identité américaine originale (désir de réussite individuelle et de mobilité sociale, aspiration au bonheur, à une dose de tolérance religieuse). À Philadelphie, un centre intellectuel émerge et synthétise les idées de John Locke (le contrat social fonde le droit naturel des peuples à déposer le dirigeant) et de Montesquieu (libertés individuelles, séparation des pouvoirs). La révolution devient une guerre (1775), avec une Déclaration d'indépendance (4 juillet 1776). Aidés par la France, les Américains l'emportent (1783) et enclenchent la révolution politique (1787). Elle consacre les idéaux républicains et démocratiques avec un nouvel État (une République fédérale) et une constitution novatrice (séparation des pouvoirs). Trois interprétations ont été proposées : 1) la réduction à une simple guerre d'indépendance ; 2) la perception d'une première véritable révolution moderne grâce à la présence des trois éléments précités ; 3) le glissement d'une conception conservatrice à une conception progressiste du phénomène révolutionnaire.

Le champ des révolutions atlantiques correspond donc à une entrée dans la modernité politique dans laquelle la Révolution française peut faire figure d'événement matriciel.

CHAPITRE 2

Les révolutions, des situations politiques essentiellement contemporaines

1 Le siècle des révolutions (1789-1914)

A. La Révolution française

Le déclenchement de la Révolution est lié à une impasse politique (entre le roi et les parlements), financière (la dette prélève 61 % des revenus de l'État), sociale (la société d'ordres est contestée) et curiale (les factions neutralisant les réformes). Elle est enfin le produit d'un changement des mentalités : l'opinion publique devient un acteur politique. Le roi convoque les États généraux pour le 1er mai 1789, pour voter une réforme fiscale. Mais les députés du tiers-état veulent le vote par tête et non par ordre : ils proclament l'Assemblée nationale (17 juin) puis prêtent le serment du Jeu de paume (20 juin) pour créer une constitution. Le roi cède, mais la situation, confuse, entraîne la « Grande Peur » autour d'un prétendu complot des nobles contre le peuple. Le 14 juillet, les Parisiens prennent la Bastille, symbole du pouvoir royal. L'Assemblée nationale vote l'abolition des privilèges (nuit du 4 au 5 août), puis la Déclaration des droits de l'homme et du citoyen (26 août). Le roi la refuse. Mais la marche des femmes sur Versailles l'y contraint (5 octobre).

La France est désormais une monarchie constitutionnelle (libertés fondamentales, égalité civile et souveraineté nationale). La vie politique se développe avec les clubs (ancêtres des partis politiques) et les journaux. Les députés se rassemblent par affinité (selon leur confiance ou leur défiance envers le roi). La révolution touche aussi l'administration (création des départements), l'économie (libéralisation), la monnaie (création de l'assignat) et l'Église (nationalisation des biens, liberté religieuse, Constitution civile du clergé). La Fête de la Fédération (14 juillet 1790) doit terminer la révolution, en réconciliant le roi et les citoyens.

Après la tentative de fuite du roi (juin 1791), l'année 1792 est un tournant avec la chute de la monarchie et l'adoption de la république. Le roi n'est plus crédible et son droit de veto est mal vécu. L'entrée en guerre de la France face aux monarchies coalisées (avril) et l'ultimatum lancé par le duc de Brunswick (juillet) enflamment les sans-culottes parisiens qui prennent d'assaut les Tuileries (10 août). Cette insurrection entraîne la mise en place de la République (22 septembre) et d'une nouvelle assemblée (la Convention).

La Convention introduit des changements majeurs : l'assemblée est élue au suffrage universel masculin et des courants politiques émergent (Girondins, Montagnards, Plaine ou Marais). La politisation se renforce. Ainsi, les Montagnards, menés par Robespierre et Danton, incarnent l'aile la plus radicale des révolutionnaires et soutiennent les sans-culottes, alors que montent les tensions (guerre extérieure et soulèvements intérieurs). Après l'exécution de Louis XVI (21 janvier 1793), la République est déclarée en danger, un Comité de salut public est érigé (avril), des lois inédites sont édictées (loi du maximum, loi des suspects), et une nouvelle constitution (dite de l'an I), plus démocratique, est proclamée. La révolution se radicalise en septembre avec la Terreur. Les libertés individuelles sont suspendues, le christianisme est remplacé par le culte de l'Être suprême, un gouvernement révolutionnaire (avec Comité de salut public pour la guerre et l'économie et Comité de sûreté générale pour la chasse aux suspects) est installé. Dès 1793, la répression est sévère (500 000 suspects arrêtés, près de 17 000 condamnations à mort). Elle se poursuit au jusqu'à l'été 1794 avec la « Grande Terreur », mais le pouvoir du Comité de salut public est perçu comme dictatorial, d'où sa chute le 9 thermidor an II (27 juillet 1794).

De l'été 1794 à novembre 1799, les régimes politiques veulent terminer la Révolution en stabilisant l'intérieur et en diffusant la révolution en Europe. Les Thermidoriens (Montagnards ayant mis fin à la Terreur) soutiennent la bourgeoisie, autorisent les retours d'émigrés et répriment les émeutes des sans-culottes (1794-1795). Puis le Directoire fait graver dans le marbre la séparation des pouvoirs et établit une république conservatrice (suffrage censitaire, remise du pouvoir aux élites). Ce régime est marqué par le poids croissant des militaires (contexte d'expansion de la Révolution en Europe). Mais la paralysie et l'instabilité minent le régime : la force semble la seule échappatoire. Le coup d'État devient un instrument de pouvoir acceptable, car il renforce l'exécutif : c'est ce que comprend bien le populaire général Bonaparte, dont le coup de force, le 18 brumaire an VIII (9 novembre 1799), est un succès. Le Consulat remplace un régime disqualifié : les consuls mettent fin à la Révolution française, même s'il faut attendre 1804 pour voir un nouveau régime, le Premier Empire (1804-1815). Celui-ci conserve une partie des acquis précédents (suffrage universel, citoyenneté à 21 ans pour les hommes, Code civil). Mais ce régime autoritaire et policier respecte peu les libertés, aussi bien en France qu'en Europe. La chute de Napoléon Ier enterre dans l'immédiat la Révolution. Le congrès de Vienne redessine une Europe monarchique, avec la « Restauration » des Bourbons en France.

B. Le printemps des peuples (1848)

Inachevée, la Révolution demeure dans les esprits, d'où l'obsession des régimes politiques à terminer la Révolution dans la France du XIXe siècle. La Charte concédée par Louis XVIII calme la situation, mais son successeur, Charles X, prône la « réaction », ce qui suscite une nouvelle révolution : les Trois Glorieuses (1830). Cette révolution, parisienne, unit libéraux et républicains, contre un retour à l'avant-1789. Mais les premiers se retrouvent dans 1789, alors que les seconds se retrouvent dans 1793. Les insurgés, souvent issus des milieux populaires et étudiants, échouent. La révolution est inachevée, car le nouveau régime, la monarchie de Juillet, veut d'abord rassurer les propriétaires et les paysans.

La révolution de 1848 (le « printemps des peuples ») est d'une autre envergure : depuis Paris, elle se propage à l'Europe autour des idées libérales et nationales. En France, elle débouche sur la proclamation, le 24 février, de la Deuxième République, avec le suffrage universel masculin. En Autriche-Hongrie, elle permet la liberté de la presse, l'élection d'une assemblée constituante et l'autonomie hongroise. En Italie et en Allemagne, des souverains doivent fuir (le pape), abdiquer (le roi de Bavière) ou concéder une constitution (le roi de Prusse). Mais la réaction monarchique finit par reprendre le dessus.

C. La révolution de la Commune en 1871

La Commune de Paris résulte de causes immédiates (la guerre franco-prussienne, l'implication des Parisiens dans la défense de la ville abandonnée par le gouvernement) et de causes profondes (les inégalités sociales, la diffusion des idées socialistes et de la culture ouvrière). Le 18 mars 1871, la Commune s'oppose aux « Versaillais » (le gouvernement des modérés et des monarchistes). Elle repose sur une démocratie directe (citoyenneté active, révocation possible des élus, etc.) et sociale (réquisitions de logements, gestion collective des ateliers, interdiction du travail de nuit...). La Commune n'oublie pas le registre symbolique : retour au calendrier républicain, adoption du drapeau rouge, écroulement de la colonne Vendôme.

Réprimée lors de la Semaine sanglante (mai 1871), la Commune reste au cœur de la mémoire de la gauche radicale. Mais la IIIe République s'enracine et s'approprie la mémoire de la Révolution française : elle termine la Révolution en ancrant la République dans les esprits (Marianne, devise républicaine, drapeau tricolore, hymne national, fête nationale), dans la législation (libertés de la presse et de réunion en 1881, liberté syndicale en 1884...) et dans ses incarnations (le maire, l'instituteur).

2 Révolutions communistes et nationalistes du XXe siècle

A. Les révolutions communistes

La matrice des révolutions communistes est la « révolution d'Octobre » (1917). Elle se déroule dans la Russie qui a déjà connu une révolution manquée (1905) et une révolution spontanée, populaire et réussie, en février 1917. La révolution d'Octobre est une « révolution passive » venue d'en haut, car ce sont des organisations qui opèrent : les soviets ou conseils d'ouvriers et de soldats, encadrés par le parti bolchévique (dirigé par Lénine et habitué à l'organisation clandestine). Il s'agit d'une prise du pouvoir par la force et la tactique, non d'une mobilisation des masses. Toutefois, une intense propagande a préparé le terrain, de février à octobre.

La création de la IIIe Internationale (1919) marque le début de la diffusion du communisme par la révolution. Ce mode d'action divise les partis socialistes européens à la fin de la Première Guerre mondiale, entre réformistes et révolutionnaires. Les réformistes du SPD s'imposent ainsi en Allemagne après la « Semaine sanglante » qui élimine les chefs du mouvement spartakiste révolutionnaire (1919). La diffusion du communisme en l'Europe de l'Est après la fin de la Seconde Guerre mondiale est plus complexe : il s'agit d'une prise du pouvoir accompagnée par l'URSS plutôt que de révolutions, même si des événements révolutionnaires existent (coup de Prague, 1948).

Dans une Chine divisée entre chefs de guerre, Mao Zedong structure le parti communiste et prend le pouvoir au terme d'une guerre civile (1er octobre 1949). La République populaire de Chine adopte une politique révolutionnaire. La « Révolution culturelle » (1965-1969) se sert de la jeunesse pour opérer des purges massives, inculquer le culte de la personnalité, diffuser l'idéologie et asseoir le régime sur l'armée.

La révolution cubaine (1959-1962) est d'abord une prise du pouvoir par Fidel Castro face à un dictateur lié aux États-Unis (Batista). Le changement de régime entraîne un bouleversement politique (alliance avec l'URSS), économique (nationalisations), social (construction d'un système de santé). Mais il entraîne aussi une forte répression. La révolution par la guérilla sert ensuite de modèle en Amérique latine et en Afrique, et construit le mythe de l'ancien compagnon d'armes de Castro, Ernesto Che Guevara (tué en Bolivie en 1967).

B. Les révolutions nationalistes laïques

Le Moyen-Orient est traversé durant la guerre froide par plusieurs épisodes révolutionnaires, dont le point commun est une idéologie panarabique, socialiste, teintée de laïcité, et incarnée par le parti Baas ou parti socialiste de la renaissance arabe. Les chefs de ce parti, liés à l'armée, arrivent au pouvoir en Syrie (1963) et en Irak (1968) par des coups d'État. Leur caractère révolutionnaire provient du programme appliqué, en rupture profonde avec la domination ottomane, le passé récent colonial ou mandataire, ou encore la division religieuse. Ainsi, dès la prise du pouvoir de 1963 en Syrie, des nationalisations massives sont opérées. Ces révolutions se heurtent très vite à la question de la fin de la révolution, car les régimes syrien et irakien, dépourvus de bases populaires solides et massives, deviennent des dictatures. L'Égypte est un cas à part : la révolution de 1952 menée par des militaires (les « officiers libres ») rencontre vite l'adhésion populaire, surtout lorsque le président Nasser nationalise le canal de Suez (1956). Cette impulsion se renforce avec le panarabisme par la République arabe unie (Égypte, Syrie, Yémen, 1958-1961) et avec la modernisation du pays en vue du développement.

C. Les révolutions nationalistes religieuses

Le Moyen-Orient constitue un observatoire de révolutions conservatrices, nationalistes et religieuses (Arabie saoudite, Iran). Pour l'Arabie saoudite, le wahhabisme, courant longtemps marginal au sein de l'islam mais soutien du clan des Saoud, en est le fondement. La création de l'État saoudien (1924-1932) en est le produit, avec une gouvernance en rupture avec le passé de la péninsule. Alors que la dynastie se méfie aujourd'hui des prédicateurs wahhabites sa légitimité peut être discutée, courant ainsi le risque d'une révolution, cette fois politique.

Une révolution islamique intervient en Iran en 1979 : les religieux intégristes autour de l'imam Khomeini font chuter un régime accusé de corruption et de collusion avec les États-Unis.

La théocratie exclut alors du champ politique les libéraux et les socialistes, maintient l'ordre social avec une organisation paramilitaire (les Gardiens de la révolution) et fait du Guide suprême un religieux nommé à vie, le véritable chef de l'État.

D. Les révolutions démocratiques

Depuis le dernier quart du xxe siècle, des révolutions démocratiques interviennent dans des contextes variés. La révolution des œillets au Portugal renverse un régime dictatorial en 1974, ouvrant la voie à la démocratisation du pays. L'année 1989 est marquée par une série de « révolutions de velours » (à l'exception de la Roumanie, où la chute des Ceausescu aboutit à leur exécution), qui consacrent l'effondrement du bloc soviétique en Europe de l'Est. Celles-ci débouchent sur l'adoption de la démocratie et à une intégration progressive à l'Union européenne pour la plupart des États. Plusieurs anciennes républiques de l'ex-URSS sont aussi secouées par des révolutions démocratiques : la Géorgie en 2003 (« révolution des roses ») ; l'Ukraine en 2004 (« révolution orange ») ; le Kirghizstan en 2005 (« révolution des tulipes »). Dans le sillage des printemps arabes de 2011, des révolutions agitent la Tunisie (« révolution du jasmin »), la Libye et l'Égypte. Néanmoins, seule la Tunisie semble avoir entamé, non sans heurts, une démocratisation.

3 Nouveau siècle, nouvelles révolutions ?

A. Nouveaux paradigmes révolutionnaires ?

L'émancipation est un mot d'ordre qui revient en force dans la rhétorique révolutionnaire. Encore faut-il considérer le point par lequel cette émancipation est pensée. Pour la jeunesse, l'émancipation a pu s'appeler « mai 68 » ou « révolution du jasmin » ; pour l'économie, « mondialisation » ; pour l'Église, « Vatican II » ; pour les femmes, « #MeToo ».

Ces paradigmes, qui interrogent l'extension du domaine des luttes possibles vers plus de démocratie sociale, plus d'égalité réelle entre les individus, plus de plasticité entre les genres, ou au contraire vers la construction d'identités collectives face à une modernité qui renierait les valeurs héritées, mobilisent des groupes de plus en plus visibles. À travers ces paradigmes, il s'agit désormais d'occuper l'espace médiatique, de mobiliser à travers un ensemble de pratiques (réseaux sociaux, contestations juridiques, manifestations, occupations, créations de ZAD). Dans tous les cas, la dynamique révolutionnaire réaffirme la souveraineté du peuple qui s'institue, en tant que peuple, comme force de démocratisation. Les Gilets jaunes s'inscrivent dans cette perspective, à travers une auto-institution par le bas, sans lien avec les contre-pouvoirs traditionnels. Les « actes » sont vécus comme des journées révolutionnaires. Des lieux symboliques (les ronds-points) sont investis : ils médiatisent l'immobilité sociale à laquelle ils sont assignés, au cœur d'un espace censé assurer la mobilité (l'État ayant ainsi failli).

B. Nouveaux acteurs des révolutions ?

La jeunesse revient au-devant de la scène révolutionnaire depuis le milieu du xxe siècle. C'est le résultat de situations de blocages entre des gouvernants, ancrés dans un passé mythifié, et une jeunesse empêchée de se projeter dans la modernité. Le mouvement étudiant de « mai 68 » en France peut être rangé dans cette catégorie, de même que les printemps arabes.

Les mouvements « #MeToo », « #Balancetonporc » consacrent un acteur collectif : les femmes. Déjà en octobre 1789, des femmes marchaient sur Versailles ; mais après 1793 et plus encore avec le Code civil (1804), la société patriarcale est restaurée. La mémoire d'Olympe de Gouges, autrice d'une *Déclaration des droits de la femme et de la citoyenne* en 1791, n'est guère relevée avant le xxe siècle. À la fin du xixe siècle, Louise Michel domine la mémoire de la femme révolutionnaire. Mais avec la diffusion du *Deuxième sexe* (1949) de Simone de Beauvoir, plusieurs femmes ont été redécouvertes, étendant le champ révolutionnaire au féminisme. Depuis 2017, « #MeToo » et « #Balancetonporc » manifestent une prise de conscience radicale.

Les élites demeurent des acteurs importants. La révolution tunisienne aboutit ainsi à l'élection de Béji Caïd Essebsi (1926-2019), un ancien dignitaire, à la présidence de la République (2014). Ailleurs, les élites dissidentes peuvent fournir leurs cadres aux révolutions, comme en 1989 en Europe de l'Est (Vaclav Havel en République tchèque, Lech Walesa en Pologne). Ces acteurs sont récurrents : l'historien Guy Chaussinand-Nogaret avance même, à propos de la Révolution française, l'idée d'une continuité des élites. Néanmoins, les mouvements révolutionnaires adoptent souvent une posture critique à l'égard de toute élite, comme en témoigne récemment la crise des Gilets jaunes dans la France de 2018-2019.

C. Nouveaux moyens de faire les révolutions ?

Le changement ayant pour finalité un bouleversement politique, religieux, économique et social est encore d'actualité au début du xxie siècle, mais il tend à s'éloigner des formes habituellement admises de la révolution, qui impliquent soudaineté et brutalité. Cette dernière forme d'action tend d'ailleurs à désigner les coups d'État ou les « révolutions de palais ». Dans cette dernière catégorie peut, par exemple, être rangé le changement de pouvoir opéré en Algérie, à la faveur de la démission du président Bouteflika (avril 2019). Si celle-ci résulte d'un mouvement populaire des masses algériennes, elle semble surtout une manœuvre de la part de l'armée, qui ne répond pas aux demandes de changement, et diffère la révolution.

De nouveaux moyens de mobilisation émergent, afin de réclamer un changement profond et radical des structures de la société. En 2011, les mouvements des Indignés et Occupy Wall Street encouragent la désobéissance civile face à l'ordre établi. Leur visibilité médiatique est assurée par l'occupation de lieux symboliques et hyperconnectés. Internet joue un rôle essentiel dans la diffusion de ces protestations à caractère révolutionnaire et qui sont souvent des épigones du mouvement altermondialiste, qui lutte pour une rupture radicale et totale avec l'ordre néolibéral.

CHAPITRE 3

Révolution, révolutions. Un outil polysémique pour penser les dynamiques d'une société

1 Un état des lieux : la révolution numérique, moteur d'une révolution globale ?

A. Révolutions épistémologiques

Quelques grandes révolutions épistémologiques peuvent être identifiées : il s'agit à chaque fois d'un changement de perspective radical sur la connaissance, dont les conséquences engagent le devenir global de la société. La révolution copernicienne constitue un premier jalon. L'adoption du système héliocentrique (Copernic, Kepler et Galilée, milieu XVIe-début XVIIe siècle) sécularise la vision du monde. La révolution newtonienne (à partir du milieu du XVIIe siècle) constitue un deuxième jalon, car elle remplace Dieu par la physique. La révolution scientifique autour d'Albert Einstein au XXe siècle est un autre jalon qui projette l'humanité dans l'univers et l'infini autant que dans l'ère nucléaire.

Une nouvelle révolution épistémologique apparaît aujourd'hui : la révolution numérique. Les innovations entraînent en effet une mutation globale, tant dans le quotidien des individus que dans la gouvernance des sociétés et des territoires. Connectivité, création et collecte de données, complexification des réseaux en sont les principales caractéristiques. L'espace-temps se trouve bouleversé, de même que le rapport des échelles (du local au global) et la place des individus dans la société (par la collecte des données ou le traçage des individus qui confèrent du pouvoir à ceux qui effectuent ces opérations ou en détiennent les résultats). L'intelligence artificielle est annoncée comme la prochaine étape de cette révolution. Mais celle-ci interroge, car les innovations pourraient se retourner contre les individus en l'absence de contrôle citoyen. De plus, la modification de la frontière entre le public et le privé peut limiter les libertés individuelles. Le risque d'un retour des régimes totalitaires devient prégnant. Mais il n'est pas non plus interdit de penser que les masses pourraient s'emparer de cette révolution pour mettre en œuvre une révolution politique plus démocratique. Il n'est pas absurde de croire possible la constitution d'un monde numérique sans mainmise de sociétés privées, sur le modèle de la plateforme. La révolution serait politique, car cette mutation impliquerait une horizontalité des rapports politiques et sociaux, sans la verticalité de l'autorité.

B. Révolutions techniques et scientifiques

Toutes ces révolutions n'ont pas abouti à une révolution épistémologique. La notion même de révolution scientifique est récente : elle remonte au XVIIIe siècle, à un moment où la science n'est plus considérée comme un moyen d'accéder à la vérité de Dieu. La parution de *L'Origine des espèces* en 1858 fait par exemple de Charles Darwin un acteur majeur de la révolution scientifique, en resituant l'humain parmi le vivant. Cette publication est le point de départ d'un bouleversement complet du rapport au vivant et au religieux. Il s'agit donc d'une révolution intellectuelle. Pour le philosophe des sciences Alexandre Koyré, la révolution scientifique est une transformation conceptuelle qui remet en question la vision du monde : c'est même la condition du progrès scientifique. Mais il s'agit moins de renverser un ordre établi que de légitimer une démarche actualisant la vérité scientifique.

La révolution scientifique est donc, par nature, un modèle précaire. Thomas Kuhn, dans *La Structure des révolutions scientifiques* (1962), définit ainsi la notion de paradigme comme un modèle faisant autorité à un moment précis, avant d'être interrogé au point de susciter un nouveau paradigme en rupture avec le précédent. Dès lors se pose la question du moteur de la révolution scientifique, qui peut être multiple : le hasard (la découverte de la tectonique des plaques), le contexte socioculturel (le darwinisme est le produit d'une société marquée par l'impérialisme colonial et la révolution industrielle), le rapport à la religion (la chirurgie rompt avec la sacralité du corps), etc.

C. Révolutions économiques

La révolution numérique entraîne une révolution économique, en favorisant une « économie de la fonctionnalité » (faible besoin en infrastructures, capacité à mettre en relation les acteurs de l'offre et la demande avec les outils numériques, coût assez faible). Ce modèle est à l'origine du succès des plateformes (Amazon, BlaBlaCar, AppleStore, Alibaba...), qui ont un impact dans tous les domaines de la vie quotidienne. Cette (r)évolution est qualifiée dans les médias par l'expression « ubérisation de la société », et s'incarne dans le modele entrepreneurial de la « start-up ». À moyen terme, cela pourrait entraîner une révolution globale, car un nombre croissant d'emplois devrait être remplacé par des dispositifs numériques. La question de la valeur du travail sera alors posée en des termes nouveaux (quoique déjà abordés lors des élections présidentielles de 2017 par le candidat socialiste, avec l'idee du « revenu universel »).

Plus que jamais, la révolution économique peut être l'objet du hasard : la crise sanitaire de la Covid-19 semble renforcer cette hypothèse, en bloquant ou en contractant la plupart des économies, quitte à provoquer une crise d'une nature nouvelle, demandant la création de solutions inédites.

À l'image de la Banque centrale européenne, les banquiers centraux et les banques commerciales changent de politique monétaire de façon inédite en facilitant la création de devises et leur diffusion pour financer les entreprises et, surtout, la transition écologique. Les décisions économiques et monétaires de Joe Biden depuis son élection vont dans le même sens. La pandémie pourrait ainsi entraîner l'économie vers une forme de nouvelle croissance révolutionnaire en ce qu'elle viserait non plus seulement le profit immédiat, mais la durabilité des sociétés.

Actualité **VERS UNE RÉVOLUTION MONÉTAIRE ?**

« À l'occasion de la pandémie, la sorcellerie monétaire pourrait sortir du giron des banques commerciales et des banquiers centraux pour redevenir un instrument politique, un outil remis à sa juste place dans le fonctionnement de la société. La mise à l'arrêt de l'économie induite par la progression fulgurante d'une infection virale pourrait de fait engendrer les conditions d'un changement profond de politique monétaire – changement que nombre d'environnementalistes réclament, jusqu'ici en vain, pour financer la transition écologique. C'est peut-être un virus qui fera la révolution que nous n'avons pas faite. »

lemonde.fr, 28 mars 2020.

D. Révolutions sociétales

La révolution numérique crée les conditions d'une révolution sociétale en remettant en cause la place de l'individu, ses droits fondamentaux (opinion, réunion, propriété…) ainsi que le rôle de l'État. L'individu est ainsi sommé de projeter son existence numérique dans un mode collaboratif induisant des pratiques nouvelles (cogestion, colocation, coopération, etc.) qui sont en contradiction avec le fonctionnement de la société. La forme collaborative peut parfois avoir une traduction politique : les réseaux sociaux peuvent devenir des instances de mobilisation ou de contrôle des masses potentiellement révolutionnaires. L'État se trouve également critiqué en raison des rétorsions contre les lanceurs d'alerte (Edward Snowden, Julian Assange, médecins chinois) ou de son incapacité à décrédibiliser les théories du complot. La propriété revient aussi au centre des débats, avec la question de la propriété intellectuelle qui a montré la complexité du partage de la valeur entre auteurs et créateurs d'une part, et diffuseurs d'autre part, au parlement européen (2018-2019). Un débat entre libre marché et libre accès est désormais engagé.

Les révolutions sociétales, et non plus la révolution sociale, caractérisent aujourd'hui l'horizon commun des mouvements de gauche. En Europe, la social-démocratie, la gauche radicale et les partis écologistes ne partagent plus la même idéologie sociale. En Amérique latine, la gauche semble aussi bien moins mobilisée que par le passé autour de la question sociale. En revanche, aussi bien en Europe qu'en Amérique latine – et dans d'autres régions de l'espace mondial – l'idéologie de gauche se rassemble beaucoup plus autour de la demande d'une rupture avec la société héritée pour faire émerger une société nouvelle aux accents révolutionnaires. Il s'agirait ainsi de rompre avec une société de la production (et de la pollution), une société « blanche », « masculine » et « hétéronormée ».

Focus **LA DIRECTIVE 2018 DE L'UNION EUROPÉENNE SUR LE « COPYRIGHT »**

« Que se passe-t-il ? *A priori* si l'on schématise, vous auriez d'un côté les GAFA qui ont bien profité d'un rapport de force à leur avantage pour percevoir des revenus publicitaires sur des contenus qui ne respectaient pas le droit d'auteur, et de l'autre les auteurs donc, et les éditeurs, qui grâce à cette directive cesseraient enfin de se faire manger la laine créative sur le dos. Mais tel qu'il est posé le débat reste binaire. […]

Dans ces conditions de censure aveugle et créativité bridée, comme l'explique Pascal Nègre, comment aurait-on découvert Kenji Girac ? Lui qui s'est fait connaître avec une vidéo reprenant sans autorisation une chanson de Maître Gims… »

franceculture.fr, 7 septembre 2018.

2 Des révolutions, pour quoi faire ?

A. ... pour un changement radical

Le but premier de la révolution est d'obtenir un changement radical, propre à bouleverser toutes les structures de la société, qu'elles soient idéologiques, matérielles ou mentales. En ce cas, la révolution se présente comme une utopie réalisée et susceptible de produire une cité idéale. Plusieurs philosophes ont exploré cette voie. Platon, dans *La République*, explique que la cité idéale ne peut être construite qu'après avoir abattu les trois piliers du monde grec : la famille (intermédiaire entre le citoyen et la cité), la propriété (différenciant les citoyens et abaissant la cohésion sociale) et la magistrature (la justice peut servir des intérêts privés). Toute la société doit donc être repensée. Thomas More, dans *L'Utopie* (1516), définit le roi comme le serviteur de la société des hommes. Cette idée est révolutionnaire, dans une Angleterre où le roi est volontiers comparé à un tyran.

B. ... pour repenser la place de l'État

Thomas More analyse aussi la place de l'État et définit les principes de l'utopie moderne : un principe idéologique préside à l'organisation sociale (dans ce cas, l'égalité parfaite) et détermine les formes prises dans tous les aspects de la vie sociale (existence ou non de la propriété, individualité ou communauté de vie, place accordée au travail, à la culture, à la religion, à la vie). Ainsi fondée, l'utopie doit en quelque sorte arrêter le cours de l'histoire : l'État devient seulement le garant de la fixité de l'idéologie fondatrice et le maître de la mécanique politique, sociale, économique et culturelle qu'elle implique.

C. ... pour repenser la place de l'individu

La révolution repense la place de l'individu au sein de la société, aussi bien dans ses relations interpersonnelles que dans son for intérieur. Le christianisme des origines peut servir d'exemple : l'acte de la conversion entraîne un bouleversement complet dans la vie du nouveau chrétien, qui fait désormais communauté avec les autres chrétiens et se trouve projeté dans un autre rapport avec son for intérieur. Aux IVe et Ve siècles, saint Augustin raconte sa conversion dans les *Confessions*, qu'il décrit comme une révolution surtout intérieure. Cette démarche se retrouve au XVIIIe siècle. Les *Confessions* de Jean-Jacques Rousseau relèvent d'une démarche comparable : se dire sans fard, de façon radicale et en faisant œuvre de révolution intérieure. Aujourd'hui, l'intérêt pour le développement personnel, qui implique l'amélioration de la connaissance de soi, en est un prolongement. La perspective est inversée : il s'agit de se changer soi-même pour changer le monde, et non l'inverse.

3 Une actualité qui plonge ses racines au XIXe siècle

A. Un concept appréhendé avec prudence aux XVIIIe-XIXe siècles

Les philosophes des Lumières réintroduisent la révolution dans son acception dynamique et naturelle. Dans l'article « Innovation » de l'*Encyclopédie* (1751), Diderot ne veut considérer la révolution que comme un changement conforme à l'ordre de la nature, qui ne saurait être soudain et brutal, mais qui opèrerait en synchronie avec la nature dans une dynamique de perfectionnement. Rousseau se méfie également de la révolution : dans le *Discours sur l'origine et les fondements de l'inégalité parmi les hommes* (1755), la révolution est ce qui a perturbé une situation initiale de transparence sociale, en insufflant aux hommes l'envie et le désir du luxe. Le changement ne doit pas être brutal, mais doit opérer un perfectionnement progressif.

Le socialisme utopique du premier tiers du XIXe siècle autour de Charles Fourier (1772-1837) critique la révolution pour son contenu plus politique qu'économique et social. L'utopie de Fourier (*Le Nouveau Monde amoureux*, 1816) repose sur la recherche de l'harmonie, par la création d'une « phalange » reflétant toute l'étendue des affinités possibles entre humains, sans soudaineté ni violence.

B. Un concept fortement travaillé au XIXe siècle

Les révolutions des XVIIIe et XIXe siècles suscitent tout de suite des analyses qui y voient le début d'une ère nouvelle pour l'humanité ou, au contraire, l'aboutissement d'un processus historique.

Dans son *Histoire de la Révolution française* (1847-1853), Jules Michelet élabore une théologie de la révolution pensée comme une « révélation », l'acte sacré et fondateur de l'idée républicaine moderne. Cette vision d'un nouvel âge de l'humanité se retrouve chez les positivistes autour d'Auguste Comte : la Révolution consacre l'âge des grands hommes qui surgissent du peuple. À l'inverse, les libéraux voient la révolution comme la fin d'un processus. Tocqueville relève dans *L'Ancien Régime et la Révolution* (1856) de nombreux éléments de continuité. Le meilleur exemple en serait le processus de centralisation, débuté par la monarchie et confirmé par les régimes politiques post-1789.

Les penseurs politiques de référence sur la révolution au XIXe siècle, Karl Marx (1818-1883) et Friedrich Engels (1820-1895) élaborent une réflexion théorique et pratique sur la révolution sans précédent, en particulier dans *Le Manifeste du parti communiste* (Marx & Engels, 1848). Ils partent d'un constat historique mais changent les structures de la pensée. Pour eux, le phénomène révolutionnaire, inscrit dans un ordre économique, résulte de la dialectique entre la dynamique des modes de production et la statique de l'ordre social. La lutte des classes devient le moteur de la révolution : son fondement est donc économique, même si sa finalité est sociale et politique. Le but est de révolutionner l'État ou, même, de l'anéantir. Après avoir analysé les causes et les finalités de la révolution, Marx étudie ses conditions de possibilité. Celle-ci étant définie comme la substitution d'un mode de production à un autre, il faut déterminer les conditions rendant possible cette substitution :

1) l'existence d'un mode de production capitaliste reposant sur une dynamique technique menée par une bourgeoisie qui s'impose face à la classe de ceux qui ne possèdent rien et qui sont dès lors identifiés comme le prolétariat ;

2) la conscience de la dialectique entre les forces productives et les rapports de production, qui permet au prolétariat d'acquérir une culture de classe ;

3) une élaboration scientifique de l'origine des inégalités et de la domination de classe ;

4) l'organisation d'un groupe politique capable de diffuser cette connaissance scientifique auprès d'une classe qui a désormais conscience d'elle-même. C'est pourquoi, pour Marx et Engels, seules les révolutions de 1793, 1848 et 1871 le sont réellement, car ce sont les dominés qui ont cherché à s'imposer par la force.

Cette pensée n'est pas dogmatique : Marx a notamment évolué dans sa réflexion. Dans un premier temps, il fonde sa définition de la révolution sur la nécessaire libération de la société à travers la prise du pouvoir par la classe ouvrière, classe majoritaire incarnant la société face à une démocratie bourgeoise illusoire. Dans un second temps, il pense la révolution à partir d'une transformation radicale du mode de production, se rapprochant ainsi des formes utopiques du socialisme : la société communiste est en effet une société où la plus-value du travail revient aux travailleurs parce que la propriété est devenue collective et parce que l'organisation du travail repose sur l'association des producteurs.

TEXTE-CLÉ

EXTRAIT DU *MANIFESTE DU PARTI COMMUNISTE* (1848)

« L'histoire de toute société jusqu'à nos jours, c'est l'histoire de la lutte des classes. Homme libre et esclave, patricien et plébéien, baron et serf, maître de jurande et compagnon, en un mot : oppresseurs et opprimés se sont trouvés en constante opposition ; ils ont mené une lutte sans répit, tantôt déguisée, tantôt ouverte, qui chaque fois finissait soit par une transformation révolutionnaire de la société tout entière, soit par la ruine des diverses classes en lutte. »

C. Un concept retravaillé au début du XXe siècle

Désormais, la révolution ne cherche plus à retrouver un âge perdu. Elle vise le progrès humain et se présente comme une force de transformation des masses pour le présent et l'avenir. La véritable révolution, assise sur l'idéologie, perd de sa soudaineté pour gagner en efficacité, avec un appareil politique organisé et capable de mener les masses vers une conscience de classe ou nationale.

En Russie, Lénine (1870-1924) incarne la figure du théoricien et du praticien de la révolution au début du XXe siècle. Il prône une révolution où l'élite intellectuelle définit l'idéologie et où un parti – le parti bolchévique – prépare la prise du pouvoir avec une structure centralisée.

secrète et légitimant la violence. La révolution d'octobre 1917, qui est plutôt un coup d'État, en est la traduction concrète. Elle écarte du pouvoir les mencheviks, pour lesquels la révolution doit être spontanée et le fait des masses (comme en 1905 et en février 1917). Lénine préfère surtout une minorité agissante à une majorité irrésolue. Ses héritiers se déchirent autour de deux visions distinctes : la révolution permanente pour Trotski (1879-1940) et la révolution par étapes pour Staline (1878-1953). L'idée de révolution permanente, marxiste, part de l'idée que l'échec de la Révolution française vient de la volonté des régimes bourgeois à terminer la révolution. Il faut donc s'assurer que la prise du pouvoir permette d'approfondir la révolution et de la diffuser à l'échelle mondiale par la dictature du prolétariat. Pour Staline, la révolution par étapes est une tactique pour stabiliser le régime soviétique. La diffusion n'est possible que dans un second temps, à travers les partis communistes et une stratégie de « front populaire ».

CHAPITRE 4

Révolutions : regards critiques et perspectives

1 La révolution entretient un rapport ambigu à l'idée de progrès

A. Contre-révolution

La notion est étroitement liée aux *Réflexions sur la Révolution de France* (1790) du philosophe irlandais Edmund Burke. Les conservateurs des XIXe et XXe siècles ne cessent d'y puiser des idées pour délégitimer 1789 (la tradition, l'ordre, les autorités établies par Dieu ou l'Histoire, les libertés collectives, l'existence de communautés organiques). Mais la pensée de Burke est plus nuancée : celui-ci conteste la Révolution qui veut faire table rase du passé mais pas celle qui cherche à restaurer des libertés.

En France, les partis conservateurs des XIXe-XXe siècles (« ultras », « parti de l'Ordre », « nationalisme intégral », etc.) reprennent les idées de Joseph de Maistre (1753-1821) : défense du catholicisme, de la monarchie, des cadres sociaux hérités et du modèle patriarcal. L'idée de contre-révolution irrigue aussi le domaine social : plusieurs sociétés charitables sont ainsi créées, devenant des modèles dans l'aide aux blessés (Croix rouge, fondée en 1864), aux plus pauvres (dans le sillon du paternalisme bourgeois). Il s'agit d'encadrer des catégories sociales qui sont susceptibles d'enclencher une révolution ou de la soutenir. Le cas des femmes est révélateur. La contre-révolution crée une représentation iconique de la femme au XIXe siècle en héroïne chrétienne qui, parce qu'elle souffre, œuvre à la rédemption de la société, à travers le culte de la Vierge Marie (dogme de l'Immaculée Conception en 1854) et celui de Jeanne d'Arc (elle est canonisée en 1920) qui se sacrifie pour la « Nation ».

Focus — LES FEMMES ET LA CONTRE-RÉVOLUTION

L'importance des femmes au sein de la contre-révolution est notamment liée à la place qui leur est assignée dans le réveil religieux du XIXe siècle. L'exaltation des femmes par la contre-révolution est associée à l'essor de la dévotion à la Vierge Marie (dogme de l'Immaculée Conception en 1854, apparitions de Lourdes en 1858) et à la consécration d'héroïnes chrétiennes (Jeanne d'Arc béatifiée en 1909, canonisée en 1920). Des actes à portée révolutionnaire sont aussi lancés au nom de la Vierge, comme lors des deux guerres carlistes en Espagne (1833-1840, 1872-1876).

B. Révolutions conservatrices

La révolution conservatrice désigne un courant politique et intellectuel influent au sein de la république de Weimar (Allemagne, 1918-1933), refusant la démocratie et le parlementarisme. Elle se fonde sur l'exaltation de l'histoire comme entité spirituelle, et de la société comme communauté organique. À la modernité technicienne, industrielle et urbaine, il s'agit d'opposer le retour à la nature, un certain spiritualisme (très peu chrétien), et une communauté organique sans individualisme. L'idée de déclin est aussi très présente. La principale référence de ce courant de pensée antimoderne est *La Volonté de puissance* de Friedrich Nietzsche (1844-1900).

En France, Charles Maurras (1868-1952) est le maître à penser de la contre-révolution, à travers son « nationalisme intégral ». Celui-ci désigne un courant de pensée d'extrême droite, faisant de la Révolution une catastrophe. Ses fondements sont : a) un positivisme focalisé sur le darwinisme et faisant de l'inégalité un fondement de l'humanité ; b) un sentiment monarchiste et anti-démocratique ; c) un nationalisme fondant le destin de la collectivité ; d) un rejet de la centralisation ; e) une valorisation de l'autorité traditionnelle et confessionnelle (contre les juifs, les protestants et les francs-maçons). Ce courant réactionnaire, antirépublicain et antisémite se retrouve au cœur de l'État français (1940-1944).

C. Anti-révolutions

L'anti-révolution est un concept qui dénonce la révolution comme une illusion incapable d'assurer une réelle transformation de la société, en raison de sa violence. Le terme peut surtout être utilisé à propos des socialistes utopistes du XIXe siècle qui rejettent non les intentions de la Révolution mais sa violence et ses résultats sociaux. Charles Fourier (1772-1837), observateur critique de la société issue de la Révolution, recherche une alternative susceptible de montrer un exemple de société d'où la violence est expurgée et où la recherche de l'égalité et de la dignité est essentielle. L'utopie du phalanstère précise ce laboratoire social : une communauté fait société dans un habitat coopératif conjuguant salles intimes et salles publiques, activités de travail, du quotidien et de loisirs, sur un domaine suffisamment étendu pour contribuer aux besoins de cette micro-société. Des essais d'application ont été tentés, notamment au familistère de Guise.

2 La révolution entretient un rapport ambigu à la violence

A. La violence est utilisée pour délégitimer la révolution par les réformistes

Entre la révolution qui cherche à faire progresser une société sur le chemin de la démocratie politique et sociale, et la démocratie qui cherche à préserver la souveraineté et la cohésion du peuple par le règlement pacifique des antagonismes, se trouve une voie médiane : la réforme. Celle-ci fait aujourd'hui partie des techniques de gouvernement, entre la voie révolutionnaire qui viendrait tout bouleverser, et l'immobilisme qui empêcherait le progrès.

Le succès sémantique de la réforme sur la scène politique provient des fractures du passé entre réforme et révolution, autour de l'utilisation de la violence en politique. La gauche allemande a notamment expérimenté ce débat depuis le congrès d'Erfurt (1891) où le SPD s'est trouvé pris entre deux lignes : l'une réformiste, cherchant la transformation graduelle de la société ; l'autre révolutionnaire, prônant la prise du pouvoir par la violence et la mobilisation des masses. La rupture, consommée après la « Semaine sanglante » (janvier 1919), fait entrer la violence dans le champ révolutionnaire, là où les réformistes dénoncent la violence au nom de la démocratie. La révolution est alors représentée par les réformistes comme une destruction, là où la réforme (qui est pourtant violente en ce qu'elle lèse une organisation en y introduisant un élément neuf donc perturbateur) se présente comme une création positive.

B. La révolution passe par une violence nécessaire et légitime

La révolution se nourrit de la violence insurrectionnelle. Pour reprendre Auguste Blanqui, socialiste révolutionnaire du XIXe siècle, « Qui a du fer, a du pain ». Faire une révolution demande à donner de sa personne, quitte à se sacrifier pour son accomplissement. Mais la révolution n'est pas un exercice de sauvagerie : la violence doit être entreprise de façon disciplinée, en des points précis (les barricades au XIXe siècle), contre des objectifs symboliques (la Bastille, le mur de Berlin, etc.), afin de déclencher la mobilisation des masses. La violence doit aussi être strictement encadrée dans la perspective de la suite à donner à la révolution, une fois l'ordre ancien renversé. Auguste Blanqui propose de faire porter sur un petit nombre la charge d'un gouvernement révolutionnaire chargé de pacifier le nouvel ordre.

Les révolutions contiennent une dose importante de violence (sauf les révolutions de « velours » en 1989), mais la violence demeure une nécessité et non un choix. Parce qu'elle vise à dépasser une forme d'oppression, la révolution ne peut faire l'économie des moyens les plus aptes à opérer ce dépassement. Or, face à la violence légale de l'autorité établie, il semble difficile de résister autrement que par une autre forme de violence, qui se présente dès lors comme défensive, voire cathartique (en ce qu'elle purge l'ordre ancien).

C. Des révolutions non violentes sont possibles

Plusieurs mouvements ont au contraire montré qu'une révolution non violente est possible : puisque la révolution se définit par la subversion de l'autorité, il suffirait qu'une masse critique d'une population donnée désobéisse au pouvoir établi. La révolution pacifique passe donc par la remise en cause de l'intériorisation des mécanismes de domination par les dominés. Ce principe se retrouve déjà au XVIe siècle dans le *Discours de la servitude volontaire* (1576), d'Étienne de La Boétie. Mais il trouve ses principales applications au XXe siècle en Inde avec Gandhi pour mettre fin à la colonisation, et aux États-Unis avec Martin Luther King pour en finir avec la ségrégation raciale. À chaque fois, une marche fédère la population et contraint le pouvoir établi : la « marche du sel » pour l'Inde (1930), la « marche pour les droits civiques » pour les États-Unis (1963). Le pacifisme comme tactique et comme fin en soi se retrouve dans de nombreuses révolutions : dans les pays baltes (la « révolution chantante »,

1981-1991 ; en Ukraine (« la révolution orange », 2004 ; puis « Euromaïdan », 2013-2014). Le cas de Nelson Mandela peut également être cité pour son évolution personnelle vers une rupture pacifique d'avec l'apartheid, non sans être influencé par Mgr Desmond Tutu, inventeur de la notion de « nation arc-en-ciel » construite par la génération post-raciale de l'Afrique du Sud. Au final, tous ces cas de figure illustrent la pensée de la philosophe Simone Weil (1909-1943), pour laquelle « plus il y a de violence, moins il y a de révolution ».

3 La révolution va-t-elle vers sa fin ?

A. La révolution, une coquille vide ?

La révolution est devenue une technique de gouvernement et un objectif idéologique en soi pour de nombreux régimes établis, dans une visée auto-légitimatrice et prophylactique. Il s'agit pour des dirigeants arrivés au pouvoir par un coup d'État ou une authentique révolution d'assimiler leur maintien au pouvoir avec un accomplissement révolutionnaire. Ainsi érigé en messie révolutionnaire, un pouvoir peut délégitimer toute opposition politique au seul motif de la lutte révolutionnaire contre les forces réactionnaires. Ce cas de figure se présente dans le Venezuela d'Hugo Chavez et, de façon moins efficace (du fait de l'absence d'association du chef de l'État à une icône de la révolution) de Nicolas Maduro ; mais aussi dans la Bolivie d'Evo Morales (président de 2006 à 2019). Le cas d'Evo Morales est le plus emblématique : se voulant le guide de la « révolution indigène », il a vu son pouvoir se fissurer à partir du moment où une révolte indigène (au Tipnis, sa région d'origine !) a révélé l'inanité de cette révolution, devenue une coquille vide, car le président n'a pas changé en profondeur les structures du pays après son accession à la présidence.

B. La révolution court-circuitée

Empêcher la révolution en la prévenant (de l'extérieur) ou en la subvertissant (de l'intérieur) constitue un objectif en soi pour n'importe quel pouvoir établi soucieux de sa pérennité. Pour cela, l'État dispose de plusieurs outils : légaux et légitimes (la loi, les forces de sécurité) parce qu'il est possible d'exercer un contrôle démocratique à leur encontre ; légaux mais plus difficile à surveiller de façon démocratique (les services de renseignement) ; ou en dehors de tout cadre démocratique (les tactiques de contre-insurrection).

Dans le premier cas, l'État cherche à briser les grèves en recourant au couvre-feu, à l'armée, à l'exercice de la justice : c'est le cas dans la France de 1948, alors que l'État, récemment engagé aux côtés des Américains, craint une révolution communiste ; mais aussi au Royaume-Uni en 1984 lorsque la Première ministre Margaret Thatcher impose une politique néolibérale. Il peut aussi réformer la loi dans le sens d'un encadrement plus strict du droit de grève (loi du 10 avril 2019 en France). Dans le deuxième cas, les services de renseignement peuvent court-circuiter des groupes révolutionnaires par des infiltrations ou des arrestations préventives. Le dernier cas est le plus polémique : il est l'héritier des techniques militaires contre-insurrectionnelles, qui visent à dissuader ou à diviser une population face à sa possible mobilisation contre l'autorité établie. Cette méthode, relative à la « sale guerre », peut impliquer des formes de terrorisme, des actes de torture, des formes de pression psychologique : elle a notamment été expérimentée lors des guerres de décolonisation pour la France (Indochine, Algérie) et par la plupart des régimes militaires sud-américains.

Diviser pour mieux régner résume l'objectif de l'État face à la potentialité révolutionnaire. Mais cette maxime devient elle-même caduque dans une société où la honte sociale se développe (le pauvre, assimilé à un assisté, se trouve délégitimé de toute intervention sur la scène politique et sociale) et où les partis contestataires de l'ordre établi sont d'essence contre-révolutionnaire (les partis d'extrême droite et populistes, fondés sur l'obéissance des masses au chef).

Les échecs révolutionnaires actuels sont sans doute les conséquences de ces mécanismes opposés aux révolutions : les régimes autoritaires, les dictatures (militaires) assument au grand jour leur appareil répressif (en Birmanie notamment depuis le coup d'État militaire du 1er février 2021).

C. La révolution est à réinventer

Réinventer la révolution n'est pas une idée neuve. Déjà en 1934, dans *Le Personnalisme, révolution immédiate*, le sociologue Jacques Ellul propose d'inverser la perspective : « la révolution ne peut plus être un mouvement de masse et un grand remue-ménage ». L'acte révolutionnaire est désormais au cœur de la réalisation de l'être dans la société, face à un État qui se sert des révolutions pour se renforcer, car le risque de toute révolution est de la voir confisquée par une classe dominante qui finit par se retourner contre la classe populaire qui l'a porté au pouvoir. Le primat de l'acte révolutionnaire est aussi défendu par Guy Debord, dans *La Société du spectacle* (1967) : s'émanciper, c'est s'enlever toute aliénation, et refuser les codes imposés par la société. Pour ces deux penseurs, la révolution doit donc être réinventée en dehors de la dialectique capitalisme/socialisme. L'émergence des mouvements féministes et écologiques ainsi que la révolution numérique permettent d'envisager des révolutions aux formes nouvelles pour le XXIe siècle : désormais, la démocratie est sommée de faire sa révolution pour répondre aux nouveaux enjeux. Une révolution qui devrait être impulsée de l'intérieur et non plus des marges, faute de quoi l'existence même de la démocratie serait menacée. La réflexion actuelle sur la mutation temporelle entraîne une révolution dans la conscience du temps humain, à travers la notion d'Anthropocène. Cette nouvelle ère de l'humanité semble révolutionnaire, car elle est fondée à la fois sur le temps très court de l'urgence climatique, de l'urgence à donner toute leur place dans la société aux minorités et à résorber la fracture numérique, et le temps très long de l'action collective et mondiale visant à faire émerger un rapport nouveau entre l'humain, l'animal, le végétal et la planète, à partir d'outils transcendant les anciens clivages politiques, économiques, sociaux et culturels – parmi lesquels le numérique aurait une place fondamentale.

Enfin, la crise sanitaire mondiale déclenchée en 2020 porte en elle les germes d'une nouvelle pensée potentielle sur la révolution. L'expression « le monde d'après » a été popularisée à partir de l'idée que cette crise remettait en cause la totalité du fonctionnement des sociétés actuelles. Pourtant, en 2021, cette expression paraît moins d'actualité, sans doute parce que la crise dure (au contraire de la révolution pensée comme courte et circonscrite dans un temps précis) et parce que les États – qui n'incarnent guère l'idée de révolution – ont largement repris la main dans la gestion de cette crise.

Actualité **L'IMPOSSIBLE CONVERGENCE DES LUTTES**

« Une machine de guerre pour la plèbe ». C'est ainsi que Michel Onfray qualifiait dimanche dernier sa nouvelle publication, destinée à peser dans le débat sur le « monde d'après ». Concrètement, son nouveau projet, intitulé « Front populaire », prend la forme d'un *mook* [...] et d'un site d'actualité et de débat, déjà en ligne pour enregistrer les abonnements. [...]

S'agirait-il alors de réconcilier les partis dits « populistes » ? Nenni là encore [...]. Car si la revue doit permettre de porter le débat, les idées de son fondateur semblent elles-mêmes déjà précises. Le penseur espère ainsi faire émerger une « proposition populaire, girondine, proudhonienne, mutuelliste, fédéraliste, étatiste au sens expliqué par Proudhon dans sa *Théorie de la propriété.* »

Le Figaro, 16 avril 2020.

Les références incontournables

10 œuvres littéraires à connaître

■ **Victor Hugo, *Quatrevingt-treize* (1874)**

Ce roman présente la vision épique et politique de l'écrivain, au sommet de sa gloire, sur la Révolution française. Il situe l'intrigue lors de la Terreur et de la contre-révolution vendéenne. Hugo écrit ce roman juste après l'épisode de la Commune, qu'il n'approuve pas mais qui, selon lui, s'inscrit dans la dynamique des révolutions à venir.

■ **Jules Vallès, *L'Insurgé* (1886)**

L'écrivain, proche des idées socialistes révolutionnaires, dresse dans ce roman en forme de chronique un portrait à la fois réaliste et pathétique de la Commune. Il y défend le peuple contre la machinerie sanglante des Versaillais.

■ **Jack London, *Le Talon de fer* (1923)**

Ce roman d'anticipation politique, écrit en 1908, raconte une contre-utopie : la révolution socialiste se déroulerait aux États-Unis, serait un échec, et ouvrirait sur une dictature capitaliste et fasciste pour trois siècles.

■ **Blaise Cendrars, *Moravagine* (1926)**

Le romancier narre les aventures d'un médecin et d'un fou dégénéré. L'ouvrage explore les méandres de la violence, de l'énergie destructrice, dans un monde oscillant entre la révolution et le crime. En filigranes se dessine une posture anarchiste qui semble seule pouvoir faire sens.

■ **André Malraux, *La Condition humaine* (1933)**

L'action se situe en 1927 dans le contexte de la guerre civile et révolutionnaire chinoise. Le roman raconte le parcours d'un groupe de révolutionnaires communistes qui sont emportés dans la vague de violences inouïes qui débouchent sur le massacre de Shanghai.

■ **Boris Pasternak, *Le Docteur Jivago* (1957)**

Il s'agit d'une fresque relatant le passage de la Russie tsariste à l'URSS, vue depuis des intrigues qui se nouent en Sibérie. Un regard à l'écart qui interroge depuis la marge la révolution en marche (et dont la publication a bénéficié du soutien de la CIA).

■ **Georges Perec, *La Disparition* (1969)**

Le XXe siècle est le siècle de la révolution dans le roman, au sens de l'expérimentation. Ce roman en est l'une des tentatives les plus radicales, en se donnant pour contrainte de ne jamais employer de « e » et de produire cependant un véritable ouvrage littéraire.

■ **Robert Littell,** ***Requiem pour une révolution. Le grand roman de la révolution russe*** **(2014)**

Ce livre retrace les révolutions de 1917 en partant du point de vue d'un émigré russe aux États-Unis, rentré en URSS par idéalisme, mais qui se heurte bientôt aux conséquences tragiques de la révolution d'Octobre et à la guerre civile.

■ **Luis Sepulveda,** ***La Fin de l'histoire*** **(2017)**

Ce roman politico-policier articule, dans un chassé-croisé stimulant, révolution et contre-révolution, entre le Chili contemporain, les années Pinochet, la Seconde Guerre mondiale en URSS et le souvenir de la guerre entre l'Armée rouge et l'arme blanche, au lendemain de la révolution d'Octobre.

■ **Éric Vuillard,** ***La Guerre des pauvres*** **(2019)**

Basé sur le destin de Thomas Müntzer, prophète de l'apocalypse et promoteur de la guerre des paysans en 1524, le romancier explore la puissance de la parole et ses limites dans un contexte de révolution totale (religieuse, politique, économique et sociale).

10 œuvres artistiques à connaître

A. Peinture/Illustration

■ **Eugène Delacroix,** ***La Liberté guidant le peuple*** **(1830)**

Musée du Louvre, Paris. Le lyrisme romantique donne corps à l'idéal révolutionnaire au moment des Trois Glorieuses. Le tableau, qui rend compte de la politisation de l'artiste, pose surtout le problème de l'achèvement de la Révolution au cœur du XIXe siècle français.

■ **Claude Monet,** ***La Gare Saint-Lazare*** **(1877)**

Musée d'Orsay, Paris. Le peintre met en scène la révolution industrielle, la modernité technique et la nouvelle vision de la ville, de l'espace-temps qui en découle.

■ **André Devambez,** ***L'Appel*** **(1907)**

Musée d'Art et d'Histoire de Saint-Denis, Saint-Denis. Le peintre représente un alignement de gardes nationaux : c'est le peuple en armes prêt à défendre la révolution de la Commune sur les barricades, suggérées par les pavés manquants.

■ **Fernand Léger,** ***Le Remorqueur*** **(1920)**

Musée de Grenoble, Grenoble. L'un des maîtres du cubisme, un mouvement pictural révolutionnaire en soi, Fernand Léger associe dans ce tableau de la géométrie et de la couleur, renvoyant à une vision utopique de la réalité ouvrière, plus monotone et aliénante que dans cette vision sublimée de la réalité ouvrière et industrielle.

■ **René Vachet,** ***Révolution nationale*** **(1940)**

Cette affiche de propagande en faveur de la révolution conservatrice voulue par Vichy incarne de façon caricaturale la fracture idéologique entre les tenants de la Révolution et ceux de la contre-révolution, qui se réveille à l'occasion du traumatisme que constitue la défaite militaire puis la suppression de la République en 1940.

B. Cinéma

■ ***Le Cuirassé Potemkine*** **(1925)**

Réalisation : Sergueï M. Eisenstein (URSS). Le film retrace la révolution manquée de 1905, vue comme le point de départ de 1917 du point de vue des insurgés. Il s'agit d'un film de commande célébrant le fait révolutionnaire comme l'essence du régime soviétique naissant.

■ ***Viva Zapata !*** **(1952)**

Réalisation : Elia Kazan (États-Unis). Le film explore la condition des paysans sans terre du Mexique, qui se rallient à la révolution zapatiste, traitée comme un mythe politique fondateur du Mexique moderne, à travers la figure iconique de Zapata, interprétée par Marlon Brando.

■ ***Spartacus*** **(1960)**

Réalisation : Stanley Kubrick (États-Unis). La révolte de Spartacus, esclave devenu gladiateur, est traitée non seulement comme un péplum épique, mais aussi comme une tragédie aux accents révolutionnaires et politiques.

■ ***Land and Freedom*** **(1995)**

Réalisation : Ken Loach (Royaume-Uni). En abordant le thème de la révolution sociale espagnole de 1936, le réalisateur compose un hymne à la révolution qu'il confronte à une réalité dominée par la guerre civile, premier jalon d'une contre-révolution militaire et autoritaire

■ ***Carnets de voyage*** **(2004)**

Réalisation : Walter Salles (Brésil). Ce film retrace le parcours initiatique du jeune Ernesto Guevara en Amérique latine, acculturant le jeune médecin à la révolution. Le film interroge en particulier la conscience révolutionnaire et donne au mythe du « Che » une incarnation humaniste.

10 citations à connaître

■ **Victor Hugo, *Quatrevingt-treize* (1874)**

« Savoir distinguer le mouvement qui vient des convoitises du mouvement qui vient des principes, combattre l'un et seconder l'autre, c'est là le génie et la vertu des grands révolutionnaires. »

■ **Jules Vallès, *L'Insurgé* (1886)**

« Aux morts de 1871 / À toux ceux / Qui, victimes de l'injustice sociale, / Prirent les armes contre un monde mal fait / Et formèrent, / Sous le drapeau de la Commune, / La grande fédération des douleurs, / Je dédie ce livre. »

■ **Jack London, *Le Talon de fer* (1923)**

« Quelques secondes plus tard, l'avant-garde de la colonne est passée devant nous. Ce n'était pas, à proprement parler, une colonne… C'était la populace qui déferlait dans la rue comme un fleuve de boue. C'était le peuple de l'abîme, enragé par la gnôle et les mauvais traitements, qui s'était enfin dressé d'un bloc et poussait son rugissement, assoiffé du sang de ses maîtres. »

- **Blaise Cendrars, *Moravagine* (1926)**

« Un être vivant ne s'adapte jamais à son milieu ou alors, en s'adaptant, il meurt. La lutte pour la vie est la lutte pour la non-adaptation. »

- **André Malraux, *La Condition humaine* (1933)**

« Il savait de quel poids pèse sur toute idée le sang versé pour elle. »

- **Boris Pasternak, *Le Docteur Jivago* (1957)**

« Les révolutions durent des semaines, des années, puis, pendant des dizaines et des centaines d'années, on adore comme quelque chose de sacré cet esprit de médiocrité qui les a suscitées. »

- **Georges Perec, *La Disparition* (1969)**

« Quoi ! scandalisa Aloysius, n'as-tu pas vu qu'il y avait ici un l'on sait quoi tout à fait fascinant ? Ma foi non, avoua Savorgnan. Mais voyons, Savorgnan, il n'y a pas un "a" dans tout ça ! [...] S'affaissant, Ottavio Ottaviani murmura d'un ton mourant : Mais il n'y a pas non plus d'. »

- **Robert Littell, *Requiem pour une révolution. Le grand roman de la révolution russe* (2014)**

« La première préoccupation de ceux qui prennent le pouvoir est de le garder. Alors ils ont recours à ce qu'utilisent toujours les hommes qui tiennent le pouvoir – des mensonges, des exagérations, la répression, la propagande, les guerres. Les révolutions ne changent pas les choses, elles les réarrangent seulement. »

- **Luis Sepulveda, *La Fin de l'histoire* (2017)**

« Sur leurs traits, j'avais lu autre chose encore : la sérénité qui procure, juste avant le combat, la conviction de faire une chose juste, ce calme étrange qui domine la peur, le silence du guérillero serrant son arme, repensant à tous les bons moments qu'il a vécus à l'instant d'accueillir la mort, qui ne pourra pas tuer cet ultime souvenir. »

- **Éric Vuillard, *La Guerre des pauvres* (2019)**

« Les exaspérés sont ainsi, ils jaillissent de la tête des peuples comme les fantômes sortent des murs. »

10 débats d'actualité à connaître

- **Une révolution sanitaire ?**

La COVID-19 peut être à l'origine d'une révolution politique et sociale. Le caractère inédit de la crise sanitaire entraîne une réflexion dialectique entre un monde d'avant et un monde d'après qui pose les jalons d'une coupure radicale.

- **L'échec de la révolution sociale ?**

Avec l'échec de Bernie Sanders aux États-Unis, la banalisation des « actes » des Gilets jaunes en France, le relatif oubli des mouvements de 2011 (Indignés, etc.), se pose la question de la possibilité pour une révolution sociale d'émerger durablement.

■ Une contre-révolution numérique ?

La révolution numérique est au cœur des débats : préfigure-t-elle l'émancipation globale de l'humanité ou risque-t-elle de produire une nouvelle forme de totalitarisme ?

■ Une révolution climatique ?

La prise de conscience du changement climatique tend à opposer la société civile aux dirigeants politiques et au système capitaliste. Se pose la question de la capacité ou non de cette société civile à impulser un changement radical.

■ Les printemps arabes, des révolutions pour rien ?

La géopolitique met l'accent sur des « automnes islamistes », alors que la sociologie et la philosophie politique invitent à penser et à quantifier la politisation en marche et, partant, la possible démocratisation.

■ Une révolution économique ?

La mondialisation a soulevé la question de la valeur de la production (à travers les questions de la maîtrise des ressources, du savoir-faire, des modes de consommation) de l'échelle globale vers l'échelle locale. Se pose la question de la faisabilité du « tout local » face à la force du « tout global ».

■ Une révolution de la gouvernance ?

L'élection d'Emmanuel Macron en 2017 a promu l'idée d'une coupure dans la manière de faire de la politique et d'exercer le pouvoir, mais les années qui ont suivi tendent plutôt à remettre en cause cette coupure.

■ Des religions en révolution ?

L'élection du pape François (2013), la proclamation du califat par Daesh (2014), le soutien des évangéliques aux candidats populistes (États-Unis, 2016 ; Brésil, 2018) sont des signes contradictoires. Car si les religions s'invitent de plus en plus dans le débat politique, la question de la coupure radicale qu'elles promeuvent avec la situation politique existante demeure problématique.

■ Quelle actualité pour la Révolution française ?

Le mouvement des Gilets jaunes et la rhétorique politique puisent à nouveau dans les mots de la révolution : se pose la question de la stratégie possible pour gagner en visibilité ou d'un véritable renouveau de la politique révolutionnaire.

■ La révolution devenue impossible ?

Les revendications sociales se heurtent aujourd'hui à des structures dominantes (l'État, l'entreprise, l'individualisme, la norme sociale…) qui mettent en jeu la possibilité même de la révolution.

Sujets corrigés

Sujet 1 Peut-on révolutionner la démocratie ?

PIÈGE À ÉVITER

- Attention à l'expression « peut-on », qui signifie à la fois « a-t-on la possibilité de » et « est-ce souhaitable de ».
- Le terme est ici « révolutionner » et non révolution. Il s'agit d'un verbe d'action, proche du sens de « tout bouleverser, de façon rapide et brutale ».
- Bien se poser la question : qui peut révolutionner ? Comment ?
- La démocratie : il s'agit de démocratie politique mais aussi sociale. Il peut s'agir aussi de la démocratie au sens marxiste du terme et non de la démocratie bourgeoise telle que Marx l'entendait.

Éléments d'introduction

[Accroche] Face à la crise des démocraties représentatives, beaucoup de citoyens aspirent à des changements importants, voire radicaux. Or, la démocratie se caractérise surtout par une évolution progressive, par la réforme, donc plus lente et plus douce.

[Problématique] La réforme serait-elle aujourd'hui le moyen le plus efficace pour transformer nos démocraties ?

I. Les démocraties occidentales souffrent de nombreux maux auxquels il faut trouver une solution rapide et radicale

A. Des démocraties souvent nées de révolutions.

- L'exemple des révolutions atlantiques au XVIIIe siècle.
- Des exemples plus récents : révolutions de Velours en Europe de l'Est, révolutions arabes…

B. Des démocraties qui ont un cruel besoin de changements radicaux.

- Abstention et vote extrême.
- Populisme et critique de la classe politique (corruption des élites).
- Manque de représentativité.

II. Mais la révolution, au sens traditionnel, semble risquée pour le régime démocratique

A. Risque de violence et de débordements.

- La violence est presque inhérente à toute révolution politique en dehors de quelques exceptions.
- Risque de répression violente de la part d'un État qui dispose de plus de moyens militaires et coercitifs.

B. Risque de récupération et de nouveaux clivages.

- Risque de guerre civile et de division de la population.
- Risque de révolution conservatrice ou d'évolution vers un régime plus autoritaire.
- Risque de création d'une nouvelle élite.

III. La question est donc plus de savoir comment transformer la démocratie dans un sens voulu par le plus grand nombre

A. Approfondir la démocratie politique.

- Le vote et l'opinion publique : vers plus de démocratie participative – malgré des limites.
- Grève et contestations diverses.

B. Des moyens pour développer la démocratie sociale.

- Révolutionner sa posture de citoyen.
- La désobéissance civile.

Éléments de conclusion

Avant de vouloir opérer une révolution, il faut se mettre d'accord sur les problèmes et le type de démocratie que la majorité, voire que l'ensemble d'une population, souhaite. Ensuite, il faut débattre des modalités de cette transformation – le but étant d'éviter la violence, même si celle-ci, symbolique ou non, reste une réponse à d'autres violences, notamment institutionnelles.

Sujet 2 Faut-il craindre tout phénomène révolutionnaire ?

PIÈGE À ÉVITER

- Attention, il s'agit d'un sujet transversal qui met certes l'accent sur le thème « Révolutions », mais qui implique de tenir compte du nouveau thème « La peur ».
- « Faut-il » signifie « doit-on » mais évoque aussi la possibilité d'un tel phénomène.
- « Craindre » est aussi à double sens : « avoir peur » mais aussi, dans un sens affaibli, « envisager dans un futur plus ou moins proche ».
- L'expression « phénomène révolutionnaire » est connotée plutôt négativement. Le mot « phénomène » évoque le début d'un mouvement qui prendrait peu à peu forme. Il s'agirait plutôt de révolutions politiques et sociales, au sens d'un mouvement populaire.
- Ne pas omettre de questionner le sujet : qui doit le plus craindre ces phénomènes révolutionnaires ?
- La temporalité se situe plutôt aujourd'hui.

Éléments d'introduction

[Accroche] L'actualité des Gilets jaunes et des manifestations contre la réforme des retraites en France, et celle des manifestations contre les violences policières aux États-Unis, notamment, peuvent faire craindre un phénomène révolutionnaire où des peuples se soulèveraient contre une certaine forme d'oppression.

[Problématique] Dans quelle mesure la révolution doit-elle nécessairement être, pour demeurer efficace, un concept qui fait peur ou, du moins, qui interroge ?

I. Le contexte actuel fait craindre la résurgence de phénomènes révolutionnaires dans le monde aujourd'hui

A. Une contestation populaire en faveur de plus de démocratie.

- Mouvement des parapluies à Hong Kong.
- Les événements au Chili.

B. Des mouvements populaires en faveur de plus de justice, d'équité.

- Les Gilets jaunes en France et autres manifestations contre la réforme des retraites.
- Occupy Wall Street, Les Indignés, Nuit debout et autres.

II. Des mouvements révolutionnaires qu'il semble légitime de redouter

A. Des mouvements plus violents et plus inquiétants…

- Black bloc et groupes radicaux.
- Anonymous et autres hackers.

B. … qui peuvent avoir des conséquences désastreuses.

- Guerre civile (exemple : révolution russe de 1917).
- Nouveau régime et nouvelles élites (exemple : régimes communistes).

III. Pourtant, des changements semblent nécessaires et certains phénomènes révolutionnaires sont à encourager

A. Il semble falloir encourager une révolution écologique.

- L'urgence écologique.
- La révolution écologique, autour de G. Thunberg notamment.

B. La question serait peut-être aussi de transformer les phénomènes révolutionnaires pour éviter qu'ils ne soient craints.

- Désobéissance civile plutôt que révolution violente.
- Adaptation des comportements citoyens individuels en vue d'un collectif plus large.

Éléments de conclusion

Les États et les élites semblent en effet devoir craindre des mouvements révolutionnaires qui se développent un peu partout dans le monde. Pourtant, pour l'instant, ils ne sont pas véritablement unis, ce qui peut rassurer. Mais s'il semble inopportun de voir réapparaître des phénomènes de violence souvent inhérents à tout phénomène révolutionnaire, la question est peut-être aujourd'hui de transformer ces mouvements qui ont parfois échoué en quelque chose de plus large, à l'échelle mondiale, en vue d'enjeux plus globaux.

Sujet 3 La solution passe-t-elle par une révolution écologique et citoyenne ?

PIÈGE À ÉVITER

- Il ne faut pas oublier de se demander d'abord « la solution à quoi » ?
- Ici, le sujet est concentré sur deux types de révolution : la révolution écologique, facilement identifiable, et la révolution citoyenne, où les citoyens reprendraient le pouvoir sur les élites et les gouvernants.

Éléments d'introduction

[Accroche] À l'heure de la crise sanitaire liée au coronavirus, de la crise politique et écologique, beaucoup en appellent à l'invention d'un « monde d'après » qui trancherait fondamentalement avec les modèles actuels.

[Problématique] En quoi une révolution de nos modes de vie et de gouvernement est-elle primordiale face aux urgences actuelles ?

I. La solution à quoi ?

A. La crise écologique.

- Pollution exponentielle.
- Catastrophes écologiques.
- Risques qui pèsent sur l'humanité et la planète.

B. La crise politique.

- Désaffection croissante des citoyens vis-à-vis du système de la représentation démocratique.
- Populismes et vote extrême.
- Contestations croissantes.

C. La crise sociale.

- Le développement des inégalités.
- L'augmentation de la pauvreté.
- Des services publics qui se désagrègent dans le cadre d'un système ultralibéral.

II. Les modalités d'une révolution écologique et citoyenne

A. Une révolution écologique.

- La transition énergétique.
- La définition d'un nouvel indicateur économique, en lieu et place du PIB, pour prendre en compte les activités polluantes.
- La taxe carbone et la transition vers des activités non polluantes.

B. Une révolution citoyenne.

- Vers une démocratie plus participative.
- Vers une révolution du rôle des citoyens : possibilité d'opposition constructive et désobéissance civile.
- Vers un pouvoir plus horizontal.

C. Une révolution sociale.

- La lutte contre les inégalités : une priorité.
- Vers un revenu universel de base.
- Un service public plus efficace et mieux doté ?

III. Les conditions et les risques d'une révolution écologique et citoyenne

A. Une transition douce plus qu'une révolution ?

- Un changement progressif de modèle (réformes vers une transition énergétique, vers plus de démocratie participative, etc.)…
- … à condition que ce changement soit réel et avant que l'on ne soit dans l'urgence absolue.

B. Prendre conscience des risques.

- Éviter tout débordement violent (heurts entre citoyens et forces de l'ordre, violences entre citoyens opposés sur une même question, violences contre le pouvoir…).
- Éviter toute dictature : éviter un système totalement contrôlé par l'État ou un « fascisme vert ».

C. Choisir démocratiquement des modalités.

- Choisir les rythmes.
- Choisir ce à quoi les citoyens sont prêts à renoncer pendant un temps.
- Choisir de sortir progressivement du capitalisme ?

Éléments de conclusion

Une révolution écologique et citoyenne semble nécessaire compte tenu du contexte actuel de crises multiples. Mais la question des moyens et des modalités se pose afin qu'une telle révolution puisse profiter au plus grand nombre. Il s'agit également de prendre conscience des risques d'une révolution au sens premier du terme, pour essayer de se diriger vers une transition plus douce, tout en évitant de se retrouver dans une situation d'urgence absolue.

Sujet 4 Que veut dire « révolution » ?

PIÈGE À ÉVITER

- Le sujet ne porte pas uniquement sur une définition du concept de révolution, même s'il faudra impérativement en passer par là.
- Il sous-entend également toutes les connotations qui vont avec le terme de « révolution ». Il faudra donc en dégager tous les implicites, notamment en termes de stratégie et d'idéologie.
- On pourra également questionner le sujet et se demander si la notion de révolution signifie encore quelque chose et pour qui.

Éléments d'introduction

[Accroche] La banalisation du terme de révolution tend à affaiblir son sens et, par conséquent, à en épuiser toutes les connotations, positives ou négatives. Il n'en reste pas moins que le concept est souvent associé à la révolution prônée par Marx, véritable soulèvement populaire, qui n'est pas exempt de violence.

[Problématique] Comment interroger aujourd'hui, dans des sociétés qui s'accélèrent, le concept de révolution, désormais ancien et largement connoté, afin qu'il soit le plus utile à tous ?

I. Le concept de révolution, un sens et une force en mutation

A. À l'origine, un retour vers le passé ou sur soi.

- Le concept de révolution en astronomie.
- La notion de révolution chez les penseurs anciens : retour vers un ordre perdu.

B. Depuis le XVIIIe siècle : un changement radical.

- L'exemple des révolutions atlantiques du XVIIIe siècle.
- Des révolutions violentes.
- Des transformations radicales : l'exemple de 1917 en Russie.

II. Des connotations de plus en plus différenciées

A. Une révolution résolument du côté des progressistes.

- Des progrès sociaux.
- Le concept de révolution marxiste et la prise du pouvoir par le peuple.
- Des révolutions surtout situées à gauche, à l'opposé des contre-révolutionnaires.

B. Mais une révolution également récupérée par la droite et le conservatisme.

- Les totalitarismes d'extrême droite : une révolution au cœur du projet politique.
- La notion de révolution conservatrice : Vichy et la Révolution nationale.
- L'ultralibéralisme des années 1970-1980 : une révolution économique.

III. Une révolution aujourd'hui dépourvue de sens ?

A. Un sens aujourd'hui affaibli mais qui peut faire peur.

- La banalisation du terme.
- Un mot utilisé sous de multiples aspects : numérique, écologique…
- Un terme qui fait peur aux gouvernants même s'ils l'utilisent.

B. Mais un terme nécessaire qui doit faire l'objet d'une réflexion collective autour des changements nécessaires.

- Un terme nécessaire pour les citoyens qui luttent pour leurs droits.
- Un terme dont les modalités et les applications doivent être débattues face à la rapidité des transformations actuelles.
- De nouvelles opportunités pour la révolution : désobéissance civile, résistance à l'oppression…

Éléments de conclusion

Malgré sa banalisation, le terme de « révolution » est toujours signifiant. Dans l'imaginaire collectif, il rappelle des luttes anciennes mais nécessaires qui ont permis d'obtenir des droits et des libertés. Ce mythe révolutionnaire, s'il fait peur à certains, doit sans doute être réactivé mais aussi réactualisé afin de le débarrasser des éléments les plus problématiques, comme la violence. Il doit être repensé, pour en étudier les nouvelles modalités.

PARTIE 2

Histoire

Présentation de l'épreuve 126
Méthodologie en 9 étapes 129
Cours 136
Sujets corrigés 252

Présentation de l'épreuve

1 En quoi consiste l'épreuve ?

L'épreuve d'histoire dure 2 heures. Elle consiste en une analyse de deux documents de nature différente, ce qui correspond à ce qui est pratiqué par les élèves lors du baccalauréat de la série générale. Une consigne guidera les candidates et candidats dans l'étude des documents. Il n'y a qu'un seul sujet proposé.

Le site du réseau Sciences Po précise bien la nature des attendus : « Les candidates et les candidats devront montrer leur aptitude à commenter des documents historiques en les caractérisant (nature, auteur, thème) et en les replaçant dans leur contexte. Il est attendu de leur part une capacité à relever les informations pertinentes pour répondre à la consigne et à croiser les éléments mobilisés sur chacun des deux documents pour construire l'analyse. Cela suppose de porter un regard critique sur ces documents. »

Le programme est fondé sur celui de terminale en histoire tronc commun : « Les relations entre les puissances et les modèles politiques des années 1930 à nos jours » et « Histoire politique, sociale et culturelle de la France depuis les années 1930 ». Il comprend donc l'histoire des relations internationales et l'histoire de la France depuis les années 1930.

2 À quoi correspond le programme ?

Le programme correspond au programme d'histoire de terminale générale qui a le même intitulé. Plusieurs grands axes se détachent alors :

- la crise économique des années 1930 et ses enjeux ;
- les régimes totalitaires dans l'entre-deux-guerres (fascisme italien, stalinisme en URSS, nazisme en Allemagne) ;
- la Seconde Guerre mondiale ;
- la fin de la Seconde Guerre mondiale et le nouvel ordre mondial en 1945 ;
- la guerre froide et la décolonisation (bipolarisation et émergence du tiers-monde) ;
- la croissance des Trente Glorieuses et la crise des années 1970-1980 ;
- tensions et conflits au Proche et au Moyen-Orient ;
- l'évolution politique, économique, sociale et culturelle de la France depuis 1945 ;
- un nouvel ordre mondial depuis 1991 ;
- la construction européenne depuis 1945.

Une place particulière devra être donnée aux 29 « points de passage et d'ouverture » mentionnés par le programme. Normalement approfondis en cours, ils peuvent particulièrement faire l'objet d'une analyse de documents :

- les conséquences de la crise de 1929 en Amérique latine ;
- 1933 : l'arrivée au pouvoir de Roosevelt et la mise en place du New Deal ;
- juin 1936 : les accords de Matignon ;
- 1937-1938 : la Grande Terreur en URSS ;
- 9-10 novembre 1938 : la nuit de Cristal en Allemagne ;
- 1936-1938 : les interventions étrangères dans la guerre civile espagnole (la géopolitique des totalitarismes) ;
- juin 1940 en France : continuer ou arrêter la guerre ;
- de Gaulle et la France libre ;
- juin 1944 : le débarquement en Normandie et l'opération Bagration ;
- 6 et 9 août 1945 : les bombardements nucléaires d'Hiroshima et Nagasaki ;
- 15 mars 1944 : le programme du CNR ;
- 1948 : naissance de l'État d'Israël ;
- 25 février 1948 : le « coup de Prague » ;
- 1962 : la crise des missiles de Cuba ;
- les guerres d'Indochine et du Vietnam ;
- l'année 1968 dans le monde ;
- la guerre d'Algérie et ses mémoires ;
- Charles de Gaulle et Pierre Mendès France : deux conceptions de la République ;
- Ronald Reagan et Deng Xiaoping : deux acteurs majeurs d'un nouveau capitalisme ;
- l'année 1989 dans le monde ;
- 1975 : la légalisation de l'interruption volontaire de grossesse, un tournant dans l'évolution des droits des femmes ;
- 1981 : abolition de la peine de mort en France ;
- l'épidémie du SIDA en France : recherche, prévention et luttes politiques ;
- la fin de l'apartheid en Afrique du Sud ;
- le 11 septembre 2001 ;
- le tunnel sous la Manche ;
- l'euro : genèse, mise en place et débats ;
- la parité : du principe aux applications ;
- l'approfondissement de la décentralisation.

3 Quelles sont les difficultés de l'épreuve ?

L'analyse de documents est une épreuve plus difficile qu'on ne le croit.

Il s'agit d'éviter deux pièges essentiels :

- d'une part, la paraphrase. Il s'agit d'un devoir qui se contente de redire ce que montrent les documents, sans analyse et, parfois, sans référence aux éléments proposés ;
- d'autre part, les documents prétextes à récitation de cours. Dans ce cas, le candidat saisit les thématiques abordées par les documents et récite son cours sans plus se préoccuper des questionnements soulevés par ceux-ci et sans s'appuyer sur ces derniers au moyen de citations (texte ou tableau de chiffres / document iconographique).

Il faut donc prendre conscience qu'une analyse de documents est souvent plus difficile qu'une composition/dissertation. Il s'agit d'abord de répondre à une consigne, puis de prélever des informations dans les documents pour enfin les confronter à des connaissances précises. Ensuite, les documents portent souvent sur un point assez précis du programme. Il faut donc éviter de faire des impasses et apprendre précisément le cours.

Le jury appréciera dans tous les cas la capacité des candidats à prendre de la distance par rapport à des documents historiques et à faire véritablement œuvre d'historien en mobilisant des connaissances au service d'une analyse de sources.

Méthodologie en 9 étapes

Étape 1 Recopiez l'intitulé de la consigne sur votre brouillon

La consigne va guider votre devoir. Elle peut être formulée de façon parfois longue et complexe.

Face au stress que peut représenter le concours, il vaut mieux recopier intégralement, au mot près, l'intitulé de la consigne, pour éviter les erreurs.

Étape 2 Réalisez au brouillon la présentation des deux documents

Pour présenter efficacement un document, on peut utiliser la formule NADI :

■ **N : Nature, source et destinataires du document**

La nature doit être précisée et analysée en elle-même. Un texte peut ainsi être un extrait d'article de journal, de roman, de discours politique, d'une constitution ou d'un autre texte de loi… Un document iconographique peut être une affiche de propagande, un tableau, une caricature… La nature est ainsi d'emblée signifiante. Alors qu'un discours politique aura pour but de convaincre ou de préciser une position, un texte juridique aura une visée plus informative.

Il faudra également ici préciser la source du document, si celle-ci est indiquée. Il peut s'agir du titre du journal dont est extrait un article, du titre plus général de l'ouvrage d'où est tiré le texte. La source permet parfois d'expliquer le document lorsque celle-ci sera considérée comme partiale, c'est-à-dire comme représentant une opinion parmi d'autres possibles.

Si la source est un livre d'histoire récent, alors celle-ci ne sera pas nécessairement signifiante, mais il faudra la citer quand même.

Attention, tous les titres (de journaux, de livres…) doivent être soulignés.

Enfin, les destinataires doivent également être mentionnés, dans la mesure où chaque document s'adresse à un groupe de personnes en particulier. Il peut d'ailleurs y avoir plusieurs destinataires possibles. Par exemple, si nous avons un discours d'un président américain au Congrès, celui va s'adresser aux membres du Congrès (c'est-à-dire aux représentants et aux sénateurs américains), mais aussi à l'ensemble des citoyens américains. De plus, s'il parle de politique étrangère, l'ensemble des citoyens du monde peuvent être concernés.

■ A : Auteur

L'auteur du discours doit être brièvement présenté. Sans faire une biographie exhaustive, le but sera de montrer en quoi l'auteur apporte une subjectivité au document. Décrire rapidement son parcours semble alors nécessaire. Tout au long de l'année, il est intéressant de faire des petites biographies de personnages historiques dont les textes sont susceptibles de tomber.

Si aucun auteur n'est mentionné, il ne faut surtout pas passer cette information sous silence. Deux cas de figure peuvent se présenter.

- Le document n'est pas signé, car c'était trop dangereux pour l'auteur de le faire et cela explique qu'il soit anonyme. Dans ce cas, par exemple pour un tract de la Résistance, on donnera le nom de l'organisation à l'origine du document et on expliquera pourquoi il n'y a pas d'auteur clairement identifié.
- Il s'agit d'un document officiel (extrait d'une constitution, d'un texte de loi...). Dans ce cas-là, il s'agit de trouver qui est à l'origine de ce texte. La constitution chinoise de 1954 a ainsi été rédigée par les cadres du Parti communiste chinois et notamment par Mao. La constitution de la IVe République en France, en 1946, a essentiellement été rédigée par des députés MRP (Mouvement républicain populaire, de centre droit), aidés par quelques socialistes.

■ D : Date et contexte

Si la date exacte des deux documents doit être mentionnée, ils doivent aussi impérativement être replacés dans leur contexte.

Il faut donc bien connaître l'évolution générale des relations internationales et de l'économie mondiale. Il en va de même à l'échelle continentale et nationale, notamment pour des pays comme les États-Unis, la Russie/URSS, la Chine ou des aires géographiques comme le Proche et le Moyen-Orient ou l'Europe.

■ I : Intérêt du document et structure

S'il s'agit d'un texte, il faudra le résumer en quelques phrases, en n'oubliant pas de donner l'idée principale. S'il est composé de plusieurs parties, on pourra en donner la structure.

Si c'est un document iconographique, le candidat devra le décrire (éventuellement en évoquant les différents plans) et en donner, également, la portée générale.

Une présentation de document digne de ce nom ne peut pas se contenter de simplement mentionner la nature, l'auteur, la date et l'idée principale. L'analyse doit déjà être plus poussée.

Dans le cadre de cette étape, pas besoin de rédaction. Des idées sous forme de tirets sont largement suffisantes.

Étape 3 Formulez une problématique à partir de la consigne et des documents

La problématique ne peut se contenter d'être la reformulation de la consigne à la forme interrogative.

Une problématique est fondée sur une contradiction. L'objectif est donc de confronter les deux documents pour tenter d'élaborer un questionnement.

CONSEILS DU PROFESSEUR

- Préférez une problématique formulée de façon interrogative et selon une question ouverte.
- On pourra ainsi commencer par : « Dans quelle mesure... », « En quoi... » ou « Comment expliquer que... ».
- Si vous avez du mal avec les problématiques, il ne faut pas hésiter à noter, sur son brouillon, toutes les propositions de questions qui vous passent par la tête, même si toutes ne seront pas pertinentes. On arrive souvent à une problématique acceptable à force de tourner autour du sujet.
- La problématique doit mentionner les documents. Elle ne doit pas donner l'impression qu'elle existe pour elle-même, sans les documents que vous devez analyser.

Ex. : En quoi ces deux documents témoignent-ils de la volonté chinoise d'être une puissance dans les années 1960 ?

Et non : Dans quelle mesure la Chine témoigne-t-elle d'une volonté de puissance dans les années 1960 ?

Étape 4 Faites l'analyse suivie des deux documents

Pour le texte, phrase par phrase, voire expression par expression, il s'agit de relever les éléments qui permettent de répondre à la consigne.

CONSEIL DU PROFESSEUR

Sur votre brouillon, reportez entre guillemets la phrase ou le morceau de phrase important. Ensuite, faites une flèche et dites ce que cela signifie dans le document. Enfin, ajoutez des connaissances pour expliquer si ce qui est dit est juste (et vous l'étayez avec des connaissances) ou faux (et vous justifiez votre affirmation avec des connaissances).

Pour le document d'une autre nature, le principe reste le même, mais il faudra simplement utiliser des éléments représentés si c'est un document iconographique ou des chiffres si c'est un tableau ou un graphique.

Étape 5 Élaborez le plan détaillé au brouillon

Un plan détaillé comportera ici deux niveaux de titres : parties et sous-parties. À l'intérieur, vous indiquerez les arguments trouvés lors de l'analyse suivie.

Deux ou trois parties sont acceptées.

CONSEIL DU PROFESSEUR

Soignez vos titres de parties et de sous-parties. Même s'ils n'apparaîtront pas directement dans votre devoir, ils vous permettront de rédiger rapidement une phrase d'accroche de partie ou de sous-partie. Il faudra, dans ce cas, ajouter au titre un lien logique et éventuellement un verbe.

PIÈGE À ÉVITER

A priori, le plan chronologique ne convient pas bien ici, sauf si la consigne demande d'étudier une évolution sur une période donnée à partir de deux documents qui présentent cette évolution. On privilégiera donc le plan thématique.

Étape 6 Rédigez l'introduction

Une introduction d'analyse de document comporte trois parties.

1) Il n'est pas nécessaire de faire une accroche. On peut donc directement commencer par la présentation des documents, l'un après l'autre. On reprendra donc les éléments de l'étape 2 tout en les rédigeant de façon organisée. Il est possible de démarrer par une phrase du style : « Le premier document soumis à notre étude est… ». Cette présentation se termine par l'énoncé de la consigne.

2) La problématisation et l'énoncé de la problématique. La problématisation consiste à exposer la contradiction qui a été trouvée. Elle se termine par la formulation de la problématique, de préférence directement à la forme affirmative.

3) L'annonce du plan. On évitera les tournures trop lourdes et on privilégiera pour cela des phrases fluides.

CONSEIL DU PROFESSEUR

N'ayez pas peur d'une introduction conséquente. La présentation des documents sera normalement mentionnée dans la consigne. Elle fait donc intégralement partie du devoir et elle permet au correcteur de voir si vous êtes déjà capable de prendre de la distance pour analyser au mieux le document.

EXTRAIT DU RAPPORT DU JURY 2019

Ne jamais oublier que le premier contact des correcteurs avec leurs copies passe par l'introduction et qu'il faut donc dès les premières lignes les convaincre que le sujet a été compris et de la cohérence de la copie. La conclusion, dernière impression laissée aux correcteurs, a pour fonction de valider à leurs yeux l'ensemble de ce qu'ils ont lu.

Étape 7 Rédigez le devoir

La rédaction se fait directement au propre, à partir du plan détaillé.

Quelques règles sont à respecter :

1) Chaque partie et chaque sous-partie commence par l'idée à démontrer (en lien avec le titre ou le sous-titre).

2) L'argumentation est à mettre dans cet ordre : idée à démontrer, citation du document, analyse et ajout de connaissance pour éviter la paraphrase.

3) Il faut utiliser les liens logiques pour lier les idées entre elles.

4) Le style doit être démonstratif.

5) Équilibrez vos parties.

6) Chaque argument doit être étayé par un exemple.

PIÈGES À ÉVITER

◆ Essayez d'éviter de toujours utiliser des liens logiques qui témoignent d'une juxtaposition (« de plus », « ensuite », « par ailleurs »...). Il faut tenter d'articuler les idées selon d'autres modes, comme la causalité, le lien de conséquence ou l'opposition. Il faudra alors utiliser des liens logiques différents.

◆ Il faut impérativement mentionner les documents et les citer dans le commentaire. À défaut, le correcteur considérera que vous avez pris les documents proposés comme des prétextes à la récitation de votre cours.

Étape 8 Rédigez la conclusion

En histoire, une conclusion comporte trois parties.

1) Le résumé de ce que vous avez voulu démontrer dans le devoir, en quelques lignes. L'idée est de rappeler les grandes idées de votre analyse.

2) La réponse à la problématique.

3) L'ouverture :

- elle peut se faire par l'évocation d'un autre document portant sur le même thème en expliquant en quoi il diffère de ceux qui vous ont été proposés ;
- elle peut également se faire par la mention d'une idée qui suit celles développées dans le commentaire. Si vous avez eu à parler de la volonté de puissance chinoise dans les années 1960, on pourra alors ouvrir sur le tournant de 1978 avec les « quatre modernisations » et l'acquisition de la puissance économique par l'empire du Milieu.

PIÈGE À ÉVITER

Il faut éviter d'ouvrir en posant une question. Cela mène le plus souvent à des questions « simplistes », voire hors de propos, sur ce qu'il s'est passé après et que vous devez savoir. Le mieux est d'ouvrir sur un autre document ou alors sur un problème qui se pose après dans l'ordre chronologique.

CONSEIL DU PROFESSEUR

Si vous avez l'habitude de rédiger la conclusion avant de rédiger le développement, c'est tout à fait possible, surtout si vous avez peur de manquer de temps. On peut alors intervertir les étapes 8 et 9.

Étape 9 Relisez-vous

Il faut impérativement garder 10 minutes à la fin pour se relire. Elles servent à corriger quelques fautes d'orthographe ou de syntaxe, quelques erreurs d'inattention.

Cette étape vous permettra, à condition de bien la mener, d'éviter de perdre des points précieux.

Conseils généraux

A. Veillez à bien gérer votre temps

EXTRAIT DU RAPPORT DU JURY 2019

De ce caractère très sélectif, les candidats doivent tirer les conséquences en matière de gestion du temps : la réussite au concours dépend en partie de leur capacité à utiliser le temps jusqu'au bout et à aller rechercher des points, en particulier en se relisant systématiquement – entre autres, pour réduire le nombre de fautes d'orthographe –, en soignant la conclusion et l'introduction

Le matin a été consacré aux questions contemporaines (3 heures, coefficient 3), l'après-midi à l'histoire et à la langue étrangère (4 heures 30 au total ; coefficients respectifs : 3 et 2). La durée de l'épreuve de la matinée doit être prise en considération de façon à développer une argumentation complète ; la répartition de celles de l'après-midi doit être bien gérée, car les candidats ont à répartir librement le temps consacré à chacune des deux épreuves. Cette situation de temps contraint exige une certaine vigilance : malgré l'indication d'une "durée conseillée" (3 heures pour l'histoire, 1 heure 30 pour la langue en 2019), beaucoup de candidats consacrent trop de temps à l'une ou l'autre et obtiennent finalement une note insuffisante dans celle à laquelle ils n'ont pas su consacrer un temps suffisant. On n'insistera jamais assez sur le fait qu'une mauvaise note dans l'une des épreuves est le plus souvent source d'échec. L'apprentissage de la gestion du temps fait partie de la préparation.

B. Travaillez dans la continuité du lycée

EXTRAIT DU RAPPORT DU JURY 2019

Cette préparation ne doit pas être considérée comme un travail venant s'ajouter à celui du baccalauréat. Au contraire, en se conjuguant avec le travail fait au lycée, le concours contribue à former de bons lycéens et est conçu de façon à renforcer les qualités d'un futur bachelier et d'un futur étudiant. Ce constat conserve toute sa valeur en 2020, les modifications de l'épreuve d'histoire ayant été apportées de façon à se conformer à l'épreuve de commentaire de document(s) du baccalauréat.

CRITÈRES DE RÉUSSITE

1) Compréhension d'un sujet et/ou d'une consigne.
2) Problématisation et questionnement du sujet.
3) Organisation des idées et plan.
4) Mobilisation des connaissances.
5) Qualité de l'argumentation et mobilisation d'exemples précis.
6) Qualité de l'orthographe, de la syntaxe et de la présentation.
7) Bonne gestion du temps.

Cours

CHAPITRE 1

L'impact de la crise de 1929 : déséquilibres économiques et sociaux

L'ESSENTIEL EN DATES

24 octobre 1929 : krach boursier de Wall Street.

1930 : coup d'État de Vargas au Brésil qui renverse la République.

Septembre 1931 : la crise économique touche la France, jusque-là épargnée.

1933 : Franklin D. Roosevelt s'installe à la présidence des États-Unis. Il met en place le New Deal dès 1933.

Janvier 1933 : Hitler arrive au pouvoir en Allemagne. Il résout la crise par une politique qui mène à la guerre (autarcie, augmentation des dépenses militaires).

1935 : gouvernement Pierre Laval en France. Politique traditionnelle de déflation pour lutter contre la crise.

1936 : élection du Front populaire en France. Accords Matignon.

Les deux révolutions industrielles qui se sont déroulées depuis la fin du XVIIIe siècle ont profondément transformé l'économie mondiale. Les travaux d'Angus Maddison (*Économie mondiale. Une perspective millénaire*, 2001) ont bien montré comment la croissance économique avait explosé à partir du XIXe siècle. Le poids des banques et des bourses s'est accru de sorte que l'économie est devenue de plus en plus financière.

Parallèlement, des cycles économiques se dégagent, qui font alterner périodes de croissance et moments de récession (croissance ralentie) ou de dépression (croissance négative).

NOTION-CLÉ **KONDRATIEV ET LES CYCLES ÉCONOMIQUES**

Kondratiev, économiste russe, a mis en lumière dès 1926 la notion de cycle économique dans son ouvrage *Les Vagues longues de la conjoncture*. Il y explique que chaque cycle dure entre 40 et 50 ans et alternent une phase ascendante (phase A) et une phase descendante (phase B). La succession de ces cycles s'explique selon lui par, lors de la phase A, un excès d'investissement des entreprises qui entraîne une hausse des prix et des taux d'intérêt, ce qui vient limiter la consommation et favorise une phase de crise. Schumpeter explique, quant à lui, la mise en place d'une phase de croissance par l'innovation et le progrès technique. Dès qu'il y a mise sur le marché d'une invention, les agents économiques consomment pour s'équiper. Mais une fois que les marchés sont saturés, l'économie retombe jusqu'à une nouvelle « grappe » d'inventions.

Ainsi, après une période de croissance économique importante de 1896 à 1929, le monde semble plonger à partir du krach boursier de Wall Street, le « jeudi noir », c'est-à-dire le 24 octobre 1929, dans une importante dépression d'un type nouveau. Celle-ci ne semble réellement prendre fin qu'avec le début de la Seconde Guerre mondiale. C'est en outre une crise apparemment soudaine qui a profondément traumatisé les populations.

1 Les origines de la crise économique aux États-Unis et sa diffusion mondiale

A. Une crise boursière née de la prospérité apparente des années 1920

a. Une crise boursière

Le 23 octobre 1929 marque en réalité le démarrage de la spirale à la baisse des actions à la bourse de New York. En quelques heures, le Dow Jones, l'indice des valeurs industrielles de cette bourse, perd 21 points, ce qui le ramène à son niveau de juin 1929. Le 24 octobre, qualifié de « jeudi noir », la panique s'empare des actionnaires et 13 millions d'actions sont mises sur le marché, sans trouver preneur.

Dès lors, la courbe représentant la valeur des actions ne cesse de dégringoler. La confiance en l'économie américaine est totalement ébranlée et cette angoisse favorise encore plus la baisse de l'indice des valeurs pendant 4 ans.

Ainsi, si l'on prend une base 100 en 1926, le Dow Jones passe à un indice 191 au début de l'année 1928 et même 381 en septembre 1929. Il tombe à 147 en décembre 1929, à 54 en décembre 1931 et jusqu'à 42 en mars 1933, son point le plus bas. Il ne commence à remonter réellement qu'à la fin de l'année 1934, sans toutefois atteindre son niveau de 1926, où l'on constate un indice 80.

Et si, au début, les banques s'efforcent de freiner la chute en rachetant massivement des paquets d'actions, elles s'aperçoivent rapidement que cette tentative est vaine et que les cours continuent à baisser.

b. Une très forte spéculation boursière dans les années 1920

L'essor économique avait en effet donné l'impression qu'il était facile de faire des profits considérables en jouant en bourse dans des secteurs porteurs comme l'automobile ou la radiodiffusion par exemple. Cela avait été porté par une véritable idéologie du business où l'on pensait que tous les problèmes de société pouvaient être résolus à la manière d'un chef d'entreprise. Par exemple, l'action RCA (Radio Corporation of America) a bondi de 85 à 420 dollars entre le début et la fin de l'année 1928. Des fortunes se construisent ainsi très vite.

Les Américains sont ainsi très nombreux à se mettre à jouer en bourse. Sur une population d'environ 120 millions d'habitants, 4 millions d'Américains possèdent des actions et, parmi eux, 1,5 million ont eu recours à un courtier (c'est-à-dire à un intermédiaire). La plupart de ces spéculateurs achètent d'ailleurs des actions à crédit (jusqu'à 90 % du prix des actions). Les sociétés d'investissement se multiplient et édifient des pyramides financières qui ne tiennent que tant que le marché progresse.

c. Les effets pervers de la spéculation boursière

Cette spéculation boursière favorise la création d'une bulle spéculative. La valeur des actions ne cesse de monter. Mais le problème est que cette valeur est alors déconnectée de la valeur réelle des entreprises. Du coup, les dividendes (c'est-à-dire ce que rapporte une action à la fin de l'année en fonction des bénéfices de l'entreprise) sont très minces par rapport au prix de l'action. Le seul avantage est la perspective d'une plus-value réalisée sur la revente (puisque le prix des actions ne cesse de monter).

Le marché est alors très sensible puisque les spéculateurs ne sont motivés que par des profits à court terme. Au moindre frémissement, tout le monde cherche alors à vendre. C'est ce qui explique qu'en un mois, entre octobre et novembre 1929, les actions aient perdu la moitié de leur valeur.

B. D'autres facteurs de la crise des années 1930

a. Les dérèglements monétaires liés à la Première Guerre mondiale

La Première Guerre mondiale a profondément affecté la stabilité des monnaies. Pour financer la guerre, les États ont emprunté mais ils ont aussi créé de la monnaie, ce qui a augmenté la masse monétaire et donc favorisé l'inflation.

Pour l'économiste français Jacques Rueff, l'origine de la crise économique est à trouver dans le Gold Exchange Standard (GES), mis en place en 1922 à la conférence de Gênes. Dans ce système, les pays qui ont une monnaie de premier rang (c'est-à-dire convertible en or) sont enclins à un déficit budgétaire croissant. Le GES a donc tendance à accroître l'endettement des pays privilégiés. Avant 1929, l'endettement des États-Unis avait ainsi dépassé les 370 % de leur PIB. De plus, la spéculation a remplacé l'investissement industriel.

b. La politique monétaire restrictive des banques centrales

Pour les économistes monétaristes, comme Milton Friedman, la crise est liée à la politique monétaire restrictive menée par les banques centrales et notamment par la Réserve fédérale américaine (Fed) à partir de 1928. Les taux d'intérêt sont remontés, ce qui entraîne une pénurie de crédits. Dès lors, les spéculateurs ont retiré leur épargne des banques, ce qui a fragilisé les banques.

c. La sous-consommation

Parallèlement, le taylorisme, soit l'organisation scientifique du travail (travail à la chaîne, chronométrage des tâches...), a fait gagner en productivité alors que les salaires, et donc le pouvoir d'achat des ouvriers, ont peu augmenté.

Enfin, aux États-Unis, la saturation de certains marchés est un paramètre important à prendre en compte. En matière automobile, par exemple, on trouve déjà une voiture pour 5 habitants aux États-Unis en 1928. Ainsi, dans beaucoup de secteurs, on a surinvesti.

2 Une crise nouvelle et qui se généralise

A. Une crise qui se généralise à l'économie américaine

a. Une crise bancaire

Le krach boursier a des effets immédiats sur l'ensemble de l'économie. Les prêteurs réclament de l'argent que les débiteurs ne peuvent plus rembourser. Du coup, les faillites des sociétés d'investissement se multiplient. 1 350 établissements de crédit font faillite pour la seule année 1930.

Malgré les pressions, le secteur bancaire résiste jusqu'en 1930-1931. Mais à partir de cette date, compte tenu du caractère mondial de la crise, les faillites bancaires se multiplient. On en compte près de 5 000 entre 1929 et 1932.

b. Une crise industrielle

En conséquence, les particuliers et les entreprises consomment moins. Cela se vérifie d'autant plus que la confiance est ébranlée. Les investissements s'amenuisent : on note une baisse de 35 % des investissements des entreprises en 1930 par rapport à l'année précédente. Les investissements cessent même totalement en 1932.

Si, au départ, les entreprises acceptent les directives présidentielles et refusent de baisser les salaires, afin de maintenir le pouvoir d'achat, cette situation est intenable en 1931 et les licenciements explosent.

Face à cela, les ménages consomment encore moins, malgré la baisse très importante des prix, liée à la surproduction. Et le cercle vicieux de la crise se met en place (on parle aussi de spirale récessionniste).

Focus LE CERCLE VICIEUX DE LA CRISE

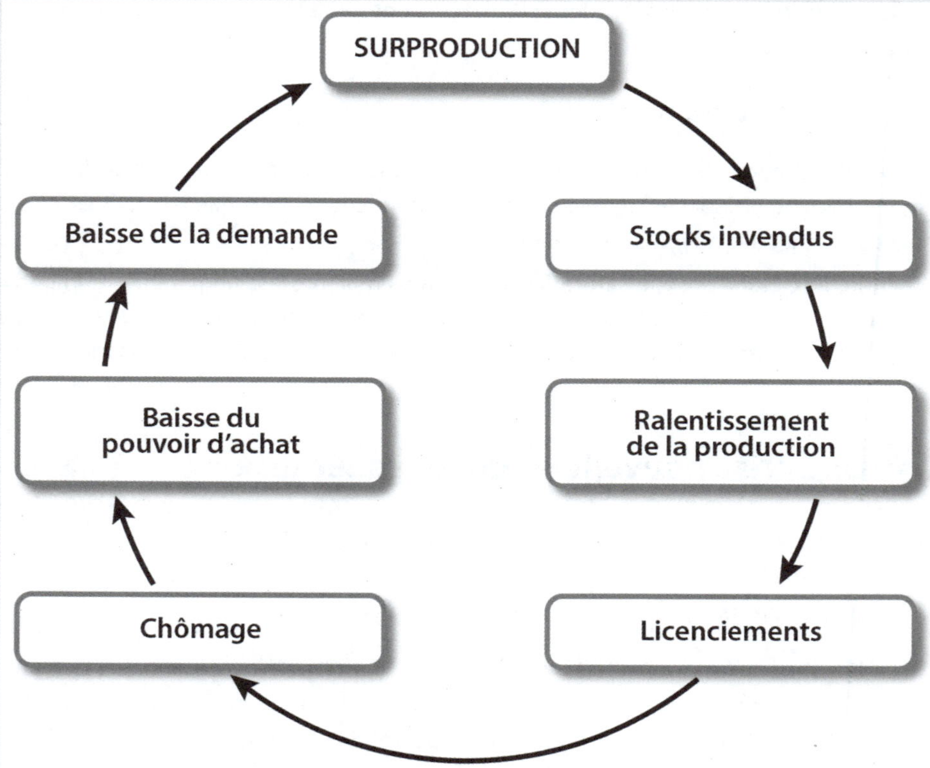

c. La crise économique en chiffres

Aux États-Unis, entre 1929 et 1932, les prix ont baissé de 30 %. Ce chiffre est de 16 % en Allemagne et de 11 % en France. De même, la valeur de la production industrielle s'effondre. Pour un indice 100 en 1929, on tombe à 53 en 1932 aux États-Unis et en Allemagne, à 72 en France et à 84 au Royaume-Uni.

La déflation, c'est-à-dire la baisse des prix, a également accompagné cette crise : –30 % en moyenne pour les produits industriels, –50 % pour les matières premières et les produits agricoles.

Le commerce international se contracte des 2/3 environ.

B. Une crise qui se diffuse à l'ensemble du monde

a. Le canal financier

Les États-Unis avaient beaucoup investi d'argent en Europe et notamment en Allemagne et en Autriche. Face à l'urgence de la crise, ils rapatrient leurs capitaux placés à court terme. 1,25 milliard de dollars avaient été investis en Europe pour les seules années 1927-1928. En mai 1931, la faillite de la grande banque autrichienne du Kreditanstalt diffuse la crise en Europe. Or, il s'agissait de la principale banque du pays, détenant près de la moitié de l'industrie nationale. Les États-Unis limitent ainsi les crédits à l'Europe et au monde, ce qui contribue à exporter la crise.

b. Le canal commercial

Les États-Unis étaient, depuis 1914 au moins, la première puissance du monde. Ils importaient donc beaucoup de marchandises du monde entier. Face à la crise, ils limitent donc leurs achats à l'étranger afin de ne pas encore plus déséquilibrer leur balance commerciale. Le commerce international se contracte. Entre 1929 et 1934, les échanges internationaux diminuent de 22 % en volume et de 66 % en valeur.

Or, l'économie de certains pays était liée aux exportations aux États-Unis, en particulier ceux d'Amérique latine. On parle ainsi de crise des produits de dessert.

Focus **LES CONSÉQUENCES DE LA CRISE EN AMÉRIQUE LATINE**

La crise de 1929 touche de plein fouet l'Amérique latine et cela remet en cause le modèle de développement adopté dans les années 1920.

À cette période, les pays d'Amérique latine, indépendants depuis le début du XIXe siècle, fondent leur croissance sur la promotion des exportations. Cela crée une dépendance puisque l'économie américaine absorbait, en 1929, 61 % des exportations mexicaines et plus de 75 % des exportations colombiennes et cubaines. Dans une moindre mesure, ces économies étaient aussi dépendantes des achats européens.

Mais la crise entraîne une rétractation du commerce international. Les exportations chutent de façon vertigineuse : –36 % pour l'Argentine entre 1929 et 1938, –41 % pour le Mexique. Les pays miniers sont les plus touchés. Les exportations chiliennes reculent de 71 % entre les mêmes dates. De plus, la détérioration des termes de l'échange favorise une baisse des prix des matières premières qui aggrave encore plus la crise dans les pays latino-américains. Durant les années 1930, le PIB de Cuba recule de 36 %. Le chômage se généralise : 300 000 personnes au Mexique en 1931, 1 million en 1932.

Cela vient anéantir les efforts de croissance mis en place. Les régimes politiques, pour la plupart élus démocratiquement, sont balayés par des coups d'État. Le populisme, c'est-à-dire un régime politique fondé sur la critique des élites et du système représentatif, qui cherche à flatter le peuple pour rester au pouvoir, se développe. C'est le cas au Brésil sous Vargas (1930-1954) ou au Mexique avec Cardenas (1934-1940).

C. Une crise aux conséquences sociales désastreuses

a. L'explosion du chômage

Le chômage connaît une ascension ininterrompue dans les pays développés au moins jusqu'en 1933. Aux États-Unis, il frappe 4,5 millions de personnes en avril 1930, 8 millions en mars 1931, 12 millions en mars 1932 et sans doute 15 à 16 millions en 1933. Un tiers de la population américaine est au chômage ou appartient à une famille dépendant d'un chômeur. À Détroit, la ville de l'industrie automobile et de Ford, le chômage touche la moitié des habitants en 1933.

En 1933, le taux de chômage est de 25 % aux États-Unis, 17 % en Allemagne, 13 % au Royaume-Uni. En France, il ne s'élève qu'à 4 % en raison d'une population qui stagne.

b. Des images de la misère

Dans les villes, nombreux sont les habitants qui se nourrissent dans les poubelles des restaurants. Dans les zones les plus pauvres, les enfants ne mangent qu'un jour sur deux. Partout, des files d'attente se forment pour la moindre distribution de nourriture. Aux États-Unis, des familles sont obligées de quitter leur logement et s'entassent dans des taudis de fortune rebaptisés *hooverville*, du nom du président américain Hoover.

Des marches de la faim sont organisées. Le 10 décembre 1932, à Paris, 25 000 chômeurs manifestent pour attirer l'attention sur leurs difficultés au quotidien. L'assurance-chômage est en effet loin d'être généralisée et très peu de chômeurs sont secourus. Cela dépend souvent des œuvres de bienfaisance et de la politique des municipalités.

c. Une crise agricole

Les agriculteurs américains avaient déjà été fragilisés dans les années 1920. Alors qu'ils avaient fourni une partie de l'Europe pendant la Première Guerre mondiale, le retour à la normale entraîne une crise de surproduction et une baisse considérable des prix. Beaucoup d'agriculteurs connaissent alors déjà la pauvreté.

Avec la crise de 1929, les prix s'effondrent encore plus : ils baissent de moitié entre 1929 et 1933. Les fermiers sont largement endettés et ils accentuent encore plus la surproduction en tentant de produire plus pour rembourser leurs dettes. Dans l'Oklahoma, où la sécheresse fait rage, des milliers de paysans fuient dans des chariots, cherchant à atteindre la Californie.

3 Des solutions peu efficaces

A. Une tradition libérale

a. L'orthodoxie libérale du président Hoover

Le président Hoover, libéral, est convaincu que l'économie américaine est saine et que la « prospérité est au coin de la rue », comme il se plaît à le marteler. Peu porté vers le social, sa stratégie s'organise autour de quelques grands principes : rétablir la confiance (multiplication des promesses de redressement), appeler à la coopération volontaire (il encourage notamment les chefs d'entreprise à ne pas baisser les salaires). Les injections de crédits gouvernementaux sont insuffisantes, même s'il soutient quelques actions ponctuelles : maintien des prix agricoles, lancement de travaux publics, prêts aux institutions bancaires et financières pour qu'elles puissent relancer l'activité.

L'action de Hoover est en réalité un échec. Ces initiatives viennent trop tard ou sont trop timides. Il laisse une image désastreuse et reste prisonnier des dogmes conservateurs. Il s'est par exemple toujours refusé à distribuer des aides aux individus et surtout aux chômeurs mais en accorde aux banques. Il craint ainsi d'affaiblir la fibre morale et de créer de l'assistanat. Enfin, l'équilibre budgétaire est toujours recherché et considéré comme une priorité. En 1930 par exemple, il n'hésite pas à augmenter les impôts sous prétexte que le budget des États-Unis avait augmenté. La banque centrale reste passive et continue dans sa politique de limitation du crédit.

b. Déflation et protectionnisme

En France, le gouvernement de Pierre Laval, en 1935, pratique la déflation. Le but est d'éviter le déficit budgétaire et la dévaluation, mais de redevenir compétitif à l'international. Il s'agit donc de réduire de 10 % toutes les dépenses publiques, y compris les salaires des fonctionnaires et les intérêts des emprunts. La même politique est menée en Allemagne, pendant la république de Weimar, par le chancelier Brüning, en 1930.

Le protectionnisme se développe. La loi Hawley-Smoot, de 1930, augmente les droits de douane à l'importation de plus de 20 000 types de biens. Les pays colonisateurs se replient sur leur empire.

c. Des secours qui restent minces

Les secours dépendent donc du bon vouloir des organisations charitables, religieuses ou laïques. Elles distribuent des repas, offrent parfois de quoi se chauffer ou s'abriter. Durant l'hiver 1930-1931, 85 000 repas ont été distribués lors des soupes populaires à New York. Mais toutes ces associations manquent de fonds.

Aux États-Unis, les secours dépendent aussi des États fédérés. L'État de New York, dont le gouverneur est Roosevelt, avant son élection à la présidence, va emprunter de l'argent en 1931 pour aider les chômeurs et créer des emplois. En revanche, dans l'Illinois, presque aucune aide étatique n'est débloquée.

B. Vers un regain d'intervention de l'État

a. Les premières politiques de relance : l'exemple du New Deal aux États-Unis

L'État avait montré qu'il pouvait jouer un rôle dans les périodes de guerre (réquisition et répartition de la main-d'œuvre, réorientation de la production des entreprises).

Dès 1933, aux États-Unis, le président Roosevelt, nouvellement désigné, lance le New Deal, véritable politique de relance par la consommation. L'objectif est d'accroître le pouvoir d'achat des personnes. Roosevelt assimile la crise à la guerre.

Du 4 mars au 6 juin 1933, des mesures d'urgence sont prises :

- Mars 1933 : fermeture des établissements bancaires pendant 4 jours, aide aux banques par la loi d'urgence bancaire. Dès lors, les épargnants remettent leur argent dans les banques.
- Avril 1933 : dévaluation du dollar.
- Juin 1933 : la NIRA (loi nationale de redressement industriel) permet aux industriels de signer des codes de bonne conduite (prix minimum, quotas de production, niveau plancher pour les salaires) et d'obtenir un label gouvernemental incitant à acheter ses produits. La loi adopte une dotation de 3,3 millions de dollars à la PWA (administration des travaux publics) pour lutter contre le chômage en promouvant les grands travaux.
- Mai 1933 : la FERA (loi fédérale de secours d'urgence), dotée de 500 millions de dollars, verse de l'argent aux États ou aux collectivités locales qui se chargent déjà d'aider les plus nécessiteux.
- Mai 1933 : la TVA (Autorité de la vallée du Tennessee) crée une zone autour du fleuve à aménager dans le but de créer des barrages pour produire de l'électricité et favoriser l'irrigation.
- Mai 1933 : l'AAA (loi d'adaptation agricole) prévoit la réduction des cultures pour éliminer la surproduction et permettre aux prix d'augmenter. Le gouvernement s'engage à verser des indemnités compensatoires aux agriculteurs qui abattraient leur bétail (la viande est redistribuée aux chômeurs) et accepteraient de réduire leur production. Cette politique a été financée par une taxe sur l'industrie agroalimentaire.

À partir de 1935, on parle d'un second New Deal :

- Avril 1935 : l'ERA (loi d'attribution des secours d'urgence) injecte 5 milliards de dollars pour la solidarité. Plus de 8 millions de personnes ont été concernées, soit 20 % de la main-d'œuvre américaine.
- Une politique de grands travaux est entreprise dans le cadre du PWA (service du progrès par le travail) dès 1935 qui emploie des personnes pour construire écoles, hôpitaux, aérodromes…
- Juin 1935 : la loi Wagner défend les droits sociaux des salariés, notamment du privé, qui peuvent constituer des syndicats, participer à des conventions collectives, à des mouvements de grèves. Une agence fédérale est créée pour contrôler sa bonne application.

– Août 1935 : création d'un système de sécurité sociale. Il s'agit de mettre en place une allocation chômage gérée par les États et un système de retraites fédérales. C'est le début d'un État-providence, mais de nombreuses personnes en sont exclues (notamment la majorité des Afro-Américains).
– Juin 1935 : le Revenue Act tend à mettre en place un impôt plus juste qui taxe plus fortement les plus riches.

b. D'autres mesures de relance

En France, l'avènement du Front populaire, une alliance de trois partis de gauche (parti communiste, parti socialiste et parti radical), en 1936, favorise également des mesures de relance par la consommation et de partage du travail, notamment avec les accords de Matignon.

Focus LES ACCORDS DE MATIGNON

Négociés entre le gouvernement, le patronat et les syndicats, ils contiennent les mesures suivantes :

– Conventions collectives : il s'agit d'accords négociés par branches industrielles qui ne peuvent être que plus favorables que la loi aux ouvriers.

– Liberté syndicale : les salariés peuvent librement appartenir au syndicat de leur choix et la liberté d'opinion doit régner dans l'entreprise.

– Augmentations de salaires entre 7 et 15 %.

– Instauration des délégués du personnel dans les entreprises.

La semaine de travail passe de 48 heures à 40 heures. 2 semaines de congés payés sont accordées aux travailleurs. Le gouvernement décide également de nationaliser : c'est le cas des entreprises d'armement et des entreprises ferroviaires (création de la SNCF en 1937).

De même, afin d'aider les paysans, l'ONIB (Office national interprofessionnel du blé) est créé en 1937 pour fixer un prix correct du blé. L'État organise en ce sens un forum de concertation autour des différents acteurs de la filière : producteurs, meuniers, consommateurs.

Afin de relancer l'économie, l'État mène une dévaluation en 1936 : le franc voit sa valeur baisser de 35 % puis de 25 % afin de relancer les exportations. Enfin, l'État mène une politique de grands travaux et débloque 20 milliards de francs à cet égard.

c. Des résultats mitigés

Les résultats sont mitigés. Certaines mesures entraînent une baisse ponctuelle du chômage, à l'image de la dévaluation du dollar ou du franc.

Globalement, ces mesures n'ont pas résolu le problème de la crise économique, mais elles ont permis d'en atténuer les effets, notamment pour certaines familles fragiles. Mais on est loin d'un secours généralisé.

C. Les réponses des régimes totalitaires : dirigisme économique, autarcie et marche à la guerre

a. Le dirigisme économique et la recherche de l'autarcie

Les premières politiques de relance sont ainsi mises en place au Japon dès 1932 : diminution des taux d'intérêt, accroissement des dépenses publiques (surtout militaires).

Si l'économie était déjà étatisée en URSS (depuis 1929-1930), l'Allemagne nazie et l'Italie fasciste accentuent le rôle de l'État dans l'économie.

En Italie, afin de favoriser l'autarcie, l'État crée des entreprises para-étatiques comme l'AGIP (raffinage de pétrole), encourage la concentration des sociétés (sidérurgie et textile notamment). Il engage aussi une politique de grands travaux (construction d'autoroutes). L'État mise également beaucoup sur la politique agricole afin de parvenir à l'autosuffisance. Sur le plan industriel, l'intervention étatique est décisive. En 1933, la création de l'IRI (Institut pour la reconstruction industrielle) a pour but de créer une sorte d'empire industriel contrôlé par l'État. En 1939, 45 % de la sidérurgie, 80 % des constructions navales, la quasi-totalité des entreprises ferroviaires et d'armement passent sous le contrôle de l'État par ce biais. Celui-ci s'implique également dans les banques et l'automobile (achat d'Alfa Romeo).

Hitler fait de même en Allemagne dès 1933 : réalisation de l'autarcie par la réouverture de petites mines ou la création de produits de remplacements (ersatz) grâce à l'industrie chimique (comme le sucre de synthèse).

b. La marche à la guerre

Dès 1933, l'Allemagne nazie déclenche la bataille du travail pour remettre au travail les chômeurs. Elle est gagnée grâce au réarmement et au service militaire obligatoire (décidé en 1935). Ce succès apparent est surtout d'ordre psychologique : il est obtenu grâce à des productions non rentables (production d'armes, construction de casernes et d'autoroutes).

De plus, l'Allemagne pratique une dévaluation non avouée, pour éviter le spectre de l'hyperinflation de 1923. Il existe en fait deux marks : un mark intérieur, dont la valeur ne bouge pas, et un mark extérieur, dont les valeurs sont différentes en fonction des partenaires commerciaux.

c. Une certaine efficacité au prix de la guerre

En Allemagne, le chômage tend effectivement à disparaître. On passe de 5,4 millions de chômeurs en janvier 1932, à 2,1 millions en 1935, 1,6 million en 1936 et 400 000 en 1938. Mais cette politique coûte en réalité très cher et mène directement à la guerre.

Conclusion

La crise économique des années 1930 a constitué une rupture profonde. Il s'agit d'une crise d'un type nouveau, liée à la financiarisation de l'économie. Elle témoigne du développement d'une certaine interdépendance mondiale puisque tous les pays du monde sont touchés, quoiqu'à des rythmes parfois différents (en France, la crise n'arrive qu'en 1931). Cette crise témoigne aussi du fait que les États-Unis sont incontestablement la première puissance mondiale.

De plus, elle montre une certaine réorientation des théories économiques. En 1936, Keynes fait paraître sa *Théorie générale de l'emploi, de l'intérêt et de la monnaie*. Ses idées, à mi-chemin entre libéralisme et communisme, prônent une intervention limitée de l'État pour relancer la machine économique. Si ses thèses sont en fin de compte peu popularisées à cette époque, les mesures prises dans un second temps témoignent d'un certain regain de l'État en matière économique et sociale. Il faudra attendre 1945 pour voir ces idées se généraliser dans les pays développés.

NOTIONS-CLÉS LIBÉRALISME, KEYNÉSIANISME ET COMMUNISME EN ÉCONOMIE

Le **libéralisme** prône une absence de l'intervention de l'État en dehors de ses fonctions régaliennes (police, justice, impôts). Selon ses théoriciens (Ricardo, Smith), l'intervention de l'État risque de perturber l'équilibre naturel des marchés.

Le **keynésianisme** affirme que l'État peut intervenir dans l'économie, notamment en période de crise. Il doit emprunter de l'argent, quitte à s'endetter, pour injecter de l'argent dans l'économie, par exemple par une politique de grands travaux. Cela va favoriser le retour de l'emploi et donc de la croissance. L'État pourra rembourser ses dettes grâce aux impôts générés par la reprise de l'activité.

Le **communisme** prône une étatisation totale de l'économie.

À RETENIR

- Les facteurs de la crise ne sont pas dus qu'à la spéculation boursière. Celle-ci est plutôt un déclencheur.
- Le libéralisme est la théorie économique la plus répandue à l'époque.
- La crise vient des États-Unis et se diffuse dans le monde par le canal financier et par le canal commercial.
- La crise confirme la place de première puissance du monde pour les États-Unis, même s'ils se déclarent isolationnistes (ils ne veulent pas intervenir dans les affaires du monde).
- Face à l'inefficacité des mesures libérales, l'intervention de l'État est accentuée dans les démocraties libérales (New Deal aux États-Unis, mesures du Front populaire en France).
- Les régimes autoritaires mettent en place une économie dirigée et une politique économique qui mène à la guerre.
- Les nouvelles mesures n'ont pas permis de résoudre la crise, mais d'en atténuer les effets sociaux.

BIBLIOGRAPHIE

BURIDANT Jérôme *et alii*, *Histoire des faits économiques*, Bréal, 2013.
GILLES Philippe, *Histoire des crises et des cycles économiques*, Armand Colin, 2009.
HENRY Gérard-Marie, *La Crise de 1929*, Armand Colin, 2000.
PORTES Jacques, *Histoire des États-Unis de 1776 à nos jours*, Armand Colin, 2017.

CHAPITRE 2

Les régimes totalitaires

L'ESSENTIEL EN DATES

1919-1920 : Conférence de Paris qui met fin à la Première Guerre mondiale. Certains pays sont frustrés.

1922 : Mussolini arrive au pouvoir en Italie.

1924 : Staline prend le pouvoir en URSS après la mort de Lénine.

1929-1930 : collectivisation forcée des terres en URSS.

1933 : Hitler est nommé chancelier en Allemagne. Incendie du Reichstag.

1936 : *Les Dieux du stade* de Leni Riefenstahl.

1936 : signature de l'Axe Rome-Berlin.

1936-1939 : guerre civile espagnole et interventions étrangères jusqu'en 1938.

1937-1938 : Grande Terreur en URSS.

1938 : Anschluss, annexion de l'Autriche par l'Allemagne.

George Mosse, dans *De la Grande Guerre au totalitarisme. La brutalisation des sociétés*, paru en 1999, établit un lien très fort entre la Première Guerre mondiale et la genèse des systèmes totalitaires. C'est en effet dans l'entre-deux-guerres que naissent trois régimes d'un type nouveau, baptisés totalitaires : l'Italie fasciste (1922-1945), l'URSS stalinienne (1924-1953) et l'Allemagne nazie (1933-1945).

L'adjectif « totalitaire » est apparu en Italie en 1923, sous la plume de Giovanni Amendola, opposant et victime du fascisme, qui l'utilisa comme un élément de lutte contre Mussolini et le parti fasciste. Pourtant, dès 1925, les théoriciens du fascisme reprirent le terme à leur compte, en lui attribuant une connotation positive, celle d'unité du peuple italien. Benito Mussolini affirmait ainsi une « farouche volonté totalitaire » seule à même d'unifier le pays afin de lui faire retrouver sa grandeur.

On définit généralement le totalitarisme comme un régime politique où la totalité de la vie des individus, y compris la vie privée, est sous le contrôle de l'État, qui a pour objectif de créer un homme nouveau.

Focus **LES CARACTÉRISTIQUES DES RÉGIMES TOTALITAIRES**

Hannah Arendt (*Les Origines du totalitarisme*, 1951) montre que le totalitarisme se différencie des régimes autoritaires. Il ne se définit pas uniquement par un seul parti. L'objectif est de détruire l'identité sociale des individus et recréer de nouveaux liens. Il s'agit d'embrigader les individus jusque dans la sphère privée du quotidien, du travail et des loisirs. La masse devient informe et n'existe plus que par son chef. La terreur n'existe pas uniquement pour éliminer les opposants, elle est un vecteur intrinsèque du totalitarisme et de son fonctionnement, elle en est l'essence même.

Raymond Aron, dans *Démocratie et Totalitarisme*, paru en 1965, définit cinq critères objectifs des régimes totalitaires :

- un régime qui accorde à un parti le monopole de l'activité politique ;
- une idéologie unique qui devient la vérité officielle de l'État ;
- l'État se réserve à son tour un double monopole des moyens de force et des moyens de persuasion (communication) ;
- dirigisme économique et soumission des activités économiques à l'État ;
- terreur policière et ideologique.

1 Des origines communes liées à la Première Guerre mondiale et à la crise économique

A. Une origine commune : le rôle de la Première Guerre mondiale

a. Les frustrations liées à la « victoire mutilée » en Italie

En 1915, l'Italie avait accepté de changer de camps et de combattre aux côtés de la Triple Entente, c'est-à-dire avec la France, le Royaume-Uni et la Russie, contre la promesse d'obtenir des terres afin d'achever l'unité du pays. Mais lors de la Conférence de Paris, en 1919, elle n'obtient pas certains territoires, comme la Dalmatie, accordée à la nouvelle Yougoslavie.

Du coup, des groupes nationalistes commencèrent à s'agiter, en portant une chemise noire en signe de deuil. En mars 1919, Mussolini fondait les Faisceaux italiens de combat à Milan, où il organisa une réunion publique, appelant à refuser la démocratie parlementaire et recommandant l'usage de la violence.

b. Les frustrations liées à la défaite pour l'Allemagne nazie

Le parti nazi a aussi accrédité l'idée du « coup de poignard dans le dos ». Après l'abdication de Guillaume II, le 9 novembre 1918, le gouvernement provisoire accepte l'armistice sans que le territoire allemand n'ait été envahi. Le discours d'Hitler consiste alors à affirmer que l'Allemagne, pourtant exsangue, était en mesure de continuer la guerre et que ce sont les républicains qui ont volontairement livré le pays aux mains des vainqueurs et en particulier de l'ennemi héréditaire français.

Par ailleurs, la signature du traité de Versailles, le 28 juin 1919, entérine l'humiliation de l'Allemagne. Elle perd 12 % de son territoire, dont l'Alsace-Moselle rendue à la France, et le pays est coupé en deux par le corridor de Dantzig qui ménage un accès à la mer à la Pologne. Son armée est réduite à 100 000 hommes, elle perd toutes ses colonies, se voit interdire l'Anschluss. L'article 231 précise en outre qu'elle est responsable de la guerre et qu'elle doit payer des réparations (le montant est défini en 1921 à la Conférence de Londres et s'établit à 132 milliards de marks-or).

La République de Weimar est aussi accusée d'avoir accepté de signer l'armistice et le traité de Versailles. La violence politique règne et Hitler tente un coup d'État en 1923, le putsch de la Brasserie, qui échoue.

c. Défaites et mise en place de la révolution communiste en Russie

L'accumulation des défaites en 1914 et 1915, dans le cadre de la Première Guerre mondiale, entraîne une recrudescence de la contestation. Le tsar est accusé de trop laisser le pouvoir à Raspoutine, un personnage invité à la cour car il apaisait les souffrances du fils du tsar, Alexis, hémophile. Malgré son assassinat en 1916, beaucoup reprennent les idées aspirant à une évolution constitutionnelle du régime.

C'est ce qui favorise une première révolution populaire, en février 1917, puis la révolution bolchévique d'octobre 1917, menée par Lénine, à l'origine du totalitarisme stalinien.

B. Des facteurs économiques et politiques

a. Les crises économiques et monétaires en Allemagne et en Italie et les inégalités sociales en Russie

L'Allemagne et l'Italie ont été touchées par des crises économiques importantes. L'Allemagne a connu l'hyperinflation de 1923 où la monnaie, le mark, voit sa valeur dégringoler jusqu'à ne valoir plus rien. En 1929, elle est également touchée de plein fouet par la crise économique mondiale et compte 6 millions de chômeurs en 1933.

Face à l'inflation dans un premier temps, puis au chômage dans un second temps, les gouvernements sont désemparés et ne parviennent pas à résoudre la crise. Les populations, et notamment les classes moyennes, dont les revenus sont érodés par l'inflation, se tournent de plus en plus vers le NSDAP (parti national socialiste des travailleurs allemands ou parti nazi).

En Russie, les inégalités sociales criantes, notamment dans les campagnes, favorisent également une adhésion de la population à la révolution bolchévique.

b. Des États critiqués et des peuples sans expérience démocratique

L'État autocratique russe du tsar Nicolas II a été incapable de se réformer face aux demandes de libéralisation. Il a accordé la mise en place d'une Douma (assemblée élue) mais il me la réunit presque jamais. Cela explique aussi les deux révolutions de 1917.

L'Allemagne n'a jamais connu, avant 1918 (en dehors de la très courte expérience du printemps des peuples en 1848), de régime démocratique. De plus, la tradition autoritariste est vivace.

C. Des origines pourtant diversifiées

a. L'exaltation du nationalisme dans le cadre de la construction de l'Italie et de l'Allemagne au XIXe siècle

L'Italie et l'Allemagne sont deux pays qui ont achevé leur unité dans la deuxième moitié du XIXe siècle. Cela s'est accompagné de l'exacerbation de sentiments nationalistes.

En Allemagne par exemple, le mouvement Völkisch considère que le peuple allemand est une référence unique, au niveau culturel et racial. L'antisémitisme y est aussi très présent et il s'appuie sur le fait que nombre de dirigeants politiques sont juifs (Hugo Preuss, père de la constitution de Weimar). Le principe de la race devient prépondérant et est présenté comme une clé d'explication de la dégénérescence de certains peuples. Il faut donc régénérer l'Europe, et en particulier l'Allemagne, en éliminant systématiquement les Juifs qui décomposent toute culture.

b. Révolutions industrielles et émergence du marxisme

Les révolutions industrielles ont favorisé l'émergence des théories marxistes à l'origine de la révolution bolchévique de 1917.

De plus, la peur du communisme a été, comme le montre l'historien François Furet, à l'origine de la montée des fascismes en Europe, perçus comme les meilleurs remparts contre les « rouges ».

2 Caractéristiques et différences entre les trois régimes totalitaires

A. Des caractéristiques communes aux trois régimes

a. La confiscation du pouvoir politique

Le chef concentre tous les pouvoirs. Il représente le guide (le *Führer* en allemand, le *duce* en Italie, le *vodj* en URSS) et attend de sa population une soumission totale. Le chef est considéré comme un homme providentiel, porteur d'espérance. Un véritable culte de la personnalité est organisé autour de lui : poèmes, affiches, monuments, défilés et parades, grandes cérémonies, discours mis en scène. En 1935, lors du 7e congrès du parti nazi, le maire de Nuremberg remet à Hitler une copie de l'épée de Charlemagne. Hitler assiste ensuite dans le grand stade de Nuremberg à la parade des organisations paramilitaires du parti.

L'État est aux mains d'un seul parti, qui contrôle toute la vie politique : le parti fasciste en Italie, le PCUS (parti communiste d'Union soviétique) en URSS et le NSDAP en Allemagne. En 1926, en Italie, les lois fascistissimes interdisent les partis non fascistes. En Allemagne, après l'incendie du Reichstag en février 1933, le parti communiste allemand est interdit, puis, en juillet 1933, tous les autres partis. Le parti noyaute en réalité toutes les institutions de l'État : le chef du parti est par exemple aussi le chef de l'État. Toutes les décisions sont centralisées.

Les grandes libertés sont suspendues. En Allemagne, un état d'exception devient la norme, où le droit à la vie privée est totalement remis en cause à partir de l'incendie du Reichstag.

b. Des sociétés soumises

Les populations sont embrigadées. La jeunesse est visée en premier lieu dans le cadre d'organisations paramilitaires. Après avoir dissous toutes les organisations de jeunesse traditionnelles, Mussolini en crée de nouvelles, chapeautées par l'ONB (Œuvre nationale Balilla) qui regroupe jusqu'à près de 400 000 enfants. Les garçons étaient enrôlés dans des formations paramilitaires en fonction de leur âge : fils de la louve (de 4 à 8 ans), balillas (de 8 à 14 ans), avant-gardistes (de 14 à 18 ans), jeunesse fasciste (de 19 à 21 ans). Il s'agissait de leur donner une formation militaire et sportive, sans insister sur les activités intellectuelles, afin de les préparer à leur futur rôle de soldat. Les fillettes étaient, quant à elles, préparées à leur rôle de mère et d'épouse de soldat. Il en va de même pour les Jeunesses hitlériennes en Allemagne ou le Komsomol en URSS. Les adultes sont également encadrés, dans le cadre de leurs loisirs. C'est le rôle du Dopolavoro en Italie et de La force par la joie en Allemagne.

La propagande devient primordiale et contrôle tous les moyens de communication. Goebbels en a la charge en Allemagne. Des slogans sont répétés : « croire, obéir, combattre », en Italie ; « un peuple, un Empire, un chef », en Allemagne. La censure règne sur tous les moyens de communication (presse, radio, cinéma) et dans l'art. On dénigre certaines formes d'art (l'art « dégénéré ») et on valorise un art officiel, comme le réalisme socialiste en URSS. En Allemagne, Leni Riefenstahl fait partie des artistes officielles du régime. Elle réalise par exemple *Le Triomphe de la volonté*, en 1935, ou *Les Dieux du stade*, en 1936, sur les Jeux olympiques de Berlin.

NOTION-CLÉ **LE RÉALISME SOCIALISTE ET LA PROPAGANDE EN URSS**

Le réalisme socialiste est l'art officiel en URSS. Il s'agit de représenter de la manière la plus exemplaire et héroïque possible et de façon figurative, les classes populaires. Sont donc refusées toutes les représentations de la misère ouvrière. L'exemple classique d'une œuvre appartenant à ce courant est la statue monumentale de l'ouvrier et de la kolkhozienne, le visage regardant au loin, levant leur marteau et leur faucille.

Au cinéma, le film d'Einsenstein, *La Ligne générale*, sorti en 1929, représente bien cette tendance. On y voit une paysanne encourager à la collectivisation des terres face à des paysans riches, les koulaks, qui ne veulent pas partager leur matériel.

L'enseignement est mis au service du régime. Les professeurs sont épurés et les programmes sont revisités, surtout en histoire. En Allemagne, toutes les grandes catastrophes de l'humanité sont ainsi attribuées aux Juifs, comme la Grande Peste ou la défaite de novembre 1918. À l'inverse, toutes les grandes réalisations de l'humanité sont attribuées aux Aryens, jusqu'à la muraille de Chine.

c. Le règne de la terreur

La terreur passe d'abord par la police qui dispose de pouvoirs très importants. En URSS, c'est la Tchéka de 1917 à 1922, rebaptisée Guépéou de 1922 à 1934 puis NKVD en 1934. Il s'agissait à la base de réprimer la contre-révolution et le sabotage. Mais les pouvoirs de cette police politique sont rapidement étendus : traque des opposants, des individus qui échangent de la nourriture dans les campagnes, des ouvriers grévistes… Le NKVD gère le système concentrationnaire. Le Goulag est un acronyme qui désigne la Direction principale des camps de travail, aux conditions extrêmes (Vorkouta, îles Solovetski en mer Blanche, Kolyma en Sibérie). Au total, 8 à 9 millions de personnes sont passées par les camps entre 1934 et 1953.

Focus **LA GRANDE TERREUR EN URSS EN 1937-1938**

D'août 1937 à novembre 1938, Staline opère la plus grande purge jamais réalisée en URSS, qui entraîne la mort d'environ 750 000 personnes, selon l'historien Nicolas Werth (*L'Ivrogne et la Marchande de fleurs. Autopsie d'un meurtre de masse, 1937-1938*).

Cette purge est exceptionnelle, car elle touche de nombreux membres du PCUS (et notamment des membres de la Sécurité d'État et de l'armée, comme le maréchal Toukhatchevski, un aristocrate rallié à la révolution bolchévique, exécuté en 1937). Elle touche également des minorités ethniques (notamment allemandes et polonaises). Enfin, une circulaire du 5 août 1937 fixe des quotas de personnes à fusiller dans les camps du Goulag.

Cette purge vient d'ailleurs à la suite d'autres persécutions, ayant pris plusieurs formes : la dékoulakisation après la collectivisation forcée des terres à partir de 1929 ou la famine provoquée en Ukraine entre 1931 et 1933.

On remarque enfin qu'il n'y a eu qu'une faible résistance à cette purge, malgré son rythme effréné (plus de 100 000 personnes appréhendées lors des dix premiers jours de l'« opération "koulak" », du 5 au 15 août 1937).

Ces purges expliquent la signature du pacte germano-soviétique en août 1939, car Staline n'était pas prêt à la guerre.

La terreur passe, en Allemagne, par la police politique, la Gestapo, qui traque tous les opposants. Elle s'incarne également dans les camps de concentration puis d'extermination à partir de 1941.

B. De profondes différences idéologiques

a. Des différences idéologiques

L'idéologie nazie, que l'on retrouve notamment dans *Mein Kampf*, repose sur une inégalité des races et sur l'antisémitisme. Les Juifs sont considérés comme un peuple parasite.

qui décompose toute forme de civilisation et qui affaiblit la race allemande. L'objectif, au départ, est de faire partir les Juifs d'Allemagne : appel au boycott des magasins juifs dès 1933, lois de Nuremberg qui interdisent les mariages et les relations sexuelles entre Allemands et non-Allemands en 1935, nuit de Cristal du 9 au 10 novembre 1938, ordonnances de 1938 qui interdisent aux Juifs de pratiquer certaines professions.

DATE-CLÉ LA NUIT DE CRISTAL DU 9 AU 10 NOVEMBRE 1938

Il s'agit d'un pogrom, c'est-à-dire un massacre de Juifs en Allemagne. Décidé par Hitler et organisé par Goebbels, il a été commis par des membres des SA, des SS, des Jeunesses hitlériennes. Il est présenté à la population comme une réaction spontanée de la population allemande face à l'assassinat de vom Rath, un diplomate allemand, par un Juif polonais, le 9 novembre 1938.

Sur tout le territoire allemand, 200 synagogues ont été détruites et 7 500 entreprises et commerces juifs saccagés. 30 000 Juifs furent déportés en camps de concentration. Au total, cela entraîna la mort d'environ 2 500 personnes.

On considère que cet événement est le point culminant de la vague antisémite en Allemagne et une des prémices de la Shoah. Le but des nazis était d'encourager l'émigration des Juifs hors d'Allemagne.

L'Italie, quant à elle, n'a pas véritablement eu de politique antisémite, sauf à partir de 1938 où la coopération avec l'Allemagne est plus étroite.

Si l'antisémitisme en URSS ne se développe véritablement qu'après 1945, on peut cependant parler d'un « génocide de classe » avec le processus de dékoulakisation, c'est-à-dire d'élimination des paysans aisés, propriétaires de leurs terres, qui avaient protesté contre le mouvement de collectivisation.

Sur un plan idéologique également, l'URSS d'une part, et l'Allemagne et l'Italie d'autre part, s'opposent quant à l'héritage révolutionnaire et quant aux idéaux des Lumières. L'URSS se réclame de la Révolution française et du rationalisme des Lumières, de la démocratie. L'Allemagne, et dans une moindre mesure l'Italie, rejettent ce legs et versent au contraire plutôt dans le romantisme, l'irrationalité et l'émotion. Mussolini et Hitler rejettent l'idéal démocratique.

b. Des différences en matière économique

En URSS, l'économie est presque entièrement étatisée et planifiée. Le Gosplan décide des grands objectifs économiques dans le cadre des plans quinquennaux. L'industrialisation est un objectif prioritaire et notamment l'industrie lourde. Cela se fait souvent au détriment de l'agriculture. Si les objectifs du plan ne sont pas atteints, les chiffres sont truqués et des responsables sanctionnés.

En Allemagne et en Italie, l'économie est seulement dirigée. Mussolini et Hitler maintiennent les grandes structures capitalistes. Ils encouragent la concentration industrielle et l'autarcie.

La propagande célèbre l'efficacité du régime. En URSS, Stakhanov devient l'ouvrier symbole du productivisme et de l'émulation à produire toujours plus. Les réalisations colossales sont magnifiées, comme la centrale hydroélectrique Dnieprostoï, ouverte en 1932.

c. Des différences en matière de rythme de construction et de degré d'achèvement

Lénine a d'abord accédé au pouvoir par un coup d'État, tandis que Mussolini et Hitler ont officiellement été nommés chefs du gouvernement, même si des menaces ont existé.

De plus, le nazisme s'est installé très rapidement en Allemagne, alors que Mussolini a mis du temps à assoir son pouvoir. De même, Staline accède au pouvoir en 1924, mais ce n'est qu'à partir de 1928-1929 que le totalitarisme stalinien se déploie.

Enfin, en termes de degré d'aboutissement, l'Allemagne et l'URSS sont bien plus avancées que l'Italie. Les pouvoirs d'Hitler et de Staline ne souffrent pas de concurrence ni de limite. En revanche, jamais Mussolini n'obtint de pouvoir aussi important et il a sans arrêt dû composer avec des contre-pouvoirs : la monarchie, l'Église et l'armée. On parle ainsi de totalitarisme inachevé.

3 Des régimes totalitaires qui bouleversent l'ordre européen

A. Des pays au ban de l'Europe mais qui affichent des objectifs internationaux différents

a. Des différences en matière d'objectifs internationaux

L'URSS se veut théoriquement internationaliste, tandis que l'Allemagne et l'Italie reposent sur un socle nationaliste. En effet, à la base, Lénine et Trotski avaient une volonté expansionniste. La création de la IIIe Internationale (ou Komintern) en 1919 puis celle de l'URSS en 1922 en témoignent puisqu'il s'agissait de favoriser la révolution dans l'ensemble du monde. Staline réoriente la stratégie, cherchant avant tout à consolider le communisme dans un seul pays. Mais cela n'affecte pas le caractère internationaliste de l'idéologie, puisque le Komintern est un bureau de liaison des partis communistes du monde entier, aux ordres de Moscou.

En Allemagne et en Italie, au contraire, le sentiment nationaliste est très fort. En Allemagne, cela passe par la valorisation de la race aryenne. En Italie, Mussolini met en avant le passé glorieux de la Rome antique.

b. Des pays au ban de l'Europe au départ et des puissances révisionnistes

Les régimes totalitaires ont rapidement été isolés du reste de l'Europe. C'est le cas de l'URSS stalinienne dès 1917 : on se méfie de sa volonté expansionniste. C'est aussi le cas de l'Allemagne nazie avant son alliance avec l'Italie à partir de 1936.

L'Allemagne et l'Italie sont également révisionnistes. Elles affirment vouloir réviser les traités de paix de la Première Guerre mondiale.

B. Des régimes totalitaires qui s'allient progressivement à partir de 1936

a. L'Axe Rome-Berlin en 1936

L'Italie et l'Allemagne restaient des puissances rivales. Mais lorsqu'en 1935-1936 l'Italie décide de partir à la conquête de l'Éthiopie, elle est critiquée par la SDN (Société des Nations). Or, l'Allemagne avait déjà quitté cette organisation intergouvernementale en 1933. Les deux pays se rapprochent alors peu à peu.

Cette coopération trouve son apogée avec la signature de l'axe Rome-Berlin, expression forgée par Mussolini dans un discours du 1er novembre 1936. Les régimes totalitaires s'unissent face aux démocraties jugées décadentes et face au danger bolchévique. Hitler renforce ensuite le bloc totalitaire en s'alliant avec la grande puissance expansionniste en Asie : le Japon. Le pacte anti-Komintern est donc signé le 25 novembre 1936. En 1937, l'Italie se joint au pacte anti-Komintern.

Focus — LA GUERRE D'ESPAGNE, UNE RÉPÉTITION GÉNÉRALE DE LA SECONDE GUERRE MONDIALE

La guerre d'Espagne se déroule de 1936 à 1939. En 1936, une coalition de partis de gauche, le Frente Popular, gagne les élections législatives. L'armée, incarnée par le général Franco, s'oppose aux républicains et enclenche une guerre civile qui se solde par la victoire des franquistes.

Malgré la signature en 1936 d'un pacte de non-intervention, très peu de nations le respectent (France et Royaume-Uni). Le camp des franquistes est soutenu par l'Italie (environ 75 000 hommes) et l'Allemagne (6 000 hommes de la légion Condor), tandis que l'URSS appelle à la formation de Brigades internationales pour aider les républicains (environ 30 000 volontaires venus de 53 pays différents). On peut citer parmi eux l'écrivain Ernest Hemingway. L'URSS envoie surtout du matériel.

La guerre d'Espagne a surtout permis le rapprochement entre l'Italie et l'Allemagne et ces deux pays ont appris à coordonner leurs forces. En 1937, la légion Condor bombarde le village de Guernica, au Pays basque, faisant entre 100 et 3 000 morts selon les hypothèses. De nombreux Espagnols cherchent refuge à l'étranger, notamment en France.

b. Le pacte germano-soviétique en août 1939

En août 1939, l'Allemagne et l'URSS signent un pacte de non-agression pour une durée de 10 ans. Le pacte inclut une aide économique de l'URSS à l'Allemagne avec d'importantes livraisons de blé, pétrole et matières premières. Une clause secrète prévoit le partage de la Pologne en zones d'influence allemande et soviétique. Une autre clause secrète prévoit la livraison à l'Allemagne nazie de militants communistes allemands réfugiés en URSS.

Hitler est ainsi débarrassé de la crainte d'avoir, comme lors de la Première Guerre mondiale, à se battre sur deux fronts. Staline, quant à lui, n'est pas prêt à la guerre. Il dispose d'une très grande armée mais les purges de 1937-1938 ont éliminé nombre de chefs. Enfin, il craint une alliance entre les démocraties et les régimes fascistes contre l'URSS.

C. Politique révisionniste et expansion

a. Le révisionnisme allemand face à la passivité des démocraties

En mars 1935, Hitler décrète le service militaire obligatoire et donne le feu vert à la création d'une armée de l'air, confiée à Göring (ce qui va à l'encontre des clauses du traité de Versailles). En mars 1936, l'Allemagne envahit la Rhénanie.

Mais les démocraties française et britannique ne réagissent pas, engluées dans un pacifisme presque intégral.

b. Une Allemagne expansionniste

Hitler cherche d'abord à réaliser le pangermanisme et à annexer l'Autriche pour réaliser la Grande Allemagne et achever l'unité du pays. En février 1938, il rencontre von Schuschnigg, chancelier autrichien qui s'inquiète des ambitions nazies. Il se voit poser un ultimatum (laisser une entière liberté aux nazis autrichiens en prenant comme ministre de l'Intérieur le chef des nazis autrichiens : Seyss-Inquart). Sous la pression allemande, von Schuschnigg démissionne et est remplacé par Seyss-Inquart, qui ouvre les portes de l'Autriche à l'armée allemande. Le 13 mars, l'Autriche devient une province du Reich.

Hitler s'intéresse ensuite à la Tchécoslovaquie et en particulier aux Sudètes (région peuplée majoritairement d'Allemands). Des nazis locaux y dramatisent la situation et ne cessent de réclamer l'annexion des Sudètes par l'Allemagne. Dès septembre 1938, Hitler se déclare prêt militairement. Afin de prévenir tout risque de guerre, Mussolini propose la conférence de Munich où, finalement, le Royaume-Uni puis la France se couchent, par pacifisme. Hitler s'empare donc des Sudètes en octobre 1938. Il conquiert ensuite la totalité du pays en mars 1939.

La dernière étape est la Pologne. À la fin du mois de mars 1939, Hitler fait savoir que le problème de Dantzig doit être réglé, en demandant à ce que la ville revienne à l'Allemagne. Il demande également à ce que le Reich dispose d'une route et d'une voie ferrée bénéficiant de l'exterritorialité pour rejoindre la Prusse orientale. Les Polonais refusent net et Hitler décide d'envahir le pays, ce qui déclenche la Seconde Guerre mondiale.

Conclusion

Si pendant longtemps l'historiographie avait refusé de comparer ces trois régimes, affirmant que l'idéologie stalinienne reposait sur le communisme et donc sur un idéal d'égalité, contrairement aux deux autres régimes, force est de constater qu'elle présente toutes les caractéristiques du totalitarisme et que les pouvoirs d'Hitler et de Staline sont largement similaires.

Les régimes totalitaires nés dans l'entre-deux-guerres trouvent bien leur origine dans la Première Guerre mondiale. Mais s'ils sont de nature différente, ils vont pourtant s'allier juste avant le déclenchement de la Seconde Guerre mondiale.

À RETENIR

- Le terme « totalitaire » a été repris par les fascistes italiens à leur compte pour désigner la volonté d'unifier l'Italie.
- Les régimes totalitaires sont principalement nés de la Première Guerre mondiale, mais aussi des difficultés économiques dans les années 1920.
- Les régimes totalitaires ont des caractéristiques communes et peuvent être comparés, même si certaines différences demeurent. La terreur est un point commun.
- L'antisémitisme est une spécificité idéologique du nazisme.
- Les régimes totalitaires sont responsables du début de la Seconde Guerre mondiale, en lien avec leur politique agressive d'annexion.
- Les régimes totalitaires se sont alliés en 1939 à la veille de la guerre.

BIBLIOGRAPHIE

AYCARD Mathilde, VALLAUD Pierre, *Russie. Révolutions et stalinisme, 1905-1953*, Tempus, 2015.

BERSTEIN Serge, *Démocraties, régimes autoritaires et totalitarismes de 1900 à nos jours*, Hachette, 2013.

KERSHAW Ian, *Qu'est-ce que le nazisme ? Problèmes et perspectives d'interprétation*, Gallimard, 1992.

LEON Enrique, SCOT Jean-Paul, *Le Nazisme des origines à 1945*, Armand Colin, 1997.

MILZA Pierre, *Les Fascismes*, Seuil, 1991.

CHAPITRE 3

La Seconde Guerre mondiale (1939-1945)

L'ESSENTIEL EN DATES

1937 : le Japon attaque la Chine. Massacres de Nankin.
Septembre 1939 : invasion de la Pologne par l'Allemagne et déclenchement de la Seconde Guerre mondiale en Europe.
Juin 1940 : défaite de la France face à l'Allemagne. Pétain signe l'armistice alors que de Gaulle appelle à résister depuis Londres.
Juin 1941 : opération Barbarossa.
Janvier 1942 : conférence de Wannsee.
1942-1944 : opération Bagration. L'URSS repousse l'Allemagne.
Décembre 1942 : attaque japonaise sur Pearl Harbor et entrée en guerre des États-Unis.
Février 1943 : victoire soviétique à Stalingrad.
1943 : création de la Milice et du STO en France.
Juin 1944 : débarquement allié en Normandie.
Février 1945 : bombardement allié sur Dresde.
8 mai 1945 : capitulation sans condition de l'Allemagne.
2 septembre 1945 : capitulation du Japon en conséquence des deux bombes atomiques.

Malgré le pacifisme et la volonté que la Grande Guerre soit la « der des ders », c'est-à-dire la dernière des dernières, le monde plonge à nouveau, 20 ans après, dans un conflit mondial, qualifié de guerre d'anéantissement.

Plusieurs causes favorisent le déclenchement de ce conflit : en Europe, les frustrations liées aux traités de paix de la Première Guerre mondiale ont développé un profond ressentiment de la part de l'Allemagne (pays vaincu) et de l'Italie (pays vainqueur mais qui n'obtint pas l'essentiel de ses revendications territoriales). Keynes, dans *Les Conséquences économiques de la paix* paru en 1919, avait d'ailleurs annoncé que les réparations imposées à l'Allemagne étaient disproportionnées et que cela créerait un sentiment de rancœur qui serait un facteur de risque pour l'avenir. La crise économique a également entraîné un repli des différentes économies nationales, le regain du protectionnisme, des politiques d'autarcie et d'augmentation des crédits militaires. La montée des totalitarismes qui ont considéré que la guerre pouvait être une réponse au marasme économique a fait le reste. En Asie, le développement d'une idéologie raciste fondée sur la suprématie de la race japonaise dans ce même pays, autour de l'institution impériale, a renforcé le pouvoir de l'armée et la volonté d'expansion. Elle se double d'une volonté de s'opposer aux puissances occidentales, jugées elles-mêmes impérialistes.

1 Un conflit d'ampleur mondiale

A. Une guerre mondiale

a. Des théâtres d'opération principaux en Asie et en Europe

Dès 1937, les Japonais pénètrent en Chine. En septembre 1940, les Japonais s'emparent de l'Indochine française afin de couper une des voies de ravitaillement des troupes nationalistes chinoises. Le 7 décembre 1941, ils attaquent Pearl Harbor, base américaine dans le Pacifique (Hawaï), puis envahissent la Malaisie. En janvier 1942, ils envahissent la Birmanie puis les Philippines. Ils attaquent également les Indes néerlandaises (Indonésie) et l'Océanie.

En Europe, la guerre gagne rapidement tout le continent. Après l'invasion de la Pologne, l'Allemagne conquiert successivement le Danemark puis la Norvège, le Luxembourg, les Pays-Bas, la Belgique puis la France, alors que le Royaume-Uni résiste à la bataille d'Angleterre. En mars 1941, pour venir en aide à son allié italien, les troupes nazies conquièrent la Yougoslavie et la Grèce. Enfin, en juin 1941, l'opération Barbarossa est déclenchée dans le but d'envahir l'URSS. Seuls quelques rares États européens restent en dehors de cette guerre : l'Espagne, le Portugal, l'Irlande, la Suisse et la Suède.

b. D'autres théâtres d'opération

La guerre se porte rapidement, par l'intermédiaire des colonies notamment, dans d'autres zones du monde. La conquête de l'Afrique du Nord par les Alliés en novembre 1942 constitue d'ailleurs un tournant de la guerre, puisqu'elle permet l'installation de la résistance extérieure française à Alger ainsi que des débarquements qui ont entraîné de nombreuses brèches au sein des possessions allemandes : en Italie en 1943, puis en Provence en 1944.

Le Moyen-Orient est également stratégique. En avril 1941, les Britanniques interviennent en Irak, pays qui s'était allié avec l'Allemagne. Leur victoire y est rapide.

c. La mobilisation de la plupart des pays du monde

Si toutes les parties du monde ne sont pas des théâtres d'affrontement, la plupart des pays s'investissent, de près ou de loin, dans la guerre. Très peu de pays sont réellement restés neutres et n'ont pas été envahis. En dehors de l'Europe, on peut citer l'Afghanistan, le Tibet (indépendant de fait à l'époque) et le Yémen.

Tous les autres s'y sont impliqués plus ou moins directement. C'est le cas par exemple de l'Amérique latine. Le Mexique entre ainsi en guerre en 1942 aux côtés des Alliés, après le refus de l'Allemagne d'indemniser le pays après avoir coulé deux de ses navires en mai. L'aviation mexicaine joue un rôle non négligeable dans la bataille du Pacifique.

La Seconde Guerre mondiale entraîne donc une participation d'un nombre encore plus important de pays que lors de la Grande Guerre.

B. Camps et protagonistes de la guerre

a. L'Axe et les Alliés, deux camps en présence

Deux camps s'affrontent pendant la Seconde Guerre mondiale. D'un côté, l'Axe est composé de l'Allemagne nazie, de l'Italie fasciste et du Japon, dirigé par l'empereur Hiro-Hito. L'Axe inclut également la Slovaquie (novembre 1940), la Hongrie (novembre 1940), la Roumanie (novembre 1940) et la Bulgarie (mars 1941). La Finlande combattit aux côtés du Reich contre l'Union soviétique mais ne signa pas de pacte et ne devint techniquement pas membre de l'Axe.

De l'autre côté, les Alliés sont composés du Royaume-Uni, puis de l'URSS à partir de juin 1941, en conséquence de l'opération Barberousse par l'Allemagne. S'y greffent ensuite les États-Unis après le bombardement surprise des Japonais à Pearl Harbor, le 7 décembre 1941. On y ajoute également la Chine et les pays qui résistent à l'occupation allemande ou japonaise, à l'image de la France résistante. Les colonies françaises et britanniques jouent également un rôle majeur dans cette guerre.

b. Des protagonistes diversement préparés

Après la défaite de la France, en juin 1940, le Royaume-Uni est le seul pays en guerre contre l'Axe. L'Allemagne a tenté à plusieurs reprises de négocier pour que le pays se retire du conflit, en vain. Le pays est alors dirigé par Winston Churchill, Premier ministre conservateur de mai 1940 à juillet 1945, qui encourage le peuple britannique face à l'adversité, notamment pendant la bataille d'Angleterre (raids aériens allemands visant à détruire les infrastructures stratégiques du pays mais aussi à anéantir le moral de la population civile).

Pacifistes et isolationnistes pendant l'entre-deux-guerres, les États-Unis revoient peu à peu leur position. En 1939, devant la défaite de la Pologne et l'entrée en guerre de la France et du Royaume-Uni, Roosevelt autorise le commerce des armes avec les nations belligérantes sur la base du *cash and carry*, c'est-à-dire que les pays doivent payer comptant et doivent transporter eux-mêmes ces armes. Leur entrée en guerre, en décembre 1941, fut décisive, compte tenu de leur force de frappe.

Une fois la presque totalité de l'Europe soumise, l'Allemagne lance ses troupes contre l'URSS dans le cadre de l'opération Barberousse, en juin 1941. C'est ce qui précipite l'entrée en guerre du pays, mal préparé à un conflit d'une telle ampleur.

C. Les phases de la guerre

a. De 1939 à 1941 : les victoires de l'Axe

De 1939 à 1941, l'Axe multiplie les victoires sur tous les théâtres d'opération. En Europe, l'utilisation par l'Allemagne de la guerre-éclair (*Blitzkrieg*) lui permet de vaincre rapidement la majorité des pays. De juin 1940 à juin 1941, le Royaume-Uni reste donc le seul pays en guerre contre l'Axe à l'ouest.

En Asie de l'Est et du Sud-est, les Japonais ont progressé sur tous les fronts. En juin 1941, l'Allemagne bouscule aussi l'URSS et son armée est aux portes de Moscou.

b. Le tournant de l'année 1942

L'Axe connaît quelques derniers succès : les Japonais s'emparent de Singapour et arrivent aux portes de l'Inde, tout en menaçant également l'Australie. En URSS, la Wehrmacht, l'armée allemande, reprend son offensive sur la Volga et dans le Caucase.

Pourtant, un véritable coup d'arrêt est donné à l'Axe. Dans le Pacifique, l'avancée japonaise est stoppée à Midway, en juin 1942. En Afrique du Nord, les Américains débarquent en novembre 1942, mettant en place une base importante. Enfin, en URSS, la bataille de Stalingrad est engagée, qui se solde, en février 1943, par la capitulation des armées allemandes. C'est la première grande défaite de l'Axe et le début de son reflux.

c. De 1943 à 1945 : la victoire finale des Alliés

De 1943 à 1945, on assiste alors à la riposte des Alliés jusqu'à la défaite finale de l'Axe. En 1943, ils débarquent en Sicile puis libèrent la grande majorité du pays. En 1944, deux débarquements ont lieu en France : l'un en Normandie, en juin 1944 (opération Overlord) et l'autre en Provence, en août 1944. La libération du pays est effective à la fin de l'année, malgré quelques poches de résistance nazies. Paris est libérée le 25 août 1944 par la 2e division blindée du général Leclerc et la 1re armée française, commandée par le général de Lattre, avec l'aide des FFI (Forces françaises de l'intérieur).

Sur le front de l'Est, les Soviétiques achèvent de reconquérir leur territoire et délivrent l'Europe de l'Est dans le cadre de l'opération Bagration, menée entre 1942 et 1944.

L'année 1945 est alors celle de l'assaut final. L'Allemagne capitule sans condition le 8 mai 1945. Berlin est prise par l'Armée rouge, commandée par le maréchal Joukov. En Asie, après les deux bombes atomiques sur Hiroshima et Nagasaki, en août 1945, larguées par les États-Unis, le Japon capitule le 2 septembre 1945.

2 Une véritable guerre d'anéantissement

A. Plusieurs facteurs favorisent la guerre d'anéantissement

a. Une guerre totale

Toutes les ressources sont mobilisées. Les pays mettent en place une véritable économie de guerre. L'URSS, un temps bousculée par l'invasion allemande, développe ses industries à l'Est : Staline fait démonter les usines de l'Ouest pour les installer en Sibérie et dans l'Oural. Les États-Unis ont lancé le Victory Program à partir de janvier 1942 : il permet de construire plus de 275 000 avions, 630 000 Jeeps, 90 000 chars et 65 millions de tonnes de navires en

3 ans. Les dépenses militaires représentent 1/3 du PNB du pays en 1945. Du côté de l'Axe, l'Allemagne exploite les ressources de tous les pays passés sous sa domination. Entre 1940 et 1942, sous l'égide de Speer, nommé ministre de l'Armement et de l'Économie, la production de guerre triple. 14 millions de personnes travaillaient pour l'effort de guerre du Reich.

Le nombre de soldats mobilisés ne cesse de croître. En Allemagne par exemple, leur nombre passe de 5 millions en 1940 à 9,5 millions en 1944. Des populations de plus en plus jeunes sont enrôlées dans la guerre. Les kamikazes lancés par le Japon contre les troupes américaines et alliées à partir de 1944 avaient entre 16 et 20 ans. La bataille d'Okinawa a ainsi mis en jeu plus de 400 d'entre eux, coulant près de 20 navires américains entre avril et juin 1945.

Les civils sont enfin mobilisés. Une affiche de propagande britannique de 1943 s'adresse aux femmes : « Femmes de Grande-Bretagne, venez dans les usines. » Une affiche américaine en appelle à l'argent des civils pour financer la guerre en 1942 : « 85 millions d'Américains possèdent des bons de guerre. » Les civils sont également mobilisés en tant que prisonniers ou populations occupées.

b. Une guerre idéologique

Les régimes fasciste et nazi cherchent à fonder un ordre nouveau en Europe. L'objectif est de généraliser à l'échelle de l'Europe l'idée de hiérarchie des races. Le cinéma exalte, en Allemagne, certains héros : Siegfried, prince guerrier d'une puissance supérieure, auteur de nombreux exploits et notamment le meurtre d'un dragon.

Au Japon, une partie de la population fut fanatisée par la diffusion de dérivés du Bushido (codes moraux des samouraïs) qui a servi de base idéologique pour les kamikazes.

Staline utilise la fibre idéologique pour gagner la « grande guerre patriotique ». Staline réactive aussi l'idée d'une lutte des classes du peuple soviétique contre le peuple allemand, présenté comme celui des barons.

Les démocraties lancent, quant à elles, une véritable croisade contre le fascisme. En janvier 1942, 26 pays en guerre contre l'Axe signent une Déclaration des Nations unies qui se donne pour but une victoire totale sans paix séparée. Frank Capra, réalisateur américain, réalise une série de sept films documentaires intitulés *Pourquoi nous combattons* entre 1942 et 1945, dans le but de lutter contre une partie de la population restée isolationniste.

c. Nouvelles armes et nouvelles stratégies

Les armes ne cessent de se perfectionner et la science est au service de la destruction de masse. Les Allemands inventent des torpilles acoustiques qui se dirigent en fonction du bruit des moteurs des navires. Ils mettent également au point le missile V2, le premier missile balistique de l'histoire, lancé sur Londres en septembre 1944. Les Américains créent en 1942 le bazooka, première arme antichar, portable par un seul homme.

De nouvelles tactiques de guerre sont mises au point. Les nazis utilisent le *Blitzkrieg* ou guerre-éclair. Il s'agit de coordonner toutes les forces en un seul point de l'adversaire afin de briser la ligne de front (utilisation des blindés, de l'artillerie et de l'aviation). Parallèlement, l'aviation pilonne l'arrière des ennemis afin d'éviter tout renfort. Une fois les lignes ennemies rompues, il s'agit d'encercler les troupes adverses afin de les battre.

La science favorise également, dans le cadre du projet Manhattan, la mise au point de la bombe atomique aux États-Unis en 1942. Roosevelt décide d'augmenter les crédits de recherche dans ce domaine à partir de 1939, au moment où Albert Einstein lui envoie une lettre en lui apprenant que les nazis travaillent déjà sur le projet. En 1942, les travaux, menés sous la direction du physicien Robert Oppenheimer et du général Leslie Groves, aboutissent. La première bombe est testée dans le désert du Nouveau-Mexique en juillet 1945. Elle décuple les capacités de destruction, comme ce fut le cas à Hiroshima et Nagasaki en août 1945.

B. Des souffrances inédites

a. Des batailles particulièrement meurtrières

Les soldats et les civils ont enduré des souffrances inouïes dans des batailles particulièrement horribles. Lors de la bataille de Stalingrad, de juillet 1942 à février 1943, tous les civils ont été réquisitionnés afin d'accomplir des travaux défensifs. Les conditions de combat y sont particulièrement déplorables et l'hygiène des combattants toute relative. On compte près de 500 000 morts soviétiques et plus de 600 000 blessés. Côté allemand, 450 000 soldats sont tués ou blessés. Le siège de Leningrad (de septembre 1941 à janvier 1944) connaît également un bilan dramatique : 900 jours de siège entraînent 1,8 million de morts, dont la moitié de civils.

b. Des bombardements et des massacres

Les armées allemandes se sont livrées à de nombreux massacres. Le 10 juin 1944, une division SS assassine 642 habitants dans le village français d'Oradour-sur-Glane, les femmes et les enfants étant brulés vifs dans l'église. En décembre 1937-janvier 1938, l'armée japonaise, après avoir conquis la ville de Nankin, se livre à de nombreuses violences contre les populations civiles : massacres et viols (environ 300 000 morts).

Les bombardements sont particulièrement meurtriers, surtout pour les populations civiles. Le bombardement de la ville de Dresde par les Alliés dans la nuit du 13 au 14 février 1945 est ravageur à cause de l'utilisation de bombes à fragmentation incendiaires. Le bilan est d'environ 25 000 morts.

c. Mauvaises conditions de vie et mauvais traitements pour les civils et prisonniers de guerre

Les civils ont également souffert à cause des mauvaises conditions de vie, notamment lorsqu'ils vivent sous domination étrangère. Les populations civiles sont alors rationnées et réquisitionnées. En France, sous l'occupation allemande, les pénuries sont également importantes, entraînant une recrudescence de maladies (tuberculose, typhoïde...) et de la mortalité.

Les prisonniers de guerre sont victimes de mauvais traitements sans aucun respect de la convention de La Haye, ce qui provoque une mortalité importante (nombreux crimes de guerre). Sur les 4 à 5 millions de prisonniers soviétiques faits par l'Allemagne nazie, on compte 2,7 à 3,5 millions de morts.

C. Le génocide des Juifs et des Tziganes : apogée de la guerre d'anéantissement

a. Émigration et recension

Dans le Reich et dans tous les territoires occupés, ordre est donné de repérer et de ficher les catégories considérées comme inférieures. En 1941, Heydrich impose que tous les Juifs âgés de plus de 6 ans portent un signe distinctif, l'étoile jaune, dans les espaces publics, sous peine d'amende. De même, les Tziganes sont fichés dans tous les territoires sous domination allemande.

Entre 1940 et 1941, environ 2 500 Tziganes furent déportés. Ils furent emprisonnés dans des camps de travail forcé puis dans des camps spéciaux : Marzahn à Berlin, Lackenbach et Salzbourg en Autriche.

b. La mise en place du processus d'extermination à partir de 1941

Hitler n'a pas pris la décision d'exterminer les Juifs et les Tziganes à un moment précis. Entre juin et septembre 1941, pourtant, plusieurs ordres ont été donnés en ce sens. En mai 1941, il ordonne de liquider certaines catégories de Soviétiques, et les Juifs y étaient inclus. Heydrich répercute cet ordre dans une instruction aux chefs des SS en juillet 1941, où il leur ordonne d'exécuter tous les Juifs russes prisonniers. En septembre 1941, on assiste à un point de départ de la décision. À partir de cette date commence la déportation générale dans toute l'Europe allemande. Dès octobre, les moyens de l'extermination à grande échelle sont mis en place à l'Est.

c. Ghettos et Shoah par balles à l'Est

La conquête de la Pologne entraîne des déportations, mais aussi la mise en place de ghettos, à Lodz, Cracovie, Lublin, Lvov et Varsovie. Ce dernier compta jusqu'à 500 000 habitants. Dès 1942, La déportation est envisagée pour les survivants, vers Treblinka. Le 19 avril 1943, alors que le ghetto ne compte plus que 50 000 survivants, la population se révolte. Ils tiennent tête aux SS pendant près de 4 semaines avec des armes de fortune. Mais le ghetto est définitivement réduit en cendres.

Dans le cadre de la Shoah par balles, à l'Est, les premiers massacres ont lieu par les *Einsatzgruppen* (unités spéciales de SS chargés de liquider à l'arrière du front les Juifs et les communistes). Les victimes, estimées à plus de 1 million, sont brûlées vives ou fusillées au bord de fosses qu'elles ont creusées elles-mêmes. À Babi-Yar, près de Kiev, en 2 jours, 34 000 juifs ont ainsi été abattus et jetés dans un ravin (29 et 30 septembre 1941).

d. La Solution finale et l'univers concentrationnaire

Si la décision de l'extermination a été prise à l'été 1941, la conférence de Wannsee vient mettre en place les moyens industriels du génocide et aborder d'autres questions (question du statut des Juifs dont le conjoint est aryen par exemple). Dirigée par Heydrich, elle se tient le 20 janvier 1942. Il y est décidé l'organisation de la déportation et l'extermination industrielle des Juifs à l'échelle de toute l'Europe. L'armée et l'administration y participent plus ou moins activement. Mais le vocabulaire utilisé reste largement codé. On parle d'« évacuation » pour aborder la notion de déportation et de « traitement spécial » pour parler du gazage. Les détenus qui doivent être exterminés par le travail sont qualifiés de « pièces ».

Les premiers camps de concentration ont été ouverts dès 1933 : ce fut le cas à Dachau (près de Munich). D'autres suivent ensuite : Buchenwald, Ravensbrück pour les femmes, Mauthausen en Autriche. Gérés par les SS, ces camps accueillent d'abord des prisonniers « politiques », puis des Juifs, homosexuels, témoins de Jéhovah, criminels, « asociaux », résistants. Les mauvais traitements, la faim, le travail forcé et les humiliations des SS et des kapos (détenus chargés d'encadrer les autres détenus) visent à briser toute résistance et à annihiler toute volonté. Mais si les conditions sont dures, ces camps sont avant tout des camps de travail.

À partir de 1941, six camps d'extermination sont créés pour conduire les déportés sélectionnés pour des motifs raciaux (Juifs, Tsiganes, Slaves) à la mort. Leurs noms sont Chelmno, Belzec, Sobibor, Treblinka, Auschwitz, Maidanek. Ce sont de véritables terminaux ferroviaires qui livrent leur convoi aux SS. Après le triage des déportés, le « traitement spécial » a lieu dans les chambres à gaz déguisées en douche. Puis on fait disparaître toute trace dans les fours crématoires. L'espérance de vie des personnes jugées utiles est très courte et ne dépasse pas quelques mois en moyenne.

Focus LES CAMPS D'AUSCHWITZ

Par exemple, le camp de travail d'Auschwitz I est étendu à l'automne 1941 aux dimensions d'un énorme complexe s'étendant sur 40 km^2. Il peut accueillir plus de 100 000 détenus. Les déportés qui ont survécu au voyage sont sélectionnés ; la plupart sont exterminés dans le camp d'Auschwitz II Birkenau. En mai 1944, 12 000 victimes sont assassinées quotidiennement. Le camp d'Auschwitz III Monowice est destiné aux prisonniers les plus robustes, affectés à des usines de caoutchouc et d'essence synthétique, dépendant du groupe IG Farben. En tout, au moins 1,1 million de personnes sont mortes à Auschwitz, dont 1 million de Juifs.

Les Tziganes disposent de camps à part, notamment à l'intérieur du complexe d'Auschwitz-Birkenau. Ils sont cependant en grande partie exterminés, soit à cause des maladies, soit directement par les SS. Fin mars 1944, les SS tuent 1 700 Tziganes de la région de Bialystok. Environ 20 000 Tziganes déportés a Auschwitz y périrent.

Les conditions de vie dans les camps pour ceux qui passent la « sélection » sont extrêmes. Ils doivent travailler très dur et sont peu nourris. La vie des *Sonderkommandos* (ou commandos spéciaux) l'est particulièrement. Ce sont des détenus chargés de récupérer les corps morts dans les chambres à gaz et de les emmener dans les fours crématoires. Ils sont en général assassinés à leur tour au bout de quelques mois. Des expériences pseudo-scientifiques sont également réalisées sur les détenus des camps. Le docteur Mengele s'y est particulièrement illustré : des expériences sont menées sur les détenus pour vérifier la résistance du corps humain à des conditions extrêmes : bains d'eau glacée, atmosphère privée d'oxygène…

Le bilan en est impressionnant, puisque 6 millions de Juifs et 220 000 Tziganes périrent.

3 La France dans la Seconde Guerre mondiale : entre collaboration et résistance

A. La défaite de 1940 et ses conséquences (septembre 1939-juillet 1940)

a. Des Français résignés à la guerre

L'entrée en guerre se fait dans la résignation généralisée. L'influence du pacifisme ne doit pas être surestimée. Le nombre de désertions est infime.

Des pacifistes demeurent pourtant. Marcel Déat, issu de la SFIO, publie le 4 mai 1939 un éditorial dans le journal *L'Œuvre*, intitulé « Mourir pour Dantzig ? », où il appelle à ne pas répandre la guerre dans tout le continent à cause de la ville de Dantzig. Il existe aussi un pacifisme de la gauche intellectuelle : un tract sur la « paix immédiate » est signé par le philosophe Alain et l'écrivain Jean Giono.

Les communistes français ont été déstabilisés par le pacte germano-soviétique. Certains quittent le parti alors que Maurice Thorez, son chef, déserte et part en URSS.

Enfin, les gouvernements ne donnent pas de ligne politique claire et restent divisés entre partisans de la conciliation et partisans de la guerre (Paul Reynaud).

b. La « drôle de guerre » (septembre 1939-mai 1940)

Pendant 8 mois, le pays est juridiquement en guerre, mais il n'y a aucune opération militaire, ce qui est peut-être le dernier avatar du pacifisme.

La puissance militaire française est pourtant réelle, puisqu'elle dispose de forces sensiblement égales à celles de l'Allemagne (hormis pour l'aviation), mais la tactique allemande repose sur l'offensive (alors que la France se réfugie derrière la ligne Maginot, construite entre 1930 et 1935). L'état-major français est âgé et les tactiques ont été élaborées par des généraux qui ont fait la Première Guerre mondiale : Weygand, Gamelin, Pétain ne sont pas partisans de l'utilisation d'unités de blindés par exemple ; ils ne croient pas non plus dans les possibilités de l'aviation.

Aucune opération militaire n'est menée, à l'exception d'une opération franco-britannique pour prendre le port de Narvik, en Norvège, pour couper aux Allemands l'accès au fer de Suède.

c. La défaite militaire et ses conséquences

Lorsqu'Hitler donne l'ordre à ses troupes d'envahir la France, le 10 mai 1940, la ligne Maginot n'est pas achevée. De plus, l'Allemagne va, comme pour la Première Guerre mondiale, faire passer ses troupes par la Belgique. La défaite française est rapide. Dès le 15 mai, les armées françaises sont disloquées grâce à la maîtrise aérienne et à la rapidité des engins allemands. Les Allemands entrent à Paris le 14 juin.

On assiste à une véritable panique civile. Après les premières défaites, ce sont 8 millions de personnes qui fuient sur les routes. L'historien Jean-Pierre Azéma parle de la transformation d'un pays en « un gigantesque camp de nomades errants ». Sur le plan moral, la population est dévastée et souhaite, au plus vite, la fin des hostilités.

d. L'armistice et la fin de la IIIe République

Paul Reynaud, partisan de la guerre, dirige le gouvernement depuis mars 1940. Mais le 16 juin, face aux défaites françaises, c'est la victoire des partisans de l'arrêt des combats. Le général Weygand avait souhaité la fin des combats dès le 12 juin. Reynaud est remplacé par Pétain à la présidence du Conseil. Ce dernier demande l'armistice le 17 juin et l'acte est signé le 22.

Focus LES CLAUSES DE L'ARMISTICE SIGNÉ LE 22 JUIN 1940

Les clauses de l'armistice sont très dures :

- La France est désarmée et doit livrer son matériel de guerre. L'armée est limitée à 100 000 hommes.
- Le territoire est morcelé : annexion de l'Alsace-Lorraine, occupation de la zone nord de la France le long d'une ligne Genève-Tours + une bande de territoire longeant l'Atlantique jusqu'à la frontière espagnole. 62 % de la population passe sous contrôle allemand.
- Le gouvernement français doit livrer tous les ressortissants allemands désignés par le Reich (opposants politiques, par exemple). La France renonce donc au droit d'asile.
- Les 1,8 million de prisonniers français resteront en Allemagne jusqu'à la conclusion de la paix.
- Paiement par la France d'indemnités d'occupation. Elles sont fixées à 400 millions de francs par jour, une somme très importante.

Pétain, très réservé à l'égard de la république et du parlementarisme, met en place un régime autoritaire, le régime de Vichy. L'historien Henri Amouroux explique, dans son ouvrage *40 millions de pétainistes*, paru en 1977, l'adhésion à la personne du maréchal par le profond désarroi de la France en 1940 : sentiment de décadence, de culpabilité. Jean-Pierre Azéma parle de « maréchalisme de base » pour qualifier cet attachement des Français au vainqueur de Verdun en 1916. Pétain est perçu comme une sorte de point fixe, à la fois protecteur et autoritaire.

Le 10 juillet 1940, 569 parlementaires approuvent le fait de donner à Pétain les pleins pouvoirs, contre 20 abstentions et 80 contre. C'est donc la fin de la IIIe République et le début du régime de Vichy.

B. Le régime de Vichy et le choix de la collaboration avec l'occupant

a. Un régime autoritaire

Le maréchal Pétain cumule l'essentiel des pouvoirs. Il dispose de la totalité du pouvoir exécutif mais exerce aussi le pouvoir législatif. L'Assemblée nationale et le Sénat sont ajournés. Les ministres et les hauts fonctionnaires doivent prêter un serment de fidélité à Pétain, comme les magistrats, militaires et fonctionnaires. Les assemblées locales (conseils municipaux et généraux) sont surveillées et épurées. Les maires sont désormais choisis par les préfets.

Le régime cherche à encadrer moralement la population. La nouvelle devise est « travail, famille, patrie ». La jeunesse est encadrée dans des chantiers de jeunesse qui remplacent le service militaire. La famille est considérée comme la cellule de base de la société, facteur essentiel du redressement de la natalité. Le divorce est rendu plus difficile et l'avortement sévèrement réprimé. L'Église redevient le pilier de l'ordre moral. L'agriculture est remise à l'honneur.

b. Propagande et antisémitisme

Le régime cherche à contrôler l'opinion publique par la propagande. Les partis politiques sont surveillés. Vichy crée un secrétariat général à l'Information et un service de censure, confié à Paul Marion en 1941. Il surveille étroitement la presse.

En août 1940, Pétain crée aussi la Légion française des combattants (650 000 membres au début de l'année 1941). Issue de la fusion de toutes les associations d'anciens combattants, elle reçoit pour mission de diffuser l'esprit de la Révolution nationale. Elle surveille également l'opinion et cela implique pressions et dénonciations.

L'antisémitisme est fort, alors que 340 000 Juifs sont présents en France. Le statut des Juifs du 3 octobre 1940 (sur les Juifs de nationalité française) a été rédigé par Alibert. On leur interdit d'exercer des professions dans la haute administration, l'armée, l'enseignement, la magistrature, la presse, l'édition, la radio, le théâtre, le cinéma. On crée ensuite un Commissariat général aux questions juives, en 1941, organisme chargé d'appliquer la politique de Vichy vis-à-vis des Juifs. D'autres lois, en juin et juillet 1941 (en particulier le second statut des Juifs du 2 juin 1941), imposent aux juifs un *numerus clausus* pour les professions libérales et commerciales, limitent leur accès à l'enseignement secondaire et supérieur.

c. L'Occupation et ses conséquences

Sur le papier, la convention d'armistice laisse à la France les signes de la souveraineté (un territoire, le droit d'avoir une représentation diplomatique, le droit de légiférer), mais dans la réalité, le régime d'occupation aboutit à un contrôle étroit de la France par l'Allemagne.

La vie quotidienne des Français est bouleversée. L'heure allemande est imposée sur le territoire, le couvre-feu est présent ; à Paris, les panneaux sont germanisés, nombre d'objets sont recensés (vélos, radios...). Le rationnement est instauré à Paris en août 1940 et partout dans le pays à l'automne 1941. Beaucoup recourent au marché noir ou au marché gris (quantités moins importantes, pratique plus personnalisée). Les prix y sont plus élevés : en 1942, le prix des pommes de terre est 3 fois plus élevé sur le marché noir que sur le marché normal. Si les Allemands diminuent les quantités disponibles, les pénuries résultent aussi de la diminution des récoltes. L'agriculture manque de bras, le matériel est mal entretenu, les engrais et le carburant font défaut.

d. La collaboration

La politique de collaboration repose sur deux postulats : la certitude de la victoire allemande et la croyance en la possibilité pour la France de se concilier le vainqueur (améliorations pratiques, retour des prisonniers).

L'acte de naissance de la collaboration a été l'entrevue de Montoire entre Pétain et Hitler en octobre 1940. Les protocoles de Paris, signés le 28 mai 1941, amorcent une collaboration militaire : la France autorise le transit des forces allemandes contre l'Angleterre sur les bases d'Alep, de Bizerte et de Dakar. On prévoit même une cobelligérance entre l'Allemagne et la France si le Royaume-Uni déclarait la guerre à la France de Vichy. Si ces accords ne furent jamais ratifiés (Weygand s'y oppose fermement en Conseil des ministres), ils sont partiellement exécutés.

Dès 1942, Laval accentue la politique de collaboration. En juin 1942, il prononce un discours où il affirme souhaiter la victoire de l'Allemagne pour qu'elle fasse rempart contre le communisme. C'est d'abord la collaboration des polices : en juillet 1942, un accord est conclu entre le Secrétaire général de la police, René Bousquet, et le général SS Oberg. Mais dans la réalité, la police allemande voit son pouvoir augmenter : en septembre 1942, elle obtient le droit de mener des opérations en zone non occupée.

NOTION-CLÉ LA MILICE, UN ORGANE DE LA COLLABORATION

À l'initiative de Darnand et Laval, en février 1943, la Milice est créée, dont les membres sont considérés comme l'avant-garde de la Révolution nationale. Portant un uniforme particulier (chemise kaki, cravate noire, béret de chasseur alpin), ses membres sont recrutés parmi les militaires, cadres, médecins. Leur but est clair : « supprimer l'ignoble pourriture (...) les bolchéviques, les francs-maçons et les Juifs ». La création de la Milice correspond à une réponse à la surenchère des milieux collaborateurs parisiens qui voulaient prendre le pouvoir contre Vichy.

Peu à peu, la Milice pénètre l'État vichyssois : en décembre 1943, trois fascistes entrent au gouvernement : Joseph Darnand (qui contrôle toutes les forces de police), Philippe Henriot et Marcel Déat. En 1944, l'administration de la justice passe intégralement sous le contrôle de la Milice, de même que l'administration pénitentiaire. En janvier 1944, Darnand institue des cours martiales pour y déférer les individus accusés de meurtre ou de terrorisme (résistance) : elles sont composées de trois miliciens dont l'identité est tenue secrète et il n'y a pas de possibilité d'avoir recours à un avocat. Des hommes politiques comme Jean Zay ou Georges Mandel sont assassinés par la Milice en juin 1944.

La collaboration se fait également en matière d'antisémitisme. En juin 1942, alors que les Allemands demandent la déportation de 100 000 Juifs, il est décidé que la police française participera, en zone nord, aux rafles de Juifs étrangers. À Paris, les 16 et 17 juillet 1942, 13 000 personnes (sur les 28 000 prévues) sont arrêtées par 9 000 policiers et gendarmes français (rafle du Vél d'Hiv). Au total, on compte 75 700 déportés raciaux (soit 23 % des 330 000 Juifs français vivant en France en 1940). Seuls 2 500, soit 3 % sont revenus. Les 2/3 des victimes étaient des Juifs étrangers.

La France collabore aussi sur le plan de la main-d'œuvre. La relève est instituée en 1942 par Sauckel. Pour trois travailleurs français volontaires pour aller en Allemagne, un prisonnier français serait libéré. Mais devant l'inefficacité du dispositif, Laval édicte une loi en 1942 qui lui permet de mobiliser (réquisitionner) tout Français de 18 à 50 ans et toute Française de 21 à 35 ans. Cela a entraîné le départ forcé de 250 000 travailleurs en 6 mois. Cela préfigure le STO (service du travail obligatoire) de février 1943 : les jeunes nés entre 1920 et 1922 sont obligés d'aller travailler en Allemagne.

La politique de collaboration n'a clairement apporté aucun bénéfice à la France.

C. Résistance et libération de la France

a. La naissance difficile de la Résistance

L'acte de naissance de la Résistance est l'appel du 18 juin 1940 prononcé par de Gaulle, alors à Londres, à la BBC. Il en appelle à refuser le défaitisme et à continuer la lutte puisque la France pouvait compter sur trois atouts importants : son empire colonial, l'industrie des États-Unis et l'alliance avec le Royaume-Uni. Cet appel, peu entendu, rencontre en réalité peu d'écho. Fin juillet 1940, de Gaulle n'a autour de lui, à Londres, que 7 000 hommes formant les FFL (Forces françaises libres). Des colonies comme l'AEF (Afrique-Équatoriale française) se rallient. De Gaulle reconnaît également son engagement républicain.

À l'intérieur du territoire français, les mouvements de résistance naissent sans aucune coordination. On note des actes isolés de résistance. Le 19 juin 1940, l'ouvrier agricole Étienne Achavanne sabote, en Seine-Inférieure, les câbles téléphoniques de l'armée allemande. Différentes actions sont menées : actions militaires (sabotages, filières d'évasion pour les prisonniers, évadés, fugitifs, recueil de renseignements), actions politiques (contre-propagande, création de journaux comme *Combat*, *Franc-Tireur*). En 1941, les premiers mouvements de résistance voient le jour : Combat, Libération-Sud, Franc-Tireur en zone sud ;

Libération-Nord, Organisation civile et militaire en zone occupée. En 1942, les rangs de la résistance se renforcent et l'opinion publique semble basculer. Le discours de Laval souhaitant la victoire de l'Allemagne en 1942, les persécutions des Juifs et les débuts de la déportation de la main-d'œuvre y contribuent. Jean Moulin parcourt également le pays en 1942 pour tisser des liens entre les mouvements de résistance et distribuer des subventions.

Le PCF entre massivement en résistance à partir de juin 1941, même si certains de ses membres s'y étaient déjà investis auparavant. Le 21 août 1941, Pierre Georges (futur colonel Fabien) abat sur le quai de la station Barbès l'officier allemand Moser. Vichy rétorque par des exécutions d'otages.

b. Vers la renaissance d'un État dès 1943

Le débarquement anglo-américain en Afrique du Nord (opération Torch), en juillet 1942, permet l'établissement d'une base durable. En 1943, de Gaulle fonde à Alger le CFLN (Comité français de libération nationale), responsable de l'effort de guerre et dépositaire de la souveraineté française. C'est le début de la recréation d'un État. Une assemblée consultative est convoquée, une armée est constituée.

Ensuite, les mouvements de résistance vont progressivement être unis sous l'action de Jean Moulin. En 1943, les MUR (Mouvements unis de la Résistance) sont constitués à partir de la fusion de trois principaux mouvements : Combat (autour de Henri Frenay), Libération-Sud (Emmanuel d'Astier de La Vigerie) et Franc-Tireur (Jean-Pierre Lévy). En décembre 1943, les MUR se transforment en MLN (Mouvement de libération nationale) avec la fusion des mouvements du nord (Défense de la France, Résistance et Lorraine).

Mais la répression contre la résistance est sévère. Jean Moulin est arrêté le 21 juin 1943, torturé et tué.

c. La libération

Elle passe d'abord par deux débarquements, auxquels la résistance intérieure (dont le chef est le général Kœnig, à la tête des FFI, Forces françaises de l'intérieur, créées en 1944) est associée.

À la suite du premier débarquement, la résistance joue un rôle non négligeable mais pas décisif. Les guérillas du sud-ouest libèrent seules l'Aquitaine et le Limousin. Peu à peu, le régime de Vichy se décompose. En 1944, le CFLN devient le GPRF (Gouvernement provisoire de la République française). De Gaulle en est le chef et forme un gouvernement d'union nationale.

Il mène une politique d'épuration afin de limiter les vengeances spontanées. Les grands procès se terminent, à l'automne 1945, par la condamnation à mort de Pétain (peine commuée), Laval, Darnand, Brasillach.

Le bilan de la guerre reste assez lourd. On compte 580 000 morts, dont 44 % des civils. Sur le plan économique, la production industrielle représente 50 % de celle de 1938. Beaucoup d'infrastructures ont été détruites. Le rationnement n'est supprimé qu'en 1949.

Conclusion

La Seconde Guerre mondiale fut bien une guerre d'anéantissement, qui traumatisa encore plus les populations que la Première. Non seulement son bilan est bien supérieur en termes de pertes humaines, mais l'idéologie, la tactique militaire et la science, poussées à leur paroxysme, y ont contribué.

La découverte des camps de la mort lors de leur libération ajouta à l'horreur liée à ce conflit. Cette horreur fut d'ailleurs telle que beaucoup de témoignages n'ont pas été pris véritablement au sérieux et qu'un certain silence s'est fait sur ce que certains ont nommé Shoah (« catastrophe » en hébreu) ou Samudaripen (« génocide » en tzigane).

Des témoignages paraissent, comme celui de Primo Levi (*Si c'est un homme*, paru en 1947) ou de Jorge Semprun, militant communiste espagnol, déporté à Buchenwald (*L'Écriture ou la vie*, paru en 1994).

Pour certains historiens, la Première et la Seconde Guerre mondiale ne sont en fait qu'une guerre civile européenne, similaire à la guerre de Trente Ans. Ernst Nolte est le premier à proposer le concept dans son ouvrage *La Guerre civile européenne. 1917-1945* paru en Allemagne en 1987. L'idée est reprise par Ian Kershaw dans son ouvrage *L'Europe en enfer (1914-1949)*, paru en 2016.

À RETENIR

- La Seconde Guerre mondiale est une guerre totale, comme la Première Guerre mondiale, mais elle est aussi qualifiée de guerre d'anéantissement.
- La politique antisémite mise en place par l'Allemagne dans les années 1930 se traduit par un véritable génocide, qui tue 6 des 10 à 11 millions de Juifs d'Europe.
- L'idéologie et la propagande ont joué un rôle décisif.
- La France a rapidement perdu contre l'Allemagne en 1940, ce qui laisse le pays dans un profond désarroi.
- Collaboration et résistance sont le choix d'une minorité de Français. La grande majorité est attentiste, espérant des jours meilleurs.
- La France est finalement rangée au rang des vainqueurs

BIBLIOGRAPHIE

BÉDARIDA François, *La Politique nazie d'extermination*, Albin Michel, 1989.
BEEVOR Antony, *La Seconde Guerre mondiale*, Le Livre de Poche, 2014.
BENSOUSSAN Georges, *Histoire de la Shoah*, PUF, « Que sais-je ? », 2012.
HILBERG Raul, *La Destruction des Juifs d'Europe*, Folio Histoire, Gallimard, 3 tomes, 2006.
TRAVERSO Enzo, *1914-1945. La guerre civile européenne*, Hachette, « Pluriel », 2009.

CHAPITRE 4

La fin de la Seconde Guerre mondiale et les débuts d'un nouvel ordre mondial

L'ESSENTIEL EN DATES

1944 : accords de Bretton Woods.
15 mars 1944 : le programme du CNR.
Février 1945 : conférence de Yalta.
Juin 1945 : création de l'ONU.
Juillet-août 1945 : conférence de Potsdam.
1945-1946 : tribunal de Nuremberg.
1946-1948 : tribunal de Tokyo.
1947 : accords du GATT.
1947 : plan de partage de la Palestine.
1947 : début de la guerre froide (doctrines Truman et Jdanov).
Février 1948 : coup de Prague.
Mai 1948 : naissance de l'État d'Israël et première guerre israélo-arabe.

À la suite de la Seconde Guerre mondiale, le monde est profondément marqué par les six années d'affrontements qui viennent de se dérouler, un peu partout sur la planète. L'Axe (mené par l'Allemagne d'Hitler), après avoir établi sa domination sur une grande partie de l'Europe, voit son hégémonie s'étioler à partir de 1942. Dès lors, l'Europe est peu à peu libérée de l'emprise nazie et le Pacifique de celle des Japonais.

Pourtant, ce conflit et ses conséquences sont essentiels pour comprendre la deuxième moitié du xxe siècle, puisque le traumatisme qui en est issu est très important. De plus, ce sont les vainqueurs, et notamment les États-Unis, qui vont dicter leurs règles aux vaincus et imposer leur vision d'un nouvel ordre mondial.

1 Un désastre sans précédent

A. Une hécatombe démographique

a. Un bilan très meurtrier

Jamais le bilan humain d'une guerre n'a été aussi meurtrier. Pour la première fois, la guerre a été réellement planétaire et totale. On compte 60 millions de morts, soit 2,5 % de la population mondiale. Parmi les pays les plus touchés, on trouve l'URSS avec environ 25 millions de morts, la Pologne (5,5 millions de morts, soit 16 % de sa population), l'Allemagne (7 millions de morts), le Japon (3 millions)...

b. De nombreuses victimes civiles

Plus de la moitié des morts sont des civils (40 millions, dont 13 à 20 millions morts de famine ou de maladie). Cela est dû aux nombreux bombardements. Dans la nuit du 13 au 14 février 1945, les Alliés pilonnent la ville de Dresde, en larguant notamment des bombes à fragmentation incendiaires. Lors des bombardements à Hiroshima et Nagasaki, on comptabilise près de 200 000 morts.

Les déportations et la mise en place de la Solution finale à l'échelle de l'Europe sont également responsables de ce surcroît de morts civils.

La Seconde Guerre mondiale a aussi vu de nombreuses exactions contre les populations civiles dans le cadre d'une guerre totale et d'anéantissement.

c. Des conséquences à plus ou moins long terme

On assiste dans de nombreux pays à un phénomène de générations creuses, c'est-à-dire à des générations moins nombreuses pour une période (nombre de morts et d'enfants qui ne sont pas nés). De plus, il y a aussi un déséquilibre hommes/femmes, au détriment des hommes, en particulier en URSS ou en Chine.

Enfin, de gigantesques déplacements de population ont eu lieu : prisonniers de guerre de retour, déportés, Allemands fuyant l'avancée de l'Armée rouge sillonnent les routes pour rentrer chez eux.

B. Un lourd bilan matériel

a. De nombreuses destructions matérielles

Beaucoup de destructions matérielles sont à déplorer, surtout en Europe et au Japon : la production industrielle a diminué de moitié en Europe. La Pologne a perdu 80 % de ses moyens de transport ; en Allemagne, 70 % des immeubles de la Ruhr ont été rasés. Des villes sont détruites à plus de 75 % : Coventry, Hiroshima, Dresde, Le Havre, Caen...

La reprise économique s'annonce donc lente et difficile.

b. Endettement et inflation

Le coût de la guerre est très lourd : il a fallu financer le conflit et supporter les ponctions de l'Allemagne. Beaucoup de pays ont donc vu leur dette augmenter, notamment vis-à-vis des États-Unis. Mais les vainqueurs veulent éviter les erreurs commises en 1918-1919 (humiliation des pays vaincus qui a entraîné une volonté de revanche).

L'inflation est également très importante, car les produits sont rares. De sorte que le retour à la normale n'est pas immédiat. Le marché noir se maintient quelque temps, de même que le rationnement.

C. Un traumatisme moral

a. Découverte des camps et statut de la science

La découverte des camps, en 1945, provoque un véritable traumatisme : la question se pose de savoir qui savait ; et aussi de la complicité ou non des populations allemandes. En Allemagne, on force les populations qui vivaient à côté des camps à participer au déblaiement et à l'enlèvement des corps.

La science et la technique ont montré leurs limites morales, alors qu'elles semblaient devoir apporter progrès et bien-être aux populations. C'est la science qui a produit le Zyklon B, utilisé dans les chambres à gaz ; c'est au nom de la science que des expériences ont été menées par des médecins nazis sur des déportés dans les camps. C'est enfin la science qui a permis l'explosion de la bombe atomique. Albert Camus (dans l'éditorial de la revue *Combat*, du 8 août 1945) s'inquiète ainsi de l'usage de l'arme nucléaire. Il affirme que l'humanité est « parvenue à son dernier degré de sauvagerie ».

b. Un nouveau questionnement philosophique

De nouvelles questions philosophiques se posent : qu'est-ce qu'un Homme ? Les prisonniers dans les camps, réduits à des numéros et soumis à une « sélection » restaient-ils des hommes ? Les bourreaux SS nazis de même ?

Une nouvelle philosophie apparaît. Sartre, dans *L'Existentialisme est un humanisme*, paru en 1946, affirme que l'existence (ce que l'Homme fait de sa vie) précède l'essence (l'appartenance à l'espèce humaine). Ce qui est donc important, ce sont les actes et les choix opérés. Camus fonde la philosophie de l'absurde. Dans *Le Mythe de Sisyphe* (1942), il montre que la révolte est le seul remède à l'absurdité de la vie.

c. La remise en cause des croyances religieuses

Le philosophe Hans Jonas a écrit un opuscule, intitulé *Le Concept de Dieu après Auschwitz*, où il exprimait le besoin de repenser Dieu après la Shoah. Il y explique que face au mal absolu que représente Auschwitz, il y a lieu de repenser le rapport à Dieu parce que la réalité des camps d'extermination nazis s'accommode mal d'un Dieu attentif à ce qui se déroule dans le monde. Pour lui, Dieu a abandonné sa toute-puissance pour créer le monde. Et cet abandon a affecté son état. S'il n'est pas intervenu durant les atrocités de l'Holocauste, ce n'est pas qu'il ne le voulait pas, mais qu'il ne le pouvait pas.

2 Les tentatives de renouveau : vers un nouvel ordre international

A. Le règlement du conflit et la punition des responsables

a. Les grandes conférences de la paix

Les conférences de Yalta (février 1945) et de Potsdam (juillet-août 1945) posent les bases de l'après-guerre. Les États-Unis, le Royaume-Uni et l'URSS décident de constituer trois zones d'occupation de l'Allemagne et de Berlin, plus une pour la France. On décide également que, une fois le pays vaincu, l'Allemagne devra être dénazifiée, démilitarisée, décartellisée (démantèlement des grandes entreprises qui avaient soutenu le régime nazi), démocratisée et décentralisée.

Les vainqueurs s'entendent également autour d'une « déclaration sur l'Europe libérée » : il s'agit d'encourager l'organisation d'élections libres et pluripartites dans tous les territoires libérés.

Quelques modifications de frontières sont opérées : l'URSS obtient des territoires à l'ouest, au détriment de la Pologne, qui se décale vers l'ouest, prenant des territoires à l'Allemagne. L'Italie perd ses colonies africaines (Érythrée, Somalie italienne, Libye italienne, Éthiopie) et l'Albanie retrouve son indépendance.

Pour éviter les frustrations liées à la Première Guerre mondiale, on ne mentionne pas de réparations, notamment pour les membres de l'Axe.

b. Le jugement des criminels de guerre

La dénazification est entreprise en Allemagne. Une épuration est mise en place, dans l'administration notamment. De nombreux procès sont organisés. Pourtant, cette entreprise fut finalement limitée. Non seulement l'Allemagne a besoin de ses élites pour se redresser (et beaucoup de médecins, de juges étaient nazis), mais avec l'avènement de la guerre froide, la compétition entre les deux Grands fait que l'on cherche à recruter des personnes avec certaines compétences, y compris chez les scientifiques nazis. De plus, nombre de criminels ont réussi à s'enfuir, notamment en Amérique latine (comme le docteur Mengele).

Cela dit, une justice internationale se met en place avec le tribunal de Nuremberg, qui siège d'octobre 1945 à novembre 1946. Inculpés pour « crimes de guerre », « crimes contre la paix » et « crimes contre l'humanité », les 24 accusés nazis (dont 3 sont absents) voient 12 d'entre eux être condamnés à mort (Goering, qui se suicide, Ribbentrop, Sauckel...), mais certains sont acquittés (von Papen, le docteur Schacht), ce qui provoque un profond malaise.

Focus **LE TRIBUNAL DE TOKYO**

Il se tient de 1946 à 1948 et a pour but de juger les grands criminels de guerre japonais. 28 prévenus, dont 4 Premiers ministres (dont Hideki Tojo, Premier ministre de 1941 à 1944), des ministres, ambassadeurs et des officiers de l'armée, l'empereur ayant été préservé. 7 furent condamnés à mort et exécutés, les autres écopèrent de peines de prison de 7 ans minimum.

B. La création de l'ONU : un espoir de paix

Il s'agissait de remplacer l'ancienne SDN (Société des Nations) qui s'était discréditée pendant l'entre-deux-guerres.

L'idée germe dès août 1941 dans la charte de l'Atlantique. Elle se met peu à peu en place au fil des différentes conférences (Dumbarton Oaks en 1944 ; Yalta en 1945). Elle naît officiellement à la conférence de San Francisco (avril-juin 1945) autour de 51 membres fondateurs.

L'ONU comprend quatre grandes institutions :

– l'Assemblée générale : chaque pays membre a une voix. Elle se réunit une fois par an pour émettre des recommandations que tous doivent respecter. Le vote se fait à la majorité des 2/3 ;

– le Conseil de Sécurité : le véritable pouvoir lui appartient. Il est composé de 11 membres (en 1945), dont 5 permanents (États-Unis, Royaume-Uni, URSS, Chine, France). Il peut se réunir à tout moment pour examiner des questions importantes. Les décisions sont prises à la majorité simple, mais les 5 membres permanents ont un droit de veto ;

– le Secrétaire général est élu pour 5 ans par l'Assemblée générale. Il assure l'administration permanente de l'ONU ;

– d'autres organisations sont rattachées à l'ONU : la Cour internationale de justice, l'UNESCO (éducation, science et culture), l'UNICEF (protection de l'enfance), la FAO (agriculture et faim dans le monde)...

La charte de l'ONU fixe également les buts de l'ONU : assurer la paix et la sécurité mondiales (principe de la sécurité collective), favoriser le développement et la coopération des États dans tous les domaines, développer la démocratie et les droits de l'Homme.

L'ONU semble se donner les moyens de ses objectifs, contrairement à la SDN, puisqu'on prévoit le principe d'interventions armées, au moyen des Casques bleus.

C. Une nouvelle donne économique et sociale

a. Bretton Woods et la stabilité monétaire autour du dollar (1944)

Les Alliés veulent aussi assurer la prospérité pour l'après-guerre. Les accords de Bretton Woods sont signés en juillet 1944 par 45 pays. Le but est de restaurer la coopération monétaire internationale ruinée par la crise des années 1930. Chaque État s'engage à définir la valeur de sa monnaie par rapport à l'or ou en dollars (le dollar est la seule monnaie convertible en or), à maintenir le cours de sa monnaie sans s'écarter de plus de 1 % d'un taux fixé (cela évite les désordres monétaires comme les dévaluations compétitives) et à veiller à l'équilibre de sa balance des paiements (bilan des importations et exportations d'un pays), pour assurer une certaine stabilité.

On crée alors le FMI (Fonds monétaire international). Il veille au respect des règles de Bretton Woods et peut aussi aider des pays en difficulté. On crée aussi la BIRD (Banque internationale pour la reconstruction et le développement) : elle accorde des prêts à long terme pour financer la reconstruction et les investissements.

b. Le libre-échange et les accords du GATT (1947)

Les accords du GATT (General Agreement on Tariffs and Trade) sont signés à Genève en octobre 1947 par 23 pays, assurant 80 % du commerce mondial. En vertu de ces accords, les pays rejettent le protectionnisme (mesures visant à décourager les importations). Cela a pour but de faciliter le commerce international par l'abaissement régulier de barrières douanières lors des différents cycles de négociation.

c. Des systèmes de protection sociale dans les pays développés

Le keynésianisme devient la théorie économique à la mode. Cela signifie que l'État peut intervenir sur le plan économique et social afin de réguler les marchés.

En France, en 1945-1946, un système de sécurité sociale se met en place, protégeant les citoyens contre les risques de la vie : vieillesse, maladie, accidents du travail, chômage. Au Royaume-Uni, dès 1942, un tel système se met en place, sous l'égide de William Beveridge.

Focus — LE CNR (CONSEIL NATIONAL DE LA RÉSISTANCE)

Le Conseil national de la Résistance est un organe clandestin. Il représente la Résistance intérieure et en constitue le cabinet de guerre. Mais il n'était pas souverain, car il exerçait ses fonctions dans le cadre des instructions du chef de la France libre (de Gaulle).

Toutes les tendances politiques y étaient représentées, de la gauche à la droite (sauf l'extrême droite), même si des oppositions y apparaissaient régulièrement. On y trouve ainsi des représentants de partis politiques (André Mercier pour le PCF, André le Troquer puis Daniel Mayer pour le parti socialiste, Georges Bidault pour les démocrates-chrétiens...), des représentants de syndicats (Benoît Frachon pour la CGT) et des représentants de mouvements de résistance (Claude Bourdet pour Combat, André Mutter pour Ceux de la Libération...).

Le CNR rédigea un « Programme d'action de la Résistance » pendant l'hiver 1943-1944, à l'initiative des socialistes et des communistes. Le texte aboutit en mars 1944 et résulte d'un compromis. La première partie se constitue du « plan d'action immédiate » et affirme la nécessité de la lutte armée et la reconnaissance de l'autorité de de Gaulle et du CFLN (Comité français de libération nationale), placé sous l'autorité de de Gaulle. Dans la deuxième partie, le texte définit des mesures à appliquer à la libération. Il s'agit d'abord de « veiller au châtiment des traîtres », de restaurer la démocratie, le suffrage universel (y compris féminin), les grandes libertés, de nationaliser certaines entreprises et de mettre en place un plan de sécurité sociale.

3 Une nouvelle donne internationale

A. Une nouvelle hiérarchie des puissances

a. L'affaiblissement de l'Europe et de l'Asie

Ruinées par la guerre, affaiblies par les premiers mouvements de décolonisation, les puissances européennes perdent leur rôle de premier plan.

Le Japon est vaincu et occupé et il a été dépossédé de toutes ses annexions. Ce n'est plus qu'un archipel en ruines. La Chine est en proie à un retour de la guerre civile opposant les nationalistes (Tchank Kaï-chek) et les communistes (Mao Zedong).

b. L'avènement de deux nouveaux Grands

L'URSS, pourtant saignée à blanc (25 millions de morts, 16 % de sa population) et dépourvue encore d'armement atomique, dispose de la plus grande armée du monde. Elle occupe plus du tiers de l'Europe. De plus, elle dispose du prestige d'avoir libéré la partie est de l'Europe. Staline, considéré comme un libérateur, souhaite que l'URSS « sorte de sa forteresse », c'est-à-dire qu'elle envisage d'exporter le communisme à l'échelle internationale. Le communisme jouit également d'un grand prestige (en France, le PCF se fait appeler le « parti des 75 000 fusillés »).

Les États-Unis restent cependant la plus grande puissance de l'époque : ils n'ont subi aucune destruction matérielle sur leur territoire propre, comptent 300 000 morts, disposent d'une suprématie économique (potentiel industriel développé pendant la guerre) et financière (2/3 du stock d'or mondial) grâce à leurs ventes d'armes. Enfin, ils disposent de l'arme atomique. Ils entendent bien devenir la puissance majeure et ne plus pratiquer la politique de l'isolationnisme.

B. La fin de la Grande Alliance et les prémices de la guerre froide

a. La fin de la Grande Alliance

Six mois après Yalta, à la conférence de Potsdam (juillet-août 1945), États-Unis et URSS ne sont plus en accord. Truman, le nouveau président américain, est très méfiant vis-à-vis de l'URSS, d'autant que le succès de la bombe atomique le rend plus agressif. Il reproche aux Soviétiques d'effectuer des démontages d'usines dans leur zone d'occupation allemande, d'éliminer systématiquement l'influence occidentale en Pologne au profit des militants communistes. En mars 1946, Churchill dénonce, dans son discours de Fulton, le « rideau de fer » qui s'est abattu sur l'Europe.

1947 marque officiellement le début de la guerre froide. C'est l'année où sont publiées les doctrines Truman et Jdanov, le plan Marshall est proposé aux pays européens et l'URSS crée le Kominform, réactivant l'ancienne IIIe Internationale.

b. Les premières manifestations de la guerre froide

Ces tensions sont visibles en Grèce dès 1944. Les Britanniques cherchent à désarmer les milices communistes qui refusent. S'ensuit une guerre civile entre les royalistes et les communistes, ces derniers devant abandonner en 1946.

Les tensions sont perceptibles aussi en Corée, une péninsule coupée en deux. Depuis 1945, le nord est aux mains des communistes, menés par Kim Il-sung, tandis que le sud est sous influence occidentale.

Enfin, en Europe de l'Est, l'URSS tente de pousser l'avantage en imposant le communisme.

Focus — LE COUP DE PRAGUE : LA VOLONTÉ DE L'URSS D'IMPOSER SA DOMINATION À L'EUROPE DE L'EST

La Tchécoslovaquie était le seul pays d'Europe centrale et orientale à avoir une tradition démocratique. Mais l'influence des communistes y était forte (sans qu'ils ne soient majoritaires), d'autant plus que l'Armée rouge, qui avait libéré le pays du nazisme, y était également présente. À partir de 1947, l'URSS témoigne clairement de sa volonté de satelliser le pays. Alors que le gouvernement avait accepté à l'unanimité le plan Marshall, Staline pose son veto. De même, les communistes tchèques font échouer un projet d'alliance avec la France. En février 1948, des oppositions se font jour au sein du gouvernement, entre communistes et non-communistes. Contrôlant la police par le biais du ministre de l'Intérieur, les communistes mettent la pression sur le président de la Republique, Benes, qui décide finalement d'appeler comme chef du gouvernement le communiste Gottwald, acquis à la cause soviétique. En mai 1948, des élections législatives sur liste unique donnent la victoire aux communistes à plus de 90 %. Malgré les apparences de légalité, il s'agit en fait d'un coup d'État qui fait directement basculer le pays dans le camp soviétique.

C. Les premières tensions dans le monde colonial et au Proche-Orient

a. Les premières tensions coloniales

La Seconde Guerre mondiale accélère le processus de décolonisation. Lorsque le Japon capitule, Sukarno en Indonésie et Hô Chi Minh au Vietnam en profitent pour réclamer l'indépendance. Le 2 septembre 1945, ce dernier proclame l'indépendance du Vietnam. En Inde, les nationalistes demandent au Royaume-Uni de quitter leur territoire, comme elle s'y était engagée pendant la guerre.

Le 8 mai 1945, les émeutes de Sétif et Guelma, en Algérie, témoignent des difficultés de la réalité coloniale. En pleine célébration de la victoire, des policiers tirent sur un jeune homme qui brandissait un drapeau algérien. Des émeutes se multiplient et la répression française est terrible.

Tous ces mouvements sont soutenus par les deux Grands et par l'ONU, dont la charte met en avant le droit des peuples à disposer d'eux-mêmes (art. 73).

b. Les tensions au Proche-Orient

La question israélo-arabe avait commencé à se poser à la fin du XIXe siècle, au moment où le sionisme se met en place. Il s'agit de soutenir la création d'un État pour les Juifs et l'émigration commence à partir de cette date. Elle se renforce dans l'entre-deux-guerres.

En 1947, l'ONU se prononce en faveur d'un plan de partage de la Palestine, en deux parties, avec la création d'Israël, un État pour les Juifs, et de la Palestine, pour les Arabes.

Israël naît en mai 1948, mais une guerre est immédiatement déclenchée avec les pays arabes voisins, qui soutiennent les Palestiniens. La guerre se solde par une victoire d'Israël et par la disparition de la Palestine (Gaza étant annexée par l'Égypte et la Cisjordanie par la Jordanie).

Conclusion

On a donc un monde profondément marqué et touché par une guerre sans précédent. La reconstruction est certes entreprise dès 1945, mais elle se fait sous l'égide des deux grands vainqueurs : États-Unis et URSS. L'Europe reste affaiblie, d'autant qu'elle est en proie à des mouvements nationalistes dans ses colonies. Cependant, l'ancienne Grande Alliance ne dure pas. La guerre froide annonce, dès 1947, de nouvelles tensions dans un monde en profondes mutations économiques et sociales.

À RETENIR

- Le bilan de la Seconde Guerre mondiale est inédit, d'autant plus que le nombre de morts civils est plus important que celui des soldats.
- Une nouvelle hiérarchie des puissances se dessine : les États-Unis et l'URSS dominent le monde.
- Les États-Unis imposent un nouvel ordre mondial autour de quelques organes : ONU, FMI, BIRD.
- Le dollar devient la seule monnaie convertible en or, en vertu des accords de Bretton Woods en 1944.
- Il existe une volonté de ne pas répéter les erreurs de l'après 1918, en évitant d'humilier les vaincus et notamment l'Allemagne.
- Malgré la volonté d'un nouvel ordre mondial, de nouveaux problèmes apparaissent : guerre froide, décolonisation, difficultés au Proche-Orient.

BIBLIOGRAPHIE

MESTRE-LAFAY Véronique, *L'ONU*, PUF, « Que sais-je ? », 2009.
NOUSCHI Marc, *Bilan de la Seconde Guerre mondiale*, Seuil, 1996.
VAISSE Maurice, *Les Relations internationales depuis 1945*, Armand Colin, 2019.

La France, une nouvelle place dans le monde (1945-1974)

L'ESSENTIEL EN DATES

Juin 1946 : discours de Bayeux de de Gaulle.
Octobre 1946 : constitution de la IVe République.
1954-1955 : Mendès-France président du Conseil.
13 mai 1958 : manifestations et émeutes à Alger.
Juin 1958 : de Gaulle est nommé président du Conseil avec pour mission de rédiger une nouvelle constitution.
1960 : première bombe atomique française.
Mars 1962 : accords d'Évian.
Octobre 1958 : constitution de la Ve République.
Octobre 1962 : référendum sur l'élection du président de la République au suffrage universel direct. 62 % de oui.
Mai 68 : contestation sociale en France.
1969 : démission de de Gaulle. Élection de Georges Pompidou.
1974 : mort de Pompidou.

Après la Libération, la France, profondément divisée, doit aussi se reconstruire sur un plan politique. Deux régimes politiques se succèdent alors : la IVe République (1946-1958) et la Ve République (depuis 1958), très différentes sur un plan institutionnel.

De plus, la France se retrouve au sein de relations internationales transformées, où elle n'est plus qu'une puissance moyenne, entre guerre froide, décolonisation et construction européenne.

1 La IVe République entre décolonisation, guerre froide et construction européenne

A. La IVe République : une naissance difficile et un régime instable

a. De nombreuses hésitations

Le 21 octobre 1945, les Françaises et les Français sont appelés aux urnes. Ils rejettent d'abord à 96 % le retour à la IIIe République. À 66 %, ils considèrent également que, dans le cadre de la nouvelle constitution qui doit être rédigée, les pouvoirs du Parlement doivent être limités. Enfin, les résultats pour les élections d'une assemblée constituante donnent le PCF en tête (26 %), puis le MRP (mouvement républicain populaire, centre droit, 24 %) et en 3e position la SFIO (ancêtre du parti socialiste, 23 %).

NOTIONS-CLÉS

- **Une assemblée constituante** est élue avec pour seule mission de rédiger une nouvelle constitution. Les députés gèrent également les affaires courantes pendant leur mandat.
- **Un préambule** est une introduction à un texte juridique.
- **Motion de censure** : moyen dont dispose le Parlement pour montrer sa désapprobation vis-à-vis de la politique du gouvernement et le forcer à démissionner.

Mais le premier projet de constitution, proposé par le PCF, et donnant l'essentiel des pouvoirs à une assemblée unique, échoue par référendum. De nouvelles élections législatives constituantes sont alors organisées et placent le MRP en tête. Il propose alors un nouveau texte, qui est finalement adopté par référendum en octobre 1946. Cette constitution est promulguée le 27 octobre 1946.

b. Des institutions nouvelles

Le préambule évoque la Déclaration des droits de l'Homme et du citoyen de 1789 et ce texte a donc désormais valeur législative. De nouveaux droits économiques et sociaux sont ajoutés : droit à la santé, au travail, au repos, à des conditions d'existence décentes...

Le pouvoir exécutif appartient au président de la République, élu pour 7 ans au suffrage indirect (par le Parlement) et au président du Conseil (chef du gouvernement), nommé par le président de la République. Le pouvoir législatif est composé de deux chambres : l'Assemblée nationale, élue au suffrage universel pour 5 ans, vote les lois et le budget, tandis que le Conseil de la République, organe consultatif, ne donne que des avis.

Le pouvoir législatif l'emporte ici assez largement sur le pouvoir exécutif. Le droit de dissolution de l'Assemblée nationale par le président de la République est limité. Les motions de censure sont facilitées : les abstentions comptent comme des voix défavorables au gouvernement et il semble donc alors assez facile de faire chuter des ministères.

c. Un régime instable

En moyenne, chaque gouvernement dure 6 mois. De nombreuses questions empoisonnent la vie politique, comme la question d'une armée européenne, la guerre d'Indochine ou d'Algérie, la lutte contre l'inflation...

En 1946, les trois partis arrivés en tête aux élections (PCF, SFIO et MRP) avaient décidé de signer la charte du tripartisme et de gouverner ensemble. Mais des divisions apparaissent, notamment sur la question coloniale (le PCF souhaite la décolonisation, alors que les deux autres partis sont divisés). En 1947, l'avènement de la guerre froide place le PCF dans l'opposition. L'alliance centriste entre la SFIO et le MRP est alors fragilisée. Elle est critiquée à gauche par le parti communiste (qui représente environ 1/4 de l'électorat) et à droite par les gaullistes, qui ne cessent de dénoncer l'instabilité de ce régime.

B. Le choix de l'atlantisme et de la construction européenne

a. Le choix de l'atlantisme

La France fait le choix de l'atlantisme, c'est-à-dire de l'alliance avec les États-Unis dans le cadre de la guerre froide. En mai 1947, le gouvernement de Paul Ramadier décide de limoger les ministres communistes de son gouvernement. L'objectif était de montrer aux Américains que la France était bien capitaliste et qu'elle pouvait donc recevoir les fonds du plan Marshall.

La France intègre donc plusieurs organisations de l'Ouest. Sur le plan économique, dès 1948, elle est membre de l'OECE (Organisation européenne de coopération économique), qui gère les fonds du plan Marshall. En 1949, elle adhère à l'OTAN (Organisation du traité de l'Atlantique Nord), une alliance défensive entre l'Amérique du Nord et l'Europe de l'Ouest.

b. La France, membre fondateur de la construction européenne

En lien avec une décolonisation qui s'annonçait difficile, la France s'engage dans la construction européenne. Elle est membre du Conseil de l'Europe, dès 1949, qui s'est doté en 1950 de la Convention européenne des droits de l'Homme.

La France est un membre fondateur de la CECA (Communauté européenne du charbon et de l'acier), dès 1951. Cette organisation supranationale vise à favoriser la reconstruction, en mettant en commun les ressources en charbon et en acier.

En 1957, les traités de Rome sont également signés par six pays (France, Italie, RFA, Belgique, Pays-Bas, Luxembourg). Le premier crée la CEE (Communauté économique européenne) qui vise à créer un marché commun sans droits de douane. Le second met en place la CEEA (Communauté européenne de l'énergie atomique) qui avait pour but de mettre en commun les technologies liées au nucléaire civil.

NOTIONS-CLÉS

- **Supranational** : qui remet en cause la souveraineté des États.
- **Fédéraliste** : partisan d'une Europe fédérale, c'est-à-dire où la souveraineté des États est remise en cause au profit d'une entité supérieure.
- **Unioniste** : partisan d'une Europe des patries, c'est-à-dire sans remettre en cause la souveraineté des États. L'Europe est alors plutôt considérée comme un forum de discussions.

C. Une décolonisation difficile

a. La guerre d'Indochine (1946-1954)

La France s'engage rapidement dans la première guerre de décolonisation en Indochine, dès 1946, contre le Vietminh (organisation communiste et nationaliste menée par Hô Chi Minh, qui veut l'indépendance).

La France est vaincue en mai 1954 à la bataille de Diên Biên Phu. En vertu des accords de Genève, en 1954, l'Indochine donne naissance à trois pays : le Laos, le Cambodge et le Vietnam, ce dernier pays étant coupé en deux : au nord les communistes, au sud, un espace soutenu par les Américains.

Le prestige de la France est considérablement affaibli, ce qui relance les velléités d'indépendance dans nombre de pays.

b. Quelques succès en matière de décolonisation

Pierre Mendès-France, radical, président du Conseil de 1954 à 1955, est plutôt favorable à la décolonisation. Il négocie la future indépendance du Maroc et de la Tunisie (indépendances effectives en 1956).

En 1956, la loi-cadre Defferre prépare l'émancipation de l'Afrique subsaharienne. La France donne ainsi plus d'autonomie aux territoires d'outre-mer, en leur permettant d'élire des conseils gouvernementaux. L'objectif est de former des administrateurs locaux.

c. La guerre d'Algérie et la chute de la IVe République

La guerre d'Algérie commence en novembre 1954 lors de la Toussaint rouge, au moment où les membres du FLN (Front de libération nationale, le principal parti indépendantiste algérien) déclenchent une série d'attentats sur le territoire algérien.

De 1954 à 1956, la France tente de pacifier la région, tout en refusant l'indépendance. En 1956, Guy Mollet, président du Conseil, décide d'envoyer l'armée. Mais celle-ci s'enlise et la France est accusée de pratiquer la torture.

La IVe République chute finalement sur cette question.

FIGURES-CLÉS **MENDÈS-FRANCE ET DE GAULLE, DEUX CONCEPTIONS DE LA RÉPUBLIQUE**

Mendès-France, membre du parti radical, de gauche, fut président du Conseil sous la IVe République, de 1954 à 1955. Il a une conception parlementaire de la République : les députés représentent le peuple et sont une garantie contre toute tentative de pouvoir personnel.

De Gaulle a affiché ses conceptions lors du discours de Bayeux en juin 1946. Il considère que c'est l'exécutif qui doit dominer et en particulier le président de la République. Il s'agit ici de lutter contre la corruption parlementaire et la lenteur des travaux de l'Assemblée, contre ses divisions et contre le « système de partis ».

2 Crise algérienne et naissance de la Ve République

A. La crise algérienne et le retour au pouvoir de de Gaulle en 1958

a. Les difficultés en Algérie

En février 1958, l'armée française bombarde un petit village tunisien, croyant qu'il s'agissait d'un repaire de membres du FLN. À la suite de cet incident diplomatique, les États-Unis proposent leur médiation. Le gouvernement de Félix Gaillard hésite et est finalement renversé en avril 1958.

Entre le 15 avril et le 13 mai 1958, le président de la République, René Coty, ne parvient pas à choisir un nom pour lui succéder, ce qui précipite la crise politique.

b. La crise du 13 mai 1958

Le 13 mai 1958, Pierre Pflimlin est finalement choisi. Mais au moment où il doit recevoir l'investiture du Parlement, c'est-à-dire l'approbation de sa désignation par les représentants élus du peuple, il prône la libération de l'Algérie française, alors que l'opinion publique commence à se retourner.

De nombreux colons algériens se massent alors à Alger et se joignent aux militaires pour manifester leur mécontentement. Cela dégénère en émeutes et la France est au bord de la guerre civile puisqu'une partie du territoire est prête à faire sécession. Les colons et les militaires en appellent au retour de de Gaulle.

c. Le retour au pouvoir de de Gaulle

Beaucoup hésitent à rappeler de Gaulle. Tous ne sont pas sûrs de ses réelles idées républicaines et certains craignent un coup d'État. Pourtant, le 15 mai 1958, de Gaulle sort de sa réserve et annonce qu'il est prêt à assumer les pouvoirs de la République. Il se défend également, un peu plus tard, de vouloir entamer une carrière de dictateur.

Finalement, après de longues négociations, René Coty accepte de nommer de Gaulle comme président du Conseil. Ce dernier n'a accepté qu'à condition qu'on lui donne les pleins pouvoirs pour rédiger une nouvelle constitution, plus conforme à ses vœux.

Focus — **UNE HISTORIOGRAPHIE RENOUVELÉE : LE RETOUR AU POUVOIR DE DE GAULE EN 1958**

Pendant longtemps, le retour de de Gaulle au pouvoir a été présenté comme une sorte d'acte héroïque qui avait sauvé la France du chaos.

Aujourd'hui, de nombreuses sources mettent en cause de Gaulle. Serge Berstein montre notamment combien c'est la menace d'un coup d'État militaire qui a fait accepter la candidature de de Gaulle, à l'Assemblée, comme président du Conseil. Pierre Mendès-France, comme Mitterrand ensuite, affirment que c'est parce que la République a accepté cela qu'il n'y a pas eu de coup d'État.

B. La Ve République : un renforcement des pouvoirs du président de la République

a. La rédaction de la constitution : un processus original

Ce n'est pas une assemblée constituante qui va rédiger la constitution mais bien le gouvernement. De Gaulle forme un gouvernement d'union nationale (sans les communistes) et c'est Michel Debré, ministre de la Justice, qui est chargé d'écrire le texte constitutionnel. C'est chose faite pendant l'été 1958.

De Gaulle présente son projet de constitution lors d'une cérémonie le 4 septembre 1958, place de la République. Le but est de rassurer et de montrer que son projet respecte la démocratie. La constitution est adoptée par référendum en septembre 1958 à une très large majorité (79 % de oui).

b. Un pouvoir exécutif prééminent

Le texte reprend les dispositions énoncées par de Gaulle, lors de son discours de Bayeux, en juin 1946.

Le pouvoir exécutif est renforcé. Le président de la République a de nombreux pouvoirs. Élu au suffrage indirect par un collège électoral d'environ 80 000 personnes, il veille au respect de la constitution, est garant de l'intégrité du territoire et assure le bon fonctionnement des institutions. Chef des armées, il nomme le Premier ministre et les ministres, et peut les révoquer. Disposant du droit de grâce, il signe les ordonnances, promulgue les lois et peut dissoudre l'Assemblée nationale (art. 12). En vertu de l'art. 11, il peut soumettre à référendum tout projet de loi portant sur « l'organisation des pouvoirs publics ». Enfin, l'art. 16 lui donne la possibilité d'avoir recours aux pleins pouvoirs pendant un temps limité si le pays est menacé.

Le pouvoir législatif, composé de l'Assemblée nationale (députés élus pour 5 ans au suffrage universel direct) et du Sénat (sénateurs élus à l'époque pour 9 ans, renouvelables par tiers tous les 3 ans) discute et vote les lois. Il peut toujours avoir recours à une motion de censure mais les abstentions comptent alors comme des voix favorables au gouvernement. C'est également le Premier ministre qui fixe l'ordre du jour et la durée des sessions du Parlement.

Un nouvel organe apparaît : le Conseil constitutionnel. Composé de 9 juges, nommés pour 9 ans, il a pour mission de veiller à ce que les lois soient conformes à la constitution. Si tel n'est pas le cas, la loi ne peut être adoptée. Il est également le juge des élections.

c. La mise en place rapide des institutions

Les élections législatives ont lieu en novembre 1958 et elles donnent une large majorité aux gaullistes (dont le parti est l'UNR, Union pour la nouvelle République) et à leurs alliés (MRP et CNI, centre national des indépendants, c'est-à-dire la droite libérale).

Lors des élections présidentielles de décembre 1958 (au suffrage indirect), de Gaulle est élu dès le premier tour avec 78,5 % des voix. Il nomme ensuite les membres de son gouvernement, dirigé par Michel Debré.

C. Un pouvoir gaullien qui se renforce

a. La pratique présidentielle du pouvoir

De Gaulle a une pratique autoritaire du pouvoir. Il fait ainsi surveiller ses ministres et nomme au gouvernement de hauts fonctionnaires qui lui sont très fidèles. Ainsi, Maurice Couve de Murville est nommé ministre des Affaires étrangères de 1958 à 1968 avant de devenir Première ministre.

Il multiplie aussi les allocutions radiotélévisées (il contrôle la radio et la télévision) ainsi que les voyages en province. Il multiplie l'usage du référendum pour court-circuiter le Parlement et renforcer le lien direct avec le peuple. De Gaulle se constitue aussi un domaine réservé, c'est-à-dire des questions dont il traite directement : l'Algérie jusqu'en 1962, les Affaires étrangères, la Défense.

De Gaulle limoge ses Premiers ministres dès lors qu'ils lui font de l'ombre. Ce fut le cas pour Michel Debré en 1962 ou pour Pompidou en 1968, après la crise de mai 68.

b. La réforme d'octobre 1962

De Gaulle cherche à renforcer les pouvoirs du président. Il veut ainsi qu'il soit élu directement par le peuple pour avoir plus de légitimité. De Gaulle annonce un référendum pour octobre 1962.

L'opposition se développe. Gaston Monnerville, président du Sénat, affirme que de Gaulle trahit la constitution. Il dépose une motion de censure contre le gouvernement Pompidou, qui doit démissionner. Mais de Gaulle dissout l'Assemblée et nomme un nouveau gouvernement Pompidou.

Finalement, le oui l'emporte avec 62 % des suffrages. Les institutions ne sont pas modifiées en soi, mais le président de la République n'est plus un arbitre mais un chef de parti.

c. Un pouvoir stable

Le pouvoir gaullien reste stable. Le scrutin majoritaire, rétabli par rapport au scrutin proportionnel en vigueur sous la IVe République, favorise des majorités stables à l'Assemblée.

Les gaullistes dominent toute la vie politique dans les années 1960, malgré l'opposition des communistes et des socialistes (Mitterrand).

3 Les débuts de la Ve République : indépendance, modernisation et contestation politique

A. La modernisation de la France

a. Une politique agricole moderne

Deux lois de 1960 et 1962 visent à moderniser l'agriculture. L'objectif est de favoriser l'endettement des agriculteurs pour qu'ils puissent s'équiper en machines (tracteurs). Elles permettent aussi aux agriculteurs âgés de partir à la retraite tout en facilitant l'installation des plus jeunes.

C'est cette politique qui a favorisé l'intensification de l'agriculture, notamment en Bretagne (élevages hors-sol, utilisation d'engrais et de pesticides).

b. Une politique industrielle

Ces transformations avaient déjà été à l'œuvre à partir de 1945, mais elles se poursuivent.

L'État encourage le passage à l'énergie pétrole ainsi qu'à l'énergie nucléaire. En 1963, la centrale nucléaire de Chinon est mise en service.

L'État, dans le cadre de la planification, encourage à la concentration d'entreprises. Il favorise aussi la recherche, notamment dans le domaine informatique ou aéronautique. En 1969, la France est ainsi à l'origine du premier avion supersonique, le Concorde. En 1967, le plan Calcul vise à encourager la recherche en informatique française.

c. L'aménagement du territoire

L'État crée de nouveaux moyens de transport, comme les autoroutes. L'autoroute A10 est entamée en 1960.

Il lance aussi une politique d'aménagement touristique. La mission Racine débute ainsi en 1963, avec pour objectif de développer des stations touristiques sur le Languedoc et le Roussillon. Des stations de ski sont également érigées.

B. Politique de grandeur et indépendance

a. Une politique de grandeur

La France se dote de l'arme atomique en 1960 (bombe A) puis en 1968 (bombe H). Elle acquiert également le matériel nécessaire pour transporter et larguer la bombe (sous-marins…).

De Gaulle refuse que le gouvernement américain puisse dicter la politique française. En 1966, la France se retire ainsi du commandement intégré de l'OTAN.

De Gaulle donne aussi à la diplomatie française une allure plus tiers-mondiste : il voyage en Amérique latine, en Asie et prend position en faveur des Arabes, contre Israël, au Moyen-Orient. En 1967, à Québec, il improvise un « Vive le Québec libre » qui refroidit les relations avec les États-Unis.

b. L'achèvement de la décolonisation

De Gaulle octroie l'indépendance aux dernières colonies d'Afrique subsaharienne. En 1958, il propose aux territoires d'outre-mer de rester français dans le cadre de la Communauté française (qui remplace l'Union française, sous la IVe République). Tous les pays acceptent, sauf la Guinée, qui devient indépendante. Mais face à une autonomie finalement trop faible, les pays demandent leur indépendance et l'obtiennent en 1960. Mais de Gaulle organise la « Françafrique », c'est-à-dire un réseau de relations occultes entre la France et les anciennes colonies afin de maintenir la puissance française. Jacques Foccart dirige ainsi la cellule africaine de l'Élysée.

En ce qui concerne l'Algérie, de Gaulle décide la politique d'autodétermination en 1959 : les Algériens choisiront entre la francisation (l'Algérie deviendra française), la sécession (indépendance) ou l'association (autonomie dans un cadre large). Les accords sont signés en mars 1962 : ils prévoient un cessez-le-feu, l'organisation d'un référendum en Algérie et des liens de coopération entre les deux pays. Mais les attentats de l'OAS radicalisent les deux camps. 800 000 pieds-noirs (Français présents en Algérie) quittent l'Algérie pour la France en 1962.

c. Ouverture à l'Est et unionisme européen

Dans le cadre de sa politique d'indépendance, de Gaulle tente de s'ouvrir à l'Est. La France reconnaît la République populaire de Chine en 1964. De Gaulle reçoit Khrouchtchev, chef de l'URSS, en 1960 et se rend en URSS en 1966.

Sur le plan européen, de Gaulle refuse la supranationalité et reste unioniste. Il veut une Europe des « patries ». En 1963, il signe avec la RFA le traité de l'Élysée, qui prévoit une coopération encore plus étroite, notamment culturelle, entre les deux pays. En 1965, de Gaulle inaugure une crise grave en Europe. Il pratique la politique de la chaise vide, refusant la modification de la règle de prise de décision à l'unanimité. Il obtient satisfaction en 1966 lors du compromis de Luxembourg.

C. La contestation du pouvoir gaullien et le départ de de Gaulle

a. Le rôle des communistes

Le PCF est le principal opposant à de Gaulle. Mais le parti voit son nombre de députés diminuer en raison du scrutin majoritaire. Plusieurs figures se succèdent à la tête du parti Thorez, Waldeck-Rochet.

b. L'opposition socialiste et centriste

Les socialistes s'organisent peu à peu. En 1965, lors de la première élection présidentielle au suffrage direct, Mitterrand, candidat unique de la gauche, réussit à empêcher l'élection de de Gaulle dès le premier tour. Ce dernier est finalement élu avec 55 % des voix au second tour, ce qui confirme une certaine usure du pouvoir.

Les centristes se mettent également dans l'opposition, car ils sont fédéralistes sur le plan européen et ils ne supportent plus les critiques de de Gaulle contre les institutions européennes.

c. Mai 68 et la démission de de Gaulle en 1969

En mai 68, étudiants puis ouvriers et salariés descendent dans la rue pour protester contre les blocages de la société et les excès de l'autoritarisme. Le pouvoir de de Gaulle est contesté, notamment dans le slogan « 10 ans, ça suffit ».

Pourtant, de Gaulle réussit à redresser la situation. Après avoir dissous l'Assemblée, il remporte les élections.

En avril 1969, il annonce un référendum sur la création des régions et la réforme du Sénat. Le non l'emporte et de Gaulle démissionne le lendemain.

Conclusion

La tradition républicaine française a été quelque peu mise à mal par une Ve République qui donne une part plus large au pouvoir exécutif et au président. Mais cette République a permis, après avoir restauré l'État, de mettre en place une politique visant à restaurer la puissance française, même si celle-ci demeure au rang de puissance moyenne. En 1969, Pompidou, gaulliste, succède finalement à de Gaulle jusqu'à sa mort en 1974. C'est ensuite Valéry Giscard d'Estaing, issu de la droite libérale mais non gaulliste, qui lui succède.

À RETENIR

- La IVe République a été instable et fut un régime détesté par les Français.
- Beaucoup affirment que la IVe République a échoué à cause de mauvaises institutions. En réalité, les historiens pensent qu'elle a été fragilisée de l'intérieur par les oppositions mais aussi à l'extérieur par les mutations profondes dans les relations internationales.
- Sous la IVe République, le pouvoir législatif l'emporte, alors que sous la Ve République, c'est le pouvoir exécutif.
- De Gaulle incarne le retour à l'ordre lorsqu'il est rappelé au pouvoir en 1958 dans le contexte de la crise algérienne. Pour lui, le rétablissement d'un État fort est un préalable à une politique de puissance.
- La Ve République correspond à une volonté de puissance, mais la France n'en a plus véritablement les moyens. Elle cherche cependant à rester la plus indépendante possible vis-à-vis des États-Unis.
- Le pouvoir gaullien s'érode peu à peu.

BIBLIOGRAPHIE

BECKER Jean-Jacques, *Histoire politique de la France depuis 1945*, Armand Colin, 2015.
ELGEY Georgette, *Histoire de la IVe République*, 6 tomes, Robert Laffont, 2018.
SIRINELLI, Jean-François, *La France de 1914 à nos jours*, PUF, 2014.
SIRINELLI, Jean-François, *La Ve République*, PUF, « Que sais-je ? », 2008.

CHAPITRE 6

Une nouvelle donne géopolitique : bipolarisation et émergence du tiers-monde, de 1945 aux années 1970

L'ESSENTIEL EN DATES

1947 : création du Kominform et mise en place du plan Marshall.
1947 : indépendance de l'Inde par la négociation, mais heurts violents entre communautés hindoues et musulmanes.
1948-1949 : première crise de Berlin (blocus).
1949 : OTAN.
1950 : traité d'amitié entre la Chine et l'URSS.
1954-1962 : guerre du Vietnam.
1955 : pacte de Varsovie.
1955 : conférence de Bandoung.
1958 : Grand Bond en avant en Chine. Rupture sino-soviétique.
1960 : indépendance de la plupart des colonies françaises d'Afrique subsaharienne.
1960 : création de l'OPEP.
1961 : 2e crise de Berlin (construction du mur).
1961 : conférence de Belgrade.
1962 : crise de Cuba. Indépendance de l'Algérie.
1964 : création des CNUCED.
1964-1973 : les États-Unis interviennent dans la guerre du Vietnam.
1967 : guerre des Six Jours.
1973 : guerre du Kippour.
1975 : le Vietnam, le Laos et le Cambodge deviennent communistes.

De 1945 aux années 1970, le monde entre dans l'ère de la guerre froide. On entend par là un affrontement idéologique et indirect entre deux modèles : celui des États-Unis, fondé sur la démocratie libérale, le capitalisme et la société de consommation ; et celui de l'URSS reposant sur le marxisme-léninisme et sur le communisme. Elle dure de 1947 à 1991, date de la chute de l'URSS.

Le monde tend donc à se bipolariser. Mais de nouveaux acteurs apparaissent progressivement, à la faveur de la décolonisation et de l'affirmation du tiers-monde, et notamment la Chine.

1 Guerre froide et bipolarisation du monde

A. La mise en place des blocs de la guerre froide

a. Des organisations économiques et militaires

À l'Ouest, on crée en 1948 l'OECE pour gérer les fonds du plan Marshall. Sur le plan militaire, en 1949, l'OTAN est mise en place. D'autres traités sont passés entre les États-Unis et d'autres régions du monde : OTASE avec l'Asie du Sud-est en 1955, pacte de Bagdad avec des pays du Moyen-Orient en 1955.

À l'Est, le CAEM (Conseil d'aide économique mutuel) ou COMECON est l'organe d'intégration économique, créé en 1949. Il permet surtout à l'URSS de tirer profit des richesses des démocraties populaires (pays d'Europe de l'Est sous domination soviétique). En 1955, le pacte de Varsovie intègre les armées du bloc oriental.

b. Le rôle de la propagande et de l'espionnage

La propagande est un outil puissant de critique de l'autre. Des affiches se multiplient. Côté occidental, on critique le communisme, l'URSS et l'absence de liberté qui y règne. Côté Est, les États-Unis sont critiqués, car ils cherchent à encercler en permanence l'URSS. On leur reproche leur impérialisme.

Le renseignement se développe dans le cadre d'agences telles que la CIA ou la NSA aux États-Unis et le KGB en URSS. Le but est d'obtenir des informations en posant des micros ou en recrutant des « taupes ». Les Cinq de Cambridge étaient ainsi cinq étudiants de l'université britannique qui ont été retournés par le KGB et qui ont travaillé pour l'URSS pendant la guerre froide. Les États-Unis ont mis au point des avions furtifs, comme les U2.

B. Les premiers affrontements

a. La première crise de Berlin en 1948-1949

À la suite du coup de Prague, en 1948, les trois zones occidentales allemandes décident de se regrouper et de se donner une monnaie commune. Cela déplaît à Staline qui espère récupérer la partie ouest de Berlin, en plein milieu de sa zone d'occupation.

Pour cela, il déclenche en juin 1948 le blocus terrestre des voies reliant Berlin-Ouest et l'Allemagne de l'Ouest. Les Américains ripostent par un pont aérien destiné à aller ravitailler les Berlinois. La tension monte, mais finalement Staline cède en mai 1949. Il s'ensuit la création des deux Allemagnes : la RFA (République fédérale allemande) à l'Ouest et la RDA (République démocratique d'Allemagne) à l'Est.

b. La guerre de Corée de 1950 à 1953

En 1950, après un incident de frontière, la Corée du Nord attaque la Corée du Sud qui est rapidement débordée. Les États-Unis profitent de l'absence de l'URSS au Conseil de sécurité de l'ONU pour faire voter une intervention des Casques bleus afin de défendre les Sud-Coréens. Les Américains interviennent ainsi et contre-attaquent, les Nord-Coréens étant littéralement débordés. Mao décide alors d'envoyer 2 millions de « volontaires chinois » afin de soutenir la Corée du Nord.

La situation se stabilise finalement le long du 38e parallèle nord. L'armistice est signé en juin 1953 à Panmunjeom. Le pays est durablement coupé en deux.

c. Mur de Berlin et crise de Cuba

En 1961, face à l'émigration importante de jeunes diplômés de l'Est vers l'Ouest, Khrouchtchev décide de faire construire le mur de Berlin en août 1961. Kennedy vient à Berlin-Ouest en 1963 pour soutenir la population, déclarant « Ich bin ein Berliner ».

En 1962, la plus grave crise éclate. Alors que Cuba est passé dans le camp socialiste depuis le coup d'État de Fidel Castro en 1959, un avion-espion américain montre que l'URSS est en train d'y installer des rampes de lancement de missiles pouvant atteindre de grandes villes américaines. Kennedy et Khrouchtchev négocient : l'URSS retire ses rampes de lancement et ses missiles, les États-Unis s'engagent à ne pas intervenir à Cuba et à retirer leurs bases de Turquie.

Focus LA GUERRE FROIDE, UNE COMPÉTITION SUR TOUS LES PLANS

La compétition est également économique. Les deux pays s'essoufflent dans leur course aux armements de plus en plus perfectionnés.

Sur le plan spatial, l'URSS l'emporte au départ. Elle envoie le premier satellite artificiel dans l'espace en 1957 (Spoutnik) et le premier homme (Y. Gagarine) en 1961. Les États-Unis tentent ensuite de combler leur retard. En 1969, ils effectuent une mission sur la Lune où N. Armstrong pose le pied sur cet astre.

Sur le plan sportif, la compétition est également très rude. La finale de basket-ball aux Jeux olympiques de Munich en 1972 a été très disputée puisqu'elle s'est jouée entre les États-Unis et l'URSS. Les premiers, invaincus, se sont pourtant inclinés à la dernière seconde du match.

C. De la coexistence pacifique à la détente

a. La mort de Staline et la coexistence pacifique

La mort de Staline, en 1953, tend à apaiser les relations internationales. Khrouchtchev lui succède et définit, en 1956, lors du XXe Congrès du PCUS, la notion de « coexistence pacifique ». C'est l'idée que les deux Grands peuvent cohabiter sans provoquer de tensions.

L'année 1956 représente bien la coexistence pacifique. Les deux Grands, préoccupés par les problèmes internes à leur bloc, font taire leurs oppositions. Les États-Unis ne réagissent pas lorsque l'URSS envoie les chars pour mater la révolte hongroise et les deux pays tombent d'accord pour arrêter l'intervention franco-britannique dans le cadre de la crise de Suez.

b. L'avènement de la Détente et ses manifestations

Les armements sont limités. En 1968, la majorité des pays du monde signe le TNP (traité de non-prolifération des armes nucléaires). En 1972, les accords SALT I viennent limiter l'arsenal d'armes stratégiques.

Des accords diplomatiques sont également conclus. En 1972, la RFA et la RDA signent le traité fondamental, pour faire suite à l'Ostpolitik (politique d'ouverture à l'Est) voulue par le chancelier de l'Ouest, Willy Brandt. Les deux pays se reconnaissent et entrent à l'ONU en 1973. De même, la République populaire de Chine remplace Taïwan à l'ONU en 1971, après un rapprochement avec les États-Unis. Ces derniers reconnaissent officiellement la RPC en 1979.

c. Des limites importantes

Pourtant, cette Détente n'est pas totale. Des traités ne sont pas ratifiés (comme les accords SALT II en 1979) ou sont mal appliqués (comme les accords d'Helsinki qui prévoient, en 1975, le respect des libertés et droits de l'Homme par les partis signataires, dont l'URSS).

Des conflits ont toujours lieu, comme la guerre du Vietnam. Les États-Unis décident d'intervenir contre le Vietminh au nord et les Vietcongs au sud (communistes en zone contrôlée par les Américains) à partir de 1964. Mais ils s'enlisent rapidement dans ce que l'on commence à appeler une « sale guerre ». Nixon signe finalement les accords de Paris en 1973, où il retire son pays du conflit. Cela dit, en 1975, l'ensemble du Vietnam et de la péninsule indochinoise devient communiste.

2 Décolonisation et émergence du tiers-monde

A. Des facteurs favorables à la décolonisation après 1945

a. L'affaiblissement des métropoles européennes

Les pays européens ont été considérablement affaiblis pendant la Seconde Guerre mondiale. La France a témoigné du fait qu'elle pouvait être rapidement vaincue, comme ce fut le cas en 1940.

De plus, les peuples colonisés ont, comme pour la Première Guerre mondiale, aidé leurs métropoles. En 1942, l'Inde a négocié son aide au Royaume-Uni dans le cadre du mouvement « Quit India ».

b. Le développement de mouvements nationalistes

Parallèlement, les sentiments nationalistes s'exacerbent. Des mouvements avaient ainsi été créés dans l'entre-deux-guerres : en Algérie, Messali Hadj fonde le mouvement de l'Étoile nord-africaine en 1926, devenu PPA (Parti du peuple algérien), puis MTLD (Mouvement pour le triomphe des libertés démocratiques). En Tunisie, Habib Bourguiba anime le néo-Destour.

c. Le soutien de diverses autorités

L'ONU et les deux Grands soutiennent le mouvement de décolonisation. L'ONU devient une véritable tribune pour les pays non émancipés, au nom du droit des peuples à disposer d'eux-mêmes. Les États-Unis et l'URSS favorisent aussi la décolonisation, car ils espèrent que les nouveaux pays se rangeront dans leur camp.

Les Églises et les intellectuels encouragent ce mouvement de libération. Des auteurs comme Frantz Fanon (*Les Damnés de la terre*, en 1961), Jean-Paul Sartre ou Albert Camus s'engagent en faveur de l'émancipation des peuples.

B. Des modalités de décolonisations différentes

a. Des décolonisations par la négociation

Plusieurs exemples d'indépendance ont été menés par la négociation. Ce fut le cas en 1947, lors de l'indépendance de l'Inde. En 1956, le Maroc et la Tunisie obtiennent de la France leur indépendance, tandis que le processus se déroule en Afrique subsaharienne entre 1958 et 1960.

Globalement, la décolonisation des peuples soumis au Royaume-Uni s'est plutôt bien passée, malgré les heurts au Kenya dans les années 1950 (tribu des Mau-Mau).

Cela dit, l'après-indépendance peut être difficile. En Inde, le départ du colonisateur britannique a entraîné de violents heurts entre hindous et musulmans. Cela a abouti à la partition du pays en deux : l'Inde, majoritairement hindouiste et le Pakistan, essentiellement musulman.

b. Des décolonisations violentes

La France a dû affronter deux violentes guerres de décolonisation, dont celle avec l'Algérie qui s'est déroulée de 1954 à 1962. L'image de la France a été entachée à cause de l'utilisation de la torture par la police et l'armée françaises. La guerre aurait fait environ 250 000 morts et la France s'est profondément divisée sur cette question.

Des violences ont également eu lieu lors de la décolonisation plus tardive de colonies portugaises en 1975. Depuis les années 1960, des guérillas, notamment communistes, tentaient de s'opposer au pouvoir en place. L'indépendance s'est d'ailleurs souvent assortie, en Angola ou au Mozambique, d'une guerre civile entre communistes et partisans des États-Unis.

C. Les tentatives d'affirmation du tiers-monde et leurs limites

a. Le mouvement des non-alignés

Les pays nouvellement indépendants tentent de peser pour terminer le processus de décolonisation. En 1955, la conférence de Bandoeng est réunie. Les pays d'Asie proclament leur solidarité avec l'Afrique dans leur mouvement d'émancipation. Des leaders apparaissent comme Nehru (Inde), Sukarno (Indonésie), Nasser (Égypte).

D'autres conférences ont ensuite lieu, notamment la conférence de Belgrade en 1961. Celle-ci pose les bases du mouvement des non-alignés. Ces nouveaux pays ne veulent pas avoir à choisir entre l'un ou l'autre des deux blocs.

Pourtant, le non-alignement échoue globalement. D'abord, des pays communistes sont présents parmi les non-alignés, à l'image de la Chine, qui rêve d'en être le leader, de Cuba ou de la Yougoslavie. Ensuite, les difficultés politiques et économiques de ces pays (question de la faim, de l'alphabétisation) empêchent d'être réellement indépendants sans avoir recours aux aides extérieures.

À l'ONU, les pays nouvellement indépendants forment le « groupe des 77 », pour montrer qu'ils sont susceptibles de peser dans les relations internationales par leur nombre.

b. Des tentatives d'organisation économique

Ces pays nouvellement indépendants tentent des stratégies de développement différentes. Certains s'approchent du modèle soviétique en adoptant le modèle des « industries industrialisantes ». L'Inde ou l'Algérie ont ainsi misé sur l'industrie lourde dans l'espoir que cela ait un effet d'entraînement sur l'ensemble de leur économie.

D'autres pays ont fait le choix de l'industrialisation par substitution aux importations. En Amérique latine, des pays comme l'Argentine, le Brésil, le Chili ou le Mexique décident de s'industrialiser afin d'éviter d'avoir à importer. En Asie, la stratégie est plutôt de développer les exportations. Des pays comme Singapour, Taïwan ou la Corée du Sud adoptent ce modèle, qui a eu le plus de succès.

Certains pays s'unissent. En 1960, l'Organisation des pays exportateurs de pétrole (OPEP) est créée autour de l'Iran, du Koweït, de l'Arabie saoudite, de l'Irak et du Venezuela. Le but est de s'entendre pour obtenir des prix acceptables. En 1973, lors du premier choc pétrolier, ces pays décident de restreindre leur production, afin de faire monter les prix (ils quadruplent en quelques mois).

En 1964, à l'ONU, on assiste à la création des CNUCED (conférences des Nations unies sur le commerce et le développement) afin de remédier au problème de l'échange inégal, sans succès véritable.

Focus **L'ÉCHANGE INÉGAL**

Les pays du tiers-monde, expression forgée par Alfred Sauvy en 1952, vendent généralement leurs matières premières, dont les prix sont fixés au Nord, dans les pays riches. Ils restent donc globalement bas.

En revanche, les pays riches vendent aux pays pauvres des biens manufacturés à forte valeur ajoutée.

Il s'ensuit un endettement croissant de ces pays qui ne cesse d'être dénoncé.

c. Les limites de l'affirmation

L'affirmation du tiers-monde reste mitigée. Les pays ne parviennent pas à adopter une stratégie commune. De plus, ils prennent des voies économiques très différentes, de sorte qu'aucune communauté d'intérêt ne peut apparaître entre eux.

Certains pays s'en sortent bien, comme les dragons asiatiques (Corée du Sud, Taïwan, Singapour, Hong Kong), tandis que d'autres s'engluent dans le mal-développement (nombre de pays d'Afrique), soumis à diverses formes de néo-colonialisme.

3 La Chine de Mao, l'affirmation d'un nouvel acteur des relations internationales

A. De 1945 à 1949, guerre civile et victoire des communistes

a. Un pays ravagé par les guerres

La guerre contre les Japonais, pendant la Seconde Guerre mondiale, et leur occupation d'une partie du pays laissent la Chine exsangue en 1945. Pourtant, malgré les pourparlers, le Guomindang (parti nationaliste) et le PCC (parti communiste chinois) ne réussissent pas à s'entendre. La guerre civile reprend donc de 1946 à 1949.

Le bilan est très lourd pour la Chine : l'économie est au plus bas : des millions d'hectares de terres sont inutilisables par suite de la destruction des digues et des canaux ; la principale zone industrielle, la Mandchourie, a été démantelée par les Soviétiques en 1945-1946. Le réseau ferroviaire, déjà insuffisant, est largement détruit.

b. La victoire des communistes en 1949 et ses conséquences

Le 1er octobre 1949, les communistes l'emportent finalement, contre toute attente. Mao devient le chef d'État de la République populaire de Chine.

Les troupes nationalistes se réfugient à Taïwan, protégés par les États-Unis. Ils ont emporté avec eux l'ensemble de la flotte commerciale et l'or de la banque centrale. Une partie des élites a suivi, ce qui désorganise encore plus la Chine continentale.

B. De 1949 à 1958 : la Chine dans l'orbite de l'URSS

a. La signature du traité d'amitié avec l'URSS en 1950

Isolée sur un plan diplomatique (puisqu'elle n'est reconnue que par le bloc communiste et quelques pays), la Chine a besoin de l'alliance soviétique. Un traité d'amitié est donc signé en 1950. Il prévoit une coopération militaire et économique entre les deux pays. La Chine y gagne une aide financière (de 300 millions de dollars) et technique (prise en charge de grands projets industriels), mais se place désormais en politique extérieure dans le sillage de son puissant allié.

Pourtant, il ne faut pas exagérer la portée de ce traité. La priorité de Staline reste l'Europe.

b. Un modèle économique et politique calqué sur Moscou

La République populaire de Chine (RPC) adopte le modèle économique soviétique. Il repose sur la collectivisation de l'agriculture et sur la nationalisation de l'industrie, avec priorité à l'industrie lourde. Le premier plan quinquennal (1953-1957) témoigne de ces choix. Le secteur industriel privé, qui représentait encore en 1952 environ 40 % de la production industrielle, a pratiquement disparu dès la fin de l'année 1956.

Sur le plan politique, la constitution de 1954 précise que le PCC domine l'ensemble de la vie politique. Les dirigeants communistes accentuent la prise en main de l'opinion dans le cadre de vastes campagnes de masse qui visent à éliminer les opposants ou à faire régner la terreur. Ainsi, la campagne d'élimination des « contre-révolutionnaires » (agents du Guomindang, grands propriétaires) fait de 800 000 à 3 millions de victimes entre 1949 et 1952.

c. Des interventions asiatiques

Dénuée de puissance, la Chine ne peut rayonner que sur un plan très local. En 1950, elle envahit le Tibet, une province qui était placée sous sa dépendance du temps de l'empire et qui, de fait, était devenue quasi indépendante depuis 1912. Cela entraîne d'ailleurs une opposition avec l'Inde.

De plus, l'URSS demande à la Chine d'intervenir dans des conflits localisés. C'est le cas pendant la guerre de Corée (1950-1953), où ses « volontaires nationaux » permettent à la Corée du Nord de contre-attaquer, mais aussi, plus discrètement, pendant la guerre d'Indochine (1946-1954).

C. De 1958 à 1978 : la rupture avec l'URSS et les tentatives d'affirmation de la puissance

a. Le Grand Bond en avant et ses conséquences

En 1958, Mao lance le Grand Bond en avant, affirmant que la Chine devait « marcher sur ses deux jambes ». Il entend ainsi déroger au schéma soviétique, qui privilégie l'industrie lourde, au profit d'un modèle plus équilibré, reposant sur l'agriculture et l'industrie. On crée alors 27 000 communes populaires, comprenant chacune environ 5 000 familles qui doivent vivre en autarcie et en communauté.

Mais les résultats sont catastrophiques, en raison de catastrophes climatiques mais aussi d'erreurs humaines. Les récoltes de 1959, 1960 et 1961 sont dérisoires. La famine fait 15 millions de victimes.

Le Grand Bond en avant témoigne de la rupture sino-soviétique. Depuis la mort de Staline et les tentatives de réformes de Khrouchtchev, à partir de 1956, l'URSS est accusée de trahir les idéaux de la révolution mondiale et la Chine prétend vouloir incarner ce modèle. En 1962, il est également reproché à l'URSS d'avoir cédé devant les États-Unis dans le cadre de la crise de Cuba.

b. L'éviction de Mao et la Révolution culturelle

À la suite de cet échec, Mao semble écarté du pouvoir. En 1959, c'est Liu Shaoqi qui devient président de la République populaire de Chine.

Afin de reconquérir son pouvoir, Mao lance en 1966 la Révolution culturelle. Cette « révolution dans la révolution » a pour but officiel de briser les dérives bourgeoises des élites politiques, mais cela dégénère en guerre civile. Mao apparaît comme un héros révolutionnaire qui fait de la société chinoise une société égalitaire brisant les hiérarchies élitistes. Elle développe un culte de la personnalité très fort. *Le Petit Livre rouge*, paru en 1964, est le principal outil de propagande idéologique. Ce retour au pouvoir semble réussi puisque Liu Shaoqi est évincé en 1967.

c. Des avancées sur le plan diplomatique

Le rayonnement de la RPC se développe. Le maoïsme se diffuse grâce au *Petit Livre rouge*, traduit en 36 langues et publié à partir de 1967 à plusieurs centaines de millions d'exemplaires. Il séduit nombre d'intellectuels occidentaux, à l'image de Jean-Paul Sartre et de nombreux mouvements étudiants de mai 68.

La Chine obtient aussi une reconnaissance internationale. Zhou Enlai, Premier ministre, entame une tournée en Afrique en 1963-1964, où il obtient de grands succès. La RPC obtient la bombe atomique en 1964 (bombe A, puis bombe H en 1967), en même temps que la reconnaissance diplomatique de la France. En 1971, la RPC entre à l'ONU en lieu et place de Taïwan.

Enfin, elle entend être le leader du tiers-monde, nouvellement indépendant. En 1974, à la tribune de l'ONU, Deng Xiaoping, alors vice-Premier ministre, prononce un discours mettant en avant la théorie des trois mondes. Le modèle chinois tend de plus en plus à séduire certains pays, comme ce fut le cas pour la Tanzanie.

NOTION-CLÉ **LA THÉORIE DES TROIS MONDES, SELON DENG XIAOPING**

Alors que le mouvement de décolonisation est largement engagé et que la Chine se considère comme un pays du tiers-monde, Deng définit trois mondes. Le premier est constitué des deux Grands, c'est-à-dire des États-Unis et de l'URSS. Le second monde est composé des pays dominés par ce premier cercle, à savoir l'Europe, le Canada, l'Australie. Le troisième monde, celui du tiers-monde, doit se tenir à l'écart et la Chine entend être son leader naturel en lui proposant des solutions adaptées.

Ces avancées ne permettent toutefois pas à la Chine d'être une véritable puissance. Son économie ne suit pas et elle reste clairement un pays pauvre. Les changements véritables ont lieu après la mort de Mao en 1976 et à la suite de la prise de pouvoir par Deng Xiaoping, en 1978.

DATE-CLÉ **L'ANNÉE 1968 : UNE ANNÉE DE RUPTURES**

L'année 1968 est d'abord une année de contestations contre la guerre du Vietnam, la société de consommation, l'impérialisme américain et toute autre forme de domination. Plusieurs mouvements se mettent en place un peu partout dans le monde : États-Unis, RFA, Italie, mais aussi au Japon ou en France. Au Japon, le mouvement des Zengakuren, les étudiants japonais, s'oppose à la tutelle américaine et constitue le mouvement le plus long de cette année. En France, les étudiants manifestent pendant tout le mois de mai 1968, luttant contre la volonté de mettre en place la sélection à l'université et contre toute forme d'autorité. Les étudiants sont rejoints par les ouvriers, à tel point que l'on compte, au milieu du mouvement, entre 9 et 10 millions de personnes dans la rue. Mais ces mouvements de contestation se retrouvent aussi à l'Est ou dans le tiers-monde. En Tchécoslovaquie, le Printemps de Prague tente de libéraliser le pays, mais la répression est terrible. Au Mexique, les autorités répriment également violemment lors du massacre de Tlatelolco, sur la place des Trois-Cultures, à Mexico, faisant environ 300 morts.

Mais l'année 1968 est aussi le témoin de la détente entre les deux Grands, tant les dissensions à l'intérieur des blocs restent fortes.

On dit enfin souvent que l'année 1968 est une année de changements. C'est plutôt une année symbolique qui vient entériner des changements à l'œuvre depuis le milieu des années 1960.

4 Les conflits au Proche et au Moyen-Orient de 1945 aux années 1970

A. La multiplication des conflits israélo-arabes (1948-1973)

a. La première guerre israélo-arabe (1948-1949)

Dès la création de l'État d'Israël, en mai 1948, les pays arabes déclenchent une guerre, protestant contre le plan de partage de la Palestine. L'Égypte, la Syrie et la Jordanie sont à la pointe de la lutte.

En 1949, la victoire est pourtant totale pour Israël, qui a conquis des territoires. La Palestine n'existe plus : Gaza a été annexé par l'Égypte et la Cisjordanie par la Jordanie.

b. La guerre des Six Jours en 1967

La crise de Suez, en 1956, où Israël avait, en collaboration avec la France et le Royaume-Uni, attaqué l'Égypte, a envenimé les choses. En 1967, alors que Nasser, à la tête de l'Égypte, prépare une attaque, Israël décide de mener une action préventive. En quelques jours, les pays arabes sont débordés et Israël quintuple son territoire, annexant Gaza, le désert du Sinaï, la Cisjordanie et le plateau du Golan.

L'ONU, dans sa résolution 242, demande à Israël d'évacuer les territoires occupés, en vain.

c. La guerre du Kippour en 1973

En 1973, Sadate, nouveau président égyptien depuis la mort de Nasser en 1970, lance une offensive-surprise contre Israël. Un temps débordé, le pays contre-attaque rapidement et l'emporte à nouveau sur la coalition des pays arabes.

La résistance palestinienne s'organise autour de l'OLP (Organisation de libération de la Palestine), créée en 1964 et de son chef, Yasser Arafat. En 1972, le mouvement Septembre noir (mouvement de réfugiés palestiniens) assassine 11 sportifs de la délégation israélienne, aux Jeux olympiques de Munich en 1972.

B. Des tensions liées aux interventions étrangères, à la guerre froide et aux ressources

a. Un espace divisé par la guerre froide

Les États-Unis soutiennent Israël, l'Arabie saoudite, la Turquie, l'Irak et l'Iran (jusqu'en 1979). La Turquie devient membre de l'OTAN en 1952 et les États-Unis y installent des bases militaires. Ils signent le pacte de Bagdad en 1955, qui intègre l'Irak, l'Iran, le Pakistan et la Turquie. L'URSS soutient quant à elle l'Égypte, la Syrie, le Yémen et défend officiellement la cause palestinienne.

Mais ces alliances ne sont pas figées et il existe des retournements de situation. En 1979, la révolution iranienne fait passer l'Iran dans le camp soviétique.

b. Un espace dominé par les États-Unis

Alors que traditionnellement, la France et le Royaume-Uni étaient très présents dans la zone, par le biais de leurs colonies, ce sont les États-Unis qui s'y établissent après 1945. La même année, ils signent le pacte du Quincy avec l'Arabie saoudite : les États-Unis s'engagent à protéger militairement le pays, en échange de leur accès au pétrole.

c. D'autres facteurs de tensions

L'accès aux ressources importantes en pétrole ou en gaz naturel est jugé capital.

Les luttes entre communautés sont également importantes. Au Liban, la guerre civile éclate en 1975 et dure jusqu'en 1990. Elle oppose les chrétiens aux réfugiés palestiniens soutenus par les musulmans.

Enfin, des oppositions géopolitiques existent. En 1974, l'île de Chypre est partagée en deux : au nord, une zone contrôlée par la Turquie, au sud, la zone grecque, aujourd'hui indépendante.

Conclusion

Les relations internationales se sont complexifiées à partir de 1945. Si les États-Unis appellent de leurs vœux un nouvel ordre mondial, fondé sur la paix, celle-ci n'existe pourtant pas réellement. La guerre froide témoigne d'autres formes de tensions, tandis que les affrontements directs ou indirects, liés à la décolonisation, font rage. Parallèlement, certains pays du tiers-monde tendent à s'affirmer, comme la Chine, tandis que le Moyen-Orient, zone de plus en plus convoitée, devient un espace très belligène.

À RETENIR

- La guerre froide divise le monde en deux blocs (bipolarisation) de façon durable.
- La guerre froide n'est pas immuable. La coexistence pacifique est possible dès 1953 et la détente se met en place en 1962.
- La décolonisation se met véritablement en place après 1945 et se déroule de façon pacifique ou par la violence.
- Certaines guerres de décolonisation sont particulièrement meurtrières : guerre d'Indochine (1946-1954) et guerre d'Algérie (1954-1962).
- Le départ de l'ancien colonisateur peut entraîner des violences : heurts des populations, comme en Inde.
- La Chine s'allie d'abord avec l'URSS car elle est affaiblie, puis elle rompt avec Moscou en 1958.
- La Chine tente de développer sa puissance mais sans grand succès. Elle reste un pays pauvre jusqu'à la fin des années 1970.
- La question israélo-palestinienne cristallise les oppositions. Les guerres se multiplient et les Palestiniens se radicalisent.

BIBLIOGRAPHIE

DUPONT Anne-Laure, MAYEUR-JAOUEN Catherine, VERDEIL Chantal, *Histoire du Moyen-Orient du XIXe siècle à nos jours*, Armand Colin, 2016.

MICHEL Marc, *Décolonisations et émergence du tiers-monde*, Hachette, collection Carré Histoire, 2005.

ROUX Alain, XIAO-PLANES Xiaohong, *Histoire de la République populaire de Chine*, Armand Colin, 2018.

VAISSE Maurice, *Les Relations internationales depuis 1945*, Armand Colin, 2019.

CHAPITRE 7

La modification des grands équilibres économiques et politiques mondiaux des années 1970 à 1991

L'ESSENTIEL EN DATES

1971 : Nixon suspend la convertibilité du dollar en or.
1973 : premier choc pétrolier.
1974 : scandale du Watergate. Démission de Nixon.
1974 : fin de la dictature des colonels en Grèce et révolution des œillets au Portugal.
1975 : mort de Franco. Début de la démocratisation de l'Espagne.
1976 : accords de Kingston. Fin des accords de Bretton Woods.
1978 : Deng Xiaoping au pouvoir en Chine. Politique des « quatre modernisations ». Économie socialiste de marché.
1979 : révolution iranienne et 2e choc pétrolier.
1979-1990 : Margaret Thatcher au pouvoir au Royaume-Uni.
1981-1989 : Reagan au pouvoir aux États-Unis. Politique libérale.
1983 : tournant de la rigueur en France.
1985 : Gorbatchev au pouvoir. Perestroïka en URSS.
9 novembre 1989 : chute du mur de Berlin.
Décembre 1991 : Gorbatchev dissout l'URSS.

Les années 1970 constituent une rupture dans l'histoire économique et politique du monde. Elles témoignent d'un retour de l'idéologie ultra-libérale en économie et d'un mouvement qui amorce la fin de la guerre froide. Parallèlement, la construction européenne s'élargit et s'approfondit à mesure que l'Europe se démocratise.

1 La crise économique des années 1970 et la nouvelle donne économique

A. Les facteurs de la crise des années 1970

a. Le choc pétrolier de 1973

En 1973, les pays arabes, menés par l'Égypte et la Syrie, attaquent Israël par surprise. Mais ils sont à nouveau défaits par les troupes de Tsahal, l'armée israélienne.

En conséquence, les pays de l'OPEP décident d'utiliser l'arme économique. Les États occidentaux, qui soutiennent Israël, sont très dépendants d'un pétrole bon marché. Ils décident donc de diminuer leur production, afin de faire monter les prix. Ils quadruplent entre octobre 1973 et mars 1974, passant de 2,5 dollars à 11,5 dollars le baril.

Cela entraîne un renchérissement des coûts pour les entreprises, qui favorise une récession. Un nouveau choc pétrolier se produit en 1979, en conséquence de la révolution iranienne.

b. Les dérèglements monétaires et la crise du système de Bretton Woods

Le système de Bretton Woods, qui reposait sur le dollar, est mis à mal dans les années 1960. Les États-Unis ont multiplié leur masse monétaire en dollars en créant de la monnaie. Ils dépensent ces dollars en Europe mais aussi au Moyen-Orient (où ils achètent surtout du pétrole). Or, la confiance en l'économie américaine commence à être ébranlée et de plus en plus de dollars sont échangés contre de l'or, ce qui fait fondre les réserves de la banque fédérale américaine.

En 1971, Nixon décide alors de suspendre la convertibilité du dollar en or. En 1976, lors des accords de Kingston, on entérine la fin des accords de Bretton Woods et le retour aux changes flottants (les taux de change entre les monnaies sont fixés par l'offre et la demande, contrairement aux taux de change fixes, comme dans le système de Bretton Woods).

c. D'autres facteurs

Le demande en produits phares de la croissance des Trente Glorieuses (télévision, automobile, machine à laver, réfrigérateur) semble s'épuiser, puisque la majorité des ménages des pays développés sont équipés. Les marchés sont saturés. Or, il n'y a aucun autre produit susceptible d'entraîner une nouvelle phase de croissance.

Certains affirment aussi que la crise est due à la concurrence des pays asiatiques, qui commencent à émerger (les quatre dragons).

B. Une crise d'un type nouveau

a. Stagnation économique et chômage

On assiste à une grande dépression économique qui se manifeste par un effondrement du PIB (croissance négative de 1975 à 1980) et un affaiblissement du commerce international. La production industrielle chute de façon vertigineuse dans tous les pays industrialisés. Les faillites se multiplient.

On compte 30 millions de chômeurs dans l'OCDE en 1986. En France, on a 2 % de chômeurs en 1950-1973 contre 12 % en 1994-1998.

Cela entraîne une recomposition de la géographie économique. Les régions industrielles, autrefois florissantes, subissent de plein fouet la crise. C'est le cas dans le nord et l'est de la France, au nord-est des États-Unis par exemple.

b. Le développement de l'inflation

Par ailleurs, la nouveauté est que les prix continuent d'augmenter, ce qui accentue les effets de la crise. Les taux d'inflation dépassent 10 % dans les pays industrialisés jusque dans les années 1980. On parle de stagflation (stagnation économique et inflation).

c. Développement de l'endettement

On assiste à un surendettement sur le plan international. Les États-Unis sont les premiers débiteurs du monde, tandis que la dette des PVD a été multipliée par 12 entre les années 1970 et les années 1990.

Le Mexique, par exemple, fait face à une crise majeure en 1982. Ayant emprunté dans les années 1970 afin de se développer, il se trouve dans l'incapacité de payer ses dettes alors que les États-Unis ont relevé leurs taux d'intérêt en 1981. Cela inaugure une crise de la dette dans les pays émergents.

C. Des solutions néolibérales

a. L'échec des solutions keynésiennes

Les plans de relance keynésiens ne semblent plus fonctionner. Tout d'abord, si l'État investit de l'argent dans l'économie pour soutenir la demande, dans le cadre de la mondialisation qui est à l'œuvre, cela ne soutiendra pas nécessairement la demande puisque les consommateurs pourront acheter des produits importés.

En outre, la confiance semble ébranlée. Maintenir un revenu pendant quelque temps, malgré la crise, ne fonctionne pas bien, car les ménages épargnent ces revenus et ne le dépensent pas toujours.

La politique de relance, menée par Mitterrand en France entre 1981 et 1983 (augmentation des minimas sociaux, nationalisations) atténue les effets sociaux de la crise mais creuse le déficit. En 1983, Mitterrand, président socialiste, fait donc le choix de mesures libérales.

b. La généralisation du libéralisme

Dès les années 1980, face à ces échecs, beaucoup de pays lancent des politiques de rigueur : ils donnent la priorité à l'équilibre budgétaire et à la réduction de l'inflation. L'État se désengage, pour stimuler l'initiative privée (privatisation des entreprises publiques, libéralisation des prix et allègements fiscaux...).

Au Royaume-Uni, sous le gouvernement de la « dame de fer », de 1979 à 1990, on assiste à une politique très radicale : réduction de moitié du secteur public (800 000 salariés sont passés du privé au public), rééquilibrage du budget et remboursement progressif de la dette publique. De plus, elle opère une véritable dérégulation de l'économie (moins de lois intervenant dans le domaine économique) : ainsi les licenciements ont été facilités et les subventions aux entreprises ont été réduites. La contestation sociale a été grande, mais Thatcher est restée intransigeante.

Ronald Reagan pratique le même type de politique aux États-Unis entre 1981 et 1989.

FIGURES-CLÉS RONALD REAGAN ET DENG XIAOPING

Reagan (1911-2004) entame une carrière d'acteur avant de s'engager en politique. Gouverneur de la Californie, il est élu à la présidence américaine en 1980 et en 1984. Pour faire face à la crise, il met en place une politique ultralibérale, appelée Reaganomics. Affirmant que l'État n'est pas la solution mais qu'il est le problème, Reagan diminue toutes les dépenses (sauf dans le domaine militaire), réduit les impôts et toute forme de régulation tout en contrôlant l'inflation. Cette politique est soutenue par Milton Friedmann.

Deng Xiaoping (1904-1997), surnommé le « Petit Timonier », fut à la tête de la République populaire de Chine de 1978 à 1992. C'est lui qui mit en place les « quatre modernisations », c'est-à-dire une politique d'ouverture de la Chine aux capitaux étrangers, point de départ de son développement rapide.

c. Un bilan mitigé

Le bilan reste cependant mitigé au Royaume-Uni : les entreprises qui ont survécu ont vite renoué avec les bénéfices, la productivité s'est améliorée, même si une grande partie des industries a été anéantie. Surtout, les inégalités ont été accrues entre les personnes et entre les régions. Il y a aussi eu baisse de la qualité de l'enseignement et de la formation, dégradation des infrastructures.

La reprise de la croissance, dans les années 1980, est plus qu'incertaine. Dans tous les pays riches, l'inflation a été jugulée dès le milieu des années 1980. Le PIB augmente en moyenne de 3 %/an pour 1984-2002. Mais cette croissance est ponctuée de petites récessions.

2 Vers la fin de la guerre froide : contestation du modèle occidental et implosion de l'URSS

A. La « guerre fraîche » : retour des tensions et difficultés des États-Unis

a. Les offensives soviétiques dans les années 1970

À partir de 1975 et des accords d'Helsinki, l'URSS cherche à reprendre l'initiative. En 1979, elle décide d'envahir l'Afghanistan, mettant officiellement fin à la Détente, initiée en 1962. En 1975, le Vietnam, le Laos et le Cambodge deviennent communistes.

Le bloc de l'Est, par l'intermédiaire de la Cuba et de la RDA, favorise des guérillas et des révolutions dans le tiers-monde. En Afrique, plusieurs régimes socialistes se mettent en place : Angola (de 1975 à 1988), Éthiopie (de 1977 à 1991), Madagascar (de 1975 à 1993)… En Amérique latine, le Nicaragua se range dans le camp socialiste dès 1979, lors de la victoire des sandinistes face à la dictature de la famille Somoza.

b. Les difficultés des États-Unis

Parallèlement, les États-Unis semblent affaiblis. Sur le plan politique, le scandale du Watergate affecte directement la présidence en 1974. Accusé à raison d'avoir espionné ses adversaires démocrates lors des élections de 1972, le président Nixon, réélu, menacé d'une procédure d'*impeachment*, est obligé de démissionner. Son successeur, Gerald Ford, dispose de peu de légitimité puisqu'il n'a pas été élu (il a été nommé par Nixon en 1973 après la démission de l'ancien vice-président, pour malversations financières).

Sur le plan économique, les États-Unis sont durement touchés par la crise économique. De plus, étant donné la fin des accords de Bretton Woods, le dollar n'est plus le pivot du système monétaire international.

Sur un plan diplomatique, les États-Unis ont perdu des alliés, dont l'Iran en 1979, après la révolution islamique. Sur un plan militaire, ils ont perdu la guerre du Vietnam en 1973.

Focus — LA RÉVOLUTION ISLAMIQUE EN IRAN EN 1979 ET LE DÉVELOPPEMENT DE L'ISLAMISME

L'Iran était un allié traditionnel de l'Occident depuis le début de la guerre froide. Le pays était gouverné par Mohammed Reza Pahlavi, le shah, c'est-à-dire l'empereur. Celui-ci avait la volonté de moderniser et d'occidentaliser le pays. Malade, il est de plus en plus contesté par une population pauvre qui comprend mal la remise en cause des traditions. En 1979, l'ayatollah (un des plus hauts grades dans le clergé musulman chiite) Khomeiny mène une révolution dans son pays et prend le pouvoir.

Il met en place un régime théocratique, où le pouvoir appartient aux religieux. L'islamisme radical se développe alors. On entend par islamisme la volonté d'une traduction politique de l'islam et l'Iran devient le premier régime islamiste. L'islamisme est né au XXe siècle et les Frères musulmans, un groupe né en Égypte en 1928, en sont alors les principaux représentants.

B. Les difficultés et l'implosion de l'URSS

a. Les difficultés économiques et politiques de l'URSS

L'économie soviétique est en difficultés dès les années 1970. Fondée sur une croissance extensive (c'est-à-dire qui ne peut augmenter que si on augmente les moyens de production), elle connaît des problèmes de main-d'œuvre et d'approvisionnements. La productivité est faible et de nombreux produits manquent en URSS.

Sur le plan politique, la domination soviétique est contestée à l'intérieur de son bloc. La dissidence (les opposants) se développe dans les démocraties populaires. En Tchécoslovaquie, Vaclav Havel est à l'origine d'une pétition, intitulée la charte 77, enjoignant le gouvernement à respecter les libertés et les droits de l'Homme. En Pologne, Lech Walesa, un ouvrier des chantiers navals de Gdansk, mène des grèves dès 1980 et fonde le syndicat Solidarnosc (Solidarité) pour protester contre les conditions de vie et de travail.

En URSS, le scientifique Sakharov lutte en faveur des droits de l'Homme. Prix Nobel de la paix en 1975, il lui est interdit de se déplacer pour aller chercher son prix. Dans *Mon pays et le monde*, il dénonce la répression, une société qui « ignore la justice sociale » et où la bureaucratie du Parti se comporte comme une classe sociale disposant de nombreux privilèges.

b. Gorbatchev et la perestroïka

En 1985, Gorbatchev arrive au pouvoir et entend réformer son pays, en réponse aux échecs de ses prédécesseurs. La perestroïka (« restructuration » en russe) entend relever l'économie : restitution de l'usage (pas de la propriété) de la terre aux paysans, autorisation pour les particuliers de se constituer en autoentrepreneurs (pour le secteur des services), libéralisation de l'activité économique dans les grandes entreprises (principe de responsabilité) : on cherche à accroître la productivité en rétablissant une certaine liberté des prix et des salaires.

Sur la plan politique, la *glasnost* (« transparence ») est mise en avant. Il s'agit de favoriser la liberté d'expression et de rendre la communication politique plus transparente. En 1988, Gorbatchev ajoute que les troupes soviétiques n'interviendront plus en Europe de l'Est.

c. Chute du mur de Berlin et implosion de l'URSS

Parallèlement, les démocraties populaires se libèrent. En mai 1989, la Hongrie ouvre le rideau de fer, ce qui provoque un mouvement d'émigration important vers l'Ouest. Le 9 novembre 1989, le mur de Berlin tombe et en 1990, l'Allemagne est réunifiée. Tous les régimes communistes tombent en Europe dans le cadre des « révolutions de velours ». Des élections libres sont organisées : en 1993, Vaclav Havel est élu président de la République en Tchécoslovaquie.

En URSS, la situation reste difficile. La perestroïka est un échec : elle contribue à augmenter le chômage, l'inflation et les inégalités, ce qui favorise un certain discrédit envers Gorbatchev. En 1991, une tentative de coup d'État de communistes orthodoxes est déjouée par la population. Face aux difficultés, en décembre 1991, Gorbatchev décide de dissoudre l'URSS. Boris Eltsine est élu président de la Russie.

C. Le décollage économique chinois à partir de 1978

a. Les Quatre modernisations de Deng Xiaoping

En 1978, Deng Xiaoping lance la politique des « quatre modernisations » : elles touchent l'agriculture, l'industrie, la recherche, la défense. Il s'agit de rompre avec le système d'économie collectivisée en permettant des investissements étrangers. À partir de 1984, le mouvement de libéralisation s'amplifie. Le but est d'accroître la productivité, de créer des emplois, d'améliorer le niveau de vie des habitants, de moderniser l'appareil productif en ayant recours à l'importation de technologies. Les terres sont décollectivisées et l'autonomie est développée dans les entreprises. Des entreprises mixtes, associant capitaux chinois et étrangers, sont encouragées. Elles s'installent dans les ZES (zones économiques spéciales), créées dès 1979, sur la côte est.

L'économie chinoise fait un bond considérable et connaît des taux de croissance impressionnants.

NOTIONS-CLÉS — GRADUALISME/THÉRAPIE DE CHOC

La Chine fait le choix du gradualisme à partir de 1978. Elle transforme progressivement ses structures économiques pour passer à l'économie de marché, qualifié d'« économie socialiste de marché ».

Au contraire, l'URSS s'est vu imposer la « thérapie de choc ». Le passage du communisme au capitalisme a été brutal et a entraîné une décennie de difficultés importantes dans les années 1990.

b. L'absence de démocratisation

Le régime ne se démocratise pas malgré la pression populaire. Un jeune contestataire, Wei Jingsheng, qui avait osé réclamer, dès décembre 1978, une « cinquième modernisation », c'est-à-dire la démocratie, est condamné à 15 ans de prison pour trahison et activité contre-révolutionnaire.

En 1989, des étudiants se rassemblent sur la place Tiananmen afin de demander plus de libertés. La répression menée par le régime fait entre 300 et 10 000 morts.

3 La construction européenne et la démocratisation de l'Europe méridionale

A. La démocratisation de l'Europe méridionale

a. En Grèce : la fin du régime des colonels en 1974

Le régime des colonels dure en Grèce de 1967 à 1974. En 1967, des militaires font un coup d'État alors que les institutions étaient discréditées et que la monarchie restait immobiliste. Des officiers, guidés par le colonel Papadopoulos, prennent le pouvoir et abolissent la constitution, alors que le roi Constantin II est contraint à l'exil.

Le régime chute pourtant en 1974 à la faveur de la crise chypriote. En juillet 1974, une organisation paramilitaire grecque chypriote tente un coup d'État dans l'île afin de mettre en place un régime similaire à celui des colonels en Grèce. La Turquie envoie alors des troupes qui envahissent le nord de l'île et aboutissent à la partition.

Alors que la guerre menace entre la Grèce et la Turquie, Karamanlis est nommé Premier ministre en Grèce dans le cadre d'un gouvernement d'union nationale. Il réussit à atténuer les tensions entre les deux pays et va finalement organiser un processus de transition de la dictature vers la démocratie. Cette période, appelée *metapolitefsi* aboutit à des élections libres à la fin de l'année.

b. Au Portugal : la révolution des œillets et ses conséquences en 1974

Le Portugal était soumis à la dictature de Salazar depuis les années 1930. Mais dans les années 1970, la situation s'envenime. En 1970, Caetano succède à Salazar après sa mort, mais il ne parvient pas à libéraliser le régime. De plus, la situation est rendue difficile à cause des colonies portugaises en Afrique. Le maintien de l'ordre, alors que la décolonisation est largement entamée, est difficile et coûte de plus en plus cher.

Face à l'immobilisme, et avec le soutien de la population, des militaires comme Otelo Saraiva de Carvalho ou Ramalho Eanes décident d'organiser un coup d'État. Ils prennent le pouvoir presque sans effusion de sang. Une nouvelle constitution est établie en 1976, consacrant le triomphe de la démocratie parlementaire.

Des militaires organisent ici un coup d'État pour démocratiser le régime.

c. En Espagne : la mort de Franco en 1975

En 1975, Franco, au pouvoir en Espagne depuis 1939, meurt. Juan Carlos, issu de la famille royale espagnole, avait été désigné par le *Caudillo* (surnom de Franco) comme son successeur.

Mais il procède en réalité à une transition démocratique. En 1976, il nomme Adolfo Suarez comme chef du gouvernement. Cet ancien ministre de Franco s'entoure pourtant de réformateurs. La même année, la loi pour la réforme politique est adoptée par le Parlement et approuvée par le peuple. Elle a valeur constitutionnelle et permet les bases de la réforme de la constitution.

Le parti unique, le Movimiento nacional, s'auto-dissout en 1977, ce qui ouvre la voie au pluralisme. La même année, des élections législatives sont organisées, tandis que la nouvelle constitution, démocratique, est adoptée en 1978.

B. La construction européenne et ses défis

a. Des élargissements importants

La CEE connaît, dans les années 1960, une croissance économique élevée, ce qui attire des candidats. Le Royaume-Uni avait posé sa candidature, mais celle-ci est, par deux fois, refusée par de Gaulle (en 1963 et en 1967), prétextant qu'il représenterait un véritable cheval de Troie des États-Unis dans cette construction et lui reprochant sa préférence pour la Commonwealth, c'est-à-dire ses anciennes colonies. Le Royaume-Uni est finalement admis en 1973 en même temps que l'Irlande et le Danemark.

Le mouvement de démocratisation de l'Europe favorise également l'adhésion de nouveaux États : la Grèce en 1981 puis l'Espagne et le Portugal en 1986. À la fin de la guerre froide, la CEE comporte donc 12 membres. En 1990, l'Allemagne est réunifiée et la RDA entre donc dans la CEE en étant absorbée par la nouvelle Allemagne.

En 1989, la chute du mur de Berlin pousse les dirigeants de la CEE à s'interroger sur l'ouverture à l'est.

b. Des débats sur la nature de la construction européenne

Les pays s'opposent quant à la nature de l'Europe en construction. Thatcher, Premier ministre britannique, provoque une nouvelle crise au sein des pays de la CEE. En 1984, elle affirme que son pays contribue trop à cette organisation, tout en en retirant de faibles bénéfices. On lui donne finalement partiellement satisfaction en diminuant sa contribution.

c. Un approfondissement timide

Dans les années 1970, les institutions de la CEE se transforment : on assiste à la fusion des pouvoirs des trois communautés (CECA, CEE et Euratom) au sein d'un Conseil et d'une Commission uniques. En 1979, les premières élections au suffrage universel permettent de désigner les députés européens. En 1986, ce parlement voit ses pouvoirs élargis.

En 1985, les accords de Schengen instaurent la libre circulation des personnes au sein de la CEE. Mais ils n'entrent en vigueur qu'en 1995. En 1986, l'Acte unique instaure un marché unique européen. Il fait disparaître les barrières invisibles (normes techniques et fiscalité indirecte sont harmonisées). Il entre en vigueur en 1993.

La CEE cherche aussi à établir une coopération avec les pays du tiers-monde. En 1975 est signée dans ce but la convention de Lomé avec 46 pays ACP (Afrique, Caraïbe, Pacifique), renouvelée à plusieurs reprises (1979, 1984, 1990). Il s'agissait de favoriser l'adaptation des pays pauvres à l'économie de marché en établissant des mécanismes de compensation des marchés.

Focus **LA PAC (POLITIQUE AGRICOLE COMMUNE)**

Une des plus importantes réalisations reste la PAC (politique agricole commune), mise en place dès 1962. Cela consiste à organiser les principaux marchés (viande, céréale, vin...), à fixer des prix communs, à garantir un revenu aux agriculteurs et à intensifier l'agriculture. Cette politique est destinée à moderniser l'agriculture et à soutenir les régions fragiles. Elle est financée par le FEOGA (Fonds européen d'orientation et de garantie agricoles). À la fin des années 1980, la PAC absorbe 50 % du budget de la CEE. Mais face à la crise, cette politique est de plus en plus critiquée et doit être réformée, en particulier avec l'entrée de nouveaux pays.

L'un des objectifs reste aussi la mise en place d'une monnaie unique. En 1979, la CEE adopte le SME (Système monétaire européen) avec une monnaie de référence, l'ECU qui annonce l'union monétaire.

Conclusion

Les années 1970-1980 voient donc de véritables changements de modèles. Sur le plan politique, les communismes s'effondrent, à l'exception de certains régimes comme celui de la Chine, de Cuba ou de la Corée du Nord. Sur le plan économique, l'ultra-libéralisme prend le pas sur le keynésianisme et on assiste à une diminution du rôle de l'État, considéré par Reagan comme le « problème » et non comme la « solution ». En matière de relations internationales, la guerre froide se termine par la victoire des États-Unis. En 1991, l'heure est alors à la définition d'un nouvel ordre mondial.

À RETENIR

- Le début des années 1970 marque l'arrivée d'une nouvelle crise économique qui touche également l'ensemble des pays de la planète. Les chocs pétroliers n'en sont que les déclencheurs.
- Le libéralisme prend le pays sur l'intervention de l'État et le keynésianisme dans les politiques économiques.
- La démocratie tend à se diffuser en Europe notamment en Grèce, en Espagne, au Portugal. C'est le cas aussi en Europe de l'Est après 1989.
- La construction européenne s'élargit et s'approfondit.
- L'URSS chute en 1991, mettant fin à la guerre froide.
- L'Occident tend à être rejeté par une partie du monde. Cela se voit lors de la révolution iranienne en 1979.
- La Chine choisit la voie du gradualisme et entame son développement à partir de 1978.

BIBLIOGRAPHIE

BERSTEIN Serge, MILZA Pierre, *Histoire de l'Europe, du XIXe au début du XXe siècle*, Hatier, 2006.
MILZA Pierre, *Les Relations internationales de 1973 à nos jours*, Hachette, 2006.
ROUX Alain, XIAO-PLANES Xiaohong, *Histoire de la République populaire de Chine*, Armand Colin, 2018.
VAISSE Maurice, *Les Relations internationales depuis 1945*, Armand Colin, 2019.

CHAPITRE 8

Un tournant social, politique et culturel : la France de 1974 à 1988

L'ESSENTIEL EN DATES

1974 : élection de Valéry Giscard d'Estaing à la présidence de la République (droite libérale, non gaulliste).
1975 : légalisation de l'IVG (Simone Veil).
1975 : loi Haby portant création du collège unique.
1976 : politique de regroupement familial en lien avec l'immigration.
1981 : début de l'épidémie de sida dans le monde.
1981 : élection de Mitterrand. Abolition de la peine de mort (Robert Badinter).
1982 : dépénalisation de l'homosexualité en France.
1983 : loi Roudy sur l'égalité professionnelle entre les femmes et les hommes.
1984 : création de SOS Racisme.
1986-1988 : première cohabitation (Chirac Premier ministre).
1987 : privatisation de TF1.
1988 : création du groupe NTM.
1988 : réélection de Mitterrand. Création du RMI.

La France subit également de nombreuses transformations entre 1974, année de l'élection de Valéry Giscard d'Estaing à la présidence de la République, et 1988, année qui voit la réélection de François Mitterrand pour un second septennat.

1 L'alternance politique : de Giscard d'Estaing à Mitterrand

A. Le septennat de Valéry Giscard d'Estaing

a. L'élection de 1974 : la droite non gaulliste

La mort soudaine de Georges Pompidou en 1974 provoque de nouvelles élections, tandis que le président du Sénat, Alain Poher, assure l'intérim. À l'issue du second tour, où se retrouvent Mitterrand, candidat du parti socialiste (PS) et de la gauche, et Valéry Giscard d'Estaing, issu de la droite libérale non gaulliste, les résultats sont très serrés. Ce dernier ne l'emporte que de 400 000 voix, avec une participation très importante (87,5 %).

Il doit gouverner avec les gaullistes à l'Assemblée nationale et nomme donc Jacques Chirac comme Premier ministre. Ce dernier démissionne pourtant en 1976, se considérant dans l'incapacité de gouverner à cause de rapports tendus avec le président. Il est remplacé, jusqu'à la fin du mandat, par Raymond Barre, centriste.

On assiste parallèlement à une double bipolarisation de la vie politique. À gauche, le PS tend de plus en plus à devancer le PCF, victime de l'échec du modèle communiste à l'Est. À droite, le RPR (Rassemblement pour la République, fondé par Chirac) et l'UDF (Union pour la démocratie française, parti du président, fondé en 1978) se partagent les voix. On voit également à cette époque la naissance de mouvements écologistes mais aussi de l'extrême droite (création du Front national en 1972).

b. Difficultés et division

Les difficultés s'accumulent pourtant. La crise économique s'installe en France et le chômage augmente. En 1981, la France a 1,6 million de chômeurs et une inflation à 14 %.

Giscard d'Estaing est également contesté par la presse. En 1979, *Le Canard enchaîné* révèle que le président a reçu en 1973, alors qu'il était ministre des Finances, des diamants de l'empereur de Centrafrique Bokassa Ier.

La droite est divisée. En 1978, Chirac lance l'« appel de Cochin ». Il y dénonce le « parti de l'étranger », c'est-à-dire l'UDF, l'accusant d'agir au nom de l'Europe et contre les intérêts de la France.

B. L'élection de Mitterrand en 1981 : l'alternance à gauche et les premières mesures

a. L'élection de Mitterrand en 1981

Les élections de mai 1981 sont finalement assez serrées. Si Valéry Giscard d'Estaing semble en difficulté, Mitterrand est plutôt en bonne position. Malgré la rupture du programme commun de gouvernement entre le PS et le PCF en 1977, il sait pouvoir compter, au second tour, sur l'appoint des voix communistes. De plus, les « 110 propositions pour la France », qui constituent son programme, aspirent au changement. Le slogan « la force tranquille » et la campagne électorale sont efficaces et gagnent en particulier la jeunesse. Mitterrand est finalement élu, contre Giscard d'Estaing, avec 51,8 % des voix au second tour.

Cette victoire est complétée par celle des élections législatives de 1981 où le PS l'emporte également.

b. Des mesures novatrices

Mitterrand tente d'abord de résoudre la crise économique en utilisant la politique budgétaire (keynésianisme). Il revalorise le salaire minimum et les aides sociales, abaisse la semaine de travail de 40 à 39 heures, octroie une 5e semaine de congés payés. Il nationalise également de grandes entreprises (banques, industries). Pour plus de solidarité, Mitterrand crée un IGF (impôt sur les grandes fortunes).

Sur le plan judiciaire, Robert Badinter, ministre de la Justice, fait abolir la peine de mort en 1981.

C. Le tournant de la rigueur et la première cohabitation

a. Le tournant de la rigueur

La politique économique est un échec et, en 1983, Mitterrand change de stratégie, alors que la France compte 2 millions de chômeurs. Il décide d'appliquer des mesures libérales pour sortir la France de la crise.

Le président décide de déréglementer les marchés financiers (suppression de réglementations). Il met en place la désintermédiation bancaire : les particuliers n'ont plus besoin de passer par les banques pour accéder aux marchés financiers. Les taux d'intérêt sont relevés, dans le but de limiter l'inflation.

Mais si l'inflation est réduite et le déficit budgétaire stabilisé, le chômage repart à la hausse (2,5 millions de chômeurs en 1985).

b. Contestations et première cohabitation

La contestation se développe. En 1986, les élections législatives donnent finalement une victoire à la droite (RPR). Mitterrand accepte alors le principe de la cohabitation qui n'avait pas été prévu par la constitution. Il nomme Chirac Premier ministre et celui-ci poursuit et approfondit la politique libérale. Il privatise des entreprises, supprime l'IGF et l'autorisation administrative de licenciement.

Mais recueillant toute l'impopularité, Chirac est finalement battu à l'élection présidentielle de 1988 face à Mitterrand. Celui-ci inaugure une mesure sociale importante, avec Michel Rocard, son Premier ministre : la création du RMI (revenu minimum d'insertion), une allocation de base versée à tous ceux qui n'ont pas de revenus, à partir de 25 ans.

2 Des transformations sociales et culturelles importantes

A. Une société en mutation

a. Des progrès en matière de condition féminine mais des inégalités qui demeurent

Les femmes ont réussi à conquérir, en France, certains droits grâce à d'importantes figures, comme Simone de Beauvoir, auteure du *Deuxième sexe*, en 1949. Des mouvements comme le MLF (Mouvement de libération de la femme) favorisent aussi leur émancipation. En 1944, elles obtiennent le droit de vote.

Sur le plan social, la loi Neuwirth autorise la contraception en 1967 et en 1975 Simone Veil fait difficilement passer la loi autorisant l'IVG après des années de répression. En 1972, une loi relative à l'égalité de rémunération entre les hommes et les femmes permet aussi de créer des centres de planification ou d'éducation familiale et des établissements d'information, de consultation ou de conseil familial.

En matière de travail, la femme peut exercer une activité professionnelle sans l'autorisation de son mari depuis 1965. Sur le plan civil et juridique, en 1970, l'autorité paternelle est remplacée par une autorité parentale conjointe. La notion de chef de famille est supprimée et les époux assurent ensemble la direction morale et matérielle de la famille. En 1975 également, la loi instaure le divorce par consentement mutuel.

TEXTE-CLÉ **LA LOI ROUDY DE 1983**

La loi Roudy a été adoptée en 1983 et porte une réforme du code du travail et du code pénal en ce qui concerne l'égalité professionnelle entre les hommes et les femmes. Elle exige notamment que toute entreprise de plus de 50 salariés publie annuellement un rapport de situation comparée entre hommes et femmes sur la parité réelle. Un Conseil supérieur de l'égalité professionnelle est également mis en place. De plus, sur la déclaration de revenus du couple marié, la double signature est désormais obligatoire. La notion de chef de famille est supprimée en droit fiscal. En même temps, la France ratifie la Convention internationale sur l'élimination des discriminations à l'égard des femmes (convention de New York datant de 1980). Elle est complétée par d'autres mesures prises plus tard. En 2001, la loi Génisson sur l'égalité professionnelle entre hommes et femmes vient renforcer la loi Roudy. Ce nouveau texte permet de développer le dialogue social sur le thème de l'égalité professionnelle ; il est précisé que cela sera abordé lors des négociations annuelles obligatoires.

b. Immigration, intégration et xénophobie

Après les Trente Glorieuses, où la France avait fait appel à l'immigration étrangère, le pays décide de fermer ses portes à l'immigration économique. Cependant, un décret d'avril 1976 instaure le droit au regroupement familial pour les immigrés, sous certaines conditions.

L'immigration se diversifie d'ailleurs : elle provient de plus en plus d'Afrique subsaharienne ou d'Asie. La France continue d'accueillir des réfugiés, comme les *boat people*, c'est-à-dire les réfugiés vietnamiens qui fuient le communisme à partir de 1975.

L'avènement de la gauche au pouvoir, en 1981, favorise une politique plus tolérante (régularisation de 132 000 immigrés illégaux).

Pourtant, l'intégration reste difficile. Le racisme est important, ce qui encourage la création d'associations comme SOS Racisme, créée en 1984, qui lance le slogan « Touche pas à mon pote » en 1985. Une marche pour l'égalité et contre le racisme est organisée en 1983. Parallèlement, les voix du Front national augmentent. Aux élections européennes de 1984, le FN dépasse les 10 %. La question des banlieues est posée, face à des émeutes récurrentes.

c. Une meilleure prise en compte des jeunes

En 1974, Giscard d'Estaing fait abaisser la majorité de 21 à 18 ans. La jeunesse avait occupé le devant de la scène politique en mai 68 où plusieurs revendications avaient été émises, notamment en matière de liberté sexuelle.

À l'école, on assiste à une démocratisation de l'enseignement secondaire et supérieur. En 1959, l'obligation scolaire est portée de 14 à 16 ans. En 1975, la loi Haby instaure le collège unique, mettant fin aux différentes filières. Le taux d'accès au baccalauréat ne cesse de s'élever. Il passe de 25,9 % en 1980 à 71,6 % en 2011. Cette démocratisation quantitative est aussi qualitative, dans la mesure où des efforts sont faits pour rendre le destin scolaire des élèves moins dépendants de leur origine sociale. Cela dit, les inégalités scolaires persistent, comme l'ont montré Bourdieu, Passeron et Boudon.

d. La question de l'homosexualité

Les discriminations contre les homosexuels étaient nombreuses. Ils ont tenté de s'organiser pour faire valoir leurs droits. En 1971 est fondé le FHAR (Front homosexuel d'action révolutionnaire), devenu GLH (Groupe de libération homosexuelle) en 1974. La première marche des fiertés indépendante remonte à 1977.

En 1982, une loi vient dépénaliser l'homosexualité. Elle n'est donc plus considérée comme une maladie mentale. Cela met également fin au fichage des homosexuels par la police. La même année, la loi Quilliot, sur les droits et les devoirs des bailleurs et locataires, précise que le « mode de vie » homosexuel cesse d'être une cause d'annulation du bail d'habitation.

Focus **L'ÉPIDÉMIE DE SIDA EN FRANCE DANS LES ANNÉES 1980**

Les origines du VIH (le virus de l'immunodéficience humaine qui provoque le sida, syndrome de l'immunodéficience acquise) sont peu connues. Si le plus ancien spécimen de VIH prélevé sur un homme remonte à 1959, on pense en fait qu'il existait déjà auparavant.

Mais le point de départ de l'épidémie se situe en 1981, au moment où des médecins américains révèlent que des patients homosexuels de Los Angeles présentent une pneumopathie et une faiblesse immunitaire importante. En 1983, le virus est décrit dans la revue *Science* après une première observation microscopique par les professeurs Luc Montagnier et Françoise Barré-Sinoussi. Le virus n'est baptisé VIH qu'en 1986 et on établit le lien avec le sida, c'est-à-dire la phase terminale.

Les recherches de développement et les premières trithérapies sortent en 1996 pour empêcher la multiplication du virus dans le corps des malades infectés. Cela permet de diminuer sérieusement la mortalité, même si ces traitements restent cher.

Des campagnes de prévention pour encourager le port du préservatif se multiplient. Le collectif Act-Up est fondé en 1989 pour alerter les médias et l'opinion sur l'épidémie, pour faire pression sur les personnalités politiques pour améliorer l'image des malades. Leurs actions choquent parfois, mais contribuent à une réelle prise de conscience de la gravité de la maladie.

B. Des changements culturels

a. Une politique culturelle qui vise à la démocratisation

Le ministère de la Culture a été créé par de Gaulle et confié, en 1959, à André Malraux. L'objectif de départ est la démocratisation culturelle, c'est-à-dire le fait de permettre au plus grand nombre d'accéder à la culture.

Sous Giscard d'Estaing, la politique culturelle est moins importante. On pousse plutôt les investisseurs privés et autres mécènes. Cela dit, on crée en 1974 le festival de la bande dessinée à Angoulême.

Avec Mitterrand, en 1981, la culture devient un axe majeur de la politique gouvernementale. De grands travaux sont mis en place pour diffuser la culture : bibliothèque François Mitterrand, opéra Bastille, Cité de la musique, Institut du monde arabe. Jack Lang, ministre de la Culture, crée la fête de la musique, les journées nationales du patrimoine.

b. Transformations du paysage audiovisuel français et uniformisation culturelle

La télévision a progressivement envahi le quotidien des Français. Ils s'équipent massivement à partir des années 1970. Si 1 foyer sur 10 possède un poste au début de la décennie, ils sont plus de 9 sur 10 à la fin. La couleur se développe à la fin des années 1960.

Les chaînes se diversifient à partir des années 1980. En 1972, on compte 3 chaînes de télévision. En 1984, une 4e chaîne commence à diffuser : Canal+. En 1986 sont lancées La Cinq puis La Sept. Certaines chaînes sont d'ailleurs privatisées, comme TF1 en 1987.

La télévision, comme l'école, contribue à une certaine uniformisation culturelle.

c. Le développement de la culture hip-hop

Parallèlement, la culture hip-hop, importée des États-Unis, se développe en France. Le phénomène des cités-ghettos favorise un sentiment d'exclusion chez des jeunes issus de l'immigration. Dans les années 1980, les premiers groupes de rap apparaissent autour de NTM (Joey Starr, Cool Shen), formé en 1988, ou d'IAM (formé la même année).

L'art du graffiti se développe également, ainsi que toute une culture urbaine.

Conclusion

Le visage de la France s'est profondément transformé au tournant des années 1970-1980. Sur le plan politique, l'alternance à gauche a eu lieu, même si de nombreuses désillusions agitent certains milieux de gauche, après le tournant de la rigueur en 1983. La crise peine à être résolue et le chômage de masse s'installe en France, tandis que la gauche se convertit au libéralisme et à l'économie de marché.

Si les discriminations existent, les femmes, les jeunes, les immigrés, les homosexuels tentent de s'organiser pour lutter contre les inégalités qu'ils subissent. La culture se transforme entre volonté de démocratisation, uniformisation et diffusion de la culture populaire d'une part et élitisme et volonté d'entre-soi d'autre part.

À RETENIR

- La France connaît l'alternance politique en 1981 avec l'élection de Mitterrand, premier président de gauche de la Ve République.
- Il pratique cependant à partir de 1983 une politique libérale face à la crise économique (le tournant de la rigueur) face à un chômage de masse.
- La société française est en pleine mutation : les femmes, les jeunes, les étrangers, les homosexuels tentent de faire valoir leurs droits.
- L'école se démocratise également, du moins sur le plan quantitatif.
- La culture tend à se démocratiser et la televísion participe à cette uniformisation relative.

BIBLIOGRAPHIE

ALBERTINI Pierre, *L'École en France, XIXe-XXe siècle, de la maternelle à l'université*, Hachette, 1992.
BECKER Jean-Jacques, *Histoire politique de la France depuis 1945*, Armand Colin, 2015.
BORNE Dominique, *Histoire de la société française depuis 1945*, Armand Colin, 2002.
PROST Antoine, *Histoire générale de l'enseignement et de l'éducation en France. Depuis 1930*, tome 4, Perrin, 2004.
SIRINELLI Jean-François, *La France de 1914 à nos jours*, PUF, 2014.

Les relations internationales depuis 1991 : vers un désordre mondial

L'ESSENTIEL EN DATES

1987 : création du Hamas et d'Al Qaïda.
1994 : génocide au Rwanda. 800 000 morts.
1994 : Nelson Mandela président de l'Afrique du Sud. Fin de l'apartheid.
1995 : accords de Dayton à propos de la Bosnie-Herzégovine.
1995 : massacres de Srebrenica. 8 000 morts.
1991 : nouvel ordre mondial voulu par le président Bush.
1991 : opération tempête du désert contre l'Irak.
1993 : échec des opérations de l'ONU en Somalie, pays failli.
1999 : création du G20.
11 septembre 2001 : attentat à New York.
2002 : création de la Cour pénale internationale.
2006 : création de Daesh.
2011 : début de la guerre civile en Syrie.
2015 : cyberattaque contre TV5 Monde.
2014 : début de la crise ukrainienne.

Depuis la fin de la guerre froide, en 1991, les relations internationales se sont complexifiées. Si l'on a cru un temps que le monde allait devenir unipolaire (dominé par les États-Unis), il est en réalité multipolaire. Cela a favorisé un renouvellement des tensions et conflits.

Focus — FUKUYAMA/HUNTINGTON : QUELLES RELATIONS INTERNATIONALES APRÈS 1991 ?

En 1992, Francis Fukuyama fait paraître un ouvrage intitulé *La Fin de l'histoire et le dernier homme*. Il y explique que la fin de la guerre froide a vu la victoire de la démocratie libérale qui va s'ériger en modèle absolu. Cela ne signifie pas la fin des guerres mais le début d'une suprématie absolue des États-Unis et de leur idéologie.

En 1996, Samuel Huntington publie *Le Choc des civilisations*. Il y explique au contraire que la fin de la guerre froide va entraîner la fin des clivages idéologiques. Mais de nouvelles rivalités vont apparaître, fondées sur des aspects civilisationnels, comme la religion par exemple. Huntington définit d'ailleurs le monde en neuf civilisations, dont les dénominations et les critères sont par ailleurs contestables.

En 1991, les États-Unis ont la volonté d'imposer un nouvel ordre mondial, fondé sur le droit international. Le 6 mars 1991, à la suite de sa victoire sur l'Irak, le président des États-Unis, George Bush, exprime cet idéal : « Maintenant, nous voyons apparaître un nouvel ordre mondial [...], un monde où les Nations unies, libérées de l'impasse de la guerre froide, sont en mesure de réaliser la vision historique de leurs fondateurs. Un monde dans lequel la liberté et les droits de l'homme sont respectés par toutes les nations. »

Pourtant, force est de constater que les relations internationales se sont complexifiées et que c'est plutôt le désordre international qui semble régner.

1 Nouvelle hiérarchie des puissances et multipolarité du monde

A. La domination des États-Unis depuis 1991

a. La volonté d'être les « gendarmes du monde » de 1991 à 2001

Les États-Unis ont cherché à limiter l'arsenal militaire mondial. En janvier 1993, le traité START (traité de réduction des armes stratégiques) est signé entre les États-Unis et la Russie, le Kazakhstan et l'Ukraine. Il prévoit une réduction des 2/3 des arsenaux stratégiques. En 1995, 178 pays reconduisent le traité de non-prolifération des armes nucléaires de 1968. Ces traités de désarmement ont pu porter leurs fruits. Des pays ont volontairement renoncé à leur programme nucléaire : Afrique du Sud, Argentine, Brésil, Suède, Biélorussie, Ukraine et Kazakhstan.

Les États-Unis interviennent partout où ils estiment que cela est nécessaire. À la suite de la guerre Iran-Irak, qui s'est déroulée de 1980 à 1988, les deux pays sont ravagés et il n'y a pas de vainqueur véritable. L'Irak de Saddam Hussein décide d'envahir le Koweït voisin en 1990 afin de redresser sa puissance. Les États-Unis réunissent le Conseil de sécurité de l'ONU et font voter une intervention des Casques bleus, afin de libérer le pays agressé. L'opération « tempête du désert » a lieu en 1991 et le Koweït est libéré.

De même, ce sont les États-Unis qui interviennent dans la guerre en ex-Yougoslavie, notamment en Croatie, en Bosnie et au Kosovo. Ils imposent les accords de Dayton en 1995, ce qui permet de mettre fin à la guerre en Bosnie-Herzégovine. Le pays est divisé en deux parts à peu près égales : la fédération de Bosnie-et-Herzégovine, peuplée majoritairement de Croates et de Bosniaques et la République serbe de Bosnie, à majorité serbe. Ils interviennent également dans la guerre du Kosovo en 1998-1999.

Entre 1993 et 1995, les États-Unis sont aussi à l'origine des accords d'Oslo, qui prévoient une autonomie progressive de la Palestine (Gaza et Cisjordanie). Mais ils échouent à mettre en place une paix durable.

b. Les atouts de l'hyperpuissance

Les États-Unis sont alors de loin premiers dans tous les domaines ou presque.

Sur le plan économique, ils disposent du premier PIB nominal mondial, avec 21 500 milliards de dollars en 2019, contre 14 000 milliards de dollars pour la Chine. Malgré leur taux d'endettement important (plus de 100 % du PIB), ils produisent 1/3 de la richesse mondiale (pour seulement 5 % de la population). Ils n'ont plus de dépendance énergétique, puisqu'ils exploitent leur pétrole et leur gaz de schiste et qu'ils sont devenus les premiers producteurs mondiaux de pétrole. Les États-Unis ont aussi des firmes transnationales (FTN) très puissantes : Wal Mart est la 1re FTN pour le chiffre d'affaires, les GAFAM (Google, Apple, Facebook, Amazon, Microsoft) se placent en tête en matière de capitalisation boursière. Le dollar reste la monnaie des échanges mondiaux.

Sur le plan politique et militaire, le président des États-Unis est considéré comme l'homme le plus puissant du monde. Le pays est en tête en matière de puissance militaire. Ils disposent d'une armée de 1,4 million de soldats, représentent 1/3 des dépenses militaires mondiales et conservent une avance technologique sans aucune commune mesure. Ils sont le seul pays du monde à pouvoir intervenir partout et leurs flottes quadrillent les océans du monde.

Sur le plan culturel, le *soft power* américain est de loin le plus puissant. L'*American way of life* est présent presque partout dans le monde. Des fêtes comme Halloween se sont imposées un peu partout. L'entreprise McDonald's a aujourd'hui près de 38 000 restaurants dans le monde. La puissance du cinéma américain est sans commune mesure avec le 7e art indien, même si ce dernier produit plus de films en quantité.

c. Une domination de plus en plus contestée depuis 2001

Les interventions américaines ont connu des échecs. En 1992-1993, l'ONU envoie une mission en Somalie, en proie à la guerre civile. L'opération Restore Hope, lancée avec les forces de l'ONUSOM II, essentiellement composées d'Américains, est un fiasco. Les Casques bleus sont victimes d'attaques et comptent 140 morts. De plus, les États-Unis sont accusés de n'intervenir que là où ils le jugent nécessaire. Il est par exemple hors de question d'intervenir au Tibet, contre la Chine.

Surtout, l'hégémonie américaine est peu à peu contestée. Ils sont d'abord victimes de terrorisme. Le 11 septembre 2001, Al Qaïda, un mouvement islamiste radical, organise les attentats de New York, tuant près de 3 000 personnes. Le but est clairement de dénoncer l'impérialisme américain, notamment au Moyen-Orient. Leur intervention en Irak en 2003, sous prétexte que Saddam Hussein était en train de fabriquer des armes de destruction massive, s'est avérée illégale et n'a servi qu'à maintenir leur influence dans la région et leur approvisionnement en pétrole, tout en déstabilisant la région.

Les États-Unis sont également de plus en plus contestés par d'autres pays, comme la Corée du Nord, l'Iran ou le Soudan. À partir des années 1990, les pays d'Amérique latine se démocratisent. Les élections libres donnent parfois la victoire à des chefs d'État de gauche, comme Hugo Chavez au Venezuela en 1998 ou Evo Morales en Bolivie en 2006. Ils tentent de s'opposer à la domination américaine en s'unissant.

Aujourd'hui, des pays comme la Chine ou la Russie tentent de s'opposer à l'hégémonie américaine, même si des éléments de complémentarité sont à mettre en avant.

B. L'avènement de nouvelles puissances

a. Les NPIA

Les nouveaux pays industrialisés d'Asie ont connu un véritable décollage économique dans les années 1960-1970. Ils ont été entraînés par la croissance fulgurante du Japon (plus de 10 % de croissance par an pendant 30 ans). Au fur et à mesure que le Japon remontait les filières, il délocalise certaines industries à Singapour, Taïwan, en Corée du Sud ou à Hong Kong.

Focus **SINGAPOUR, UNE RÉUSSITE SPECTACULAIRE**

Singapour, indépendante en 1965, mise d'abord sur les industries à fort besoin de main-d'œuvre tout en favorisant les investissements étrangers. Dans les années 1970, l'État mise sur les productions à haute valeur ajoutée comme le raffinage du pétrole. Dans les années 1980, la haute technologie est développée (disques durs), puis les activités bancaires et financières. Dans les années 1990, la priorité est donnée aux industries pharmaceutiques, aux services de technologies de l'information et de la communication, à la recherche et au développement.

b. Les pays émergents

Dans les années 1980, les BRICS (Brésil, Russie, Inde, Chine, Afrique du Sud) amorcent leur développement. Ils profitent d'un territoire vaste, de ressources qui y sont présentes, d'une population importante et de la mondialisation qui rend ces pays très concurrentiels.

L'Inde, désormais 4e économie mondiale, mise sur les services informatiques, les industries pharmaceutiques et, depuis l'avènement du Premier ministre Narendra Modi, sur le « make in India » et sur les transferts de technologie.

La Russie, quant à elle, ré-émerge après la décennie très difficile des années 1990. Elle tire profit de la vente de ses hydrocarbures et de sa capacité de nuisance dans le cyberespace.

La Chine, 2e économie mondiale, mais 1re si l'on prend en compte le PIB en parité de pouvoir d'achat (c'est-à-dire en tenant compte des différences de niveaux de vie des pays), aspire à développer d'autres aspects de sa puissance. Sur le plan militaire, elle est capable d'aligner 2 millions d'hommes. Sur le plan culturel, elle développe son *soft power* en multipliant les Instituts Confucius partout dans le monde et en subventionnant le cinéma par exemple.

c. Des pays riches en hydrocarbures

Certains pays riches en hydrocarbures comme l'Arabie saoudite, le Qatar ou les Émirats arabes unis ont tenté d'utiliser la manne pétrolière ou gazière pour peser dans les relations internationales et pour diversifier leur économie. Ils investissent ainsi massivement dans le bâtiment, le tourisme, la finance, l'industrie.

Le Qatar a ainsi obtenu l'organisation de la Coupe du monde de football pour 2022.

C. De nouveaux acteurs au sein d'une mondialisation galopante

a. Les FTN

Les firmes transnationales sont devenues de véritables acteurs de la mondialisation. Les plus puissantes ont même un chiffre d'affaires supérieur au PIB de certains États. En 2018, le chiffre d'affaires de Wal Mart était de plus de 500 milliards de dollars, soit plus que le PIB de la Thaïlande ou de l'Autriche.

Ces entreprises tendent d'ailleurs de plus en plus à imposer leurs décisions aux États. Les géants du numérique (GAFAM) ont acquis une très importante puissance financière (Microsoft, Amazon et Apple en tête).

b. Les grandes métropoles mondiales

Les très grandes villes du monde tendent également à devenir de plus en plus autonomes. Tokyo arrive en tête avec près de 40 millions d'habitants. Saskia Sassen avait défini, en 1990, le concept de ville globale, insistant sur le fait que ces villes étaient de plus en plus déconnectées de leur environnement national. Olivier Dollfus a mis en avant le concept d'« archipel mégalopolitain mondial », affirmant que les très grandes villes du monde agissaient de plus en plus en réseau.

c. D'autres acteurs

Les organisations non gouvernementales (ONG) sont aussi des acteurs importants de la mondialisation. En 2020, le dernier rapport d'Oxfam révèle que les milliardaires du monde entier, c'est-à-dire seulement 2 153 personnes, possèdent plus de richesses que 4,6 milliards de personnes, soit 60 % de la population mondiale.

Les lobbies ou groupes de pression sont des groupes qui tentent d'influencer les lois et les règlementations en fonction de leurs intérêts. Les lobbies pharmaceutiques sont ainsi très importants, de même que le lobby pétrolier.

Les diasporas échangent beaucoup avec le pays d'origine et contribuent donc à la mondialisation. La diaspora chinoise est la plus nombreuse du monde, avec environ 40 millions de personnes. La diaspora indienne est également importante. Ils constituent des groupes de pression dans les pays d'accueil.

Les mafias et organisations illégales jouent un rôle non négligeable dans la mondialisation. Certaines sont très puissantes, comme les yakuzas japonais, la mafia russe, les cartels de la drogue comme le cartel de Sinaloa, les mafias italiennes ou les triades chinoises. Elles contribuent aux échanges mondiaux par le biais de réseaux illégaux : trafic d'armes, de drogue, d'êtres humains.

2 Nouvelles formes de conflictualités et crimes de masse

A. De nouvelles formes de conflictualité

a. Le développement du terrorisme

Le terrorisme réapparaît dans les années 1990, en lien avec le développement de l'islamisme radical. De nombreux groupes se développent alors, parfois liés au conflit israélo-palestinien : création du Hezbollah en 1982, suite à l'invasion du Liban par Israël, création du Hamas et d'Al Qaïda en 1987, suite à la première intifada (soulèvement du peuple palestinien contre le pouvoir israélien).

Au Nigéria, la secte Boko Haram, née en 2002, prête allégeance à l'État islamique (Daesh), un autre groupe terroriste né en 2006 après le déclin d'Al Qaïda. Au Yémen et en Somalie, des groupes islamistes radicaux cherchent à prendre le contrôle de vastes zones. Daesh, certes en recul aujourd'hui en Irak et en Syrie, possède encore de solides ramifications dans le monde.

b. Des conflits liés au nationalisme et aux frontières

Les guerres asymétriques désignent des conflits mettant aux prises un ou plusieurs États contre des groupes mal ou pas identifiés qui ne sont pas en mesure de mener une bataille traditionnelle en envoyant des armées. Ils se contentent d'actions de guérilla ou d'actes terroristes. Ces guerres se développent car on assiste à un regain du nationalisme après la fin de la guerre froide.

En Ukraine, le pays est divisé depuis 2014. En 2013, le gouvernement pro-russe décide de ne pas signer un accord d'association avec l'Union européenne, ce qui provoque des manifestations puis la destitution du président pro-russe Ianoukovitch. En réaction, la Crimée, une province ukrainienne peuplée majoritairement de populations russophones, déclare son indépendance, suivie par d'autres provinces comme le Donbass, à l'est. La Russie est accusée de soutenir ces sécessions, d'autant plus que des référendums d'autodétermination sont organisés. On parle également de guerre hybride ici, puisqu'elle allie des opérations de guerre conventionnelle, de guerre asymétrique et de cyberguerre.

En Afrique, les conflits ethniques sont également importants. En Côte d'Ivoire, de graves heurts ont eu lieu en 2002 entre populations du sud, à majorité chrétienne, et populations du nord, souvent issues de l'immigration burkinabé, musulmanes.

c. Des conflits liés au contrôle des ressources

La province du Darfour, à l'ouest du Soudan, est le théâtre d'affrontements incessants depuis 2003. Le gouvernement soudanais s'oppose à la sécession de cette province riche en pétrole. Il est soutenu par des pays comme la Chine ou la Russie qui ont obtenu des concessions pétrolières dans la région. Le bilan est de 300 000 morts et plus de 2,5 millions de personnes déplacées. Cela provoque aussi des troubles au Tchad, pays voisin, qui doit accueillir plus de 200 000 réfugiés. La communauté internationale s'avère incapable de faire respecter le cessez-le-feu, malgré la présence d'une force internationale conjointe ONU/ Union africaine.

d. Des États faillis

C'est le cas de quelques pays qui restent déstabilisés par des conflits qui ne cessent pas. La Somalie est aujourd'hui, de fait, divisée en plusieurs entités aux mains de différents chefs locaux. La Libye, après le Printemps arabe, est un pays également divisé, au même titre que le Yémen.

B. Génocides, crimes de masse et autres formes de l'affrontement

a. Génocides et crimes de masse

En 1994, le Rwanda connaît une guerre civile qui dure d'avril à juillet 1994, faisant plus de 800 000 morts. Les Hutus, au pouvoir, décident en avril de perpétrer un génocide contre la minorité tutsie, dont certains membres réfugiés au Burundi, tentent de reprendre le pays. C'est le cas du Front patriotique rwandais, mené par Paul Kagame. Le génocide est déclenché à la suite de l'attentat commis contre le président du Rwanda Juvénal Habyarimana. La communauté internationale est en outre intervenue trop tard. Le génocide s'est en réalité arrêté lorsque les troupes tutsies ont réussi à reprendre le pouvoir.

En juillet 1995, des troupes serbes commandées par le général Mladic ont perpétré les massacres de Srebrenica, occasionnant la mort d'environ 8 000 Bosniaques, dans une zone déclarée sécurisée par l'ONU.

Les bilans sont de plus en plus lourds. La guerre en Syrie aurait fait, depuis 2011, environ 500 000 morts.

b. Des armes de plus en plus destructrices

Dans le cadre de la guerre en Irak et en Syrie, on peut s'interroger sur l'utilisation d'armes chimiques lors des bombardements sur La Ghouta (une zone autour de Damas) en août 2013 faisant entre 500 et 1 800 morts.

La question de la prolifération nucléaire se pose également. Aujourd'hui, neuf pays disposent de la bombe nucléaire : États-Unis, Russie, Royaume-Uni, France, Chine, Israël, Inde,

Pakistan et Corée du Nord. Mais certains pays tentent aujourd'hui d'acquérir la bombe, comme l'Iran. Si un accord avait été passé entre les États-Unis et l'Iran, en 2015, afin de leur faire renoncer à leur programme nucléaire militaire, celui-ci est devenu caduc à cause du revirement de Trump.

c. D'autres formes d'affrontements entre les grandes puissances

La compétition économique (ou guerre économique) est devenue le principal terrain d'affrontement dans la recherche de puissance. Depuis 2018, les États-Unis et la Chine se livrent une guerre commerciale, en augmentant leurs droits de douane sur divers produits. En 2019, les États-Unis interdisent à des groupes américains de commercer avec le Chinois Huawei, concurrent direct de firmes américaines comme Apple.

La guerre informatique (cyberguerre) fait également rage. En 2015, la chaîne française TV5 monde a été victime d'une attaque informatique de la part de hackers russes. Cet acte a été commis dans le contexte de la guerre en Crimée, où la Russie a annexé cette région de l'Ukraine contre l'avis des Européens.

3 Les difficultés de la gouvernance mondiale face aux défis contemporains

A. La mise en place progressive d'une gouvernance internationale

a. L'ONU et ses différentes agences

Le Conseil de sécurité de l'ONU peut se réunir à tout moment pour évoquer les problèmes du monde et prendre une décision. Les actions de l'ONU visent également à généraliser les droits de l'Homme dans le monde. En 1994, elle a poussé à la fin de l'apartheid en Afrique du Sud.

Focus — LA FIN DE L'APARTHEID EN AFRIQUE DU SUD

Les bantoustans étaient les territoires attribués aux populations noires dans le cadre du régime d'apartheid, officiellement mis en place de 1948 à 1994. La pression internationale de l'ONU et la fin de la guerre froide ont permis la libération de Nelson Mandela en 1990. Cet opposant à la ségrégation raciale a finalement été élu président de l'Afrique du Sud en 1994 et les lois d'apartheid ont été abolies.

Elle dispose également de multiples agences chargées de certains problèmes particuliers. C'est le cas de l'OMS (Organisation mondiale de la santé) qui intervient en réaction aux risques de pandémies (épidémies mondiales).

Elle semble par ailleurs incapable de se réformer, alors que de nouvelles puissances affirment mériter une place de membre permanent au Conseil de sécurité (Inde, Brésil, Afrique du Sud, Japon...).

b. Une gouvernance économique

Le FMI (Fonds monétaire international) vise à faire respecter l'équilibre budgétaire des États. Il peut intervenir en accordant des prêts à un pays en difficulté à condition qu'il mette en place des réformes (privatisation des services publics, ouverture de son économie).

L'OMC (Organisation mondiale du commerce) est un autre organe de la gouvernance économique mondiale. Elle a pour but de favoriser le libre-échange. Dans le cadre de la guerre économique qui se développe, elle dispose d'un ORD (Organe de règlement des différends) qui permet de trancher lorsque des États s'opposent sur des questions commerciales.

c. D'autres organes de la gouvernance mondiale

Le G7 (ou groupe des 7) a été créé en 1975 comme conséquence au premier choc pétrolier. Il regroupe les sept pays les plus puissants de l'époque : Allemagne, Canada, États-Unis, France, Italie, Japon, Royaume-Uni. La Russie a été intégrée dans un G8 en 1997. L'objectif est de mettre en place un groupe de discussion et de développer des partenariats économiques.

Le G20 a été créé en 1999, après la succession des crises financières. Il intègre les pays émergents et l'Union européenne. En 2009, au sommet de Londres, juste après la crise des subprimes, les 20 décident d'octroyer 1 000 milliards de dollars au FMI et à la Banque mondiale, de dresser une liste noire des paradis fiscaux et d'édicter de nouvelles règles de gouvernance pour les marchés financiers.

B. De nouveaux défis

a. Une justice internationale

La Cour internationale de justice, organe de l'ONU, a pour but de régler les conflits juridiques entre États, par exemple un litige à propos du tracé d'une frontière. En 1994, elle a ainsi défini la délimitation de frontière entre le Tchad et la Libye, à la demande de ces deux États.

Une justice pénale internationale se met également en place. En 1993, un tribunal pénal pour l'ex-Yougoslavie a été mis en place après les guerres civiles, de même qu'en 1994, un TPIR (pour le Rwanda) a été érigé dans le but de punir les criminels de guerre.

Depuis 2002, la Cour pénale internationale a aussi été mise en place. Elle est chargée de juger les personnes accusées de génocide, de crimes contre l'humanité et de crimes de guerre notamment.

b. La question des réfugiés

Le HCR (Haut-Commissariat aux réfugiés), créé en 1950, a pour mission de protéger les réfugiés du monde entier. Pour cela, il examine les demandes d'asile et finance des interventions humanitaires (camps de réfugiés). Mais le nombre de personnes dont le HCR a la charge atteint près de 70 millions de personnes.

Cette question est en outre amenée à se poser avec beaucoup plus d'importance puisque le nombre de réfugiés climatiques va augmenter. De plus, l'explosion démographique attendue de l'Afrique va démultiplier le nombre de candidats à l'émigration si le continent n'amorce pas réellement son développement.

c. Protéger l'environnement

Les questions environnementales sont régulièrement traitées dans les instances de l'ONU. Le discours de Greta Thunberg en septembre 2019 a été très commenté. L'organisation de la COP21 à Paris en 2015 a abouti à un accord important en vue de réduire les émissions de gaz à effet de serre.

La question des pandémies se pose avec acuité depuis les risques liés aux différentes grippes, à Ebola et à la Covid-19.

C. Les difficultés rencontrées malgré certains éléments positifs

a. L'incapacité à faire la paix dans le monde

L'ONU semble aujourd'hui paralysée. Les États les plus puissants se passent de l'ONU, comme l'ont fait les États-Unis lors de leur intervention en Irak en 2003.

Les décisions du Conseil de sécurité peuvent être paralysées par le droit de veto de cinq de ses membres. Lors de la guerre en Syrie, la Russie a par exemple mis son veto à une résolution condamnant l'utilisation d'armes chimiques en 2018.

b. D'autres difficultés

Certains États contestent la Cour pénale internationale, comme la Chine et une quarantaine d'autres États.

Sur le plan environnemental, les décisions prises dans le cadre de la gouvernance mondiale sont peu contraignantes. Les États ne sont donc pas tenus de les respecter.

c. Des éléments positifs ?

On semble assister à un mouvement de démocratisation du monde. Les printemps arabes ont témoigné d'une certaine aspiration des peuples à vouloir renverser les dictatures, comme ce fut le cas en Tunisie, en Égypte ou en Libye. Cela dit, ces processus restent lents et difficiles.

Conclusion

Le nouvel ordre mondial voulu par les États-Unis en 1991 s'est assez largement transformé en désordre mondial. Les relations internationales sont rendues plus complexes dans un monde multipolaire et mondialisé. Les hiérarchies de puissance peuvent être bouleversées à tout moment, tandis que de nouvelles formes de conflictualité apparaissent. La gouvernance mondiale semble encore trop hésitante et n'est pas en mesure de faire face à tous les nouveaux enjeux qui s'annoncent, à moins d'une réforme radicale.

À RETENIR

- Après la fin de la guerre froide, les États-Unis deviennent une véritable hyperpuissance. Ils interviennent partout où ils le jugent nécessaire.
- Le nouvel ordre mondial qu'ils ont appelé de leur vœu est fondé sur le droit international.
- Les États-Unis sont cependant de plus en plus contestés dans leur rôle de « gendarme du monde ».
- De nouvelles conflictualités apparaissent : les guerres sont de plus en plus asymétriques et infra-étatiques.
- Les génocides et les crimes de masse continuent : Rwanda en 1994, Srebrenica en 1995.
- La gouvernance internationale se développe, mais semble incapable de faire respecter la paix.
- Le monde est donc bien multipolaire, avec des puissances qui se renouvellent.

BIBLIOGRAPHIE

MILZA Pierre, *Les Relations internationales de 1973 à nos jours*, Hachette, 2006.
VAISSE Maurice, *Les Relations internationales depuis 1945*, Armand Colin, 2002.

CHAPITRE 10

La construction européenne depuis 1991 : élargissements, approfondissements et remise en question

L'ESSENTIEL EN DATES

1992 : traité de Maastricht. Création de l'Union européenne (UE).
1993 : critères de Copenhague.
1994 : ouverture du tunnel sous la Manche.
1995 : élargissement à l'Autriche, la Finlande et la Suède.
1997 : création de la BCE (Banque centrale européenne).
1999 : création de l'euro. Mise en circulation en 2002.
2000 : directive européenne Natura 2000.
2001 : traité de Nice.
2004 : 10 pays, essentiellement d'Europe centrale et orientale, intègrent l'UE.
2005 : référendum négatif en France et aux Pays-Bas sur le traité constitutionnel européen.
2007 : traité de Lisbonne.
2010 : Viktor Orban au pouvoir en Hongrie.
2013 : intégration de la Croatie dans l'UE.
2016 : le Royaume-Uni vote d'une courte tête pour le Brexit. Il quitte l'UE en 2020.

Après la chute du rideau de fer et du mur de Berlin, en 1989, l'Allemagne se réunifie à marche forcée, inaugurant la fin des divisions en Europe. Face à l'hypothétique retour de la puissance russe, les démocraties populaires demandent rapidement à intégrer l'OTAN et la construction européenne. Cela semble d'autant plus nécessaire que la guerre refait son apparition sur le continent avec l'éclatement de la Yougoslavie.

Or, cela modifie profondément la vision et les perspectives de cette organisation régionale, appelée CEE depuis 1957. Parallèlement, de multiples crises traversent aujourd'hui l'Union européenne, ce qui amène à de nombreuses interrogations sur son devenir et ses buts.

1 Des élargissements et des approfondissements importants

A. De nouveaux traités viennent approfondir la construction européenne

a. Le traité de Maastricht et la création de l'Union européenne en 1992

En 1992, le traité de Maastricht crée, entre les 12 pays membres, une Union européenne dont l'objectif est la monnaie unique. Il met aussi en place une citoyenneté européenne qui permet à tout citoyen résidant dans un État membre d'avoir le droit de vote et d'éligibilité aux élections municipales et au Parlement européen. Il envisage aussi une union politique, l'ouverture aux États neutres et post-communistes. Il ouvre de nouveaux champs de compétences : PESC (politique étrangère et de sécurité commune) avec, à terme, la mise en place d'une défense commune, et JAI (justice et affaires intérieures), c'est-à-dire la définition d'une coopération judiciaire et policière en matière pénale. On réforme également la gouvernance de l'UE en donnant un rôle accru au Parlement.

Pourtant, ce traité ne fait pas l'unanimité. Il ne s'agit, dans la plupart des cas, que de coopération intergouvernementale. Aucune supranationalité n'est réellement établie. Après l'éclatement de la guerre en ex-Yougoslavie, on se rend compte que la définition d'une PESC est très compliquée. On parle aussi de crise de légitimité de l'UE (déficit démocratique), car les populations ne sont pas vraiment intégrées dans le système politique communautaire.

b. Les traités de Nice et d'Amsterdam

En 1997, le traité d'Amsterdam accroît les pouvoirs du Parlement, envisage l'intégration des pays d'Europe centrale et orientale (PECO) et accroît les compétences de l'UE. Il prévoit aussi une Europe à plusieurs vitesses avec l'abstention constructive : un État membre peut s'abstenir en motivant son geste, l'acte en question sera quand même adopté mais pas dans l'État qui s'est abstenu.

Le traité de Nice (2001) tend à réformer la procédure de prise de décision en vue de l'élargissement à l'est de l'UE. Le rôle du Parlement est encore renforcé. Il s'agit aussi d'étendre la prise de décision à la majorité qualifiée. Parallèlement, un dispositif de prévention a été mis en place afin de garantir les valeurs démocratiques. Le Conseil de l'Union européenne, statuant à la majorité des 4/5 de ses membres, après avis du Parlement européen, peut adresser une recommandation à l'État au sein duquel il existe un risque de violation des droits fondamentaux.

c. Le traité de Lisbonne : des réformes institutionnelles importantes (2007)

L'Union européenne est désormais dotée de la personnalité juridique. Elle peut ainsi conclure un accord international dans tous ses domaines de compétence. L'UE se dote également d'une représentation : un président est désormais élu à la majorité qualifiée pour une durée de deux ans et demi, renouvelable une fois. De même, un haut représentant de la politique étrangère européenne doit être désigné pour conduire la politique étrangère et de sécurité commune de l'Union.

De plus, les citoyens européens acquièrent le droit d'inviter la Commission européenne à soumettre une proposition appropriée au Parlement européen et au Conseil de l'Union européenne. Il est nécessaire de recueillir l'approbation d'un million de citoyens de l'Union, ressortissants d'un nombre significatif d'États membres. La lutte contre le changement climatique acquiert un statut prioritaire dans le nouveau traité.

B. L'Europe de 12 à 27 : de nombreux élargissements

a. La définition de critères d'élargissement

Le Conseil européen de Copenhague, réuni en 1993, a défini trois séries de critères, confirmés par le traité de Lisbonne, que les pays candidats doivent satisfaire pour espérer intégrer l'UE.

Sur le plan politique, l'État doit respecter les valeurs de l'UE, c'est-à-dire la liberté, la démocratie, le respect des droits de l'Homme, des libertés fondamentales et de l'État de droit. Il doit également jouir d'un système démocratique stable et protéger ses minorités

Sur le plan économique, le pays doit connaître une économie de marché viable et doit être capable de faire face à la concurrence à l'intérieur de l'UE.

Enfin, l'État candidat doit assumer les obligations de l'adhésion, c'est-à-dire souscrire aux objectifs communs de l'union politique, économique et monétaire, reprendre l'« acquis communautaire », c'est-à-dire accepter et transposer dans la législation nationale l'ensemble du droit européen en vigueur.

b. En 1995, un élargissement qui ne pose pas de problème

En 1995, l'UE accueille l'Autriche, la Suède et la Finlande. Cet élargissement ne pose aucun problème, car ces pays sont déjà riches et développés. Ils ne modifient pas le visage de la construction européenne, puisqu'il n'y a pas de réelle différence de niveau de vie entre les 12 pays membres.

c. Depuis 2004, une ouverture à l'Est

En 1998-1999, l'UE ouvre des négociations avec les pays de l'Europe centrale et orientale et avec trois États méditerranéens (Chypre, Malte, Turquie). Dix nouveaux États intègrent l'UE en 2004. L'adhésion de la Bulgarie et de la Roumanie est différée à 2007 et, en 2013, c'est la Croatie qui intègre l'UE.

L'élargissement vers l'est de l'UE pose de nombreux problèmes. Tout d'abord, ces pays sont moins développés que ceux de l'Europe de l'Ouest et ils risquent de créer une concurrence déloyale entre les membres de l'Union. De plus, leur nombre important entraîne la nécessité de modifications institutionnelles au sein de l'UE. Enfin, ils n'ont pas la même culture politique, ayant vécu pendant plus de 40 ans sous le joug communiste.

d. Des pays en attente d'intégration

Les candidatures de la Serbie, du Monténégro, de l'Albanie et de la Turquie sont toujours officiellement en attente. Mais l'Islande a retiré sa candidature en 2015.

Cela dit, la question des élargissements futurs de l'UE reste floue. Les pays de l'ancienne Yougoslavie cherchent à entrer dans l'UE.

Aujourd'hui, la Turquie semble se détourner de l'UE, qui n'a cessé de repousser son processus d'intégration pour diverses raisons.

C. Des réalisations importantes

a. La monnaie unique

L'euro est créé en 1999, mais n'entre officiellement en circulation qu'en 2002. Onze États forment alors la « zone euro », tandis qu'aujourd'hui 19 pays disposent de la monnaie commune. En 1997 avait également été créée la BCE (Banque centrale européenne).

Elle favorise les échanges à l'intérieur de la zone et l'euro est devenue la 2e monnaie d'échange à travers le monde.

b. La lutte en faveur du développement durable

La directive Natura 2000, contraignante pour les États qui doivent la traduire en droit national, vise à protéger la biodiversité sur le territoire de l'UE.

Le développement durable est également une préoccupation inscrite dans la plupart des traités liés à l'UE.

c. La solidarité régionale

La politique régionale de l'Union européenne (UE), désignée par le traité de Lisbonne comme politique de cohésion économique, sociale et territoriale, vise à réduire les écarts de richesse entre les régions des pays membres de l'UE, qui se sont accentués avec les élargissements. Un tiers du budget européen est consacré à cette politique dans le but de soutenir la création d'emplois, la compétitivité et la croissance économique, s'attaquer au changement climatique et à la dépendance énergétique et réduire la pauvreté et l'exclusion sociale.

La majeure partie des dépenses bénéficie aux régions les plus pauvres, c'est-à-dire les zones où le PIB par habitant est inférieur à 75 % de la moyenne de l'UE.

Cette politique repose sur trois instruments financiers : le Fonds européen de développement régional (FEDER), le Fonds social européen (FSE) et le Fonds de cohésion.

d. La politique de voisinage

Son objectif est de créer un espace de prospérité et de stabilité autour de l'UE en entretenant une coopération étroite avec des États qui n'ont pas vocation à y rentrer. Cette initiative a été lancée en 1995 à Barcelone et elle concerne tous les États ayant une frontière commune terrestre ou maritime avec l'UE.

La Russie fait l'objet d'un partenariat à part qui ne relève pas de la politique européenne de voisinage (PEV). L'UPM (Union pour la Méditerranée) lancée en 1995 en fait partie mais cette politique porte peu ses fruits.

Focus **LES COMPÉTENCES DE L'UE ET CELLES DES ÉTATS**

L'UE dispose de compétences exclusives en ce qui concerne le marché intérieur de l'UE, la politique commerciale, la politique monétaire, la pêche. Elle partage ses compétences avec les États membres sur d'autres sujets : agriculture, santé, recherche, environnement, politique énergétique, sécurité et justice... Le traité de Lisbonne, en 2007, a prévu l'extension des compétences de l'UE sur la santé publique, l'énergie, la protection civile et le sport.

2 L'UE : une puissance incomplète

A. La première puissance économique du monde

a. Une puissance démographique

L'UE à 27 compte quelque 450 millions d'habitants, ce qui la place au 3e rang mondial, derrière la Chine et l'Inde. La population européenne augmente en raison de sa croissance naturelle (le nombre de naissances dépasse celui des décès) et de son solde migratoire (le nombre de personnes qui s'installent dans l'Union dépasse celui des départs).

Cela dit, la dynamique démographique semble se tasser depuis quelques décennies.

b. Une puissance économique et commerciale

L'économie de l'Union européenne est aujourd'hui considérée comme la 2e du monde, derrière les États-Unis. Le PIB de l'UE est, en 2018, de près de 16 000 milliards de dollars, derrière les États-Unis.

L'UE ne compte que 7 % de la population mondiale, mais elle est la 1re puissance commerciale avec 20 % du volume total mondial (même s'il faut tenir compte du fort commerce intra-zone).

L'UE est le premier destinataire des investissements dans le monde devant les États-Unis et la Chine. Sur le plan agricole, l'Union européenne est premier importateur et premier exportateur de produits agro-alimentaires.

B. Un rayonnement mondial

a. Une influence culturelle

L'Europe rayonne dans le monde entier grâce à son influence culturelle. Les langues européennes sont parlées sur tous les continents.

L'Europe constitue aussi un espace touristique très attractif aux yeux du monde entier. Elle attire aussi de nombreux migrants ainsi que des étudiants.

b. Une influence politique et militaire

Celle-ci n'est pas toutefois l'expression d'une politique commune, mais la simple conséquence des actions individuelles de chaque pays membre. Ainsi, la France dispose de petits territoires dispersés dans le monde entier (DROM-COM) et de bases militaires. De plus, plusieurs pays européens entretiennent des liens politiques, économiques et culturels étroits avec leurs anciennes colonies (Afrique pour la France, Amérique latine pour l'Espagne).

Au niveau international, l'Europe est présente par ses États dans les grandes institutions qui dirigent le monde : le G7 (groupe des sept pays les plus industrialisés du monde), le G8 et le G20, l'OMC (Organisation mondiale du commerce), l'ONU...

L'UE dispense une aide très importante aux pays en voie de développement, ce qui lui permet de tisser des liens avec ces pays. Les accords de Cotonou, conclus en 2000 pour 20 ans entre l'UE et les pays ACP (Afrique, Caraïbe, Pacifique) ont pour objectif de promouvoir le développement dans les pays ACP et le commerce avec l'UE.

3 Crises et remises en cause de l'UE

A. Une crise politique

a. Des institutions complexes

Focus **LES INSTITUTIONS DE L'UNION EUROPÉENNE**

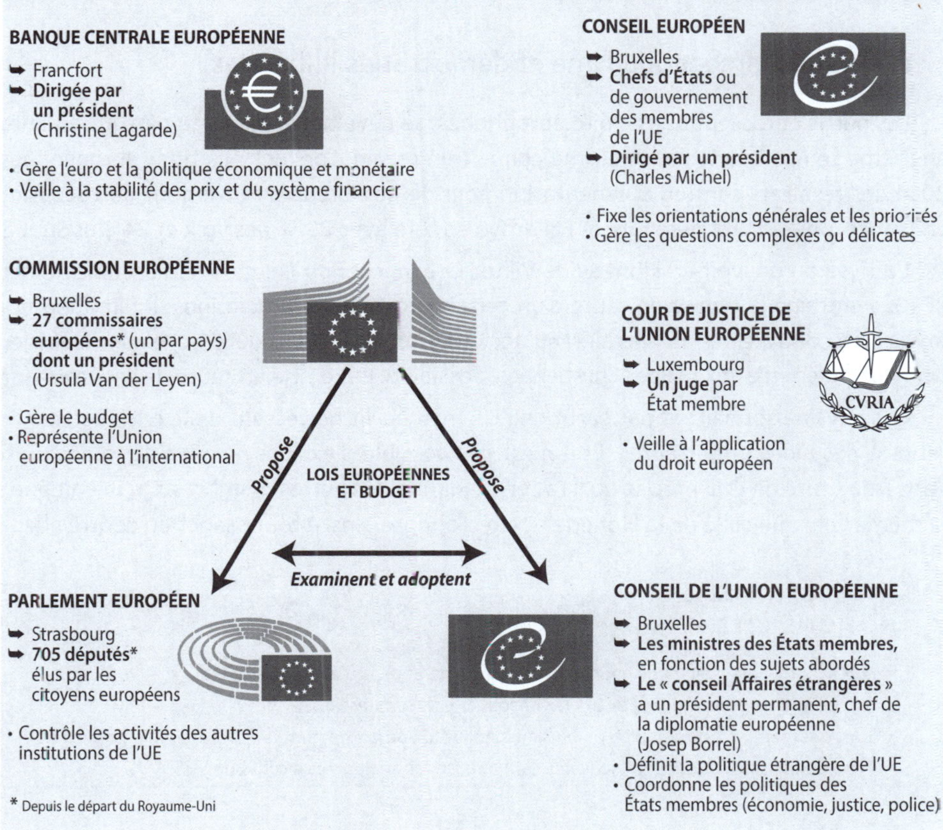

Ces institutions sont de plus en plus démocratiques, car le Parlement, seul organe dont les membres sont désignés au suffrage universel direct, a de plus en plus de compétences.

Mais cet organigramme est souvent considéré comme trop complexe et les institutions trop éloignées des citoyens.

b. Un manque de démocratie ?

On reproche beaucoup à l'UE son caractère technocratique. Cela signifie que les décisions seraient prises dans des cabinets, à l'écart de toute réalité, par des fonctionnaires nommés et non élus.

Lors des élections européennes, force est de constater que l'abstention reste importante. C'est particulièrement visible lors des dernières élections de 2014 où l'abstention a atteint 57,5 % des suffrages. Les taux d'abstention varient selon les États membres, allant de 10 % jusqu'à 87 %. En 2019, l'abstention a diminué, passant à 49 %, mais elle reste à un niveau élevé.

En 2005, la France et les Pays-Bas refusent, par référendum, la mise en place d'une constitution européenne (respectivement 55 et 62 % de non). Mais ce projet est tout de même réapparu dans le cadre du traité de Lisbonne en 2007. C'est l'idée que l'Europe reste lointaine et qu'elle ne se préoccupe pas du sort des citoyens.

c. Nationalisme, populisme et démocraties illibérales

Les partis eurosceptiques, voire europhobes, se développent un peu partout en Europe, en même temps que le nationalisme connaît un regain. Lors des élections européennes de 2014, les résultats sont en augmentation pour de nombreuses formations eurosceptiques. En France, pour la première fois, le FN arrive en tête avec 25 % des voix et 24 élus sur 72.

L'arrivée au pouvoir en Hongrie de Viktor Orban, chef du Fidesz, Premier ministre depuis 2010, a entraîné la remise en cause d'un certain processus démocratique. Il fait adopter une loi visant à contrôler les médias ainsi qu'une constitution en 2011 qui déroge aux valeurs européennes (référence aux racines chrétiennes, possibilité de remise en cause de l'avortement).

Ces pays ne souhaitent pas sortir de l'UE même s'ils ne cessent de la critiquer, car ils en retirent des aides importantes. Et il n'est pas possible d'exclure un pays des aides puisque l'art. 7 du traité de l'UE précise qu'il faut l'unanimité des autres membres. Or, la Pologne suit la même voie que celle de la Hongrie et elle s'oppose ainsi à toute sanction contre elle.

NOTIONS-CLÉS

- **Euroscepticisme** : personne qui doute de l'efficacité et de la viabilité de l'UE.
- **Europhobe** : personne qui déteste l'UE et souhaite sa suppression.
- **Élargissement** : c'est lorsqu'un ou plusieurs nouveaux pays intègrent la construction européenne.
- **Approfondissement** : c'est lorsque des compétences sont ajoutées à celles de l'UE.

B. Une crise économique

a. L'Europe touchée et désunie face à la crise

Très touchée par la crise des subprimes, l'UE a aussi connu, en suivant, une crise de la dette. Le premier pays à en être victime fut la Grèce, dont la situation fragilise l'Union. Des tensions se font alors jour au sein de la zone euro : l'Allemagne refuse de venir renflouer des pays qui ont réalisé une mauvaise gestion, alors que la France souhaite la création d'eurobonds, c'est-à-dire des titres de la dette européens et non par pays. Finalement, en 2010, un plan d'aide de 110 milliards d'euros est adopté en échange d'un sévère plan d'austérité. En parallèle, pour éviter une contagion de la crise à d'autres pays fragilisés (comme l'Espagne, le Portugal ou l'Italie), l'UE décide la même année la création du Fonds européen de stabilité financière (FESF), doté de 750 milliards d'euros afin de rassurer les marchés.

D'autres pays ont été particulièrement affectés par la crise de la dette : l'Espagne, l'Italie, le Portugal, l'Irlande.

b. Disparités de niveaux de vie et concurrence

Les pays de l'UE n'ont pas le même niveau de vie et manquent d'harmonisation dans plusieurs domaines. Cela crée de la concurrence entre eux. Des entreprises délocalisent ainsi dans des pays où la main-d'œuvre est moins chère. C'est l'exemple de Renault qui délocalise en 2011 en Roumanie une partie de la fabrication de ses moteurs.

L'Irlande pratique le dumping fiscal, c'est-à-dire une concurrence déloyale vis-à-vis des autres pays européens. Son taux d'imposition sur les sociétés est à 12,5 %, contre environ 30 % dans le reste de l'UE. C'est ce qui explique que nombre de FTN ont leur siège en Irlande, à l'instar de Google ou Amazon. Or, cela leur permet d'éviter de payer trop d'impôts dans les autres pays et cela divise l'UE quant à la mise en place d'une taxe communautaire sur les géants du net.

C. Une puissance limitée en difficultés

a. Nain politique et militaire

Lors de la chute de l'URSS en 1991, les pays de l'Europe centrale et orientale font d'abord appel aux États-Unis et à l'OTAN et non à la CEE pour les protéger d'un hypothétique retour de la puissance russe, même s'ils demandent leur intégration ensuite.

L'UE n'a pas de politique extérieure commune. Les positions divergentes des pays quant à l'intervention des États-Unis en Irak le montrent (opposition de la France et de l'Allemagne, mais accord de huit autres pays européens, dont le Royaume-Uni, l'Espagne et l'Italie). De même, l'appel aux États-Unis lors des conflits balkaniques montre que l'Europe reste un nain politique. Il n'y a pas de programme d'armement européen, malgré les difficultés actuelles de l'OTAN et on note une baisse des budgets militaires et des intérêts diplomatiques divergents. Un premier pas timide est franchi en 2003 avec la création de l'Eurocorps, force de réaction rapide de 60 000 hommes pouvant intervenir dans des missions militaires ou humanitaires.

b. Crise migratoire et désaccords

La crise migratoire a débordé l'Europe essentiellement à partir de 2014. Près de 2 millions de personnes ont finalement réussi à rejoindre l'Europe selon des routes diverses.

Face à ce phénomène, les pays de l'UE n'ont pas réussi à se mettre d'accord. Alors qu'en 2015, Jean-Claude Juncker, alors président de la Commission européenne, avait souhaité imposer des quotas pour permettre aux pays européens de mieux se les répartir, cette proposition a été rejetée. Certains pays de l'UE ont accueilli beaucoup de migrants, à l'image de l'Allemagne qui en a accueilli près d'un million en 2015. À l'inverse, certains pays ferment leurs frontières et construisent des murs (Hongrie, Pologne).

Les relations avec la Turquie se sont dégradées : contrairement à l'accord qui avait été passé en 2016 afin qu'elle retienne les migrants venus du Moyen-Orient, contre dédommagement financier, en 2020, Erdogan, le chef d'État turc, a décidé d'ouvrir ses frontières.

c. Le Brexit et ses enjeux

En 2020, le Royaume-Uni sort de l'UE à la suite d'un référendum organisé en 2016, où le « oui » au Brexit l'a emporté. Cela pose plusieurs problèmes à l'UE. Tout d'abord, c'est un pays puissant qui quitte l'Union, sur le plan économique mais aussi politique et militaire. C'est aussi un pays qui était contributeur net au budget, c'est-à-dire un pays riche.

De plus, cela crée un précédent et pourrait inciter d'autres pays à quitter l'UE. Enfin, les difficultés pour négocier un accord de sortie (près de 4 ans) montrent toute la complexité de l'UE et de son fonctionnement.

Conclusion

La construction européenne subit une véritable « polycrise », comme l'affirme Jean-Claude Juncker. Pourtant, elle reste puissante et surtout l'union régionale la plus intégrée du monde, qui sert de modèle à toutes celles qui ne veulent pas demeurer uniquement économiques.

La construction européenne tend également à mener des projets en commun et à rationaliser son territoire. C'est la raison pour laquelle des aménagements ont été mis en place, à l'image du tunnel sous la Manche, ouvert à la circulation en 1994. Des collaborations européennes ont aussi mené à la création d'entreprises très puissantes sur le plan mondial, comme Airbus.

À RETENIR

- Le traité de Maastricht, en 1992, fonde l'Union européenne et a pour objectif la mise en place d'une monnaie commune.
- Dès 1991, de nouveaux élargissements sont envisagés vers l'est et des critères d'adhésion sont alors définis en 1993.
- L'UE s'approfondit : monnaie unique, politique de voisinage, PAC, politique de cohésion.
- L'UE connaît actuellement une « polycrise » dont elle peine à sortir.
- L'UE reste une puissance de premier plan sur le plan économique et commercial. Mais elle est faible sur le plan politique et militaire.

BIBLIOGRAPHIE

BERSTEIN Serge et MILZA Pierre, *Histoire de l'Europe du XIXe siècle au début du XXIe siècle*, Seuil, 2006.
BITSCH Marie-Thérèse, *Histoire de la construction européenne depuis 1945*, Complexe, 2004.

La République française depuis les années 1990 : principes et évolutions constitutionnelles

CHAPITRE 11

L'ESSENTIEL EN DATES

1982-1983 : premier acte de la décentralisation.
1992 : l'intercommunalité est encouragée.
1999 : PACS (pacte civil de solidarité).
2000 : quinquennat.
2000 : loi sur la parité.
2003 : 2e acte de la décentralisation.
2004 : loi interdisant le port de signes religieux ostentatoires dans les écoles.
2008 : réforme constitutionnelle.
2013 : loi autorisant le mariage de personnes de même sexe.
2015 : loi NOTRe.

La Ve République, mise en place en 1958, a dû évoluer sur le plan institutionnel. On a pu considérer, à la suite de Mitterrand, dans *Le Coup d'État permanent*, en 1964, que trop de pouvoirs étaient alloués au président de la République et que la pratique présidentielle renforçait ce phénomène. L'avènement de la cohabitation, que l'on avait envisagée dès 1978, mais qui se concrétise pour la première fois en 1986, favorise des changements.

Malgré cela, une certaine continuité républicaine est conservée dans le cadre du respect des valeurs portées par le régime.

1 La Ve République : un régime stable qui connaît des évolutions constitutionnelles

A. La décentralisation

a. Les lois de 1982-1983

La décentralisation est le transfert de compétences de l'État vers les collectivités territoriales (communes, départements, régions).

En 1982, Gaston Defferre, ministre de l'Intérieur, fait voter les premières lois de décentralisation. L'État confie aux collectivités territoriales d'importantes compétences : construction et entretien des établissements scolaires, construction d'autoroutes, distribution des aides sociales (RSA...).

Les pouvoirs des préfets sont réduits et se limitent à la direction des services de l'État (suppression de la tutelle administrative *a priori* et remplacement par un contrôle de légalité *a posteriori* sur le conseil général). L'exécutif départemental passe aux mains du président du conseil général. En outre, on érige la région en collectivité territoriale de plein exercice. Cela participe de la volonté de rapprocher les centres de décision de la population.

b. La réforme de 2003

En 2003, une nouvelle vague de décentralisation se produit et le principe de la décentralisation est inscrit dans la constitution. Dans l'art. 1 de la constitution de 1958, modifié en 2003, on lit que l'organisation de la République française est « décentralisée ».

On décide notamment le principe de l'autonomie financière des collectivités territoriales et le transfert de trois nouvelles compétences aux régions en 2004 et 2005 : la gestion du personnel non enseignant des lycées, la totalité de la formation professionnelle, l'organisation des transports ferroviaires régionaux.

Cette loi instaure aussi le référendum décisionnel local ainsi qu'un droit de pétition.

c. L'acte III de la décentralisation en 2013

La loi NOTRe (nouvelle organisation territoriale de la République), votée en 2013, vient renforcer les compétences des régions au détriment des départements (transports interurbains, gestion des déchets...).

En matière de développement économique, la région doit définir les grandes orientations. Il en va de même en matière d'aménagement et de développement durable.

Enfin, la carte des régions a été revue, le nombre de régions métropolitaines passant de 22 à 13. Le but est de faire des économies et de renforcer le poids des régions françaises face à leurs homologues des autres pays européens.

Focus — L'INTERCOMMUNALITÉ ENCOURAGÉE EN FRANCE

C'est l'ensemble des acteurs et organismes de coopération associant pour tout ou partie des communes pour l'exercice de certaines de leurs compétences.

L'intercommunalité est encouragée dès 1992. Elle permet une liberté de négociation contractuelle et la libre association de communes, avec l'apparition des communautés de communes et des communautés de villes. En 1995 naît une coopération spécifique orientée autour du développement durable : les pays. En 1999 sont généralisées les communautés d'agglomération et communautés urbaines. Les lois de 2004 puis de 2010 viennent achever et rationaliser l'intercommunalité. EN 2015, la loi NOTRe renforce les compétences des établissements publics de coopération intercommunale.

Pourtant, l'intercommunalité est de plus en plus critiquée. Certes, en 2019, on comptait près de 10 000 établissements publics de coopération intercommunale ou de syndicats mixtes, mais cela vient surtout rajouter un échelon administratif supplémentaire.

B. Le référendum en France : usages et pratiques

a. Un mode de consultation de mieux en mieux reconnu par la constitution

Le référendum est autorisé par la constitution depuis 1958 (art. 11). À l'origine, il ne pouvait porter que sur les sujets relatifs à « l'organisation des pouvoirs publics ». Depuis 1995, il peut porter sur des sujets plus larges.

Le référendum d'initiative partagée est inscrit dans la constitution depuis 2008. 1/5 des membres du Parlement, soit 185 parlementaires, peuvent alors déposer une proposition de loi. Après vérification du Conseil constitutionnel, la proposition doit recevoir le soutien, dans un délai de 9 mois, de 1/10 des électeurs, soit 4,7 millions de signatures. Certains demandent un référendum d'initiative citoyenne, permettant de provoquer un référendum sans passer par le pouvoir politique. La procédure a été engagée pour demander un référendum contre la privatisation des Aéroports de Paris voulue par le gouvernement.

Le référendum d'initiative citoyenne est une mesure demandée notamment par le mouvement des Gilets jaunes en France pour permettre une réelle démocratie directe.

b. Un référendum de moins en moins utilisé par les présidents

On remarque enfin que les présidents usent de moins en moins du référendum, car cela peut être une arme à double tranchant, alors que de Gaulle l'utilisait comme un moyen de renforcer sa légitimité en court-circuitant le Parlement.

En 2000, le référendum sur le quinquennat mobilise peu : 70 % de la population s'abstient, ce qui légitime peu Chirac. En 2005, il lance un référendum sur la question de la constitution européenne. Le non l'emporte avec près de 55 % des voix dans un contexte où le chef de l'État est fortement contesté. Ainsi le référendum peut risquer de se transformer en un vote d'adhésion ou de refus de la politique menée par le chef de l'État ou par le chef du gouvernement.

C. La question des pouvoirs du président de la République

a. Vers un affaiblissement du pouvoir ?

Dans une certaine mesure, on peut affirmer qu'il existe un abaissement des pouvoirs du président de la République en France. Dans le cadre de la construction européenne, la France a perdu certaines compétences, comme la maîtrise de sa politique monétaire ou budgétaire.

De même, dans un monde mondialisé, la marge de manœuvre du chef de l'État est limitée compte tenu des contraintes budgétaires qui s'imposent.

b. Le quinquennat en 2000

En 2000, en réponse à un référendum, le mandat présidentiel passe de 7 ans (septennat) à 5 ans (quinquennat).

Cette réforme a été mise en place pour éviter les cohabitations. Le mandat présidentiel est désormais aligné sur celui des députés et l'élection présidentielle précède l'élection des membres de l'Assemblée nationale.

On a pu dire que cela avait été mis en place pour abaisser un pouvoir trop important du président. Certes, le mandat est réduit à 5 ans, mais les risques de cohabitation sont alors plus limités, ce qui renforce aussi les pouvoirs du chef de l'État.

c. La réforme constitutionnelle de 2008

La réforme constitutionnelle de 2008 vise à limiter les pouvoirs du président de la République. Il ne peut désormais exercer plus de deux mandats consécutifs. L'Assemblée nationale et le Sénat sont désormais compétents pour fixer leur ordre du jour (leur calendrier).

Elle rend également le Conseil supérieur de la magistrature plus indépendant de l'exécutif (le président de la République ne le préside plus). Il a désormais le droit de s'exprimer devant le Parlement réuni en congrès (Assemblée nationale et Sénat).

Elle instaure également le référendum d'initiative partagée et la question prioritaire de constitutionnalité. Cette dernière réforme implique que le Conseil constitutionnel peut être saisi pour contrôler si une loi déjà adoptée respecte bien les droits et libertés mentionnés par la constitution.

Enfin, le CES est transformé en CESE (conseil économique, social et environnemental) par ajout d'une compétence environnementale.

2 La réaffirmation de principes et les combats pour des valeurs et des droits nouveaux

A. La laïcité en question

a. Des lois pour confirmer la conception française de la laïcité

On entend par laïcité la neutralité de l'État en matière religieuse.

Elle a récemment été questionnée à l'école avec l'affaire du foulard islamique, en 1989, lorsque des jeunes filles ont voulu entrer dans des écoles publiques avec ce signe religieux. Cela a engendré de nombreux débats sur la place de l'islam en France.

La loi de 2004 est finalement venue interdire les signes religieux ostentatoires (trop voyants) dans les écoles ainsi que tout prosélytisme (volonté de faire adhérer à sa religion). De même, en 2011, une loi est venue interdire le port de la burqa (voile intégral) dans l'espace public.

b. L'actualité ne cesse de remettre en question la laïcité à la française

La question de la laïcité a été reposée en 2019-2020 en lien avec la thématique des listes dites « communautaires ». Il en va de même lorsque l'on constate l'insuffisance du nombre de mosquées en France. Or, la loi interdit à l'État et au secteur public de financer les lieux de culte en vertu de la loi de 1905, portant séparation des Églises et de l'État.

Les pratiques d'autres pays développés interrogent également, puisqu'ils ont une définition de la laïcité plus souple, à savoir l'acceptation de tous les signes religieux, à égalité.

TEXTE-CLÉ LA LOI DE 1905 EN FRANCE

En 1905, à la suite d'âpres débats, la loi de séparation des Églises et de l'État est votée. Brisant le Concordat de 1801, elle proclame d'abord la liberté de conscience, garantit le libre exercice des cultes et pose le principe de séparation. En vertu de l'art. 2 de la loi, l'État ne reconnaît plus aucun culte et n'en subventionne plus aucun. De sorte que les ministres des cultes (curés, prêtres...) ne sont plus payés par l'État. De même, l'État n'intervient plus dans la nomination des évêques. Les établissements publics du culte sont dissous et sont remplacés par des associations cultuelles. Cette loi, portée par nombre d'anticléricaux dont Émile Combes, mais proposée par Aristide Briand, participe également de la volonté de supprimer l'influence de la religion dans la vie politique, de casser l'alliance du trône (la monarchie) et de l'autel (l'Église catholique).

B. Vers plus d'égalité entre les sexes

a. La loi sur la parité en politique en 2000

En 2000, la loi sur la parité oblige les partis politiques à présenter autant d'hommes que de femmes pour les élections régionales, municipales, sénatoriales et européennes. À défaut, des sanctions financières sont prises. Cette disposition est contraignante puisque les listes qui ne respectent pas la parité ne sont pas enregistrées. Pour les élections législatives, le système n'est qu'incitatif. Les partis qui ne présentent pas 50 % de candidates se voient appliquer une retenue financière. C'est la stratégie adoptée par certains partis.

Cela dit, la parité n'a pas permis une égalité entre femmes et hommes dans les différentes instances de représentation. En 2019, il n'y avait que 39 % de femmes à l'Assemblée nationale (malgré de gros progrès récents), 32 % au Sénat. Elles ne sont que 16 % à être désignées maires (et surtout de petites communes) avant les élections de 2020.

b. Des réformes pour plus d'égalité

En 2008, une réforme de la constitution vient préciser que les femmes et les hommes doivent avoir un égal accès aux mandats électoraux, aux fonctions électives et aux responsabilités professionnelles et sociales. La constitution précise ainsi dans son article 1, alinéa 2 : « la loi favorise l'égal accès des femmes et des hommes aux mandats électoraux et fonctions électives, ainsi qu'aux responsabilités professionnelles et sociales ».

Pourtant, les salaires des femmes sont encore largement inférieurs à ceux des hommes. Le salaire mensuel net moyen des hommes en équivalent temps plein est de 2 438 euros en 2015, celui des femmes de 1 986 euros, soit un écart de 452 euros. Les femmes ont donc un salaire inférieur de 18,5 %.

c. Des lois contre les violences faites aux femmes

Plusieurs lois sont également venues lutter contre les violences faites aux femmes, le harcèlement sexuel et le viol, y compris au sein du couple, alors que la notion de « féminicide » commence à peine à s'imposer (une femme meurt tous les 3 jours en France sous les coups de son mari ou de son ex-mari ou conjoint).

C. La reconnaissance des unions homosexuelles

a. Des droits pour les personnes homosexuelles

En 1999, la loi instaurant le pacte civil de solidarité (Pacs) est adoptée. Elle permet notamment aux couples homosexuels de contracter une union civile.

Elle est renforcée par une loi de 2013, dite sur le « mariage pour tous ». Celle-ci permet aux personnes de même sexe de se marier.

b. De nombreux débats autour de la question

Cela dit, des contestations importantes sont nées de la part de mouvements conservateurs (La manif pour tous, le Printemps français).

Cela explique de nombreuses réticences et une certaine frilosité. Le gouvernement refuse toujours de reconnaître la GPA (gestation pour autrui) pour les couples, *a fortiori* homosexuels.

Se pose aussi la question de la reconnaissance des transgenres.

Conclusion

La Ve République avait été très critiquée, au moment de sa mise en place. Mendès-France et Mitterrand critiquaient notamment des institutions qui donnaient trop de poids au président dans le cadre de ce que Maurice Duverger, juriste, appela dans un de ses ouvrages « la monarchie républicaine ».

Pourtant, lorsque Mitterrand est élu en 1981, il s'accommode finalement parfaitement des institutions et ne les remet pas en cause. Il réactive même la pratique politique gaullienne, en ayant la haute main sur le gouvernement.

Cependant, les institutions ont évolué, sans toutefois modifier l'ordonnancement des pouvoirs. La constitution a été modernisée, pour plus d'efficacité : la décentralisation permet ainsi de rapprocher le pouvoir des citoyens à une époque où ceux-ci réclament de plus en plus de démocratie participative ou directe.

La République maintient également la défense de certaines valeurs comme l'égalité, adaptant sa législation. Cela dit, les inégalités restent criantes : les nombreux mouvements sociaux qui se sont déroulés entre 2018 et 2020 tendent à montrer que certaines revendications populaires restent à satisfaire.

À RETENIR

- La Ve République a su évoluer au gré des réformes institutionnelles.
- La décentralisation a été mise en place dès 1982 et se poursuit encore.
- Les pouvoirs du président de la République ont évolué, sans pour autant être réellement abaissés.
- Le référendum semble une arme présidentielle moins efficace.
- De nombreux combats en faveur de l'égalité ont été menés au profit des femmes, des étrangers et immigrés, des homosexuels.

BIBLIOGRAPHIE

BECKER Jean-Jacques, *Histoire politique de la France depuis 1945*, Armand Colin, 2015.
BORNE Dominique, *Histoire de la société française depuis 1945*, Armand Colin, 2002.
SIRINELLI Jean-François, *La France de 1914 à nos jours*, PUF, 2014.

Biographies et autres fiches à faire

1 Biographies à faire

Nous vous présentons une liste de biographies à faire en vue de la présentation de l'auteur d'un document. Pour chaque biographie, n'excédez pas 10-15 lignes.

Adenauer
Arafat
Attlee
Badinter
Ben Bella
Blum
Bourguiba
Brandt
Brejnev
Bush fils
Bush père
Camus
Carter
Castro
Chirac
Churchill
Clinton
Daladier
De Beauvoir
De Gaulle
Debré
Delors
Deng Xiaoping
Eisenhower
Eltsine
Franco
Gandhi
Giscard d'Estaing
Goebbels
Goering
Gorbatchev
Havel
Hitler
Ho Chi Minh
Houphouët-Boigny
Hussein
Jiang Zemin
Jinnah
Johnson
Juan Carlos 1er d'Espagne
Kadhafi
Kennedy
Khomeini
Khrouchtchev
Kim Il-Sung
Kohl
Laval
Mandela
Mao Zedong
Mendès-France
Milton Friedmann
Mitterrand
Monnet
Moulin
Mussolini
Nasser
Nehru
Nixon
Obama
Orban
Pétain
Pompidou
Poutine
Reagan
Reza Pahlavi
Roosevelt
Sadate
Salazar
Schuman
Staline
Sukarno
Tchang Kaï-chek
Thatcher
Thorez
Touré
Trotski
Truman
Veil
Walesa
Zhou Enlai

2 Fiches à faire

Voici quelques organisations et partis à connaître. Pour chacun d'eux, faites une courte fiche.

Al-Qaïda
Apartheid
BRICS
CAEM/COMECON
CECA
CEE

CEEA
CNI (centre national des indépendants)
CNR
CNUCED
Conseil de l'Europe
CPI/CIJ
Daesh
DROM-COM
FEDER/FEOGA/FSE
FFI/FFL
FLN
FMI
FN/RN
G7/G8/G20/G2
GPRF
HCR
IRI (Institut pour la reconstruction industrielle)
Kominform
LVF
MLF
MRP
Non-alignés
NPIA
NSDAP
OAS
OECE
OLP
OMC
OPEP
Ostpolitik
OTAN
PAC
Pacte de Varsovie
PCI (parti communiste indochinois)
PCUS
PESC
PMA/GPA
POUP
RMI
SALT I et II
SED
SFIO/PS
SME (Système monétaire européen)
START
STO
Système de Bretton Woods
TNP (traité de non-prolifération)
UE
UNR/UDR
Vietcongs
Vietminh

Sujets corrigés

Sujet 1 Le conflit israélo-arabe dans les sannées 1970

À partir des documents, que vous replacerez dans leur contexte, et à l'aide de vos connaissances, vous montrerez comment évoluent les relations israélo-arabes dans les années 1970 et quels en sont les enjeux.

Document 1

En novembre 1977, le président égyptien Anouar el-Sadate entame un voyage historique de trois jours en Israël au cours duquel il rencontre le Premier ministre Menahem Begin. Le moment fort de son voyage est l'allocution qu'il prononce le 20 novembre devant les députés de la Knesset, le parlement israélien.

« Je suis venu à vous aujourd'hui sur deux pieds assurés, afin que nous puissions construire une vie nouvelle, afin que nous puissions établir la paix pour nous tous sur cette terre, la terre de Dieu – nous tous, musulmans, chrétiens et juifs, de la même façon – et afin que nous puissions adorer Dieu, un dieu dont les enseignements et les commandements sont l'amour, la rectitude, la pureté et la paix. (...) Toute vie perdue dans la guerre est celle d'un être humain, qu'il soit arabe ou israélien. Toute femme qui perd son mari est un être humain qui a le droit de vivre dans une famille heureuse, qu'elle soit arabe ou israélienne. Les enfants qui sont privés des soins de leur père sont les enfants de chacun d'entre nous, en terre arabe ou en Israël, et nous avons le grand devoir de leur donner un présent heureux et un bel avenir. Vous voulez vivre avec nous dans cette partie du monde et je vous le dis en toute sincérité : nous vous accueillerons avec plaisir, parmi nous, avec plaisir et en sécurité. Ce point en lui-même constitue un tournant historique et décisif, car nous avions coutume de vous rejeter, et nous avions nos raisons. Je vous dis, en vérité, que la paix ne sera réelle que si elle est fondée sur la justice et non sur l'occupation des terres d'autrui. Il n'est pas admissible que vous demandiez pour vous-mêmes ce que vous refusez aux autres. Franchement, dans l'esprit qui m'a poussé à venir aujourd'hui chez vous, je vous dis : vous devez abandonner une fois pour toutes vos rêves de conquêtes. Il y a de la terre arabe qu'Israël a occupée et qu'il continue à occuper par la force des armes. Nous insistons sur un retrait complet de ce territoire arabe, y compris Jérusalem arabe, Jérusalem où je suis venu comme dans une cité de paix, la cité qui a été et qui sera toujours l'incarnation vivante de la coexistence entre les fidèles des trois religions. Si vous avez trouvé la justification légale et morale de l'établissement d'une patrie nationale sur un territoire qui n'était pas le vôtre, alors il vaut mieux que vous compreniez la détermination du peuple palestinien à établir son propre État, une fois de plus, dans sa patrie. Jérusalem doit être une ville libre, ouverte à tous les fidèles. (...) Le retrait total de la terre occupée après 1967 est élémentaire, non négociable. (...) En toute honnêteté, je vous dis que la paix ne peut être obtenue sans les Palestiniens. Ce serait une grossière erreur, dont les conséquences seraient imprévisibles, que de détourner nos yeux du problème ou de le laisser de côté (...).

Imaginez avec moi un accord de paix conclu à Genève que nous annoncerions dans la joie à un monde affamé de paix. Un tel accord serait fondé sur les points suivants. Premièrement, la fin de l'occupation par Israël des terres arabes saisies en 1967. Deuxièmement, la réalisation des droits fondamentaux du peuple palestinien et de son droit à l'autodétermination, y compris le droit à l'établissement de son propre État. Troisièmement, le droit pour tous les pays de la région de vivre en paix à l'intérieur de frontières sûres et garanties du fait de mesures concertées sauvegardant les frontières internationales, en plus d'autres garanties internationales appropriées. Quatrièmement, tous les pays de la région s'engagent à aménager les relations entre eux, en accord avec les objectifs de la charte des Nations unies, particulièrement en ce qui concerne le non-recours à la force et le règlement de leurs conflits par des moyens pacifiques. »

Extrait du discours d'Amouar el-Sadate
devant le Parlement israélien, 20 novembre 1977.

Document 2

Le 6 octobre 1981, au Caire, Sadate préside la parade anniversaire de la guerre du Kippour et de ce que les pays arabes appellent la « victoire d'octobre », c'est-à-dire le sentiment de victoire lors des premiers jours de la guerre de 1973, lorsqu'Israël a été bousculé par l'attaque-surprise. Un commando du Djihad islamique, un groupe armé proche des Frères musulmans, mitraille la tribune présidentielle et assassine le président.

Universal History Archive/UIG/Bridgeman Images

1 Méthode pas-à-pas

A. Présentation du document 1

■ **Nature** : extrait d'un discours politique qui s'adresse directement aux députés israéliens. Mais ce discours s'adresse également au peuple israélien et au peuple égyptien, plus largement au peuple arabe. Dans une certaine mesure, on pourrait dire que ce discours s'adresse également au monde, dans la mesure où ce conflit commence à s'internationaliser dans les années 1970. On sait par exemple qu'en 1972, lors des Jeux olympiques de Munich, le mouvement terroriste palestinien Septembre noir assassine des sportifs de la délégation israélienne.

La source n'est pas mentionnée ici.

■ **Auteur** : l'auteur du discours est Anouar el-Sadate.

Né en 1918, Anouar el-Sadate est vite réceptif aux idées de résistance face à l'impérialisme britannique, notamment inspirées par Gandhi. Diplômé de l'école militaire du Caire en 1938, il rentre dans l'armée et rencontre Nasser. Emprisonné par l'armée britannique en 1942 durant la Seconde Guerre mondiale pour avoir aidé les puissances de l'Axe à expulser l'occupant britannique, Sadate participe en 1952 au coup militaire annonçant la Révolution égyptienne et qui dépose le roi Farouk 1er.

Par la suite, durant la présidence de Nasser, Sadate occupe des fonctions importantes. Il devient notamment président de l'Assemblée nationale de 1960 à 1968, et sera élu vice-président du Conseil présidentiel en 1964 et 1969. En octobre 1970, à la mort de Nasser, Sadate devient président d'Égypte, appuyé par les proches de Nasser qui pensaient pouvoir le manipuler avec facilité. Mais en mai 1971, Sadate lance une purge du gouvernement afin de se débarrasser des plus ardents défenseurs de Nasser. Il entreprend alors en 1973, avec l'aide de la Syrie, d'attaquer par surprise Israël, qui occupe le Sinaï depuis la guerre des Six Jours en 1967 : c'est la guerre du Kippour. Alors qu'un cessez-le-feu est finalement négocié, l'Égypte sort, certes, perdante d'un point de vue militaire, mais Sadate acquiert un grand prestige en son pays pour avoir restauré l'honneur arabe.

Finalement, Sadate devient le premier dirigeant arabe à visiter Israël, en 1977. Il rencontre alors le Premier ministre israélien, Begin, avec qui il tente de trouver un accord de paix : Sadate et Begin signent ainsi les accords de Camp David en 1978, en présence du président américain Jimmy Carter, ce qui leur vaut d'être honorés du prix Nobel de la paix. L'Égypte récupère ainsi les territoires du Sinaï et autorise la navigation sur le canal de Suez, nationalisé en 1956 par Nasser. Elle devient également le premier pays arabe à reconnaître officiellement l'État d'Israël. Mais ce traité de paix rend impopulaire Sadate auprès d'une partie de la population égyptienne qui préférait l'idéologie de Nasser à l'encontre d'Israël et estime que Sadate trahit le panarabisme. La Ligue arabe décide pour ces raisons d'expulser l'Égypte.

Les dernières années de la présidence de Sadate sont marquées par des rumeurs de corruption à l'encontre de sa famille. Des séries de manifestations s'enchaînent aussi pour contester la libéralisation du pays, et les islamistes critiquent de plus en plus vivement le président Sadate. Alors qu'il décide de faire emprisonner de nombreux opposants (islamistes, communistes et nasséristes notamment), Sadate est finalement assassiné un mois plus tard, le 6 octobre 1981, par des militaires islamistes. Hosni Moubarak, son vice-président, lui succède.

■ **Date et contexte :** 20 novembre 1977

En matière de relations internationales, on se situe dans la guerre froide. Le processus de décolonisation est presque terminé, mais le monde, après avoir connu la Détente, entre dans la « guerre fraîche ». Les tensions entre les États-Unis et l'URSS sont importantes.

Le contexte est doublement favorable à un certain apaisement. Côté arabe, nous sommes 4 ans après la fin de la guerre du Kippour, gagnée à nouveau par Israël contre une coalition de pays arabes menés notamment par l'Égypte. Cette guerre est importante, car elle fait comprendre aux pays arabes que ce n'est pas par la guerre qu'ils l'emporteront contre Israël, puissamment soutenu par les États-Unis. Nous sommes également 3 ans après le discours de Yasser Arafat à l'ONU, exprimant des vœux d'apaisement. Il affirme notamment à la tribune : « Monsieur le Président aujourd'hui, je suis venu avec un rameau d'olivier dans une main, un fusil de combattant dans l'autre. Ne laissez pas le rameau d'olivier tomber de ma main, ne le laissez pas tomber. » Il y ajoute que son but est la création d'un État palestinien démocratique où chrétiens, juifs et musulmans pourront vivre dans la justice, l'égalité et la fraternité.

Côté israélien, Menahem Begin est Premier ministre de juin 1977 à octobre 1983. Il représente la droite mais reste partisan d'un rapprochement. C'est aussi grâce à lui que sont signés les accords de Camp David en 1978. Il reçoit ainsi, avec Arafat, le prix Nobel de la paix en 1978.

Sur le plan économique, le monde est entré en crise depuis le premier choc pétrolier en 1973.

■ **Idée principale** : Sadate affirme vouloir négocier une paix globale entre Israël et l'ensemble du monde arabe à certaines conditions. Il propose une solution à deux États, un État israélien et un État palestinien, en vertu des frontières d'avant 1867, c'est-à-dire avant la guerre des Six Jours. Cela supposerait notamment un retrait d'Israël des « territoires occupés », c'est-à-dire Gaza, la Cisjordanie, le Golan et le désert du Sinaï.

B. Présentation du document 2

■ **Nature** : il s'agit d'une photographie, prise dans le vif de l'action, lors de l'assassinat de Sadate. La source n'est pas donnée ici. Le document est sans doute d'origine journalistique. Il a donc pour vocation d'être publié et s'adresse à l'ensemble du monde, tant cet événement est retentissant.

■ **Auteur** : l'auteur n'est pas connu. Mais il s'agit sans doute d'un journaliste. On voit que la photo a été prise depuis une tribune, sûrement réservée à la presse. La photo est prise sur le vif, elle capte l'instant de la fusillade.

Le Djihad islamique égyptien est à mentionner ici puisque c'est le groupe qui est à l'origine de l'attentat. Une fatwa avait d'ailleurs autorisé l'assassinat du leader égyptien. Le Djihad islamique égyptien est issu des Frères musulmans, mouvement né en 1928.

■ **Date et contexte** : 6 octobre 1981.

Anouar el-Sadate est en effet assassiné le 6 octobre 1981, à l'occasion du « défilé de la victoire » célébrant le 8e anniversaire de la destruction de la ligne Bar-Lev et du franchissement du canal de Suez, le 6 octobre 1973. L'assaut de la tribune présidentielle a été programmé pour intervenir en pleine retransmission en direct du défilé militaire par les chaînes de télévision afin de donner un grand retentissement à l'événement. Toutes les précautions avaient été prises pour que le raid soit meurtrier et concluant. Le but était ensuite de neutraliser l'administration Sadate.

Les pourparlers de paix entre Israël et l'Égypte ont abouti à la signature des accords de Camps David, en 1978, puis d'un traité de paix en 1979.

Au début des années 1980, la mouvance islamiste se développe sur les ruines du panarabisme qui a échoué. Divers mouvements se réclamant du djihad se développent.

■ **Description et idée principale** : Prise un peu sur le côté, la photographie montre l'action terroriste après qu'elle a commencé. Au premier plan, on voit trois militaires armés en train de poursuivre la fusillade. La tribune présidentielle est vide. Sadate est déjà touché, de même que nombre d'officiels. Le mobilier a été totalement renversé par une foule paniquée et on a l'impression que le commando cherche à finir son œuvre.

C. Problématisation et problématique

On voit que Sadate cherche à mettre en place une paix globale du conflit et qu'il y a une réelle bonne volonté dans les deux camps pour faire la paix. Pourtant, lors des accords de Camp

David en 1978 puis lors du traité de paix de 1979, il s'agit simplement d'une paix séparée entre Israël et l'Égypte. Nous sommes donc relativement en deçà des attentes de Sadate.

Comment expliquer que, malgré une volonté farouche de la part de l'Égypte de signer une paix globale entre Israël et les pays arabes, dans les années 1970, celle-ci n'ait finalement pu aboutir qu'à une paix séparée entre l'Égypte et Israël ?

D. Lecture suivie du document 1

> Je suis venu à vous aujourd'hui sur deux pieds assurés, afin que nous puissions construire une vie nouvelle, afin que nous puissions établir la paix pour nous tous sur cette terre, la terre de Dieu – nous tous, musulmans, chrétiens et juifs, de la même façon – et afin que nous puissions adorer Dieu, un dieu dont les enseignements et les commandements sont l'amour, la rectitude, la pureté et la paix.

Sadate insiste ici sur la volonté de faire la paix. Il insiste également sur la dimension multiconfessionnelle du Moyen-Orient et sur les problèmes religieux qui pourraient se poser. On peut notamment ici citer le problème de Jérusalem, ville sainte pour les trois religions monothéistes. En 1977, Jérusalem est théoriquement une ville internationale, mais elle est de fait entièrement contrôlée par Israël. En 1980 d'ailleurs, une loi est votée en Israël entérinant le fait que Jérusalem est la capitale « éternelle et indivisible » d'Israël.

> Toute vie perdue dans la guerre est celle d'un être humain, qu'il soit arabe ou israélien. Toute femme qui perd son mari est un être humain qui a le droit de vivre dans une famille heureuse, qu'elle soit arabe ou israélienne. Les enfants qui sont privés des soins de leur père sont les enfants de chacun d'entre nous, en terre arabe ou en Israël, et nous avons le grand devoir de leur donner un présent heureux et un bel avenir.

Référence est faite ici aux nombreuses guerres israélo-arabes qui ont émaillé le XXe siècle : première guerre lors de la création d'Israël en 1948-1949, crise de Suez en 1956 qui oppose l'Égypte et Israël notamment, guerre des Six Jours en 1967, guerre du Kippour en 1973.

Si le bilan de ces guerres n'est pas si énorme que cela, Sadate évoque cependant le nombre de morts. En 1973, lors de la guerre du Kippour, on compte 12 500 morts en tout (dont 9 500 arabes et 3 000 israéliens).

Sadate fait référence aussi aux situations de violences importantes et au risque permanent de guerre ou d'affrontement dans certaines régions.

> Vous voulez vivre avec nous dans cette partie du monde et je vous le dis en toute sincérité : nous vous accueillerons avec plaisir, parmi nous, avec plaisir et en sécurité.

Sadate chercher à montrer ici que les Arabes (« nous ») étaient présents avant les Juifs dans la zone. En réalité, les Juifs avaient connu une diaspora et avaient quitté l'ancienne terre d'Israël sur laquelle des Arabes s'étaient installés dès le VIIe siècle. Sadate entend montrer que le problème israélo-palestinien est dû au sionisme, c'est-à-dire à la volonté des Juifs de revenir s'installer au Proche-Orient à la fin du XIXe siècle.

> Ce point en lui-même constitue un tournant historique et décisif, car nous avions coutume de vous rejeter, et nous avions nos raisons.

Il s'agit en effet d'un tournant, puisque l'Égypte a été le fer de lance de l'opposition à Israël et notamment Nasser, mais aussi Sadate en 1973.

Ce changement de position s'explique car l'Égypte a enchaîné les défaites, malgré le début de victoire lors de la guerre du Kippour au départ. Les années 1970 sont aussi des années de sécheresse et les problèmes alimentaires se multiplient en Égypte. Les États-Unis de Carter utilisent l'aide alimentaire pour faire plier l'Égypte face à Israël.

Lorsque Sadate parle des « raisons » du rejet d'Israël, il faut aussi sûrement référence à la politique britannique qui avait, au départ, accepté voire encouragé l'immigration juive en terre de Palestine. L'animosité entre les deux communautés s'était alors largement envenimée, jusqu'à aboutir à la grande révolte arabe de 1936-1939.

> Je vous dis, en vérité, que la paix ne sera réelle que si elle est fondée sur la justice et non sur l'occupation des terres d'autrui. Il n'est pas admissible que vous demandiez pour vous-mêmes ce que vous refusez aux autres. Franchement, dans l'esprit qui m'a poussé à venir aujourd'hui chez vous, je vous dis : vous devez abandonner une fois pour toutes vos rêves de conquêtes. Il y a de la terre arabe qu'Israël a occupée et qu'il continue à occuper par la force des armes. Nous insistons sur un retrait complet de ce territoire arabe, y compris Jérusalem arabe, Jérusalem où je suis venu comme dans une cité de paix, la cité qui a été et qui sera toujours l'incarnation vivante de la coexistence entre les fidèles des trois religions.

Sadate évoque ici les résolutions 242 de 1967 et 338 de 1973 de l'ONU, enjoignant Israël à évacuer les « territoires occupés » par elle après la guerre des Six Jours en 1967 : Gaza, Cisjordanie, Golan, désert du Sinaï. Il mentionne donc que l'attitude d'Israël est illégale au regard du droit international puisqu'elle ne respecte pas les décisions de l'ONU.

Lorsqu'il parle de « rêves de conquêtes », Sadate a en partie raison. Au départ, le territoire palestinien devait être partagé en deux parties à peu près égales (55 % pour Israël, 45 % pour la Palestine). Mais à l'issue des différentes guerres, la Palestine n'existe plus. Surtout, Israël a quintuplé son territoire en 1967, passant de 20 000 km^2 à 100 000 km^2.

La mention de « Jérusalem arabe » fait référence à la partie est de Jérusalem, où se situent les lieux saints musulmans et notamment l'esplanade des Mosquées.

> Si vous avez trouvé la justification légale et morale de l'établissement d'une patrie nationale sur un territoire qui n'était pas le vôtre, alors il vaut mieux que vous compreniez la détermination du peuple palestinien à établir son propre État, une fois de plus, dans sa patrie.

Lorsqu'il parle de la « détermination du peuple palestinien », il évoque les actes terroristes. En 1968, la charte nationale palestinienne de 1964 a été révisée dans un sens plus violent. Il est alors clairement spécifié que la stratégie à adopter est une stratégie violente. L'attentat de 1972 à Munich en témoigne aussi.

Ce document témoigne ainsi encore du lien entre les peuples arabes et les Palestiniens.

> Jérusalem doit être une ville libre, ouverte à tous les fidèles. (...) Le retrait total de la terre occupée après 1967 est élémentaire, non négociable. (...) En toute honnêteté, je vous dis que la paix ne peut être obtenue sans les Palestiniens. Ce serait une grossière erreur, dont les conséquences seraient imprévisibles, que de détourner nos yeux du problème ou de le laisser de côté (...).

Sadate pose des conditions à la paix.

- Jérusalem comme ville libre. Mais cela pose problème, car elle est sous contrôle israélien.

Ces revendications ne seront pas entendues, puisque Jérusalem va être déclarée capitale « éternelle et indivisible » d'Israël en 1980.

- L'évacuation des territoires occupés en 1967.

En réalité, seul le Sinaï va être évacué pour être restitué à l'Égypte dans le cadre de l'accord de paix entre les deux pays en 1979.

- La question des Palestiniens, et notamment ceux qui vivent soit en territoire israélien soit en territoire arabe.

Cette question n'est en fait pas réglée par le processus de paix. Les Palestiniens ont été en quelque sorte oubliés. C'est la raison pour laquelle les années 1970 sont des années de rupture, puisque le soutien des pays arabes à la cause palestinienne s'émousse. Le conflit devient de plus en plus un conflit israélo-palestinien et non plus un conflit israélo-arabe. C'est ce qui explique le déclenchement de la première intifada en 1987.

> Imaginez avec moi un accord de paix conclu à Genève que nous annoncerions dans la joie à un monde affamé de paix. Un tel accord serait fondé sur les points suivants. Premièrement, la fin de l'occupation par Israël des terres arabes saisies en 1967. Deuxièmement, la réalisation des droits fondamentaux du peuple palestinien et de son droit à l'autodétermination, y compris le droit à l'établissement de son propre État. Troisièmement, le droit pour tous les pays de la région de vivre en paix à l'intérieur de frontières sûres et garanties du fait de mesures concertées sauvegardant les frontières internationales, en plus d'autres garanties internationales appropriées. Quatrièmement, tous les pays de la région s'engagent à aménager les relations entre eux, en accord avec les objectifs de la charte des Nations unies, particulièrement en ce qui concerne le non-recours à la force et le règlement de leurs conflits par des moyens pacifiques.

Sadate croit ou affirme croire au multilatéralisme.

Il parle d'un monde « affamé de paix », ce qui est vrai dans le contexte de la « guerre fraîche », c'est-à-dire de reprise des tensions entre l'Est et l'Ouest.

Sadate énonce ensuite quatre conditions à la paix.

- Retrait des territoires occupés par Israël. Il le répète plusieurs fois. Cela signifie que la solution qu'il envisage est une solution à deux États, dans les frontières d'avant 1967.

- Autodétermination des Palestiniens et leur droit à avoir un État, qui a disparu depuis 1949. C'est ce que revendique Yasser Arafat. Il faudra attendre 1988 pour qu'Arafat renonce officiellement au terrorisme dans la charte nationale palestinienne.
- La volonté de faire la paix dans la région. Sadate évoque ici d'autres points d'affrontement, comme la guerre civile au Liban qui dure de 1975 à 1990, le problème chypriote depuis 1974…
- Il fonde cette paix sur le droit international, c'est-à-dire sur les décisions de l'ONU qu'il faut respecter. Sadate sous-entend encore qu'Israël ne respecte pas toutes les décisions de l'ONU.

E. Analyse du document 2

Membres du commando du Djihad islamique égyptien.

Il s'agit de militaires qui avaient juré la mort de Sadate. Ils refusent la paix séparée avec Israël et considèrent que Sadate trahit la cause des Arabes et des Palestiniens. On en sait d'ailleurs un peu plus aujourd'hui sur le déroulé de cet événement.

Alors que des avions Mirage de la Force aérienne égyptienne volent au-dessus d'eux, distrayant la foule, des soldats de l'armée égyptienne et des camions de troupes remorquant de l'artillerie défilent. Un des camions contient l'équipe d'assassins, dirigée par le lieutenant Khalid Islambouli. En passant devant la tribune, Islambouli force le conducteur, sous la menace d'une arme à feu, à s'arrêter. De là, Islambouli quitte le véhicule et s'approche d'Anouar el-Sadate avec trois grenades à main dissimulées sous son casque. Sadate se lève pour recevoir son salut, après quoi Khalid Islambouli jette toutes ses grenades vers Anouar el-Sadate, mais une seule a explosé (sans parvenir à tuer le président égyptien). Trois assassins supplémentaires sortent alors du camion, tirant sans discernement avec des fusils d'assaut AK-47 dans les tribunes, jusqu'à ce qu'ils aient épuisé leurs munitions et tentent de s'enfuir. Sadate, touché, s'écroule au sol et des membres de l'assistance jettent des chaises autour de lui pour le protéger des balles. Anouar el-Sadate est transporté par avion vers un hôpital militaire, où il est opéré par onze médecins. Il succombe près de 2 heures après son transfert.

Point de vue de la photo : Volonté de donner un retentissement médiatique international. Le conflit s'internationalise véritablement puisque tout a été fait pour que l'événement soit retransmis en direct sur les chaînes de télévision.

2 Proposition de plan

I. La volonté d'un règlement global du conflit : une réorientation de la politique étrangère égyptienne

A. L'Égypte, fer de lance de la lutte contre Israël

B. Le changement de stratégie et la volonté de paix

C. Diverses raisons président à cela

II. En réalité, de nombreux problèmes subsistent

A. Les territoires occupés

B. La question des réfugiés palestiniens

C. Le statut de Jérusalem

III. Finalement, ce n'est qu'une paix séparée, d'ailleurs très contestée, qui est mise en place

A. Une paix finalement séparée et pas globale

B. Sadate assassiné : l'opposition à l'accord de paix et le développement de l'islamisme

C. Un conflit qui s'internationalise et qui se transforme

3 Proposition de corrigé

Introduction

Les documents soumis à notre étude abordent la question des relations israélo-arabes à la fin des années 1970 et au début des années 1980. Le premier document est un extrait du discours d'Anouar el-Sadate prononcé devant la Knesset, le parlement israélien, le 20 novembre 1977. Le président égyptien, en poste depuis 1970, s'adresse ainsi aux parlementaires de l'État hébreu, mais aussi à l'ensemble du monde arabe et peut-être aussi au monde, compte tenu de l'internationalisation croissante de ce conflit. Si la source n'est pas connue, ce discours politique a pour but de témoigner d'un changement de position de l'Égypte, qui cherche désormais à organiser une paix globale au Proche-Orient, autour de la question israélienne. Anouar el-Sadate est un militaire. Diplômé de l'école militaire du Caire, il participe au coup d'État qui dépose le roi Farouk 1er en 1952. Occupant des fonctions importantes sous la présidence de Nasser, il prend le pouvoir à sa mort en 1970. C'est lui qui a souhaité et organisé la guerre du Kippour en 1973, tout en tentant de lutter contre les mouvances islamistes radicales. En 1978, Sadate reçoit, conjointement avec Begin, Premier ministre israélien, le prix Nobel de la paix. Il a en effet signé les accords de Camp David en 1978 puis un traité de paix séparée entre l'Égypte et Israël en 1979, sous l'égide du président américain, Carter. Très critiqué pour cela, il est finalement assassiné en 1981 par un commando islamiste. Le contexte des années 1970 est particulier. On se situe en pleine « guerre fraîche », c'est-à-dire à un moment de la guerre froide où les tensions entre les deux Grands sont relancées, après des années de détente. On se situe également, à l'échelle israélo-arabe, dans un contexte plutôt favorable à la paix. La guerre du Kippour de 1973, à nouveau perdue par les Arabes, malgré un début de victoire, a montré que la victoire ne passerait pas par les armes. De plus, en 1974, Yasser Arafat, représentant de l'OLP (Organisation de libération de la Palestine), se rend à l'ONU où il prononce un discours de relatif apaisement.

Le second document est une photographie, sans doute de presse. Elle a pour vocation d'être diffusée et est prise sur l'instant, alors que l'attentat vient de commencer. Sans source, elle s'adresse à l'ensemble du monde pour témoigner de la violence de l'événement. D'ailleurs, les agresseurs avaient organisé l'attentat de façon à ce qu'il soit retransmis en direct par tous les médias. Le photographe n'est pas mentionné, mais il s'agit sûrement d'un journaliste. L'attentat se produit le 6 novembre 1981, lors du défilé annuel de la victoire tenu au Caire pour célébrer l'opération Badr, au cours de laquelle l'armée égyptienne avait traversé le canal de Suez et repris une petite partie de la péninsule du Sinaï depuis Israël au début de la guerre du Kippour. Si la guerre froide est toujours présente, les années 1980 se caractérisent par le développement de mouvances islamistes radicales. En 1979, la révolution islamique en Iran en est l'un des points de départ.

Comment expliquer que, malgré une volonté farouche de la part de l'Égypte de signer une paix globale entre Israël et les pays arabes, dans les années 1970, celle-ci n'ait finalement pu aboutir qu'à une paix séparée entre l'Égypte et Israël ? Nous verrons que la volonté de Sadate d'une paix globale résulte d'une réorientation complète de la diplomatie égyptienne, mais que de nombreux problèmes subsistent. Enfin, nous établirons qu'en réalité, la paix qui est scellée est capitale, mais pas à la hauteur des ambitions des acteurs.

Première partie

Ces deux documents témoignent tout d'abord d'un changement radical de la diplomatie égyptienne vis-à-vis d'Israël. Traditionnellement, en effet, l'Égypte avait été le fer de lance de la lutte contre Israël. « Je suis venu à vous aujourd'hui sur deux pieds assurés, afin que nous puissions construire une vie nouvelle, afin que nous puissions établir la paix pour nous tous sur cette terre. » Plus loin, il affirme également : « Ce point en lui-même constitue un tournant historique et décisif, car nous avions coutume de vous rejeter, et nous avions nos raisons. » Cette phrase montre bien comment les rapports entre l'Égypte et Israël pouvaient être conflictuels auparavant. L'Égypte a en effet été le leader de toutes les guerres israélo-arabes : guerre de 1948-1949, crise du Suez en 1956, guerre des Six Jours en 1967 et guerre du Kippour en 1973. On sait par exemple que ce sont les préparatifs de Nasser en 1966-1967, visant à encercler Israël, qui ont déclenché une attaque de l'État hébreu.

À partir de 1977, Sadate change donc de stratégie et envisage d'organiser une paix globale dans la région. Il affirme en effet : « Vous voulez vivre avec nous dans cette partie du monde et je vous le dis en toute sincérité : nous vous accueillerons avec plaisir, parmi nous, avec plaisir et en sécurité », ce qui témoigne d'un changement important. Lorsqu'il affirme : « Toute vie perdue dans la guerre est celle d'un être humain, qu'il soit arabe ou israélien », il semble vouloir une paix générale entre les pays arabes et Israël. Cette paix est d'ailleurs fondée sur le droit international et l'ONU. Il demande notamment à la fin de son discours que « tous les pays de la région s'engagent à aménager les relations entre eux, en accord avec les objectifs de la charte des Nations unies, particulièrement en ce qui concerne le non-recours à la force et le règlement de leurs conflits par des moyens pacifiques ».

Plusieurs raisons expliquent ce revirement. Sadate évoque d'abord les conséquences de ces guerres et notamment les morts. En 1973, lors de la guerre du Kippour, on compte 12 500 morts en tout (dont 9 500 arabes et 3 000 israéliens). Il faut aussi prendre en compte l'alerte permanente dans laquelle vivent les habitants, surtout ceux d'Israël. On pourrait également évoquer, même si le texte ne le mentionne pas, la volonté des États-Unis, et du président Carter, de faire pression sur les acteurs pour arriver à un accord. L'aide alimentaire à l'Égypte, pendant des années de sécheresse, a été conditionnée à cela.

On assiste donc bien à une réorientation importante de la diplomatie égyptienne dans le but de résoudre le conflit israélo-arabe dans son intégralité. Pourtant, force est de constater que de nombreux problèmes subsistent.

Deuxième partie

Cette paix globale ne pourra pourtant se faire, selon Sadate, que si trois problèmes majeurs sont résolus. Ces problèmes restent d'ailleurs toujours les mêmes lors des négociations des divers accords de paix.

En premier lieu, Sadate évoque la question de l'évacuation des territoires occupés. Il dit : « Je vous dis, en vérité, que la paix ne sera réelle que si elle est fondée sur la justice et non sur l'occupation des terres d'autrui », et plus loin : « Il y a de la terre arabe qu'Israël a occupée et qu'il continue à occuper par la force des armes. Nous insistons sur un retrait complet de ce territoire arabe. » Sadate fait ici clairement référence aux « territoires occupés » par Israël, à savoir la bande de Gaza, la Cisjordanie, le plateau du Golan, le désert du Golan et Jérusalem-Est, en conséquence de la guerre des Six Jours. En effet, en 1967, l'État hébreu a quintuplé son territoire, qui est passé de 20 000 à 100 000 km². Sadate fait aussi référence aux résolutions de l'ONU restées lettre morte (résolution 242 de 1967 et 338 de 1973), enjoignant en vain à Israël d'évacuer ces territoires. Ici, on voit que Sadate propose une solution à deux États, avec un retour aux frontières d'avant 1967, c'est-à-dire en fin de compte au plan de partage de l'ONU (55 % du territoire pour Israël, 45 % pour la Palestine). Il est encore plus clair lorsqu'il déclare : « Le retrait total de la terre occupée après 1967 est élémentaire, non négociable. »

Le deuxième problème évoqué est celui du peuple palestinien. Sadate énonce en effet comme deuxième condition à la fin de son discours : « Deuxièmement, la réalisation des droits fondamentaux du peuple palestinien et de son droit à l'autodétermination, y compris le droit à l'établissement de son propre État. » Sadate met en avant le principe du droit des peuples à disposer d'eux-mêmes, reconnu par l'ONU, et affirme le droit des Palestiniens à se constituer en un État. De plus, le problème des Palestiniens est aussi celui de leur radicalisation. Sadate l'évoque lorsqu'il dit : « Si vous avez trouvé la justification légale et morale de l'établissement d'une patrie nationale sur un territoire qui n'était pas le vôtre, alors il vaut mieux que vous compreniez la détermination du peuple palestinien à établir son propre État, une fois de plus, dans sa patrie. » Les mouvements palestiniens se sont en effet radicalisés, surtout après la guerre des Six Jours en 1967. En 1968, la charte de l'OLP (Organisation de libération de la Palestine) est révisée dans un sens plus violent et assumant ouvertement le recours au terrorisme. En 1972, des réfugiés palestiniens organisés au sein du mouvement Septembre noir assassinent des sportifs de la délégation israélienne aux Jeux olympiques de Munich. Sadate ne l'évoque pas clairement ici, mais se pose aussi le problème des droits des Palestiniens qui vivent en Israël et la question du retour des réfugiés sur leur territoire.

Enfin, Jérusalem est un dernier point d'achoppement. Sadate le mentionne : « Jérusalem doit être une ville libre, ouverte à tous les fidèles. » Dans le cadre du plan de partage de l'ONU, en 1947, il était prévu que Jérusalem soit une ville internationale. Or, après la guerre des Six Jours, Israël envahit Jérusalem-Est, c'est-à-dire la partie arabe de la ville. En 1980, l'État hébreu déclare même que Jérusalem constitue la capitale éternelle et indivisible » d'Israël.

En conséquence, les négociations s'annoncent tendues, tant les problèmes semblent difficiles à résoudre dans une région multiconfessionnelle et multiethnique.

Troisième partie

Finalement, ces documents nous montrent que l'accord conclu est en deçà des espérances et qu'il a eu des conséquences au Proche-Orient.

Il s'agit d'abord d'une paix séparée qui a été obtenue et non une paix globale. Les accords de Camp David sont signés le 17 septembre 1978, et débouchent sur la signature à Washington, le 26 mars 1979, du traité de paix israélo-égyptien. En vertu de ces textes, l'Égypte est ainsi le premier État arabe à reconnaître officiellement l'État hébreu. En contrepartie, il a obtenu l'évacuation du Sinaï, occupé depuis 1967, par les troupes israéliennes. L'évacuation se termine d'ailleurs en 1982. Des négociations sont annoncées sur le sort de la Cisjordanie et de la bande de Gaza, mais elles piétinent. Sadate a donc en partie échoué.

Surtout, beaucoup vont critiquer cette initiative. Des mouvements islamistes radicaux se développent, sur la base de la révolution islamique en Iran en 1979. L'Égypte avait d'ailleurs été le berceau de l'islamisme, puisqu'elle a vu la naissance des Frères musulmans en 1928. Le Djihad islamique égyptien, dont on voit des membres au premier plan sur la photo, était actif depuis la fin des années 1970, en réaction aux décisions de Sadate. C'est la raison pour laquelle il est assassiné en 1981, avec un grand retentissement médiatique recherché. Les documents ne mentionnent pas d'autres oppositions à la politique du président égyptien. Pourtant, on sait que les pays arabes ont très mal réagi. Leur condamnation est quasi unanime (à l'exception du Maroc, seul État arabe à soutenir Sadate). À la veille du voyage de Sadate en Israël, le gouvernement syrien a même décrété un deuil national.

Enfin, ces documents montrent en quoi le conflit s'internationalise et change de nature. Si Sadate ne mentionne pas les États-Unis, il fait référence à la gouvernance internationale lorsqu'il dit : « Imaginez avec moi un accord de paix conclu à Genève que nous annoncerions dans la joie à un monde affamé de paix. » Le conflit est devenu un enjeu de la guerre froide depuis les années 1950 (signature du pacte de Bagdad en 1955). Mais le conflit semble aussi changer de nature, dans la mesure où il devient de plus en plus un conflit israélo-palestinien et non plus un conflit israélo-arabe. La fin des années 1970 marque en effet le retrait de l'Égypte comme soutien à la cause, ce qui est le début d'un désengagement de la plupart des pays arabes. En revanche, les Palestiniens reçoivent de plus en plus de l'aide de mouvements islamistes radicaux, comme le Hezbollah, créé en 1982 ou, plus tard, le Hamas, créé en 1987, à l'occasion de la première intifada.

Conclusion

Ces deux documents témoignent d'une profonde mutation du conflit entre Israël et les pays arabes à la fin des années 1970. L'Égypte, fer de lance de l'opposition à Israël, entend au départ organiser une paix globale et signe finalement un traité de paix séparé avec Israël. Cette réaction divise profondément le monde arabe, dont la majorité condamne cette démarche. C'est ce qui provoque l'assassinat de Sadate en 1981, dans un contexte de développement de l'islamisme radical. Mais certains éléments demeurent : la question des frontières de l'État palestinien, la question des réfugiés palestiniens et la question de Jérusalem posent toujours problème.

Cette paix séparée reste un premier pas sur le chemin d'un règlement du conflit, laissant espérer une possible conclusion heureuse. Mais les années 1980 semblent renouer avec la guerre : occupation du Liban en 1982, première intifada en 1987, tandis que le processus de paix d'Oslo, initié en 1993, ne survit pas à un nouvel assassinat, celui d'Yitzhak Rabin en 1995.

Sujet 2 Le régime nazi et ses spécificités

À partir des documents, que vous replacerez dans leur contexte, vous montrerez en quoi le régime nazi est un régime totalitaire spécifique.

Document 1

« J'ai vaincu le chaos en Allemagne, j'ai rétabli l'ordre, considérablement augmenté la production dans tous les secteurs de notre économie nationale ; grâce à des efforts acharnés, produit des substituts aux nombreux matériaux dont nous manquions, encouragé les nouvelles inventions, développé le trafic, fait construire de grandes routes et creusé des canaux, fait sortir de terre de gigantesques usines, tout en m'efforçant de promouvoir l'éducation et la culture de notre peuple pour développer notre communauté sociale. Une fois encore, je suis parvenu à trouver un travail utile à la totalité des sept millions de chômeurs dont le sort nous touchait tant, à maintenir le paysan allemand sur sa terre (...), à réaliser un nouvel épanouissement du commerce allemand et à développer considérablement les transports. Je n'ai pas seulement uni politiquement le peuple allemand, je l'ai aussi réarmé et j'ai entrepris de déchirer page par page ce traité qui contenait dans ses 448 articles le viol le plus infâme jamais infligé à des nations et à des êtres humains. J'ai rendu au Reich les provinces qui nous avaient été volées en 1919. J'ai ramené dans leur patrie les millions d'Allemands profondément malheureux qui nous avaient été arrachés. J'ai recréé l'unité historique millénaire de l'espace vital allemand, et je me suis efforcé de faire tout cela sans verser le sang et sans infliger à mon peuple ou à d'autres les souffrances de la guerre. J'ai fait cela par mes propres forces, celles d'un homme qui était il y a vingt et un ans un travailleur et un soldat inconnu de son peuple. »

Hitler, discours au Reichstag, Berlin, 28 avril 1939

Document 2

Peter Newark Pictures/Bridgeman Images

Sur les pancartes, on peut lire : « Je suis la plus grosse truie. Je ne m'acoquine qu'avec des juifs. » « Jeune homme juif, je ne prends que des jeunes filles allemandes dans ma chambre. », 1937.

Proposition de corrigé

Problématique : En quoi ces documents témoignent-ils du fait que le régime nazi est le plus abouti des régimes totalitaires de l'entre-deux-guerres, malgré une arrivée au pouvoir plus tardive, en 1933 ?

I. Des documents qui témoignent des origines du totalitarisme nazi

A. Des origines liées à la Première Guerre mondiale

- **Document 1** : « j'ai entrepris de déchirer page par page ce traité qui contenait dans ses 448 articles le viol le plus infâme jamais infligé à des nations et à des êtres humains ». Humiliation du traité de Versailles et de la défaite.

B. La fragilité de la république de Weimar

- **Document 1** : « J'ai vaincu le chaos en Allemagne, j'ai rétabli l'ordre, considérablement augmenté la production dans tous les secteurs de notre économie nationale. » Il parle ici de la fragilité politique de la république de Weimar et de la crise économique (qualifiée également de « chaos »).

II. Ces documents nous montrent les caractéristiques classiques d'un régime totalitaire

A. Une dictature aux mains d'un parti et d'un seul homme

- Peu présent dans les documents, car Hitler ne veut pas brusquer la population. Mais en réalité : culte de la personnalité, propagande intense et terreur.
- **Document 1** : « J'ai vaincu le chaos en Allemagne, j'ai rétabli l'ordre » et plus loin : « J'ai fait cela par mes propres forces, celles d'un homme qui était il y a vingt et un ans un travailleur et un soldat inconnu de son peuple. » Mais pas de notion de guide explicite ici.

B. L'embrigadement de la population

- **Document 1** : « tout en m'efforçant de promouvoir l'éducation et la culture de notre peuple pour développer notre communauté sociale ». Encadrement de toute la population avec pour but de créer un homme nouveau. Jeunesses hitlériennes, Force par la joie, Œuvre allemande des femmes…
- **Document 2** : contrôle social important sur les mariages et les relations sexuelles (lois de Nuremberg de 1935).

C. La terreur

- Non abordée dans les documents ou très peu dans le document 2.
- Camps de concentration dès 1933, Gestapo et traque des opposants politiques. Le document 1 ne le mentionne pas, car il s'adresse au peuple allemand indirectement.

III. Ces documents témoignent également de certaines spécificités du totalitarisme nazi

A. Racisme et antisémitisme

- Non mentionné dans le document 1, car on est à la veille de la guerre. Hitler veut rassurer son peuple. Mais présent dans le **document 2** : référence aux lois de Nuremberg en 1935.

- Autres mesures antisémites : boycott des magasins juifs, interdiction de certaines professions, aryanisation des entreprises juives.
- Eugénisme non mentionné dans les documents.

B. Expansionnisme et politique de grandeur

- **Document 1** : « J'ai rendu au Reich les provinces qui nous avaient été volées en 1919. J'ai ramené dans leur patrie les millions d'Allemands profondément malheureux qui nous avaient été arrachés. J'ai recréé l'unité historique millénaire de l'espace vital allemand, et je me suis efforcé de faire tout cela sans verser le sang et sans infliger à mon peuple ou à d'autres les souffrances de la guerre. »
- Anschluss en 1938, sans réelle effusion de sang mais avec beaucoup de pression. Idem à propos des Sudètes puis de la Tchécoslovaquie tout entière.
- Alliances avec d'autres régimes : Axe Rome-Berlin en 1936.

C. Une économie dirigée, mais pas anticapitaliste

- **Document 1** : « Grâce à des efforts acharnés, produit des substituts aux nombreux matériaux dont nous manquions, encouragé les nouvelles inventions, développé le trafic, fait construire de grandes routes et creusé des canaux, fait sortir de terre de gigantesques usines ». Si le nazisme a réussi à faire baisser le chômage, c'est au prix d'une politique artificielle qui mène à la guerre. Référence aux ersatz. Mais en réalité peu de création de nouvelles entreprises.
- De plus, le parti nazi insiste dans son programme sur des accents anticapitalistes, alors que le parti a besoin du soutien des grandes entreprises.

Conclusion

Un totalitarisme abouti qui en possède presque toutes les caractéristiques définies par H. Arendt ou R. Aron. Ce totalitarisme semble le plus abouti, même s'il n'a pas duré aussi longtemps que le stalinisme. Il repose sur la puissance de l'économie allemande, mais peut également utiliser des éléments issus de l'histoire du fascisme italien.

Ces documents témoignent aussi du fait que la propagande est intense et que certains éléments sont occultés pour les besoins de la survie au régime et de l'adhésion du plus grand nombre, même si cela reste très difficile à évaluer pour l'historien.

Sujet 3 Le régime de Vichy et la collaboration en France pendant la Seconde Guerre mondiale

À partir des documents que vous replacerez dans leur contexte, vous montrerez comment qualifier la politique de collaboration du régime de Vichy en France pendant la Seconde Guerre mondiale.

Document 1

« Nous avons eu tort, en 1939, de faire la guerre. Nous avons eu tort, en 1918, au lendemain de la victoire, de ne pas organiser une paix d'entente avec l'Allemagne. Aujourd'hui, nous devons essayer de le faire. Nous devons épuiser tous les moyens pour trouver la base d'une réconciliation définitive. Je ne me résous pas, pour ma part, à voir tous les vingt-cinq ou trente ans la jeunesse de nos pays fauchée sur les champs de bataille. Pour qui et pourquoi ?

Ma présence au gouvernement a une signification qui n'échappe à personne, ni en France, ni à l'étranger. J'ai la volonté de rétablir avec l'Allemagne et avec l'Italie des relations normales et confiantes.

De cette guerre surgira inévitablement une nouvelle Europe. On parle souvent d'Europe, c'est un mot auquel, en France, on n'est pas encore très habitué. On aime son pays parce qu'on aime son village. Pour moi, Français, je voudrais que demain nous puissions aimer une Europe dans laquelle la France aura une place qui sera digne d'elle. Pour construire cette Europe, l'Allemagne est en train de livrer des combats gigantesques. Elle doit, avec d'autres, consentir d'immenses sacrifices. Et elle ne ménage pas le sang de sa jeunesse. Pour la jeter dans la bataille, elle va la chercher dans les usines et aux champs. Je souhaite la victoire de l'Allemagne, parce que, sans elle, le bolchévisme, demain, s'installerait partout.

Ainsi donc, comme je vous le disais le 20 avril dernier, nous voilà placés devant cette alternative : ou bien nous intégrer, notre honneur et nos intérêts vitaux étant respectés, dans une Europe nouvelle et pacifiée, ou bien nous résigner à voir disparaître notre civilisation. Je veux être toujours vrai. Je ne peux rien faire pour vous sans vous. Nul ne saurait sauver une nation inerte ou rétive. Seule l'adhésion du pays peut faire d'une politique sensée une politique féconde. Je sais l'effort que certains d'entre vous doivent faire pour admettre cette politique. L'éducation que nous avons généralement reçue dans le passé ne nous préparait guère à cette entente indispensable. J'ai toujours trop aimé mon pays pour me soucier d'être populaire. J'ai à remplir mon rôle de chef. Quand je vous dis que cette politique est la seule qui puisse assurer le salut de la France et garantir son développement dans la paix future, vous devez me croire et me suivre (...).

Je veux vous parler, aujourd'hui, avec simplicité et avec une grande franchise. Nous vivons des moments difficiles, nous aurons encore à subir des privations. Ce moment durera autant que durera la guerre (...). De cette guerre surgira inévitablement une nouvelle Europe (...).

Ouvriers de France ! C'est pour la libération des prisonniers que vous allez travailler en Allemagne !

C'est pour notre pays que vous irez en grand nombre ! C'est pour permettre à la France de trouver sa place dans la nouvelle Europe que vous répondrez à mon appel.

Cette guerre, je l'ai déjà dit, n'est pas une guerre comme les autres. C'est une révolution d'où doit surgir un monde nouveau. Vous n'avez rien à redouter, mais tout à espérer du régime qui s'instituera chez nous. Une République plus jeune, plus humaine, plus forte, doit naître ; le socialisme s'instaurera partout en Europe, et la forme qu'il trouvera en France sera dessinée par notre caractère national.

Français, un grand soldat, dont toute la vie est un exemple de sacrifices et de discipline, préside aux destinées de notre patrie. Je vous parle ce soir en son nom. Le maréchal vous dirait que la France n'a jamais laissé l'Histoire se faire sans elle et qu'on ne remonte des abîmes du malheur que par les sentiers du courage. »

Pierre Laval, discours radiodiffusé, le 22 juin 1942

Document 2

Affiche de propagande en faveur du STO, février 1943.

Tallandier/Bridgeman Images

Proposition de corrigé

Problématique : Dans quelle mesure ces documents témoignent-ils du fait que le régime de Vichy, qui prône la collaboration avec l'Allemagne, se fonde sur des arguments moraux et met en place une politique presque collaborationniste ?

I. Ces documents montrent que la collaboration française s'incarne dans le régime de Vichy et qu'elle s'intensifie dès 1942

A. Le rôle du maréchal Pétain

- **Document 1** : « Français, un grand soldat, dont toute la vie est un exemple de sacrifices et de discipline, préside aux destinées de notre patrie. Je vous parle ce soir en son nom. Le maréchal vous dirait que la France n'a jamais laissé l'Histoire se faire sans elle et qu'on ne remonte des abîmes du malheur que par les sentiers du courage. » Véritable culte de la personnalité.
- Figure héroïque mythifiée : rappel du héros de Verdun en 1916.
- Henri Amouroux : *40 millions de pétainistes*. J.-P. Azéma parle de « maréchalisme de base ».
- Pétain cumule tous les pouvoirs. Fin de la IIIe République le 10 juillet 1940. Cf. **Document 1** : « Une République plus jeune, plus humaine, plus forte, doit naître ; le socialisme s'instaurera partout en Europe, et la forme qu'il trouvera en France sera dessinée par notre caractère national. » Le régime de Vichy n'est pas républicain ni socialiste en réalité. C'est une dictature.

B. Une évolution du régime de Vichy : vers une collaboration plus étroite avec le rappel de Laval en 1942

- **Document 1** : « Je souhaite la victoire de l'Allemagne, parce que, sans elle, le bolchévisme, demain, s'installerait partout. » Il s'agit ici de collaborationnisme, c'est-à-dire de soutien aux idées nazies.
- Le rappel de Laval en 1942 correspond en effet à un durcissement des politiques mises en avant par Vichy.
- Une certaine admiration pour l'Allemagne dans le document, mais pas réaliste. Les usines allemandes ne sont pas prospères.

II. Ces documents montrent également que le régime de Vichy reste ambigu entre valeurs traditionnelles et volonté de changement

A. Des valeurs anciennes mises en avant

- **Document 1** : « Elle doit, avec d'autres, consentir d'immenses sacrifices. » Idée que si la France a perdu en 1940, elle l'a mérité, car elle a trop été insouciante. Il y a ici indirectement la critique du Front populaire et des congés payés.
- Valeurs anciennes remises au goût du jour : « travail, famille, patrie » que l'on retrouve en partie dans le **document 2**. On insiste sur le retour à la terre.
- Seule la religion n'est pas présente dans les documents.

B. Une volonté de rénovation

- **Document 1** : volonté révolutionnaire : « C'est une révolution d'où doit surgir un monde nouveau. Vous n'avez rien à redouter, mais tout à espérer du régime qui s'instituera chez nous. »
- Le pacifisme en lien avec le souvenir de la Première Guerre mondiale. Cf. **documents 1 et 2**.
- Désignation des nouveaux ennemis dans le **document 2** : le Royaume-Uni et les États-Unis.
- URSS dans le **document 1**.

III. Ces documents montrent que le régime de Vichy collabore avec l'Allemagne en espérant pouvoir bénéficier d'un sort plus enviable, ce qui ne fut pas le cas

A. Une politique de collaboration volontariste

- **Document 2** : STO qui fait suite à la relève qui ne fonctionnait pas bien.
- Mais aussi antisémitisme que l'on voit dans le **document 2**. Ex. : Statut des Juifs d'octobre 1941 qui devance les demandes allemandes.
- LVF (légion des volontaires français) + milice en 1943.
- Rapprochement diplomatique avec l'Allemagne et l'Italie. Le Royaume-Uni devient l'ennemi.

B. Une politique qui n'a pas du tout amélioré le sort des Français

- Une politique attendue par l'Allemagne.
- Pas d'amélioration pour les Français : pénuries, rationnement, surtout après 1942 lors de l'invasion de la zone « non occupée ».
- Ce qui explique que l'opinion commence à se retourner vers 1942, d'autant plus choquée par un discours qui affirme souhaiter la victoire de l'Allemagne, c'est-à-dire de l'ennemi héréditaire.

Conclusion

La politique de collaboration mise en place dans le cadre du régime de Vichy repose donc sur un groupe d'hommes et de femmes, les collaborateurs, dont certains poussent même jusqu'au collaborationnisme. Cette politique met en place un régime dictatorial, qui a de moins en moins de marge de manœuvre avec l'avancée de la guerre. La politique de collaboration repose sur une tension entre valeurs traditionnelles et tension vers un idéal révolutionnaire flou, mais elle s'incarne concrètement au travers de mesures qui ont une influence sur les Français.

Sujet 4 La volonté d'un nouvel ordre mondial en 1945

Après avoir replacé les documents dans leur contexte, vous montrerez les enjeux du nouvel ordre mondial défini en 1945.

Document 1

Éditorial de *Combat*, 8 août 1945.

« Le monde est ce qu'il est, c'est-à-dire peu de chose. C'est ce que chacun sait depuis hier grâce au formidable concert que la radio, les journaux et les agences d'information viennent de déclencher au sujet de la bombe atomique. On nous apprend, en effet, au milieu d'une foule de commentaires enthousiastes que n'importe quelle ville d'importance moyenne peut être totalement rasée par une bombe de la grosseur d'un ballon de football. Des journaux américains, anglais et français se répandent en dissertations élégantes sur l'avenir, le passé, les inventeurs, le coût, la vocation pacifique et les effets guerriers, les conséquences politiques et même le caractère indépendant de la bombe atomique. Nous nous résumerons en une phrase : la civilisation mécanique vient de parvenir à son dernier degré de sauvagerie. Il va falloir choisir, dans un avenir plus ou moins proche, entre le suicide collectif ou l'utilisation intelligente des conquêtes scientifiques.

En attendant, il est permis de penser qu'il y a quelque indécence à célébrer ainsi une découverte, qui se met d'abord au service de la plus formidable rage de destruction dont l'homme ait fait preuve depuis des siècles. Que dans un monde livré à tous les déchirements de la violence, incapable d'aucun contrôle, indifférent à la justice et au simple bonheur des hommes, la science se consacre au meurtre organisé, personne sans doute, à moins d'idéalisme impénitent, ne songera à s'en étonner.

Les découvertes doivent être enregistrées, commentées selon ce qu'elles sont, annoncées au monde pour que l'homme ait une juste idée de son destin. Mais entourer ces terribles révélations d'une littérature pittoresque ou humoristique, c'est ce qui n'est pas supportable.

Déjà, on ne respirait pas facilement dans un monde torturé. Voici qu'une angoisse nouvelle nous est proposée, qui a toutes les chances d'être définitive. On offre sans doute à l'humanité sa dernière chance. Et ce peut-être après tout le prétexte d'une édition spéciale. Mais ce devrait être plus sûrement le sujet de quelques réflexions et de beaucoup de silence.

Au reste, il est d'autres raisons d'accueillir avec réserve le roman d'anticipation que les journaux nous proposent. Quand on voit le rédacteur diplomatique de l'Agence

Reuter* annoncer que cette invention rend caducs les traités ou périmées les décisions mêmes de Potsdam*, remarquer qu'il est indifférent que les Russes soient à Koenigsberg ou la Turquie aux Dardanelles, on ne peut se défendre de supposer à ce beau concert des intentions assez étrangères au désintéressement scientifique.

Qu'on nous entende bien. Si les Japonais capitulent après la destruction d'Hiroshima et par l'effet de l'intimidation, nous nous en réjouirons. Mais nous nous refusons à tirer d'une aussi grave nouvelle autre chose que la décision de plaider plus énergiquement encore en faveur d'une véritable société internationale, où les grandes puissances n'auront pas de droits supérieurs aux petites et aux moyennes nations, où la guerre, fléau devenu définitif par le seul effet de l'intelligence humaine, ne dépendra plus des appétits ou des doctrines de tel ou tel État.

Devant les perspectives terrifiantes qui s'ouvrent à l'humanité, nous apercevons encore mieux que la paix est le seul combat qui vaille d'être mené. Ce n'est plus une prière, mais un ordre qui doit monter des peuples vers les gouvernements, l'ordre de choisir définitivement entre l'enfer et la raison. »

Albert Camus, « Éditorial de *Combat* », 8 août 1945, recueilli dans *Actuelles*

Notes

* **Combat** : journal clandestin lié à la Résistance pendant l'occupation allemande. Camus y entre sans doute dès 1942. Le 24 août 1944 paraît le premier numéro diffusé librement. *Combat* devient quotidien à la libération. Essayiste et romancier célèbre depuis *Le Mythe de Sisyphe* (1942) et *L'Étranger* (1942), Camus en sera le principal éditorialiste en 1944-1945.

* **Agence Reuter** : l'une des plus grandes agences mondiales d'information, d'origine britannique.

* **Potsdam** : La conférence de Potsdam (17 juillet-2 août 1945) avait défini les zones d'influence respectives des Russes et des Américains après la défaite allemande : elle avait notamment entériné la présence des Soviétiques en Allemagne de l'Est (Koenigsberg) et placé la Turquie (donc les Dardanelles) sous influence américaine.

Document 2

Archives Charmet/Bridgeman Images

Proposition de corrigé

Problématique : Dans quelle mesure ces documents montrent-ils que le nouvel ordre mondial, défini en 1945 par les États-Unis, est ambigu ?

I. Un bilan de la guerre traumatisant

A. Un bilan humain et matériel inédit

- **Document 1** : « On nous apprend, en effet, au milieu d'une foule de commentaires enthousiastes que n'importe quelle ville d'importance moyenne peut être totalement rasée par une bombe de la grosseur d'un ballon de football. » Bilan humain et matériel de la guerre. Environ 60 millions de morts.

- **Document 1** : « Que dans un monde livré à tous les déchirements de la violence, incapable d'aucun contrôle, indifférent à la justice et au simple bonheur des hommes. » Idem.
- **Document 1** : « Si les Japonais capitulent après la destruction d'Hiroshima et par l'effet de l'intimidation, nous nous en réjouirons. » On se situe à la fin de la guerre. L'Allemagne a capitulé en Europe le 8 mai 1945. Reste la guerre en Asie autour des Japonais.

B. Un bilan moral très traumatisant

- **Document 1** : « la civilisation mécanique vient de parvenir à son dernier degré de sauvagerie. Il va falloir choisir, dans un avenir plus ou moins proche, entre le suicide collectif ou l'utilisation intelligente des conquêtes scientifiques ». Réflexion sur le statut de la science.
- D'autres réflexions non présentes dans les documents : remise en cause de Dieu, réflexions philosophiques…

II. La nécessité d'un nouvel ordre mondial

A. Les conférences de la paix pour régler la Seconde Guerre mondiale

- **Document 1** : « que cette invention rend caducs les traités ou périmées les décisions mêmes de Potsdam ». Plusieurs conférences de la paix ont eu lieu : Yalta en février 1945, puis Potsdam en juillet-août 1945. Des décisions sont prises en évitant de répéter les erreurs commises en 1919-1920. Le but n'est plus de faire payer l'Allemagne.

B. La nécessité d'une organisation internationale capable d'assurer la paix

- **Document 1** : « Devant les perspectives terrifiantes qui s'ouvrent à l'humanité, nous apercevons encore mieux que la paix est le seul combat qui vaille d'être mené. » Appel à la création de l'ONU compte tenu des échecs antérieurs de la SDN.
- **Document 2** : création de l'ONU en juin 1945 à la conférence de San Francisco. 51 pays au départ.
- Une organisation qui se donne les moyens de ses ambitions et qui tente d'éviter de commettre les erreurs de la SDN (elle a une armée notamment).
- D'autres éléments de ce nouvel ordre mondial ne sont pas mentionnés dans les documents. Les accords de Bretton Woods en 1944 et la libéralisation du commerce international et le GATT en 1947.

III. Un nouvel ordre mondial contesté

A. Les critiques vis-à-vis de l'ONU : l'inégalité entre les États

- **Document 1** : « Mais nous nous refusons à tirer d'une aussi grave nouvelle autre chose que la décision de plaider plus énergiquement encore en faveur d'une véritable société internationale, où les grandes puissances n'auront pas de droits supérieurs aux petites et aux moyennes nations, où la guerre, fléau devenu définitif par le seul effet de l'intelligence humaine, ne dépendra plus des appétits ou des doctrines de tel ou tel État. » En réalité, il existe une inégalité de fait à l'ONU puisqu'en 1945, le Conseil de sécurité, qui décide réellement, n'est composé que de 11 membres, dont 5 permanents.

B. Un nouvel ordre mondial d'inspiration occidentale qui ne parvient pas à faire la paix

- **Document 1** : « Quand on voit le rédacteur diplomatique de l'Agence Reuter* annoncer que cette invention rend caducs les traités ou périmées les décisions mêmes de Potsdam*, remarquer qu'il est indifférent que les Russes soient à Koenigsberg ou la Turquie aux Dardanelles. » Référence à la guerre froide qui est déjà en train de se mettre en place.
- Problèmes coloniaux à venir que Camus connaît bien mais qu'il n'aborde pas ici.
- **Document 2** : des pays essentiellement occidentaux en dehors de l'URSS, la Pologne, la République tchèque et la Biélorussie.

Conclusion

Un nouvel ordre mondial qui va bouleverser les relations internationales. Mais les transformations que la guerre va subir vont rendre assez rapidement caduque cette gouvernance internationale, d'autant que la bipolarisation du monde est déjà à l'œuvre.

Sujet 5 La Détente dans la guerre froide

Après avoir présenté les documents et les avoir remis dans le contexte, vous montrerez en quoi ils illustrent la période de la Détente pendant la guerre froide.

Document 1

Traité sur la non-prolifération des armes nucléaires (TNP)

Les États qui concluent le présent Traité, ci-après dénommés les « Parties au Traité »

Considérant les dévastations qu'une guerre nucléaire ferait subir à l'humanité entière et la nécessité qui en résulte de ne ménager aucun effort pour écarter le risque d'une telle guerre et de prendre des mesures en vue de sauvegarder la sécurité des peuples,

Persuadés que la prolifération des armes nucléaires augmenterait considérablement le risque de guerre nucléaire,

En conformité avec les résolutions de l'Assemblée générale de l'Organisation des Nations Unies demandant la conclusion d'un accord sur la prévention d'une plus grande dissémination des armes nucléaires,

S'engageant à coopérer en vue de faciliter l'application des garanties de l'Agence internationale de l'énergie atomique (AIEA) aux activités nucléaires pacifiques, [...]

Convaincus qu'en application de ce principe, toutes les Parties au Traité ont le droit de participer à un échange aussi large que possible de renseignements scientifiques en vue du développement plus poussé des utilisations de l'énergie atomique à des fins pacifiques, et de contribuer à ce développement à titre individuel ou en coopération avec d'autres États,

Déclarant leur intention de parvenir au plus tôt à la cessation de la course aux armements nucléaires et de prendre des mesures efficaces dans la voie du désarmement nucléaire, Demandant instamment la coopération de tous les États en vue d'atteindre cet objectif,

Rappelant que les Parties au Traité de 1963 interdisant les essais d'armes nucléaires dans l'atmosphère, dans l'espace extra-atmosphérique et sous l'eau ont, dans le préambule du dit Traité, exprimé leur détermination de chercher à assurer l'arrêt de toutes les explosions expérimentales d'armes nucléaires à tout jamais et de poursuivre les négociations à cette fin,

Désireux de promouvoir la détente internationale et le renforcement de la confiance entre États afin de faciliter la cessation de la fabrication d'armes nucléaires, la liquidation de tous les stocks existants desdites armes, et l'élimination des armes nucléaires et leurs vecteurs des arsenaux nationaux en vertu d'un traité sur le désarmement général et complet sous un contrôle international strict et efficace,

Rappelant que, conformément à la Charte des Nations Unies, les États doivent s'abstenir, dans leurs relations internationales, de recourir à la menace ou à l'emploi de la force, soit contre l'intégrité territoriale ou l'indépendance politique de tout État, soit de toute autre manière incompatible avec les buts des Nations Unies, et qu'il faut favoriser l'établissement et le maintien de la paix et de la sécurité internationales en ne détournant vers les armements que le minimum des ressources humaines et économiques du monde,

Article premier

Tout État doté d'armes nucléaires qui est Partie au Traité s'engage à ne transférer à qui que ce soit, ni directement ni indirectement, des armes nucléaires ou autres dispositifs nucléaires explosifs, ou le contrôle de telles armes ou de tels dispositifs explosifs ; et à n'aider, n'encourager ni inciter d'aucune façon un État non doté d'armes nucléaires, quel qu'il soit, à fabriquer ou acquérir de quelque autre manière des armes nucléaires ou autres dispositifs nucléaires explosifs, ou le contrôle de telles armes ou de tels dispositifs explosifs.

Article II

Tout État non doté d'armes nucléaires qui est Partie au Traité s'engage à n'accepter de qui que ce soit, ni directement ni indirectement, le transfert d'armes nucléaires ou autres dispositifs explosifs nucléaires ou du contrôle de telles armes ou de tels dispositifs explosifs ; à ne fabriquer ni acquérir de quelque autre manière des armes nucléaires ou autres dispositifs nucléaires explosifs ; et à ne rechercher ni recevoir une aide quelconque pour la fabrication d'armes nucléaires ou d'autres dispositifs nucléaires explosifs »

Traité sur la non-prolifération des armes nucléaires (TNP), signé le 1er juillet 1968 à Londres, Moscou et Washington, entré en vigueur le 5 mars 1970.

Document 2

Willy Brandt (à gauche) et Willi Stoph à Erfurt en 1970, première rencontre entre chefs du gouvernement de la RFA et de la RDA. Archives fédérales allemandes, 19 mars 1970.
Source : AKG Images.

Proposition de corrigé

Problématique : Dans quelle mesure ces deux documents, représentant un accord de désarmement et un accord diplomatique, sont-ils susceptibles d'incarner la réalité de la Détente entre 1962 et 1975 ?

I. Des documents qui témoignent des facteurs de la Détente

A. La course aux armements et le risque de guerre nucléaire

1. Le risque d'une guerre nucléaire

- **Document 1** : « Considérant les dévastations qu'une guerre nucléaire ferait subir à l'humanité entière et la nécessité qui en résulte de ne ménager aucun effort pour écarter le risque d'une telle guerre ».
- Renvoie à la crise de Cuba et au risque d'escalade en 1962.
- Renvoie également peut-être au souvenir de la Seconde Guerre mondiale : Hiroshima et Nagasaki en août 1945.

2. Le risque de la prolifération nucléaire

- **Document 1** : « Persuadés que la prolifération des armes nucléaires augmenterait considérablement le risque de guerre nucléaire ».
- En effet, deux autres puissances nucléaires viennent d'acquérir la technologie de la bombe : France et Chine, d'ailleurs non signataires du traité en 1968.

B. Une volonté de rapprochement et de Détente

1. Le rôle de l'ONU

- **Document 1** : « Rappelant que, conformément à la Charte des Nations Unies, les États doivent s'abstenir, dans leurs relations internationales, de recourir à la menace ou à l'emploi de la force ».
- **Document 1** : « En conformité avec les résolutions de l'Assemblée générale de l'Organisation des Nations Unies demandant la conclusion d'un accord sur la prévention d'une plus grande dissémination des armes nucléaires ».
- L'ONU joue un rôle assez important en fournissant un cadre pour le désarmement, même si nombre de ses décisions ont été paralysées par le droit de veto.
- **Document 2** : c'est d'ailleurs en 1973 que les deux Allemagnes vont être admises à l'ONU ensuite.

2. L'action de certains hommes

- **Document 2** : Willy Brandt.
- Ancien maire de Berlin ouest, il connaît les difficultés de l'Allemagne et favorise le rapprochement par l'Ostpolitik mise en place en 1969.
- Réelle volonté de Willi Brandt qui accepte une rencontre à Erfurt, soit en RDA. Il ne rencontre pas son homologue, Walter Ulbricht mais Willi Stoph, un personnage certes important, mais pas le principal dirigeant.

II. Des docs qui témoignent des aspects de la Détente

A. Des accords pour limiter les stocks d'armement

1. Le traité de 1963 et d'autres traités

- **Document 1** : « les Parties au Traité de 1963 interdisant les essais d'armes nucléaires dans l'atmosphère, dans l'espace extra-atmosphérique et sous l'eau ».
- Voir cours : autres traités antérieurs sur le désarmement (par ex., chapitre 9).

2. Le TNP de 1968

- **Document 1** : « la cessation de la course aux armements ».
- Escalade car les EU étaient persuadés du *bomber gap*, soit de la supposée avance de l'URSS en matière de nombre de têtes nucléaires.

B. Des accords diplomatiques et de coopération

1. Des rencontres symboliques entre les deux Allemagnes

- **Document 2** : rencontre entre les deux chefs du gouvernement des deux Allemagnes.
- Elles ne se reconnaissaient pas auparavant. Pas de relation diplomatique.
- Cela va donner lieu à des accords importants : traité fondamental de 1972.

2. Des discussions préalables pour négocier les traités entre les EU et l'URSS et des accords de coopération

- Négociations préalables pour le TNP de 1968, et SALT I en 1972.
- **Document 1** : « le droit de participer à un échange aussi large que possible de renseignements scientifiques en vue du développement plus poussé des utilisations de l'énergie atomique à des fins pacifiques, et de contribuer à ce développement à titre individuel ou en coopération avec d'autres États ».

- Autres accords de coopération ensuite : accord commercial en 1972, accord de 1975 sur les échanges d'informations à propos de l'espace, etc.

III. Mais des docs qui omettent de nombreux aspects de la Détente

A. D'autres facteurs et d'autres aspects

1. D'autres facteurs

- Problèmes économiques et épuisement économique de l'URSS dans la course aux armements.
- Dissensions dans chaque bloc : printemps de Prague en 1968 à l'Est, France du général De Gaulle à l'Ouest.

2. D'autres aspects de la détente

- Rapprochement EU/Chine.
- D'autres traités : accord d'Helsinki en 1975.

B. Une omission importante sur les limites de la Détente

1. Les limites des accords

- Négociations longues.
- Certains pays ne signent pas le traité : France, Chine.
- D'autres traités comme SALT I, mais ne suffisent pas, d'où SALT II.
- **Document 2** : on voit les limites de la coopération entre les deux Allemagnes : pas de caractère chaleureux de la photo. Il faudra attendre 1989 pour voir la chute du mur de Berlin.

2. Des guerres se poursuivent

- Guerre du Vietnam fait rage notamment entre 1968 et 1970, soit pendant la période des deux docs.
- Tensions sous d'autres aspects : idéologique, spatial, sportif.

Conclusion

Deux docs qui montrent des aspects importants de la Détente et qui ont une volonté de diffuser l'image de la Détente : un accord et une photo officielle. Mais ils ne peuvent pas montrer que les deux principales puissances n'ont pas la même conception de la détente. D'où l'arrêt de celle-ci en 1975 après les accords d'Helsinki et surtout en 1979 avec l'invasion de l'Afghanistan par l'URSS.

Sujet 6 La décolonisation

À partir des documents que vous replacerez dans leur contexte, vous montrerez en quoi ils sont révélateurs du mouvement de décolonisation dans les années 1950-1960.

Document 1

Discours de Clement Attlee, 20 février 1947.

« Depuis longtemps, la politique des gouvernements britanniques successifs a été de travailler à la réalisation du *self-government* dans l'Inde. En fonction de cette politique, une responsabilité croissante a été dévolue aux Indiens et, aujourd'hui, l'administration civile et les forces armées indiennes sont dans une large mesure aux mains de fonctionnaires et d'officiers indiens. En matière constitutionnelle, les lois de 1919 et 1935 votées par le Parlement britannique représentent un substantiel transfert de pouvoir politique. En 1940, le gouvernement de coalition reconnut que les Indiens devaient se donner eux-mêmes une nouvelle Constitution pour une Inde pleinement autonome et, par l'offre de 1942, il les invita à établir une Assemblée constituante dans ce but aussitôt que la guerre serait terminée.

Le gouvernement de Sa Majesté croit que cette politique a été juste et en accord avec les principes démocratiques. Depuis qu'il est arrivé au pouvoir, il a fait son possible pour la conduire vers sa réalisation.

Le Premier ministre dans sa déclaration du 15 mars dernier, appuyé par l'approbation du Parlement et du peuple, a spécifié qu'il appartenait au peuple indien lui-même de choisir son futur statut et sa Constitution et que le gouvernement pense que le moment est venu de faire passer la responsabilité du gouvernement de l'Inde dans des mains indiennes.

Il est soucieux de transférer ses responsabilités à un gouvernement qui, reposant sur la base solide de l'appui populaire, soit capable de maintenir la paix et d'administrer l'Inde avec justice et efficacité. Il est dès lors essentiel que tous les partis mettent fin à leurs différends pour être prêts à prendre en charge les grandes responsabilités qui leur incomberont l'année prochaine (...)

S'il apparaissait que la Constitution ne peut être élaborée par une Assemblée pleinement représentative avant juin 1948, le gouvernement de S. M. aurait à étudier à qui les pouvoirs du gouvernement central dans l'Inde britannique devraient être transmis, à la date voulue, soit intégralement à un gouvernement central, soit dans certaines régions aux gouvernements provinciaux existants, soit de toute autre façon qui pourrait sembler raisonnable et conforme aux intérêts du peuple indien. »

Extrait de Jacques Dalloz, *Textes sur la décolonisation* © PUF, Paris, 1989.

Document 2

Archives Charmet/Bridgeman Images

Proposition de corrigé

Problématique : Dans quelle mesure ces deux documents, qui présentent une image de la décolonisation plutôt aisée, ne correspondent-ils pas à la réalité de l'événement, à quelques exceptions près ?

I. Ces documents montrent en partie les raisons qui poussent à la décolonisation

A. Le soutien aux métropoles lors de la Seconde Guerre mondiale

- **Document 1** : « En 1940, le gouvernement de coalition reconnut que les Indiens devaient se donner eux-mêmes une nouvelle Constitution pour une Inde pleinement autonome et, par l'offre de 1942, il les invita à établir une Assemblée constituante dans ce but aussitôt que la guerre serait terminée. » Le discours ne le dit pas explicitement, mais l'Inde a négocié son aide au Royaume-Uni contre la promesse du « Quit India ».
- Affaiblissement des métropoles (défaite de la France par exemple en 1940) et développement de mouvements nationalistes malgré certaines mesures prises par la métropole (mouvement de Gandhi en Inde).

B. Des inégalités croissantes et un soutien international à la décolonisation

- **Document 2** : inégalités croissantes. On peut l'imaginer lorsqu'on voit les différences de tenues entre Africain et colons.
- **Document 2** : soutien de l'URSS et du bloc de l'Est au mouvement de décolonisation.
- Soutien de l'ONU, des États-Unis et des intellectuels (Sartre).

II. Des décolonisations à des rythmes et selon des modalités différentes

A. La décolonisation asiatique avant la décolonisation africaine

- **Document 1** : décolonisation de l'Inde en 1947.
- **Document 2** : les décolonisations africaines se font surtout à partir de 1958.

B. Une décolonisation britannique plus aisée ?

- **Document 1** : « En matière constitutionnelle, les lois de 1919 et 1935 votées par le Parlement britannique représentent un substantiel transfert de pouvoir politique. » Le Royaume-Uni favorise l'association, alors que la France impose plutôt l'assimilation et un pouvoir vertical issu des colons. Le Royaume-Uni associe plus facilement les élites locales, contrairement à la France en Afrique. En 1935, les Britanniques donnent une constitution à l'Inde où on retrouve notamment la structure fédérale du gouvernement, l'autonomie provinciale, un parlement bicaméral composé d'une Assemblée fédérale et d'un Conseil des États, ce qui lui confère une certaine autonomie.

III. Des documents qui occultent les aspects meurtriers de la décolonisation

A. Des affrontements entre communautés après le départ du colonisateur

- Le **document 1** ne décrit pas les tensions entre communautés hindoues et musulmanes et l'opposition sur le futur statut de l'Inde (partition ou non). Ces tensions ont fait des millions de morts et de déplacés.

B. Des tensions et conflits liés à la décolonisation

- **Document 2** : l'Afrique n'a pas chassé d'un revers de main le colonisateur. Le processus a été long et difficile.
- Des décolonisations dans la négociation : Afrique subsaharienne francophone entre 1958 et 1960.
- Mais des heurts : tensions au Maroc et en Tunisie, même si indépendance en 1956. Guerre d'Algérie (1954-1962).
- Des tensions également avec le Royaume-Uni au Kenya (révolte des Mau-Mau).

Conclusion

Le processus de décolonisation reste complexe et s'est déroulé très difficilement. Mais il y a un intérêt pour l'ancien colonisateur à montrer qu'il a tenu ses promesses en matière d'indépendance d'autant plus qu'il s'agit de conserver des liens au moins commerciaux par la suite. Il y a également un intérêt pour le bloc de l'Est à montrer, dans les années 1960, que la décolonisation affaiblit l'Ouest et que les pays vont naturellement choisir le camp de l'Est. Cela préfigure la difficile émergence du tiers-monde et la quasi-impossibilité du non-alignement.

Sujet 7 La Ve République sous de Gaulle en 1962

Après avoir replacé les documents dans leur contexte, vous montrerez en quoi l'année 1962 peut constituer une rupture politique en France.

Document 1

« Je viens de parler de stabilité du régime républicain. Comment serait-il possible à votre président de ne pas exprimer dès la reprise de nos travaux les sérieuses préoccupations qu'il éprouve quant à l'avenir des institutions de la République ?

Une réforme constitutionnelle est engagée, qui bouleverse les esprits [...] le jeu normal des institutions est faussé, la Constitution est violée ouvertement, le peuple est abusé. Ce n'est pas une République qu'on nous propose, c'est au mieux un bonapartisme éclairé.

Que la constitution soit violée, nul doute ne subsiste plus à cet égard depuis qu'a été publié le projet de loi soumis au référendum, depuis qu'a été choisie la procédure non constitutionnelle de l'article 11 [...], les juristes de France, le Conseil d'État, le Conseil constitutionnel – chacun le sait aujourd'hui – l'ont condamné. Le projet de loi tendant à une révision constitutionnelle [...] ne peut pas être présenté sous couvert de l'article 11 ; mais ils persévèrent néanmoins. [...]

Je note aussi que ce projet [...] modifie plusieurs autres articles de la constitution [...] il enlève au président du Sénat beaucoup de ses attributions [en cas d'intérim] [...] Le gouvernement ne pourra pas, pendant cette période [...] engager sa responsabilité devant l'Assemblée nationale, risquant de laisser la rue seul arbitre d'un grave conflit éventuel. [...]

Dans sa récente allocution télévisée, le président de la République a dit "j'ai le droit !" Avec la haute considération due à ses fonctions [...], je réponds "Non, Monsieur le Président de la République, vous n'avez pas le droit, vous le prenez" [...].

La question est donc grave. C'est la confusion ou la juste distribution des pouvoirs législatifs, exécutifs et judiciaires qui distingue les gouvernements tyranniques des gouvernements libres. Réunir en une seule main, sur une seule tête, tous les pouvoirs, c'est proprement abolir la démocratie ; c'est pourtant ce qu'on demande au peuple français de faire, d'urgence, sans examen, simplement par confiance en un homme.

Je dis : ce n'est pas cela la démocratie. En démocratie, on ne gouverne pas par le monologue. Et surtout, on a l'obligation morale, impérieuse, de respecter les lois du pays. C'est une règle qui s'impose à tous les citoyens de France, et d'abord, et surtout, au premier d'entre eux, celui qui a la charge de veiller à l'intangibilité de la Constitution. [...] C'est pourquoi je m'élève avec force contre la violation de notre charte nationale. »

Gaston Monnerville – discours prononcé le 9 octobre 1962 devant le Sénat (extrait).

Document 2

Dessin paru dans *Jours de France*, le 23 mars 1963. Illustration par Jacques Faizant.

Michel Faizant/Caricadoc/Bridgeman

Proposition de corrigé

Problématique : Ces documents permettent-ils d'affirmer que l'année 1962 est une rupture politique en France ou se situe-t-elle au contraire dans la continuité de ce qui a été mis en place en 1958, avec le début de la Ve République ?

I. Une rupture importante : la paix en Algérie et les liens avec les colonies

A. La fin de la décolonisation

- Décolonisation en Afrique subsaharienne quasi achevée en 1960.
- **Document 2** : accords d'Évian et fin de la guerre en Algérie.

B. La volonté de continuer à profiter du lien avec les colonies

- Françafrique : mise en place dès 1960 sous de Gaulle, autour de Jacques Foccart.
- **Document 2** : semble montrer que la France ne respecte pas bien les accords et poursuit les essais nucléaires. On sait par exemple que des essais ont été effectués dans le Sahara jusqu'en 1966.

C. De multiples enjeux

- Opposition des partisans de l'Algérie française : OAS et attentat du Petit-Clamart en août 1962 qui est à l'origine de la volonté de réforme constitutionnelle de de Gaulle.
- Construction européenne : traité de l'Élysée en janvier 1963 qui inaugure un rapprochement avec la RFA. + 1962 : mise en place de la PAC, dont la France est une grande bénéficiaire.

II. Une rupture politique à nuancer : la réforme constitutionnelle de 1962

A. Une réforme qui parachève les institutions

- **Document 1** : « Une réforme constitutionnelle est engagée, qui bouleverse les esprits [...] le jeu normal des institutions est faussé. » Volonté de faire élire le président de la République au suffrage universel direct. Selon Monnerville, cela remet en cause l'équilibre des pouvoirs en donnant encore plus de pouvoir à l'exécutif. En réalité, cela modifie peu l'équilibre des pouvoirs, mais cela change la nature de la fonction présidentielle. Le président n'est plus un arbitre au-dessus des partis, mais un chef de parti qui va être élu au suffrage universel direct.

B. L'année 1962 cristallise les oppositions contre de Gaulle

- **Document 1** : opposition du Sénat et de tous ceux qui sont contre la réforme constitutionnelle : PCF, personnalités de gauche comme Mitterrand ou Mendès-France.
- Mais opposition de ses anciens alliés du MRP qui quittent le gouvernement, car de Gaulle critique les institutions européennes dans une conférence de presse en mai 1962.

C. Le triomphe de de Gaulle lors du référendum : l'apogée du pouvoir gaullien

- Résultats : 62 % de oui. Positif mais le gaullisme s'érode progressivement.
- Triomphe sur la méthode : l'art. 11 l'a emporté, contre la volonté de Monnerville d'utiliser l'art. 89 qui aurait nécessité une majorité des 3/5 au Parlement, impossible à obtenir pour de Gaulle.
- Après la crise de 1962, la motion de censure déposée fonctionne, mais de Gaulle dissout l'Assemblée nationale et renomme Pompidou comme chef du gouvernement.

Conclusion

La fin de la guerre d'Algérie permet à de Gaulle de parachever les institutions, afin de restaurer l'État. C'est un préalable, pour le président, à la restauration de la puissance française. En cela, l'année 1962 constitue une rupture puisqu'elle permet à la France de se débarrasser du problème algérien. Elle est aussi une rupture politique en lien avec la réforme constitutionnelle qui veut que le président soit désormais élu au suffrage universel direct. Cela dit, l'année 1962 marque également le début de l'érosion du pouvoir gaullien.

Sujet 8 Le nouvel ordre mondial depuis 1991

Après avoir présenté les documents et replacés dans leur contexte, montrez en quoi ils témoignent des nouvelles conflictualités et de leurs enjeux depuis les années 1990.

Document 1

Jusqu'aux accords de Dayton, l'Occident vous considérait comme le seul facteur de stabilité dans les Balkans : qu'est-il arrivé ensuite ?

Slobodan MILOSEVIC *: Les pays occidentaux, ou plutôt leurs gouvernements, m'ont soutenu tant que leur profitait la stabilité dans les Balkans. Au moment où ils ont commencé à trouver intéressant sa déstabilisation, j'ai perdu leur appui. Ce ne sont ni ma politique, ni le rôle de la Serbie mais les intérêts des grandes puissances qui ont changé.*

[...] Qu'est-ce qu'ont représenté les guerres yougoslaves des dix dernières années ?

L'Europe occidentale et particulièrement l'Allemagne, enivrée de sa victoire dans la guerre froide, de l'unification allemande et de la destruction de l'Union soviétique, a commencé à vouloir mettre l'Est sous un contrôle économique et politique total. Toutes les institutions productives des pays de l'Est ont été démontées, causant un appauvrissement vertigineux, et l'acquisition à bas prix par les Occidentaux d'une industrie détruite. Aucun pays de l'Est n'a réussi à revenir au niveau économique d'il y a dix ans.

[...] La Yougoslavie constituait donc une expérience dangereuse ?

C'était un « mauvais exemple » pour les propagandistes des nouveaux équilibres sur le vieux continent. Et c'est pour cela que son éclatement a été soutenu de l'extérieur, en jouant sur les tensions entre les ethnies et les républiques de l'ex-fédération. À ce moment a commencé la diabolisation de la Serbie, pendant qu'en Croatie on chantait Danke Deutschland *pour les remercier de la constitution de l'« État croate ».*

Vous croyez que tout peut se réduire à cette perspective historique ?

Je ne suis pas encore arrivé à la fin de l'histoire. La République fédérale de Yougoslavie, survivant en 1992 à travers la Serbie et le Monténégro, devint à un certain moment le nouvel objectif. Toute la décennie est marquée par la lutte pour la liberté, l'indépendance, la paix et la dignité nationale. Les protagonistes du nouvel ordre mondial n'ont pu accepter ce précédent : l'opposition d'un petit pays balkanique au nouveau colonialisme. Puis ils ont inventé les prétextes du Kosovo pour commencer en 1999 une guerre illégale et criminelle. Et quand la guerre n'a pas donné tous les objectifs escomptés, on a eu recours à tous les moyens. Aujourd'hui nous avons les tendances séparatistes du Monténégro, la hâte de donner l'indépendance au Kosovo, en créant ainsi une crise au Vojvodine et dans la région de Raska et Polimlje.

Est-il possible que dans ce désastre, la nation serbe n'ait aucune responsabilité ?

La responsabilité des Serbes est nettement moindre que celle des Croates, des Slovènes et de ceux qui ont participé à la partition du pays. Les Serbes ont essayé de sauver la République fédérale, peut-être parce qu'ils vivaient sur tout le territoire. Il est injuste de dire que les Serbes qui tenaient le plus à la Yougoslavie, soient accusés par l'Occident de son éclatement.

[...] Kostunica [président de la République fédérale de Yougoslavie de 2000 à 2003, il succède ainsi à Milosevic] refuse l'hypothèse de vous remettre au tribunal de La Haye même si des personnes comme Biljana Plavsic [ancienne présidente de la République serbe de Bosnie] se sont livrées spontanément.

Je n'ai pas encore d'opinion sur le nouveau président. Il faut un peu de temps pour pouvoir juger. En revanche, j'ai toujours considéré le tribunal de La Haye comme une institution amorale et illégale, inventée en représailles contre des représentants désobéissants de peuples désobéissants, comme à une époque où il existait des camps de concentration pour les peuples superflus et les gens superflus. Ce tribunal est là avant tout pour les Serbes. C'est la même forme d'intimidation que les nazis ont utilisé d'abord contre les Juifs puis contre tous les peuples slaves.

Entretien réalisé par Giuseppe Zaccaria, « La Stampa », *La Cause des peuples*, n° 11, 3 février 2001.

Traduction française : Service de Presse du PCN-NCP

Document 2

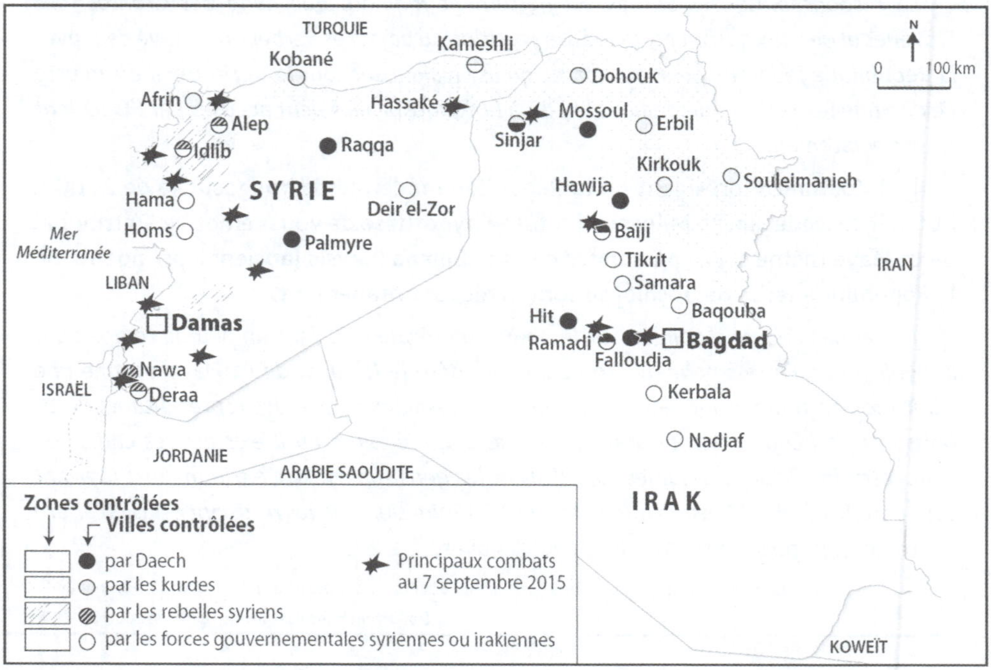

Source : d'après une carte présentée dans l'article « Les forces en présence sur le territoire syrien », écrit par Armin Arefi , *Le Point*, 1er octobre 2015.

Proposition de corrigé

Problématiques :

- Dans quelle mesure ces deux documents montrent-ils que les nouvelles conflictualités rendent impossibles toute paix durable fondée sur la sécurité collective dans le monde depuis 1991, malgré les actions de l'ONU ?
- Dans quelle mesure ces deux documents montrent-ils que le nouvel ordre mondial, imaginé en 1991 par les EU, est incapable de réaliser ses objectifs de paix face aux nouvelles conflictualités ?

I. Deux documents qui témoignent de la mise en place de nouvelles formes de guerre

A. Des guerres intraétatiques en lien avec la recrudescence du nationalisme après la fin de la guerre froide

- **Document 1 :** « Et c'est pour cela que son éclatement a été soutenu de l'extérieur, en jouant sur les tensions entre les ethnies et les républiques de l'ex-fédération »
- Les Occidentaux n'ont pas créé les tensions ethniques mais il y a eu développement du nationalisme au sortir de la guerre froide car les régimes communistes étaient plutôt internationalistes et ils ont cherché à anéantir toute forme de nationalisme. Ex : sous Tito en Yougoslavie jusqu'à sa mort en 1980.
- **Document 1 :** « La République fédérale de Yougoslavie, survivant en 1992 à travers la Serbie et le Monténégro » ; « À ce moment a commencé la diabolisation de la Serbie, pendant qu'en Croatie on chantait *Danke Deutschland* pour les remercier de la constitution de l'"État croate" » ; « Puis ils ont inventé les prétextes du Kosovo pour commencer en 1999 une guerre illégale et criminelle ».
- Référence aux guerres de l'ex-Yougoslavie : guerres civiles avec la volonté des peuples de se détacher de l'ancienne Yougoslavie. Guerre en Croatie (1990-1995) et en Bosnie Herzégovine (1992-1995) : volonté de reconquête de la Serbie ; guerre au Kosovo (1998-1999) : refus de la Serbie de voir partir un territoire de plus
- **Document 1 :** « Aucun pays de l'Est n'a réussi à revenir au niveau économique d'il y a dix ans. »
- Autre facteur de déstabilisation. Décennie perdue pour les pays de l'Est de l'Europe soumis à une thérapie de choc, soit à un passage brutal au capitalisme qui a totalement désorganisé l'économie : chômage, inflation, inégalités, investissements étrangers dans le cadre de la construction européenne. A favorisé les tendances nationalistes.

- **Document 2** : les Kurdes. Volonté de ces peuples, à cheval sur quatre États (Turquie, Irak, Syrie, Iran), de demander un État. Ils ont parfois recours au terrorisme comme c'est le cas en Turquie.

B. Des guerres irrégulières et le développement du terrorisme en lien avec l'islamisme radical

- **Document 2** : zone contrôlée par Daech (250 000 km^2).
- Daech et ses origines. Ses conquêtes.
- Développement du terrorisme même si certains fronts ont pu se développer. Recrutement à l'échelle internationale par les réseaux sociaux. Répercussions sur des pays occidentaux ou autres : terrorisme en France en 2015.
- Autres conflits de ce type : Al Qaïda auparavant ou AQMI et Bokoharam au Nigéria.

C. Mais d'autres sources d'instabilité et de conflictualités

- **Document 2** : mention des rebelles syriens. Volonté de démocratisation et de lutte contre des dictatures : cf. printemps arabes, d'ailleurs à l'origine de la guerre en Syrie contre Bachar el-Assad, en 2011.
- **Document 2** : les conflits en lien avec le contrôle des matières premières et plus largement les ressources. Cf. Daech qui s'empare des puits de pétrole.
- **Document 2** : nouvelles armes. Bachar el-Assad a utilisé des armes chimiques contre sa population. Ex : gaz sarin dans la Ghouta orientale en 2013.
- Cyberguerre (non mentionnée dans les docs).

II. Des enjeux renouvelés et la difficulté à faire la paix dans le cadre d'un « nouvel ordre mondial »

A. Des massacres de masse et des destructions importantes

- **Document 1** : « refuse l'hypothèse de vous remettre au tribunal de La Haye ». Référence aux massacres de Srebrenica : 1995, 8 000 morts bosniaques.
- Massacres de Racak en 1999 au Kosovo (massacre de 45 Albanais).
- **Document 2** : drapeau de Daech sur la carte.
- Décapitations par les islamistes radicaux : les otages américains Peter Kassig, James Foley et Steven Sotloff, l'Écossais David Haines et l'Anglais Alan Henning ont été exécutés par les djihadistes de l'EI.
- Attentats de Paris en 2015, revendiqués par Daech sous prétexte que la France participe aux opérations.
- Destructions systématiques du patrimoine : mention de Palmyre, cité antique sur la carte, détruite par Daech.

B. La contestation de l'Occident et des EU

- **Document 1** : « L'Europe occidentale et particulièrement l'Allemagne, enivrée de sa victoire dans la guerre froide, de l'unification allemande et de la destruction de l'Union Soviétique, a commencé à vouloir mettre l'Est sous un contrôle économique et politique total » ; « il est injuste de dire que les Serbes qui tenaient le plus à la Yougoslavie, soient accusés par l'Occident de son éclatement ».
- Critique de l'Occident et des États-Unis : critique de la mondialisation et de l'harmonisation en termes de modèle occidental ; démocratisation et libéralisation de l'économie.
- En réalité, ce sont les pays de l'Est qui ont demandé leur adhésion à l'Union européenne par peur d'un regain de la puissance russe. Le ressentiment contre les États-Unis, vient aussi du fait que ce sont eux, avec l'OTAN, qui ont fait la paix en Bosnie et au Kosovo, en 1995 et en 1999.
- **Document 2** : pas de mention des Occidentaux sur la carte mais ils sont bien présents. Ils soutiennent les Kurdes et les rebelles syriens mais ne veulent pas s'impliquer directement pour éviter d'être ensuite accusés d'ingérence.
- Ce sont les interventions américaines qui d'ailleurs ont créé Daech dès 2006. Daech conteste la prééminence et l'ingérence de l'Occident.

C. L'incapacité de la communauté internationale à faire la paix

- **Document 1** : « Jusqu'aux accords de Dayton ». Les accords de Dayton en 1995 ont été négociés par les États-Unis. Partition de la Bosnie en deux (pays devient fédéral).
- Paix un peu plus précaire au Kosovo, État qui s'est déclaré indépendant en 2008 mais qui n'est pas totalement reconnu par la communauté internationale.
- Monténégro détaché de la Serbie pacifiquement en 2006.
- Ici, ce sont les États-Unis qui ont fait la paix et pas la communauté internationale.
- **Document 1** : « En revanche, j'ai toujours considéré le tribunal de La Haye comme une institution amorale et illégale, inventée en représailles contre des représentants désobéissants de peuples désobéissants, comme à une époque où il existait des camps de concentration pour les peuples superflus et les gens superflus. Ce tribunal est là avant tout pour les Serbes ».
- Tribunal pénal international pour l'ex-Yougoslavie de La Haye. C'est une justice internationale qui se met en place. Milosevic y sera jugé. Il compare cela à la politique des nazis mais cela n'a aucun rapport. C'est lui et le général Mladic qui ont organisé les massacres de Srebrenica et participé à un nettoyage ethnique.

- Les massacres de Srebrenica ont été perpétrés dans une zone sécurisée de l'ONU. D'où un certain discrédit de cette institution aussi.
- **Document 2** : incapacité à faire la paix par l'ONU, divisée, notamment par le droit de veto et les intérêts divergents des grandes puissances : les États-Unis et l'Europe veulent voir renverser Bachar el-Assad alors que la Russie et la Chine le soutiennent plutôt. La Turquie veut également prendre un certain avantage dans la zone. Les États-Unis veulent se désengager car leur besoin en pétrole est moins important même s'ils veulent lutter contre le terrorisme.

Conclusion

Dans les années 1990, les États-Unis parviennent à instaurer la paix en ex-Yougoslavie alors que dans les années 2000, cela est beaucoup plus difficile.

Des documents qui montrent l'essentiel des nouvelles conflictualités et de leurs enjeux, hormis l'antériorité du terrorisme et les cyberguerres.

PARTIE 3

Anglais

Présentation de l'épreuve 302
Méthodologie étape par étape 306
Grammaire 316
Vocabulaire 338
Civilisation 363
Sujets corrigés 402

Présentation de l'épreuve

L'épreuve de langue (coefficient 1,5), réformée en 2021, est composée de deux parties bien distinctes, que le candidat devra traiter en une heure.

La première est une épreuve de **compréhension** d'un article tiré de la presse britannique ou américaine. Il y aura trois ou quatre questions auxquelles il faudra répondre en anglais en respectant absolument la limite du nombre de mots. Celle-ci pourrait être entre 30 et 40 mots par question, par exemple. Cette partie vaut 8 points sur 20.

La seconde partie consiste à rédiger un **essai**, dont le thème sera en rapport avec l'article. Il y aura une limite de mots à respecter, par exemple entre 200 et 250 mots ± 10 %. Cette partie vaut 12 points sur 20.

La meilleure façon de commencer la préparation est d'étudier les **rapports de jury** des années précédentes. Ceux-ci expliquent très bien **leurs attentes** dans cette épreuve, et ainsi les aspects à travailler pendant l'année.

Voici une sélection de remarques tirées de ces rapports. Elles sont organisées en plusieurs parties : la première présente l'**épreuve**, la deuxième décrit ses **enjeux**, et la troisième ses **difficultés**. Pour finir, nous proposons un exemple de rapport. Les éléments importants sont **en gras**.

1 En quoi consiste l'épreuve ?

Les candidats ont le choix entre quatre langues : allemand (6 % des candidats), anglais (80 %), espagnol (12 %) et italien (2 %). L'épreuve se déroule à partir d'un article d'opinion, extrait d'un organe de presse quotidien ou hebdomadaire de l'année, et se décompose en deux parties.

La première partie est une compréhension de texte. Les trois ou quatre questions posées peuvent être de portée générale (**point de vue, stratégie dissuasive, type de texte**, etc.) ou concerner **un court extrait qu'il convient alors d'expliciter**. Les candidats peuvent être amenés à **mobiliser des connaissances sur la région du monde où la langue est pratiquée**, d'où l'intérêt d'être au fait de l'actualité et de **posséder un maximum de repères (civilisationnels ou historiques)**. Les réponses doivent être **précises**, **courtes** et **justifiées**. La paraphrase est totalement à exclure.

La seconde partie de l'épreuve est un sujet d'expression écrite. Dans le prolongement du texte proposé aux candidats pour la compréhension, il a pour but d'**évaluer leurs qualités rédactionnelles**, ainsi que leur **capacité à organiser leur pensée** et **à argumenter** dans une langue étrangère. Ils doivent démontrer leurs **compétences linguistiques et grammaticales**, mais aussi faire preuve d'une **certaine originalité** et d'un **esprit critique** pour **exposer un point de vue personnel**. Il s'agit là d'une réelle attente des correcteurs.

2 Quels sont les enjeux de l'épreuve ?

S'agissant d'une épreuve de langue vivante étrangère, la **maîtrise linguistique** et la **qualité de la langue** sont nécessairement valorisées. Il est également demandé de posséder un **bon niveau de maîtrise de la grammaire et de la syntaxe (déclinaisons, conjugaisons, accords, construction des phrases)**. L'utilisation d'un **vocabulaire précis, varié et nuancé** est particulièrement appréciée. Il en va de même pour les **références précises à l'actualité, l'histoire, les institutions et les sociétés**. Elles doivent être **judicieuses et, bien sûr, en rapport avec le thème proposé**. Il convient surtout d'**éviter les hors sujets, digressions et remplissages**, qui démontrent l'absence de maîtrise du texte et de compréhension des questions posées. La **paraphrase est rédhibitoire**. **Elle souligne l'incapacité des candidats à reformuler les idées**, à justifier leurs propos, à illustrer ou argumenter à l'aide d'exemples pertinents. **La juxtaposition de lieux communs en guise de réflexion est totalement inutile.** Le dépassement du nombre de mots exigé (tolérance incluse) est souvent sanctionné. L'exposé doit être **construit et argumenté** (brève construction, problématique, structuration ou fil conducteur). Enfin, les correcteurs attendent d'un futur étudiant en sciences politiques un certain **recul lié à l'esprit critique** et un **effort d'engagement pour une réflexion plus personnalisée**.

Quelle que soit la langue choisie, les correcteurs ont sans grande surprise valorisé les copies qui savaient combiner une très **bonne maîtrise de la langue étrangère** considérée (compréhension générale, grammaire, vocabulaire), avec une connaissance suffisamment grande de **l'actualité et des enjeux politiques** pour qu'elle permette de construire un **essai bien argumenté**. Cette épreuve est en effet à la fois conçue comme un ensemble d'exercices permettant de s'assurer du très bon niveau en langue du candidat et comme la réponse la plus correcte possible sur le plan linguistique, à une question très directement liée aux thèmes ensuite abordés durant le cursus. Il est presque aussi important pour les correcteurs que les élèves soient de **bons linguistes** que de **bons spécialistes des questions politiques, économiques et sociales** liées à l'aire linguistique considérée.

Dans leur rapport de 2019, certains correcteurs ont tenu à rappeler la nécessité de **faire une introduction et une conclusion dans l'essai**, et de **rédiger des réponses détaillées pour la partie Compréhension**.

3 Quelles sont les difficultés de l'épreuve ?

En 2019, une partie des correcteurs a souligné que certains candidats avaient rencontré des **problèmes dans la compréhension** des questions posées et qu'ils avaient, pour certains d'entre eux, **cherché à placer l'intégralité de leurs connaissances** (notamment sur le Brexit) dans l'essai, même si celles-ci avaient une **utilité marginale** dans l'analyse de la question posée.

Les deux catégories de lacunes constatées pour l'épreuve de langue sont assez logiquement **la maîtrise linguistique et la culture générale** permettant de répondre à la question posée. S'agissant de la maîtrise linguistique, les correcteurs insistent sur les **faiblesses grammaticales**, les **lacunes lexicales** et aussi sur le fait que nombre de candidats donnent l'impression d'**avoir appris des expressions ou des formules par cœur et de les « placer » dans leur propos de façon souvent totalement artificielle**. Les candidats font aussi trop de **gallicismes** ou recourent trop souvent à des **expressions simples et courantes**, ce qui pose, comme d'ailleurs en français, la question du bon répertoire langagier. S'agissant de la compréhension de fond du texte et de la réalisation de l'essai, ce qui est particulièrement mis en avant, en dehors des aspects de la langue, concerne les **lacunes de culture générale** et leurs effets directs sur la justesse de ce qui est écrit dans les copies. Beaucoup de candidats ne comprennent pas bien les textes et les enjeux qu'ils soulignent : ils ne savent pas par exemple compenser d'éventuelles faiblesses langagières par leur culture générale. Ainsi, en anglais, le mot « *whistleblower* » est souvent inconnu ; plus grave, beaucoup de candidats sont incapables de comprendre à quoi il fait référence en lisant le texte, alors qu'une connaissance même limitée de l'actualité permettait aisément de comprendre qu'il s'agit des lanceurs d'alerte. On comprend donc que cette difficulté à bien saisir les enjeux du texte conduit ensuite à proposer un essai de petite facture.

Malheureusement, les correcteurs ont souligné que trop de copies laissaient apparaître **un niveau de langue trop faible**, avec **des notions de base propres à chaque langue peu ou pas maîtrisées**.

EXEMPLE DE RAPPORT DU JURY

La plupart des candidats ont su répondre aux deux premières questions de compréhension portant sur le texte. Le barème de correction a porté en **priorité sur la compréhension** et non sur la qualité de la langue. Ainsi, les candidats capables de répondre aux questions de manière pertinente, mais qui ont fait quelques erreurs de langue ont tout de même obtenu de bonnes notes. En revanche, la plupart des candidats n'ont pas compris la troisième question, aussi ont été valorisés ceux **capables de deviner de manière intelligente le sens de « *morality 101* » à partir du contexte** (de la phrase qui précédait).

Les candidats qui ont su **structurer leur pensée** et qui ont essayé de trouver des **exemples pertinents** ont obtenu une bonne note sur la partie « forme/structure ». Ceux dont **l'anglais était authentique et riche** ont obtenu le maximum de points (qualité/richesse de la langue).

Sur le fond, les candidats qui ne connaissaient pas le mot « *welfare* » ont fait un hors sujet ou n'ont pas répondu à la question. Certains d'entre eux ont honnêtement écrit « *Sorry, I don't know what welfare means...* » et n'ont pas traité la question. Même les candidats qui s'exprimaient bien en anglais ont été **lourdement pénalisés pour leur ignorance de ce mot**, ou ont finalement obtenu la même note que d'autres candidats moins bons en expression écrite. **« *Welfare* » est en effet un mot qu'ils auraient dû connaître en lisant l'actualité !** Le **lexique de base sur des sujets de politique et d'économie** fait ainsi défaut à de nombreux candidats. De nombreuses confusions sont faites, du type ***economical/economic, politics/policy, rise/raise***, etc. Les correcteurs ont trop souvent souligné des lacunes portant sur des notions de base (**verbes irréguliers, prépositions, temps avec « *since* » ou « *ago* »**). Enfin, certains **commentaires sont « plaqués »**, ne font preuve d'aucune **originalité** et d'aucune **affirmation d'opinion**. Du point de vue linguistique, le lexique est souvent répétitif et peu développé, le choix des propositions est souvent erroné.

CONSEILS DU PROFESSEUR

Les candidats doivent **enrichir leur champ lexical lié à l'actualité** (« *welfare* » est ainsi un mot que l'on ne cesse de voir dans la presse actuellement) et apprendre à l'utiliser dans des expressions authentiques. Les erreurs de grammaire, de **temps** notamment, sont lourdement pénalisées car elles gênent la compréhension. Les futurs candidats au concours commun doivent en prendre conscience et revoir l'utilisation et la formation des temps indispensables : **present, preterit et present perfect** ! Enfin, il est impératif de **lire la presse anglo-saxonne**, de se tenir au courant de l'actualité et de repérer les « particularités culturelles » du traitement de l'information. **Lire des livres en anglais** traitant de sujets socio-économiques et **regarder des films documentaires en anglais** portant sur les mêmes sujets constituent un réel enrichissement. Enfin, **relire sa copie** demeure essentiel.

Méthodologie étape par étape

1 Partie Compréhension

La meilleure méthode pour réussir cette partie consiste à suivre les étapes suivantes.

Étape 1 Analysez la question

C'est la clé pour écrire une bonne réponse. On n'insistera jamais assez sur l'importance de cette étape. Assurez-vous d'avoir bien compris la question. Soulignez les **mots clés** indiquant le thème de la question, ainsi que le(s) **mot(s) interrogatif(s)** (par exemple « *Why* », « *What* »), qui indiquent exactement ce qu'il faut faire. La question est toujours très précise.

À titre d'exemples, voici quelques questions tirées des annales, ainsi que la façon efficace de les analyser.

> *Using your own words, describe how Mr. Romney's speech has changed over time.* (ScPo, concours 2012)

Quels sont les mots clés et le(s) mot(s) interrogatif(s) ?

Tous. En effet, tous les mots sont clés ! Un texte bien écrit se caractérise par l'absence de mots superflus. Le mot essentiel est « ***changed*** », mais vous pouvez aussi souligner « ***Mr. Romney's speech*** » et « ***over time*** ». Le mot interrogatif est « ***describe*** ». Il faut donc **décrire** les **changements** des discours de Romney à travers le temps, autrement dit, expliquer comment ses discours ont **évolué**.

> *Using your own words, explain what the consequences of denouncing illegal practices can be for whistleblowers.* (ScPo, concours 2015)

Quels sont les mots clés et le(s) mot(s) interrogatif(s) ?

Les mots clés sont « *denouncing* », « *illegal practices* » et « *whistleblowers* ». Les mots interrogatifs sont « ***what are the consequences*** ». Ainsi, une bonne réponse détaillera les « **conséquences** » de cette pratique consistant à dénoncer les pratiques illégales. Il faut avoir **l'œil pour les détails** : « *consequences* » est **au pluriel**, par conséquent une réponse qui ne donnera qu'une seule conséquence sera incomplète.

> *What is making the clergy so angry?* (ScPo, concours 2014)

Quels sont les mots clés et le(s) mot(s) interrogatif(s)?

Les mots clés sont « *clergy* » et « *angry* ». Les mots interrogatifs sont « ***What is making*** ». Il faut donc expliquer **les raisons** de la colère du clergé.

Étape 2 Soulignez ou entourez les phrases dans l'article qui répondent à chaque question

CONSEIL DU PROFESSEUR

Utilisez des surligneurs de couleur différente pour chaque question.

Les **mots clés** que vous avez identifiés lors de la première étape vont vous aider à trouver rapidement des phrases dans l'article vous permettant de répondre correctement à la question. Il s'agit là aussi d'une partie essentielle de l'épreuve. Cherchez alors ces mots, ou leurs synonymes. Généralement, vous trouverez les éléments de réponse dans l'ordre chronologique de l'article, mais ceux-ci peuvent parfois être disséminés un peu partout. Il faut donc être très vigilant.

Les rapports de jury exigent **des réponses détaillées**. Il est important d'être **complet** et d'inclure un maximum de détails pertinents. Par contre, ne soulignez rien qui ne réponde pas directement à la question précise, sinon vous serez hors sujet.

Il peut arriver que vous souligniez à juste titre trop de phrases par rapport à la place dont vous disposez pour répondre à la question. Dans ce cas, il convient de faire un choix, car il faut **absolument respecter la limite** de mots imposée. Sélectionnez les points les plus importants et qui répondent le mieux à la question, ou concentrez-vous éventuellement sur les détails que vous avez bien compris. Il faut marier **précision et concision**.

Étape 3 Reformulez en utilisant vos propres mots

Nous l'avons vu dans la première question citée : la réponse doit toujours être écrite « *using your own words* ». La reformulation est une partie très importante (et difficile !) de l'exercice. Si vous ne faites que recopier les mots de l'article, vous ne pouvez pas gagner de points. Il faut travailler vos compétences à cet égard.

Voici quelques techniques très utiles.

a. Utilisez des synonymes

C'est la technique la plus simple. Un synonyme est un mot qui a le même sens qu'un autre (ou un sens très voisin).

war – conflict	*completely – totally*	*help – assist*
recapture – reclaim	*row – confrontation*	*needless – unnecessary*
begin – start	*ambiguous – uncertain*	*bargain – deal*
appalling – atrocious	*patriotism – love of country*	*blame – accuse*
present – portray	*lazy – idle*	*get by – survive*

concerned – worried
bellicose – aggressive
job – employment
trade – commerce
censor – suppress
change – transform
spooky – eerie
distance – alienate
sensitive – compromising

setbacks – problems
saner – more sensible
place to live – housing
the Middle Ages – medieval times
likely – probably
moods – feelings
guess – predict
disagree with – dislike

a number of – a series of
12 months – a year
help – facilitate
advent – birth
overblown – exaggerated
study – piece of research
work – function
keep – retain

Il peut être utile de **passer par le français**. Traduisez le mot, trouvez un synonyme en français, puis « retraduisez » ce dernier en anglais. En effet, il se peut que le mot soit le même (ou à peu près) en anglais, **50 % des mots anglais ayant des origines françaises ou latines**.

▶ *conflict* / conflit ; *completely* / complètement ; *totally* / totalement

Si vous ne trouvez pas de synonyme, pensez à un **antonyme** (un mot ayant le sens opposé d'un autre).

▶ *weak – not strong*
ignore – not acknowledge / not know
fake – not true

Pour les chiffres, vous pouvez **changer les pourcentages en fractions**, et inversement.

▶ *One half – 50%*
78% – over three quarters
73% – nearly three quarters

Voici aussi quelques synonymes faciles :

the US / the United States – America
Donald Trump – the president of the United States
the Labour Party – the left
liberal – left-wing

the UK – Britain
Boris Johnson – The British PM
the Conservatives – the Tories
Republican – right-wing

b. Reformulez la phrase

Pensez comment vous pouvez formuler la phrase d'une autre manière. Posez-vous la question de savoir ce qu'elle signifie. Là encore, il peut être utile de traduire la phrase en français, de la reformuler en français, puis de la « retraduire » en anglais.

- *Trump has not quit NATO.* ➪ Trump n'a pas quitté l'OTAN. ➪ Les États-Unis font toujours partie de l'OTAN. ➪ *America is still a member of NATO.*
- *Trump imagines he has nothing to learn from history.* ➪ Trump imagine que l'histoire n'a rien à lui apprendre. ➪ Trump ignore les leçons de l'histoire. ➪ *Trump ignores the lessons of history.*

c. Gardez le même mot, mais changez sa nature et restructurez la phrase

Si vous ne trouvez pas de synonyme, une technique très utile consiste à garder le même mot, mais à changer sa nature et à adapter la phrase en fonction. Par exemple, vous pouvez transformer un **nom en verbe**, ou encore un **adjectif en nom** ou **en adverbe**.

- *Trump has not totally retreated into isolationism.* ➪ *Trump has not isolated America completely from the world.* ➪ Le nom « *isolationism* » devient le verbe « *isolated* ».
- *How are we to achieve any consensus on the nature of social, economic and environmental problems?* ➪ *How can we agree about what needs to be done for the economy, the environment and society?* ➪ Les adjectifs « *social* », « *economic* » et « *environmental* » deviennent les noms « *economy* », « *environment* » et « *society* ».
- *Trump has made it abundantly clear that he will seek a close relationship with Putin.* ➪ *Trump has openly stated that he wants to work very closely with Russia.* ➪ L'adjectif « close » est transformé en l'adverbe « *closely* ».

⚠ **PIÈGES À ÉVITER**

1. Faire des phrases qui ne répondent pas à la question
Il ne faut jamais oublier la question. Chaque phrase que vous écrivez doit impérativement répondre directement à la question. Si ce n'est pas le cas, éliminez-la car elle ne sert à rien.

2. Être trop imprécis ou général
Ce point représente une grande difficulté, car vous avez tendance à être trop « vague » et général.
Il est important d'être **précis** et de vous concentrer sur les **détails** de l'article. N'oubliez pas qu'il s'agit d'un exercice de **compréhension**. Imaginez que vous écrivez pour quelqu'un qui n'a jamais lu l'article et que votre travail consiste à lui expliquer avec un maximum de précision les idées clés de l'article.
Les détails, les détails, les détails, tout est dans le détail…

3. Gaspiller son espace de réponse
Il faut être direct et aller droit au but. Vous ne disposez que de quelques lignes pour écrire votre réponse : il faut exploiter au maximum l'espace.

Il ne sert à rien de recopier la question, de la reformuler ou d'écrire une introduction. Chaque mot que vous écrivez doit comporter des informations permettant de répondre à la question.

4. Copier et citer les phrases de l'article

La consigne est toujours claire : « *in your own words...* » Si vous vous contentez de recopier les mots de l'article, vous ne faites pas le travail demandé. Il faut absolument faire l'effort de trouver vos propres mots. Utilisez les techniques expliquées précédemment.

5. Écrire des phrases « à la Proust »

Là encore, c'est un véritable problème pour les candidats. Certains pensent que plus leurs phrases seront longues et mieux ce sera. En réalité, c'est tout le contraire. Pour être clair, il faut écrire des phrases relativement courtes. Pensez à l'acronyme **KISS** en anglais, autrement dit : ***Keep It Short and Simple!***

Pour conclure, pensez aussi à « *the ABC of good writing in English* ». Soyez :

A: Accurate (précis)

B: Brief (bref)

C: Clear (clair)

Visez toujours la **précision**, la **concision** et la **clarté** dans vos réponses. C'est exactement ce que les rapports de jury vous demandent : « **Les réponses doivent être précises, courtes et justifiées.** »

2 Partie Essai

La partie Essai n'est pas juste une question de langue, mais aussi de méthode. Il faut savoir écrire. Les rapports de jury sont clairs sur ce point : les candidats doivent avoir la « **capacité d'organiser leur pensée** et **d'argumenter** » et savoir **« construire un essai »**. Voici, étape par étape, la bonne méthodologie pour rédiger un essai à l'anglo-saxonne (il existe quelques différences par rapport à la dissertation française).

Notez que les trois premières étapes ont lieu **avant la rédaction**. On peut les appeler **A**, **B** et **C** :

– **A** comme « **Analyse** de la question » – **B** comme « **Brainstorming** » (noter les idées qui vous viennent à l'esprit) – **C** comme « **Construction du plan** ». Lors du concours, le temps est bien entendu limité : vous n'aurez ainsi pas beaucoup de temps pour arriver au bout de ces trois étapes. Les négliger serait cependant une grande erreur. Prenez le temps, pendant l'année, de suivre cette méthode pas à pas, et, avec le temps, vous arriverez à l'appliquer de plus en plus vite.

Étape 1 Analysez la question

Cela paraît évident, mais c'est la règle d'or numéro 1. La question étant toujours très précise, il faut donc y répondre directement. Soulignez les **mots clés** de la question, ainsi que le « **mot interrogatif** » qui vous explique exactement ce qu'il faut faire.

> *To what extent do you think that nationalist/independence movements in Europe can be considered as a threat to European integration?* (ScPo, concours 2013)

Quels sont les mots clés ?

Tous les mots sont clés ! Un essai bien écrit se caractérise par l'absence de mots superflus. Là, il s'agit d'une question sur les **mouvements nationalistes/indépendantistes en Europe** et la **menace** potentielle qu'ils constituent pour l'**intégration européenne**.

L'expression « ***do you think*** » n'est pas anodine. On vous demande de donner un **point de vue personnel**, votre propre avis sur le sujet.

Quel est le mot interrogatif ?

C'est l'expression « ***to what extent?*** ». C'est une question de prédilection dans ce concours et qui veut dire « dans quelle mesure ? »

Cinq réponses à cette question sont possibles, et il va falloir choisir entre elles :

3. *Nationalist/independence movements in Europe **definitely** can be considered as a threat to European integration.*
4. *Nationalist/independence movements in Europe **to a large extent** can be considered as a threat to European integration.*
5. *Nationalist/independence movements in Europe **to some extent** can be considered as a threat to European integration.*
6. *Nationalist/independence movements in Europe **to a small extent** can be considered as a threat to European integration.*
7. *Nationalist/independence movements in Europe **cannot at all** be considered as a threat to European integration.*

PIÈGES À ÉVITER

Lire trop vite la question, ne pas prendre le temps de l'analyser et ne pas comprendre vraiment ce que l'on vous demande de faire : voici les plus gros pièges ! Il ne faut pas « inventer » votre propre question ou répondre « à côté ». Si vous négligez cette étape primordiale, vous risquez le hors sujet, qui vous coûtera d'office votre admissibilité.

Étape 2 Faites votre *brainstorming* sur le sujet

Il faut **noter sur votre brouillon toutes les idées et tous les exemples qui vous viennent à l'esprit et qui sont en rapport avec la question**. Le contenu est aussi important que la langue : il est donc important d'essayer de trouver quelque chose d'intéressant à dire. Exploitez votre « culture générale » et repensez à tout ce que vous avez lu sur ce sujet pendant l'année.

PIÈGES À ÉVITER

Le premier piège, c'est tout **simplement le manque de préparation en amont**. Si vous n'avez pas préparé l'épreuve sérieusement pendant l'année, vous n'aurez rien d'original à écrire et vous ne serez jamais admissible. **Nous vous conseillons vivement de lire un article de la presse anglo-saxonne chaque semaine pendant l'année de préparation.**
Un autre piège serait de noter des idées « hors sujet ». Si vous avez correctement accompli la première étape, cela ne vous arrivera pas. Le dernier piège consiste à ignorer cette étape très importante.

Étape 3 Construisez votre plan

Les rapports de jury insistent sur la nécessité d'écrire un **essai structuré et organisé**. Après avoir fait votre « *brainstorming* », il faut **organiser vos idées**. Construisez votre plan autour de vos **meilleures idées** et de vos **meilleurs arguments**. Comme vous n'avez pas beaucoup de temps, il faut choisir un **plan simple**. Celui-ci est souvent suggéré par la question elle-même.

> *Populist parties are drawing increasing support all over Europe; enquire into the causes and potential consequences of such a phenomenon. Do not forget to illustrate your analysis.*

Le plan qui s'impose est le suivant :

- *1st main paragraph: causes of the increase in support for populist parties*
- *2nd main paragraph: potential consequences of the increase in support for populist parties*

Vous pouvez éventuellement faire deux paragraphes pour les causes : un pour une première cause, et un autre pour une seconde.

Étape 4 Rédigez votre essai en faisant des paragraphes bien clairs et structurés

Voici le plan classique qu'il faut absolument respecter :

a. Introduction

b. Développement (en deux paragraphes, ou trois au maximum)

c. Conclusion

Comme disait Aristote, il faut un **début**, un **milieu** et une **fin**.

CONSEIL DU PROFESSEUR

Faites bien attention à laisser une ligne entre chaque paragraphe.

a. L'introduction

Elle doit être courte. Deux ou trois phrases suffisent. Il convient de penser à deux points dans une introduction :

1. En une phrase ou deux, **exposez le contexte** ou **analysez le terme clé** de la question. Si vous pensez à une citation ou à une statistique intéressante en rapport avec le sujet, il pourrait aussi s'agir d'une bonne accroche.

2. **Répondez à la question**. Un essai à l'anglo-saxonne commence par ce que l'on appelle une « ***thesis statement*** ». Il faut bien annoncer sa thèse ou son point de vue avant de pouvoir le justifier. Il faut au moins donner une indication de votre manière d'aborder la question.

PIÈGES À ÉVITER

Il ne faut pas faire une introduction comme pour une dissertation française : cela n'a rien à voir. Il ne sert à rien de répéter ou de reformuler la question. Le correcteur la connaît : ce qu'il veut, c'est votre réponse à cette question. Il suffit ainsi de répondre à la question posée.

Il ne faut pas non plus faire une introduction trop longue, trop générale et trop vague. Évitez les clichés (« *This is a hot topic* » : ce sera toujours le cas) ou les banalités (« *Donald Trump has been president of the United States since January 2017* » : vous n'apprenez rien au jury).

b. Développement

Vos paragraphes principaux doivent être **cohérents**. Chacun d'eux doit **traiter un point et un point seulement**. Chaque paragraphe principal doit être **bien structuré**. Voici la façon classique anglo-saxonne qu'il faut suivre :

- **Introduction.** Votre première phrase doit être une **phrase clé**, ou « ***topic sentence*** ». Elle **introduit le thème du paragraphe**. Cette phrase doit aussi **reprendre les termes clés de la question** et y **répondre**. Si vous suivez ce conseil, vous ne pouvez pas être « hors sujet », un des gros écueils de l'épreuve. Comme les rapports de jury le disent : « Il convient surtout **d'éviter les hors sujets, digressions et remplissages**, qui démontrent l'absence de maîtrise du texte et de compréhension des questions posées. »
- **Développement.** Il faut ensuite **développer vos idées** et **justifier votre position**. Il est essentiel de le faire à l'aide **d'exemples**. Étant donné que vous écrivez un essai anglais, il convient d'utiliser des **exemples anglais et/ou américains**. En revanche, vous pouvez aussi parler d'autres pays si vous le souhaitez.
- **Conclusion.** Terminez votre paragraphe avec une mini-conclusion, pour résumer votre argument dans ce paragraphe.

⚠ **PIÈGE À ÉVITER**

Le plus grand piège dans le développement est de ne pas être clair. Il faut que l'argument soit facile à suivre. Un autre problème majeur est le manque d'exemples.

c. Conclusion

La conclusion, comme l'introduction, doit être courte : deux ou trois phrases sont suffisantes. Répondez à la question si vous ne l'avez pas encore fait, proposez une solution, ou finissez avec un regard plus large (« *branching out* ») ou portant vers l'avenir. Il faut essayer de finir en beauté, donc tâchez de trouver une belle citation ou une phrase bien tournée.

Étape 5 Relisez-vous

Il est essentiel de vous laisser quelques minutes à la fin de l'épreuve pour vous relire. La plupart des candidats ne le font pas, et cela se voit. Vérifiez bien que vous n'avez pas commis des « ***Top Ten Mistakes*** » (oublis d'accord, erreurs de temps, etc. ; voir le chapitre de grammaire).

⚠ **PIÈGE À ÉVITER**

Ne pas vous laisser assez de temps pour vous relire. C'est souvent un problème de manque d'entraînement.

Enfin, il est demandé aux candidats de « faire preuve d'une **certaine originalité** et d'un **esprit critique** pour **exposer un point de vue personnel** ». Dans la partie Essai, il ne faut pas répéter tout ce qui a été dit dans la partie Compréhension. Un très mauvais essai ne fait que reprendre les mêmes arguments et les mêmes exemples que ceux du journaliste.

Ce qu'il faut faire, c'est prendre un « **certain recul** » par rapport aux idées du journaliste, et essayer **d'entrer dans un débat** avec lui. Vous devez même tâcher de vous faire l'avocat du diable en remettant ses propos en question. L'article représente un point de vue, une opinion, une prise de position particulière. Le journaliste n'a pas forcément « raison ». Il existe toujours (au moins) deux manières d'aborder un sujet.

Posez-vous les questions suivantes :

Y a-t-il des faiblesses dans la façon de raisonner de l'auteur ? Est-ce que la conclusion s'accorde avec les raisons que donne l'auteur ? Est-il trop partial ? Quelles preuves avance-t-il ? Sont-elles crédibles ? Sont-elles suffisantes ? L'auteur les présente-t-il avec précision ? En tire-t-il des conclusions fiables et pertinentes ? Y a-t-il des exceptions ? Y a-t-il quelque chose que l'auteur ne dit pas ? Y a-t-il d'autres raisons pour expliquer la situation ? L'affirmation est-elle trop forte ? L'auteur va-t-il trop loin ? Est-ce qu'il généralise trop ? Utilise-t-il seulement des stéréotypes ? Y a-t-il des hypothèses cachées dans l'argumentation ? Quels sont les arguments contraires ? Sont-ils valables ?

Pour avoir des idées et des exemples personnels, il est aussi indispensable de **lire la presse** pendant l'année. Notez des citations, des idées et des exemples intéressants.

CONSEIL DU PROFESSEUR

Terminons ce chapitre avec une petite « liste de contrôle » de points à vérifier pour rendre un bon essai. Prenez l'habitude de cocher toutes ces cases chaque fois que vous vous entraînez :

- ☐ Une réponse directe à la question précise posée (votre « *thesis statement* »), de préférence dès l'introduction.
- ☐ Une structure claire (introduction, deux paragraphes principaux, conclusion).
- ☐ Une argumentation cohérente (fil conducteur).
- ☐ Des paragraphes principaux bien structurés : « *topic sentence* », puis développement et éventuellement conclusion.
- ☐ Une reprise des mots clés de la question dans vos « *topic sentences* » (pour éviter le hors sujet).
- ☐ Des exemples anglo-saxons pertinents.
- ☐ Un anglais clair et facile à suivre (pas trop de phrases « à la Proust »).
- ☐ L'absence totale des « *Top Ten Mistakes* » (voir le chapitre de grammaire).

Grammaire

FICHE

Top Ten Mistakes (les dix erreurs impardonnables)

D'après les rapports de jury, « les **erreurs de grammaire**, de **temps** notamment, sont **lourdement pénalisées** car elles gênent la compréhension ». Il faut **maîtriser les bases de la grammaire anglaise**. Dans ce chapitre, vous trouverez les éléments de grammaire les plus importants à connaître.

Allons directement à l'essentiel. Voici dix fautes impardonnables systématiquement trouvées dans les copies. Soyons clairs : ces erreurs vous coûteront votre admissibilité. C'est déjà une façon simple pour un correcteur de faire un premier tri entre un bon candidat et un mauvais.

1 Oublier le « *-s* » au pluriel

Pour former le pluriel d'un nom régulier en anglais, **on ajoute un « *–s* »**.

- *Many **Republicans*** (pas « *Republican* ») *are worried Trump could harm their party.*
- *Merkel and Lagarde are two good **examples*** (pas « *example* ») *of successful women.*

2 Oublier le « *-s* » à la 3e personne du singulier

À la troisième personne du singulier, un verbe **se termine par « *–s* »**.

- *Donald Trump's presidency **has*** (pas « *have* ») *been defined by his use of Twitter.*
- *The author **takes*** (pas « *take* ») *the example of China.*

3 Utiliser le présent pour parler d'une action passée terminée

Pour parler d'une action terminée qui a eu lieu dans le passé, il faut utiliser le **prétérit** (dit *past simple* en anglais). Pour les verbes réguliers, le marqueur du passé est **« *–ed* »**.

- *Scottish people* ***voted*** (pas « *vote* ») *against independence from the United Kingdom on Thursday 18 September 2014.*
- *It is easy to see how Trump* ***rose*** (pas « *rise* ») *to the top.*

4 Utiliser le « *present perfect* » pour parler d'actions terminées dans le passé

Il ne faut pas traduire bêtement le passé composé en français par un « *present perfect* » en anglais. Les deux temps sont différents. Comme nous venons de le voir, pour parler d'une action terminée qui a eu lieu dans le passé, il faut utiliser le **prétérit**.

- *The United Kingdom* ***left*** (pas « *has left* ») *the European Union on the 31 January 2020.*
- *It was mainly old people who* ***voted*** (pas « *have voted* ») *for Brexit in 2016.*

5 Utiliser un autre temps que le « *present perfect* » après « *since* » et « *for* » (dans le sens de « depuis »)

L'erreur vient encore d'une traduction du français (« depuis + présent »). En anglais, quand il existe **un lien entre le passé et le présent**, c'est le « *present perfect* » qui s'impose. C'est systématiquement le cas après « *since* » et « *for* » dans le sens de « depuis ».

- *Donald Trump* ***has been*** (pas « *is* ») *president of the United States for 4 years.*
- *The Labour Party in Britain* ***has not been*** (pas « *is not* ») *in power since 2010.*

6 Oublier la terminaison « *–ed* » au participe passé des verbes réguliers (en utilisant la voix passive)

La voix passive est utilisée quand le nom n'est pas le sujet du verbe, mais son complément. Elle est formée par le verbe « *to be* » et le participe passé. L'erreur classique consiste à **oublier le « *–ed* »** (pour les verbes réguliers) de celui-ci. Il faut bien distinguer l'infinitif du participe passé : commenc**er** = *to start* ; commenc**é** = *start**ed***.

- *The vote on Brexit was not* ***focused*** (pas « *focus* ») *on issues to do with the European Union.*
- *This could well be the case if Donald Trump is* ***re-elected*** (pas « *re-elect* »).

7 Accorder un adjectif avec le nom auquel il renvoie

En anglais, **l'adjectif ne s'accorde pas avec le nom auquel il renvoie**. Il est invariable et c'est **une faute de mettre un « –*s* »** si le nom est au pluriel.

▶ *Women are more **independent*** (pas « *independents* ») *in modern society.*

▶ *Populism is on the rise in **different*** (pas « *differents* ») *countries across the globe.*

8 Utiliser l'article « *the* » pour une généralité

En anglais, quand on parle de **quelque chose en général**, on utilise ce que l'on appelle « *zero article* ». L'erreur consiste à **mettre un « *the* »**, utilisé en anglais pour parler de quelque chose **de spécifique**.

▶ *Trump is always denying **reality*** (pas « *the* » reality).

▶ ***Global warming*** (pas « *the* » *global warming*) *is a major problem today.*

9 Oublier la majuscule aux noms propres

En anglais, ce que l'on appelle un « ***proper noun*** » (nom propre) **doit commencer par une lettre majuscule**. C'est une grave erreur de ne pas la mettre. Que sont les noms propres ? Des noms de **pays**, de **personnes** et de **nationalités**, de **jours** et de **mois**, et de **religions**. Attention : les adjectifs correspondants commencent eux aussi par une majuscule. Ainsi, on écrit « ***C**hina* » et « ***C**hinese* », « ***A**merica* » et « ***A**merican* », « ***E**urope* » et « ***E**uropean* ».

▶ *The next **A**merican* (pas « *american* ») *presidential election will take place in **N**ovember 2020.*

▶ *On **T**hursday* (pas « *thursday* ») *23 **J**une* (pas « *june* ») *2016 the **B**ritish* (pas « *the british* ») *voted to leave the **E**uropean **U**nion* (pas « *european union* »).

10 Accorder « *information* », « *advice* », « *knowledge* » et « *research* » en nombre

Ces mots étant **indénombrables** en anglais, ils n'ont **pas de forme au pluriel**. Ils s'accordent au singulier. L'erreur consiste **à mettre un « –s »** à l'instar du français « informations », « conseils », « connaissances » et « recherches ».

▶ *Some Remainers argue that the British public was not given enough **information*** (pas « *informations* ») *about the European Union before voting for Brexit.*

▶ *A lot of **research*** (pas « *researches* ») ***has*** (pas « *have* ») *been done on the subject.*

FICHE 2

La ponctuation

L'écriture formelle exige également d'apporter une attention particulière à la ponctuation. Il faut prendre garde à ce genre de détails, afin de rendre une copie bien propre et soignée. Faites bien attention à commencer chaque phrase par une lettre majuscule et à la terminer par un point.

1 Erreurs à éviter

La faute classique de ponctuation concerne l'**usage des virgules** (« *commas* » en anglais). Comme souvent, l'erreur vient d'une différence entre le français et l'anglais. Les candidats utilisent une ponctuation « à la française » qui n'existe pas en anglais.

Voici quelques exemples d'erreurs classiques faites par les candidats :

- *Today our world is governed by technology, it is present all over the world and its impact is phenomenal.*
- *Globalisation is stronger than ever, products and food from all countries arrive in our life and threaten our culture.*

Quel est le problème ? En anglais, il **n'est pas possible de séparer par une virgule deux propositions qui pourraient être des phrases complètes**.

- « *Today our world is governed by technology* » pourrait être une phrase complète, et il en va de même pour « *It is present all over the world and its impact is phenomenal* ».

Que faut-il faire à la place ? Il existe plusieurs possibilités : utiliser **un point**, **deux points** ou **un mot de liaison** comme « *and* », « *but* » ou « *because* ».

Voici les phrases correctes :

- *Today our world is governed by technology: it is present all over the world and its impact is phenomenal.*
- *Globalisation is stronger than ever, as products and food from all countries arrive in our life and threaten our culture.*

2 Les différents signes de ponctuation

Il faut varier **la ponctuation dans vos essais** : c'est une façon de vous démarquer des milliers d'autres candidats. Voici une leçon de ponctuation anglaise qui vous permettra de savoir quand et comment utiliser les signes de ponctuation. Les exemples qui suivent sont tirés des annales Sciences Po.

A. « *Full Stop* » (point)

Vous savez quand il faut mettre un point : à la fin d'une phrase. Le problème de beaucoup d'étudiants français est qu'ils ne l'utilisent pas assez ! Ils préfèrent souvent écrire des phrases à la Proust, qui ne se terminent jamais. C'est une erreur. La simplicité est une bonne chose. Évitez d'écrire systématiquement des phrases très longues : faites-en parfois des courtes, pour varier.

- *The U.N. was founded, famously, to "end the scourge of war." We often confuse that with the dispatching of peacekeepers to this or that zone of conflict. I see it differently. The basic building block of peace and security for all peoples is economic and social security, anchored in sustainable development. It is a key to all problems.*

CONSEIL DU PROFESSEUR

Une des règles les plus importantes de la rédaction formelle consiste à écrire en faisant des phrases complètes. C'est une nécessité absolue dans le concours Sciences Po, les consignes spécifiant bien ce point : « Answer in complete sentences ».

B. « *Comma* » (virgule)

Une phrase complète doit contenir un sujet et un verbe. Voici quelques exemples de types de phrases « incomplètes » que l'on retrouve systématiquement dans les copies :

- *Racism is still a major problem. Especially in the US.*
- *Most Americans think the traditional Republicans and Democrats are too politically correct. Whereas Trump doesn't worry about saying what he thinks.*

Pour rendre ces phrases « complètes », c'est très simple : il suffit de mettre une **virgule** à la place du point. « *Whereas* » (comme « ***and*** », « ***but*** » et « ***so*** » d'ailleurs) est un **mot de liaison** qui relie les deux parties d'une phrase. Vous ne devez pas commencer une phrase avec ces mots : préférez « *In addition* », « *However* » et « *Therefore* ».

C. « *Colon* » (deux points)

On utilise ce signe pour indiquer que ce qui suit est une **explication** ou une **précision** de ce qui précède. On peut le représenter avec le schéma suivant :

Plus général : plus spécifique.

- *In the 1930s "agency" was restored in dangerous ways: nationalism, fascism, civil war.*
- *Six years into the economic crisis the fundamental economic problems have not been solved: they've just been palliated.*
- *It is destroying our confidence in "agency": the human ability to avoid danger, mitigate risk, regain control over fluid situations.*

D. « *Semicolon* » (point-virgule)

Le point-virgule s'utilise pour joindre deux propositions dont le sens est trop proche pour qu'elles soient séparées par un point. L'usage de ce signe implique une **relation profonde** entre les deux propositions.

- *Politicians once offered dreams of a better future; now they offer to protect us from nightmares.*
- *I don't want to exaggerate; there are many things about Britain that are still great.*

E. « *Brackets/Parentheses* » (parenthèses)

Les parenthèses marquent une interruption forte ou faible dans une phrase. Cette interruption peut être une façon d'introduire une remarque ironique.

- *The education secretary has promised (at a cost of £27m) to give every baby a book bag.*
- *The biggest fears are, of course, those generated by the war on terror – with its motley cast of (mostly fictional) demons from ricin manufacturers to mad mullahs.*

F. « *Double Dash* » (double tiret)

Cet usage typiquement anglais de la ponctuation marque une **forte interruption** dans la phrase. Une telle interruption la perturbe fortement.

- *For a long time now Britain – or rather many of its institutions and traditions – has been suffering from a loss of nerve and a loss of will which amounts to a national moral funk.*
- *Despite the unprecedented security of life in the west – we live for longer and are less vulnerable to absolute poverty than any previous generation of human beings – we seem more anxious, and fearful than ever.*

CONSEILS DU PROFESSEUR

Une des règles les plus importantes de la rédaction formelle consiste à écrire en faisant des phrases complètes. C'est une nécessité absolue dans le concours Sciences Po, les consignes spécifiant bien ce point : « *Answer in complete sentences* ».

FICHE

Les temps

De la même manière que l'on vous conseille de varier la ponctuation, on vous incite également à **varier votre usage des temps**. Un essai qui n'utiliserait que le « *present simple* » serait forcément limité. Les erreurs dans les copies concernant les temps étant nombreuses, vous gagnerez des points en montrant votre maîtrise, par exemple, du « *past simple* » et du « *present perfect* ».

Les fautes classiques consistent, comme souvent, à « traduire » du français, mais le « *present simple* » anglais ne correspond pas forcément au présent de l'indicatif français, et le « *present perfect* » anglais ne correspond pas non plus systématiquement au passé composé français. Il faut comprendre la logique de la langue anglaise. Ce n'est pas très compliqué. Comme le suggèrent les rapports de jury, nous allons « revoir l'utilisation et la formation des temps indispensables : « *present* », « *preterit* » et « *present perfect* » (et les autres aussi). Pour vous donner des exemples authentiques, ces derniers sont tirés de la presse anglo-saxonne ou d'ouvrages sur la politique.

1 Les temps du présent

A. Le « *present simple* »

Commençons par le temps le plus simple : le « *present simple* ».

a. Formation

À la forme affirmative, il s'agit simplement de la base verbale, à l'exception (bien évidemment) de la troisième personne du singulier, pour laquelle il ne faut pas oublier le « *–s* ».

b. Utilisation

On utilise le « *present simple* » pour les **généralités**, les **habitudes**, les **opinions** et les **situations permanentes**.

- *As a largish power in relative decline, Britain* ***has*** *a tendency to veer between hubristic intervention abroad and anxious introspection at home.* (*The Economist*, 4/4/2015)
- *Even after all the extra money spent on schools since the mid-1990s, Britain still* ***performs*** *at a mediocre level in internationally comparable tests.* (*The Economist*, 11/4/2015)

L'équivalent français est le présent de l'indicatif.

Faites attention, le présent de l'indicatif ne se traduit pas forcément par le « *present simple* ». En effet, il faut savoir quand ne pas utiliser ce dernier.

B. Le « *present continuous* »

Une autre possibilité pour exprimer le présent en anglais est le présent en « *–ing* », dit « *present continuous* » ou « *present progressive* » en anglais. Ce temps n'existe pas en français. Vous utilisez à la place le présent, ou éventuellement l'expression « être en train de… ».

a. Formation

À la forme affirmative, il s'agit de mettre le présent simple du verbe « *to be* », puis le verbe à la forme « *–ing* ».

b. Utilisation

On utilise ce temps pour une **action en cours**. Il peut s'agir d'une action temporaire ou qui se passe juste maintenant (mais qui va se terminer à un moment donné).

▶ *Worryingly, the migrant crisis **is feeding** xenophobia and political populism.* (*The Economist*, 6/2/2016)

C. « *Present perfect simple* »

Il faut faire très attention à ce temps, qui pose énormément de problèmes aux Français Il est traître, sa forme ressemblant à celle du passé composé, mais son sens pouvant en être éloigné. En effet, ce temps peut être un « bon ami » ou un « faux ami ».

a. Formation

Pour les verbes réguliers, sa forme ne pose pas de difficulté. Il se compose du **présent du verbe « *have* » + participe passé (« *–ed* »)**. Il existe des verbes irréguliers, qu'il faut connaître : vous en trouverez facilement des listes sur Internet.

b. Utilisation

Son usage est en fait très simple. On utilise ce temps lorsqu'il existe un lien entre le passé et le présent, ce qui est indiqué à la fois par sa forme et son nom. Sa forme se compose du **présent** du verbe « *have* » et du participe **passé**. Quant à son nom, le **« *present* » indique** bien sûr le **« *présent* »** et « ***perfect*** » (en termes grammaticaux) **indique le passé**.

Il existe deux grands types de lien entre le passé et le présent :

– **une action/activité commencée dans le passé, mais qui continue dans le présent**

C'est le « faux ami », car en français vous utilisez dans ce cas le présent de l'indicatif, d'où l'erreur classique (erreur impardonnable numéro 6 de notre « *Top Ten* »).

Je suis là depuis dix ans. = *I have been here for ten years.*

Avec « *since* » et « *for* » (dans le sens de « depuis »), c'est le « *present perfect* » qui s'impose.

▶ *The Conservative Party **has been** in the business of winning elections since the 1830s.* (*The Economist*, 21/12/2019)

▶ *Most American uses of force since WW2 **have not had** much to do with the survival of the country.* (Helen V. Milner and Dustin Tongley, *Sailing the Water's Edge*)

– **une action qui a eu lieu dans le passé, mais qui a une conséquence dans le présent**

C'est le « bon ami », car vous utilisez bien le passé composé pour traduire la même idée.

▶ *Power **has leached** away from regions to Westminster.* (*The Economist*, 1/2/2019)

▶ *Coronavirus **has changed** Boris Johnson, and that makes Tories nervous.* (*The Guardian*, 13/5/2020)

D. « *Present perfect continuous* »

a. Formation

Présent du verbe **« *have* » + « *been* »** + forme en **« *—ing* »** du verbe.

b. Utilisation

Comme pour le « *present perfect simple* », ce temps indique un lien entre le passé et le présent, mais sa forme en « *–ing* » apporte en plus l'idée d'**une action en cours**. Le temps indique donc une action ou une activité répétée ou prolongée qui a commencé dans le passé et qui continue dans le présent.

▶ *China **has been flexing** muscle not just along the LAC, but elsewhere too.* (LiveMint, 27/5/2020)

2 Les temps du passé

A. « *Past simple* »

a. Formation

À la forme affirmative, pour les verbes réguliers, c'est très simple : la terminaison qui marque le passé est « ***–ed*** ». Il existe des verbes irréguliers, qu'il faut connaître : vous en trouverez facilement des listes sur Internet.

b. Utilisation

La logique anglaise est on ne peut plus simple : pour parler d'une action terminée qui a eu lieu dans le passé, on utilise… le passé ! Quand on utilise ce temps, c'est qu'il n'y a plus de lien avec le présent (c'est la différence fondamentale avec le « *present perfect* », que nous venons de voir).

Quand vous avez une date au passé, ou des mots comme « *last year* » ou « *last month* », c'est le « *past simple* » qui s'impose.

- ▶ *Between 2005 and 2015 the fees for naturalisation in the UK* ***rose*** *from £200 for one adult to £1,005.* (*The Economist*, 18/4/2015)
- ▶ *About 1m habitual Labour voters* ***backed*** *the Conservatives in the election on December 12.* (*The Economist*, 21/12/2019)

La première erreur classique consiste à oublier **le marqueur « *–ed* »** pour le passé. C'est l'erreur impardonnable numéro 3 de notre « *Top Ten* ». La seconde erreur classique consiste à « traduire bêtement » le passé composé français. Ainsi, on traduirait le français « les frais ont augmenté » par « *the fees* ***have*** *risen* » : « *have* » étant le présent, il ne peut cependant pas être employé ici. La bonne traduction est « *the fees rose* » (« *past simple* »). C'est l'erreur numéro 4 de notre « *Top Ten* ».

B. « *Past continuous* »

a. Formation

Passé du verbe **« *to be* »** + forme en « ***—ing*** » du verbe.

b. Utilisation

On utilise ce temps pour parler d'une action qui était en cours dans le passé. L'équivalent en français est l'imparfait.

- ▶ *I believe that, particularly with the Eurozone crisis, the EU* ***was changing*** *before our eyes, and our already precarious place in it* ***was becoming*** *harder to sustain.* (David Cameron, *For the Record*, 2019)

C. « *Past perfect simple* »

a. Formation

« *had* » (passé du verbe « *have* ») + **participe passé**.

b. Utilisation

Ce temps ressemble beaucoup au plus-que-parfait français (*he had done* = il avait fait). Comme le « *present perfect simple* », il indique **un lien entre deux moments**. Cependant, comme il s'agit du « *past perfect* », ces deux actions ont donc toutes deux eu lieu dans le passé, et l'une s'est produite avant l'autre. Le « *past perfect* » exprime donc le **passé dans le passé** ou **une conséquence dans le passé**.

▶ *The wall perfectly captured the us-versus-them spirit that animated Trump's candidacy, becoming a symbol of that same working-class disaffection and sense of alienation that he **had first tapped into** by questioning Barack Obama's birthplace.* (Julie Davis and Michael Shear, *Border Wars*, 2019)

D. « *Past perfect continuous* »

a. Formation

« ***had*** **»** (passé du verbe « *have* ») + **«** ***been*** **»** + forme en **«** ***–ing*** **»** du verbe.

b. Utilisation

On peut considérer ce temps comme la forme « au passé » du « *present perfect continuous* ». Il exprime donc une action ou une activité répétée ou prolongée qui a commencé dans le passé et qui continue jusqu'à un autre moment du passé. Ce temps peut aussi être considéré comme l'équivalent du « *past perfect simple* », auquel la forme progressive « *–ing* » vient ajouter l'idée d'**une action en cours**.

▶ *Even before Donald Trump thrust himself forward as a presidential candidate, American politics **had been veering** toward extremism and instability.* (David Frum, *Trumpocracy*, 2018)

3 Les temps du futur

A. « *Future simple* »

a. Formation

« ***will*** **» + base verbale.**

b. Utilisation

On utilise ce temps pour les prédictions.

▶ *It **will** all **work** out well.* (Donald Trump, tweet, 24/1/2020)

▶ *Trump **will lose** popular vote in 2020, election model predicts.* (*NBC News*, 21/5/2020)

B. « *Future continuous* »

a. Formation

« ***will*** » + « ***be*** » + forme « ***–ing*** » du verbe.

b. Utilisation

Ce temps permet de parler d'**une action en cours dans le futur**. C'est l'équivalent du « *present continuous* », sauf que l'action en cours n'a pas lieu au présent mais à un moment donné du futur.

▶ *Democrats **will be deciding** on their next nominee over the next few months.*

▶ *Women **will be doing** the housework until 2050.* (*The Telegraph*, 20/5/2011)

C. « *Future perfect simple* »

a. Formation

« ***will*** » + « ***have*** » + **participe passé.**

b. Utilisation

Ce temps est l'équivalent du futur antérieur en français (*he will have done* = il aura fait). Comme les autres temps dits « *perfect* » en anglais, il indique un **lien entre deux moments**. Cette fois-ci, étant donné qu'il s'agit du « *future perfect* », le second moment aura lieu dans le futur. S'il y a une conséquence, celle-ci adviendra dans le futur.

▶ *If Sweden succeeds, lockdowns **will** all **have been** for nothing.* (*The Telegraph*, 25/4/2020)

D. « Future perfect continuous »

a. Formation

« ***will*** » + « ***have*** » + « ***been*** » + forme « **–ing** » du verbe.

b. Utilisation

Comme pour le « *future perfect simple* », ce temps indique un **lien entre deux moments**, le second ayant **lieu dans le futur**. Vient s'y ajouter l'idée d'une **action en cours** exprimée par la forme « *–ing* ».

▶ *Assuming there is no general election before, in 2024 the Conservative Party in Britain **will have been governing** for fourteen years.*

4 La forme passive

On utilise la voix passive quand ce qui cause l'action n'est pas connu ou n'est pas important. On s'intéresse alors plus **au complément** qu'au sujet **du verbe**.

Formation : verbe **« *to be* »** + **participe passé**.

On peut utiliser la voix passive avec pratiquement tous les temps.

▶ *For the last three-and-a-half years this country* ***has been*** trapped by Brexit – *like some super-green supercar blocked in the traffic.* (Boris Johnson, *The Telegraph*, 5/11/2019)

▶ *Voters were not indifferent to the race of the candidates; it's just that the weight of race* ***was overmatched*** *by other considerations.* (Randall Kennedy, *The Persistence of the Colour Line*, 2011)

Notez que le participe passé est invariable. Seul le verbe « *to be* » change, selon le temps souhaité. L'erreur classique consiste à oublier le « *–d* » du participe passé. C'est l'erreur numéro 6 de notre « *Top Ten* » à ne pas commettre.

5 Le conditionnel

Il y a trois façons classiques d'exprimer le conditionnel : il faut savoir les utiliser. C'est une question de concordance des temps.

A. « *If + present + future* (*will*) »

La première forme s'utilise pour les possibilités **probables**.

▶ ***If*** *Biden* ***wins****, he****'ll*** *have to put the world back together.* (*The Atlantic*, 13/4/2020)

B. « *If + past + conditional* (*would*) »

On emploie la deuxième forme pour les possibilités **moins probables**. Le passé utilisé ici est celui que l'on appelle le « **passé irréel** », ainsi nommé car la situation n'est pas réelle au moment où l'on parle, elle n'est pas vraie.

▶ ***If*** *Scotland* ***voted*** *for independence from the UK, it* ***would*** *be forced to dump the pound on day one for its own floating currency.* (*The Telegraph*, 21/4/2019)

C. « *If + past perfect + past conditional* (*would have* + participe passé) »

On utilise le « troisième conditionnel » pour imaginer ce qui se serait passé si les choses avaient été différentes dans le passé.

▶ *This* ***wouldn't have happened if*** *Hillary Clinton* ***had won***. (*The Washington Post*, 21/3/2020)

FICHE 4

Noms dénombrables et indénombrables

1 Présentation

Un des aspects fondamentaux de la langue anglaise est la division des noms en deux types : les noms dits **dénombrables** (« ***countable*** » en anglais) et les noms dits **indénombrables** (« ***uncountable*** » en anglais). Il faut absolument maîtriser cette notion, sinon vous ferez aussi des erreurs avec les articles et les déterminants.

Le principe est simple : on peut compter un nom dénombrable, alors que l'on ne peut pas compter un nom indénombrable. Le premier est une **entité individuelle**, alors que le second est une **masse** ou un **ensemble**.

2 Les noms dénombrables

Voici quelques exemples de **noms dénombrables** :

▶ *politician, government, country, voter, vote*

Ainsi, on peut mettre « *a* » (« un » ou « une ») devant ces noms et les mettre au pluriel en leur rajoutant un « *–s* » (n'oubliez surtout pas ce dernier point ! ; voir erreur numéro 1 de notre « *Top Ten* »).

Il existe quelques noms irréguliers. Voici les principaux à apprendre : *person – people ; man – men ; woman – women ; child – children.*

3 Les noms indénombrables

Voici quelques exemples de **noms indénombrables** : *advice, information, knowledge, research.*

L'erreur classique (numéro 10 de notre « *Top Ten* ») consiste à mettre un « *–s* » à la fin de ces mots pour « traduire » le français : conseils, informations, connaissances et recherches.

Les noms indénombrables sont **invariables** en anglais, ils **ne peuvent pas être précédés par « *a* » ou « *an* »**, et ils s'accordent au singulier.

Plusieurs groupes de noms ont tendance à être indénombrables. Les voici ci-dessous, illustrés par des exemples. Notez que, pour le concours Sciences Po, le plus important à connaître est le premier de ces groupes :

- **notions abstraites** : *liberty, racism, feminism, knowledge, tolerance, love, peace, fear, courage, luck* ;
- **matières enseignées à l'école** : *maths/mathematics, physics, economics, politics, phonetics, linguistics, ethics, statistics* ;
- **matériaux** : *metal, steel, glass, paper, iron* ;
- **alimentation** : *bread, toast, milk, fruit, poultry, rice, jam, cream, beef, pork, flour, salt, pepper* ;
- **liquides** : *water, tea, oil* ;
- **substances naturelles** : *thunder, lightning, wind, smoke, ice, dust, cloth, soap.*

Les articles

Il existe deux articles en anglais : l'article défini (« ***the*** ») et l'article indéfini (« ***a*** » ou « ***an*** »). Il faut savoir quand utiliser chaque article, ainsi que quand l'article n'est pas nécessaire (« ***zero article*** »). Voici un petit résumé des points les plus importants, ainsi que des difficultés majeures.

1 Absence d'article (« *zero article* »)

Le plus important à retenir, c'est que l'article n'est pas utilisé quand on parle des **choses en général**.

▶ *Consumption has held up but investment is being cut.* (*The Economist*, 24/12/2016)

C'est l'erreur numéro 8 de notre « *Top Ten* », qui consiste à utiliser l'article défini à l'instar du français : la consommation, l'investissement.

Il convient également de noter l'absence d'article avec la plupart des noms de pays.

▶ *France* (la France), *England* (l'Angleterre), *China* (la Chine)

Enfin, il ne faut pas dire « *the Brexit* » en anglais, mais juste « *Brexit* » (sans article).

Comme disait Theresa May « *Brexit means Brexit* ».

2 « *The* »

Nous venons de voir qu'une erreur classique consiste à mettre l'article défini « *the* » là où il ne faut pas (pour parler de quelque chose en général).

« *The* » s'emploie en revanche quand il s'agit de quelque chose de **spécifique** ou de **particulier**.

▶ ***The financial disaster of 2008*** *has left Americans poorer and fearful about imperial overstretch.* (*The Economist*, 23/11/2013)

Veillez aussi à bien mettre « *the* » devant les noms de pays et de régions suivants.

▶ *The United Kingdom, the United States, the Middle East, the Netherlands, the European Union*

À la différence des autres pays, le Royaume-Uni et les États-Unis sont composés de plusieurs pays/États. C'est la raison pour laquelle on utilise l'article défini.

Notez l'absence de tiret, contrairement au français. Si vous écrivez « *the United-Kingdom* » ou « *The United-States* », vous serez sanctionné.

À l'exception des principales difficultés que nous venons de voir concernant l'usage de l'article défini, celui-ci s'emploie sinon de la même manière que les articles « le », « la » et « les » en français : quand le nom a déjà été mentionné, quand ce à quoi on fait référence est clair et quand il n'y a qu'un seul élément.

3 « *A* »/« *an* »

L'article indéfini veut dire « un/une ». Il peut être utilisé devant un **nom dénombrable au singulier**.

▶ *a voter, a constituency*

L'erreur consiste à utiliser « *a* » devant un nom au pluriel ou un nom indénombrable. Si vous écrivez « *a countries* », « *an advice* » ou « *an information* », vous serez pénalisé.

Sinon, « *a* »/« *an* » s'emploie comme « un/une » en français, pour **mentionner un élément pour la première fois,** pour parler de quelque chose qui **n'est pas spécifique ou défini** (d'où son nom d'« article indéfini ») ou pour faire une généralisation.

▶ *To be called an isolationist these days is a bit like being called a climate-change denier or a free-market fundamentalist.* (*The Economist*, 23/11/2013)

Focus **Comment choisir entre « a » et « an » ?**

Utilisez **« *a* » devant un son de consonne** et **« *an* » devant un son de voyelle** (pour faire une liaison, un peu comme vous le faites en français).

▶ *a constituency, a politician, a minister, a president, a filibuster, a liberal*

▶ *an election, an opportunity, an appointment, an agenda, an environmentalist*

Notez bien qu'il s'agit du son et pas de l'écriture.

On écrit ainsi :

▶ *a European, a university, a uniform, a US citizen*

Sur le plan phonétique, ces mots se prononcent comme s'ils commençaient par la lettre « y ». Ainsi, il n'est pas nécessaire d'ajouter un « n » pour faire la liaison.

De même, on écrit :

▶ *an MP, an MTV show, an hour, an honest man*

La première syllabe des deux premiers mots se prononce « em », alors que pour les autres mots, le « h » est muet : il faut donc dire « an » pour faire la liaison.

FICHE 6

Les déterminants

Beaucoup de candidats font des erreurs avec les déterminants. Le choix du déterminant se fait en fonction du type de nom (dénombrable ou indénombrable) qui le suit.

1 Pour traduire « beaucoup »

« ***Much*** » s'emploie avec **des noms indénombrables** : « *much time* », « *much money* », « *much advice* », « *much information* ».

▶ *Commentators have coined a profusion of phrases to describe the anxiety and anomie caused by too* ***much information****: "data asphyxiation".* (*The Economist*, 30/6/2011)

« ***Many*** » s'emploie avec des **noms dénombrables** : « *many countries* », « *many politicians* », « *many voters* ».

▶ *I saw for myself just how hostile* ***many voters*** *were to Jeremy Corbyn.* (*The Guardian*, 14/12/2019)

« *Lots of* » et « *a lot of* » peuvent être utilisés avec des noms dénombrables au pluriel ou avec des noms indénombrables (qui sont toujours au singulier).

2 Pour traduire « peu »

« ***Little*** » s'emploie avec des **noms indénombrables** : « *little advice* », « *little information* ».

▶ *Sorry Trump, there's* ***little evidence*** *that hydroxychloriquine can treat Covid-19.* (*The Spinoff*, 6/4/2020)

« ***Few*** » s'emploie avec des **noms dénombrables** : « *few people* », « *few politicians* ».

▶ *Few voters are truly up for grabs, research suggests.* (New York Times, 17/8/2012)

Faites bien la différence entre :

- « ***few*** » = peu et « ***a few*** » = quelques ;
- « ***little*** » = peu et « ***a little*** » = un petit peu.

3 Pour traduire « moins »

« ***Fewer*** » s'emploie avec des **noms dénombrables** : « *fewer people* », « *fewer votes* ».

▶ *A democracy with ever fewer voters?* (*The New York Times*, 11/3/1988)

« ***Less*** » s'emploie avec des **noms indénombrables** : « *less chance* », « *less money* ».

▶ *Women are getting* ***less*** *research done than men during this coronavirus pandemic.* (*The Conversation*, 18/5/2020)

4 Tableau de révisions

	Noms dénombrables	Noms indénombrables
Exemples	*person, voter*	*research, information*
Chiffres	*one, two, three*	ø
Singulier / Pluriel	*les deux sont possibles*	*toujours au singulier*
Articles	*a, an / the*	*zero article / the*
Déterminants	*many*	*much*
	few / a few	*little / a little*
	a number of	*an amount of*
Comparaisons	*more*	*more*
	fewer	*less*

Les pronoms

1 Pronoms personnels

Il est important de maîtriser l'emploi des pronoms. On commet souvent deux erreurs les concernant.

Erreur n° 1 : problème d'accord pronom-nom

Comme pour les accords sujet-verbe, il faut faire très attention aux accords pronom-nom. Un pronom doit s'accorder en nombre et en genre avec le nom auquel il renvoie.

▶ *When Trump said racist and sexist remarks, the media didn't hesitate to repeat* ***it****.*
⇨ « *Remarks* » est au pluriel, donc le pronom employé doit être « *them* » (et non « *it* »).

▶ *America has seen many waves of immigration throughout* ***his*** *history.*
⇨ « *America* » n'est pas un homme ; le pronom employé doit être « *its* » (et non « *his* »).

Erreur n° 2 : confusion entre les différents types de pronoms

Il est important d'utiliser le bon type de pronom :

« ***subject pronoun*** » : quand le nom est le sujet du verbe
▶ *I, you, he/she/it/one, we, you, they* (je, tu, il, etc.)

« ***object pronoun*** » : quand le nom est le complément du verbe
▶ *me, you, him/her/it, us, you, them* (me, te, le, etc.)

« ***possessive pronoun*** » : pour marquer la possession
▶ *mine, yours, his/hers, ours, yours, theirs* (le mien / à moi, etc.)

« ***possessive adjective*** » :
▶ *my, your, his/her/its/one's, our, your, their* (mon/ma/mes, etc.)

« ***reflexive pronoun*** » : quand le nom est à la fois le sujet et le complément du verbe
▶ *myself, yourself, himself/herself/itself/oneself, ourselves, yourselves, themselves* (moi-même, toi-même, lui-même/elle-même/soi-même, nous-mêmes, vous-mêmes, eux-mêmes)

« ***reciprocal pronoun*** » : quand deux personnes ou plus se font des choses entre elles
▶ *each other, one another* (l'un l'autre, mutuellement)

▶ *It should be parents' responsibility to teach* ***theirs*** *children right and wrong, not the state's.*

L'erreur est de confondre le pronom possessif « *theirs* » et l'adjectif possessif « *their* ». En anglais, les adjectifs (dont les adjectifs possessifs) sont invariables. C'est une variante de l'erreur numéro 7 de notre « *Top Ten* ».

2 Pronoms relatifs

Les pronoms relatifs servent à éviter de répéter un nom et à relier deux parties d'une phrase entre elles. Comme pour les pronoms personnels, il faut faire attention à ne pas les confondre.

1. « *Who* » (qui) : quand c'est une personne qui est le sujet du verbe

▶ *The number of Americans* **who** *have lost their jobs in the past 10 weeks soared to more than 40 million.* (*The Guardian*, 28/5/2020)

2. « *Which* » (qui, que) : quand il s'agit d'un objet ou d'une chose ; le nom peut être le sujet ou le complément du verbe

▶ *Between now and Election Day, there will be five monthly jobs reports,* **which** *are released on the first Friday of every month.* (*Politico*, 26/5/2020)

3. « *Whose* » (dont) : pour exprimer la possession

▶ *At a time of crisis, America is led by a whiny, childlike man* **whose** *ego is too fragile to let him concede ever having made any kind of error.* (*The New York Times*, 4/5/2020)

4. « *That* » (qui, que) : pour une personne, une chose ou un objet, qui est soit le sujet soit le complément du verbe

▶ *"A radical plan for a second referendum* **that** *does not include the option to remain in the EU is being discussed as a possible "plan B" for* Theresa May *if she cannot get her* Brexit *deal through the* Commons*".* (*The Telegraph* 9/12/2018)

PIÈGES À ÉVITER

Il ne faut pas utiliser « ***who*** » pour désigner un objet et « ***which*** » pour désigner une personne : c'est l'inverse !

FICHE 8

Point d'orthographe

Voici une liste de mots qui posent souvent des problèmes.
Assurez-vous que vous connaissez la bonne orthographe !

address
afraid
aggressive
although
another
approximately
campaign
cannot
career
comparison
complex
condemn
to criticise / criticize
defence
democracy
developed
development
enemy
environment
exaggerate
example
expensive
function
future
government
independent
inequalities
investments
involvement
judgement
language
literature
to lose
marriage
a means
measures
mentioned
millionaire
necessarily
negotiation
nowadays
paradox
personal
resources
responsibility
revolutionary
sense
shocked
sovereignity
strength
successful
a thing
through
too
useful
which

Vocabulaire

L'apprentissage du vocabulaire est important pendant l'année pour deux raisons. La première est que l'une des barrières principales à la **compréhension** est le manque de vocabulaire. La seconde est que vous aurez besoin d'un vocabulaire riche pour la partie **Essai.** Comme le disent les rapports de jury, il faut « éviter de donner **trop de gallicismes** » et de « recourir trop souvent à des expressions simples et courantes ». Il faut utiliser « un vocabulaire **précis, varié et nuancé** ».

Contrairement à ce que l'on pourrait penser, la meilleure manière d'apprendre du vocabulaire ne consiste pas à apprendre par cœur des listes de mots et d'expressions dans un livre, mais à les découvrir soi-même au fil de ses lectures. D'après les rapports de jury, beaucoup de candidats donnent « l'impression d'avoir appris des expressions ou des formules par cœur » et de « les place[r] dans leur propos de façon souvent artificielle ». Nous allons vous indiquer une méthode beaucoup plus active et beaucoup plus efficace. Suivez les étapes indiquées ci-dessous pendant votre année de préparation.

Étape 1 Soyez curieux

Il faut vouloir enquêter. Soyez à l'affût de nouveaux mots. Cultivez le goût de la curiosité. En approfondissant votre vocabulaire, vous approfondirez vos connaissances du monde.

Étape 2 Décidez d'un objectif et respectez-le

Il faut avoir un but. Décidez d'un nombre de mots que vous voulez trouver et apprendre par semaine. Cela peut être, par exemple, cinq mots par jour ou dix mots par séance, avec deux séances de travail par semaine. Ensuite, respectez votre engagement. Il faut être discipliné !

Étape 3 Lisez

C'est essentiel. Les membres de jury disent chaque année que **la différence entre un bon candidat et un mauvais candidat est que le bon lit et que le mauvais ne lit pas**. Cela se voit tout de suite. Il faut lire autant d'anglais que possible. En s'exposant au maximum à une langue, automatiquement, on acquiert du vocabulaire. Pour apprendre de nouveaux mots, le mieux est de les rencontrer dans leur milieu naturel. Le contexte est très important.

Étape 4 Arrêtez-vous quand vous rencontrez un mot que vous ne connaissez pas

Ne cherchez pas tout de suite la traduction dans un dictionnaire. Essayez de deviner le sens du mot. Utilisez le contexte et la forme du mot (préfixe, suffixe, radical) pour vous aider. Ce sera un bon entraînement pour la partie Compréhension, sur laquelle il ne faut pas bloquer si vous ne connaissez pas un mot.

Étape 5 Faites des fiches de vocabulaire

Notez des mots dans votre ordinateur ou dans un cahier. Nous vous conseillons vivement d'apprendre ces mots **avec des synonymes en anglais**. Cela vous aidera pour la partie Compréhension, où il faut reformuler les mots de l'article. Notez aussi des traductions en français et surtout des **exemples de phrases contenant le mot**, pour bien comprendre son usage.

Voici quelques sites utiles :

https://www.collinsdictionary.com/dictionary/english

https://www.merriam-webster.com/

https://www.collinsdictionary.com/dictionary/english-french

www.linguee.fr

Étape 6 Apprenez les mots

Faites l'effort d'apprendre les nouveaux mots par cœur. Il est très utile de les prononcer à haute voix et de les écrire.

Étape 7 Utilisez-les

Pour bien mémoriser des mots, il faut les utiliser. « ***Use it or lose it*** », comme on dit. Tâchez d'utiliser, dans vos cours d'anglais et dans vos devoirs, les mots que vous avez appris. Écrivez aussi vos propres phrases en utilisant les nouveaux mots. Vous les retiendrez mieux ainsi.

Étape 8 Révisez

L'oubli est votre ennemi ! Pour le combattre, revoyez rapidement le lendemain ce que vous avez appris la veille, puis au bout d'une semaine, et au bout d'un mois. Vous pouvez créer des petites cartes pour vous tester de temps en temps. Écrivez le mot sur une face, et sa traduction ou sa définition sur l'autre.

Les rapports de jury insistent sur la nécessité de posséder un « **lexique de base sur des sujets de politique et d'économie** ». Pour ce chapitre, nous vous proposons donc des fiches de vocabulaire portant sur ces deux grands thèmes. Chaque fois, nous donnons une phrase contenant le mot, tirée de la presse anglo-saxonne, pour vous donner une idée du contexte dans lequel il faut l'utiliser.

FICHE

Les indispensables du vocabulaire politique

Politics : la politique (en général), la politique (la matière), opinions politiques

▶ *The coronavirus is transforming politics and economics.* (*The New Yorker*, 3/4/2020)

Politician (n) : homme politique / femme politique

▶ *Many politicians insist that their stated beliefs have a moral basis rather than a merely pragmatic one*. (*The Economist*, 22/6/2017)

Political (adj) : politique

▶ *The conventions highlighted a new political faultline: not between left and right, but between open and closed.* (*The Economist*, 30/7/2016)

Political party (n) : parti politique

▶ *Change UK has been formally registered as a political party, allowing the centrist movement founded by former Labour and Tory MPs to field candidates for the European elections.* (*The Guardian*, 16/4/2019)

Policy (n) : une politique

▶ *Stephen Miller, the White House aide who is the architect of Mr. Trump's immigration policy, has pushed for years to limit or eliminate many foreign worker visas, arguing that they harm employment prospects for Americans.*

Domestic policy (n) : politique nationale

▶ *"Congress's delegation of authority in the immigration context does not afford the President unbridled authority to set domestic policy regarding employment of nonimmigrant foreigners," the judge wrote in his 25-page decision.* (*The New York Times*, 1/10/2020)

Left-wing (adj) : de gauche

▶ *It was the most left-wing manifesto in the party's history.* (*The Economist*, 17/5/2017)

Right-wing (adj) : de droite

▶ *Right-wing populist parties are polling well in Britain. Recent opinion surveys show the new Brexit Party is gathering support.* (*The Economist*, 15/4/2019)

Socialist (n ou adj) : socialiste

▶ *The socialist majority voted against the four amendments.* (*Collins*)

Legislation (n) : législation

▶ *They are encouraging the Government to introduce legislation to end this practice.* (*Collins*)

Mandate (n) : mandat

▶ *Such is the lack of confidence in our parliamentary system that each MP should seek a new mandate.* (*The Telegraph*, 21/5/2009)

Ballot (n) : scrutin, vote

▶ *But you can't con your way past 74 million Biden ballots any more than you can con your way past a microbe.* (*The New York Times*, 7/11/2020)

Ballot box (n) : urne

▶ *Millennials will outnumber baby boomers at the ballot box.* (*Newsweek*, 1/8/2017)

Poll (n) : sondage = enquête utilisée pour évaluer/jauger l'opinion publique sur des questions ou pour prévoir une élection

▶ *Recent national polls show Joe Biden with a lead over President Donald Trump.* (*Newsweek*, 21/5/2020)

The poll(s) / polling station (n) : bureau de vote

▶ *Political calculations may favour a sudden vote but getting organised on the ground is a different matter. […] Making sure that the polling stations are accessible to disabled voters is harder when there is less time to prepare.* (*The Economist*, 28/4/2017)

Partisan (adj) : partisan

▶ *The internet's infrastructure, including cloud-computing services, which should be neutral, risks being drawn into divisive partisan battles.* (*The Economist*, 16/1/2021)

Whip (n) : « fouet » du parti = membre du parti qui s'assure que tous les autres membres sont présents pour les votes cruciaux et qu'ils votent conformément à la ligne du parti ; terme issu de la chasse au renard britannique, où le « *whipper-in* » était chargé d'empêcher les chiens de s'égarer

▶ *Top Democrats who are also pushing for the new money, including House Majority Whip James Clyburn (D-S.C.) and Transportation and Infrastructure Committee Chairman Peter DeFazio (D-Ore.), argued that in addition to the health benefits of avoiding large crowds at the polls, voting by mail could increase turnout and be less susceptible to foreign interference.* (*Newsweek*, 1/4/2020)

Era (n) : ère

▶ *The apparatchiks and donors propping up Biden's candidacy are gambling that Americans, exhausted by the avarice of the current president, want to return to the supposed "normalcy" of the Obama era, when Biden was the likeable Vice President.* (Newsweek, 26/5/2020)

Grassroots movement (n) : mouvement populaire, de base

▶ *The popularity, and electoral viability, of both the populist Left and populist Right rely on grassroots movements.* (*The Economist*, 10/12/2011)

Pundit (n) : commentateur, expert = analyste politique, commentateur ou chroniqueur qui travaille habituellement pour un journal ou un magazine, ou dans le domaine de la radiodiffusion

▶ *It's important to realize what the polls and the pundits got wrong. It wasn't the level of support for Barack Obama that they messed up. [...] It's the Clinton vote that they underestimated.* (*The Economist*, 10/1/2008)

Conspiracy theory (n) : thèse du complot

▶ *Donald Trump is exiting political life much the same way he entered it, pushing conspiracy theories for personal gain.* (*The New York Times*, 24/11/2020)

Dissident (n) : dissident

▶ *Alexei Navalny, a Russian dissident, decried an "unacceptable act of censorship."* (*The Economist*, 16/1/2021)

Street protests (n) : manifestations de rue

▶ *According to the police, street protests would probably have started already were it not for the pandemic.* (*The Economist*, 6/2/2021)

Unilateral (adj) ; unilaterally (adv) : unilatéral, unilatéralement

▶ *The government's solution would be to rewrite the protocol unilaterally, but that would create new problems.* (*The Economist*, 22/10/2021)

La politique aux États-Unis

The administration (n) : le gouvernement

▶ *In late March, the Trump administration enacted new rules allowing migrants to be removed without standard proceedings.* (*Newsweek*, 13/5/2020)

Congressman (n) : membre du Congrès

▶ *In 1998 a crucial government bill failed when a congressman pushed the wrong button on his electronic voting device.* (*The Economist*, 23/4/2016)

A caucus (n) : réunion électorale, comité électoral (pour désigner des candidats)

▶ *Every four years the Iowa caucuses are supposed to deliver the first clear signal of which candidates are actually resonating with voters.* (*The New York Times*, 15/5/2020)

To caucus (v) : voter / se réunir (en caucus) pour dialoguer

▶ *Hillary Clinton asked every Harrah's employee she met to caucus for her.* (*The Telegraph*, 21/2/2016)

The president-elect (n) : président élu, désigné ; aux États-Unis, notion utilisée pour désigner le vainqueur de l'élection présidentielle qui n'a pas encore officiellement pris ses fonctions

▶ *After two years on the campaign trail, President-elect Barack Obama has remained largely hidden from public view during the transition.* (*The New York Times*, 14/4/2011)

Outgoing president / Incoming president (adj) : président sortant / entrant

▶ *No matter how bitter a presidential campaign or how antithetical an outgoing president's policies and ideology may be from his successor's, the newcomer is ushered into the highest office in the land with dignity and courtesy.* (*Newsweek*, 1/5/2017)

The executive (n) : l'exécutif

▶ *Only Congress can make laws; it is the executive branch's duty to enforce them.* (*The Economist*, 31/1/2017)

Bipartisan (adj) : biparti(e), bipartite

▶ *Rep. Colin C. Peterson who since 1991 has represented the 7th district of Minnesota, which voted heavily for Trump in 2016, called the impeachment inquiry a "mistake," said it has "failed," and that it was not a bipartisan process.* (*Newsweek*, 19/12/2019)

Nonpartisan (adj) : non partisan, impartial

▶ *Most of its 500-odd employees are career civil servants who take pride in providing nonpartisan advice to presidents of both parties.* (*The Economist*, 7/3/2020)

Bipartisanship (n) : bipartisme (= concorde entre les partis politiques = collaboration bipartite)

▶ *There is supposed to be a new spirit of unity and bipartisanship in Washington.* (*The Economist*, 28/11/2001)

Party ticket (n) : bannière/étiquette du parti (= candidat d'un parti politique)

▶ *Geraldine Ferraro was the first woman to run on a main party ticket in an American presidential election (preparing the way for Hillary Clinton's presidential candidacy in 2008 and John McCain's choice of Sarah Palin as his running mate in the same year). (The Telegraph, 27/3/2011)*

Republican ticket (n) : candidat du Parti républicain

▶ *When asked if his vote signified an encouragement to all to vote Trump, Ryan replied, « I am supporting our entire Republican ticket and I have been all along ».* (*Newsweek*, 1/11/2016)

Democratic ticket (n) : candidat du Parti démocrate

▶ *The Iowa Democratic caucuses are a key indicator as to who will make the Democratic ticket for the presidential race. In 2016, Clinton won Iowa and went on to win the nomination over Sanders and in 2008, Barack Obama won the state before going on to become president.* (*Newsweek*, 20/5/2020)

Primary (n) : primaires = élection nationale au cours de laquelle les membres d'un parti votent pour un candidat de leur propre parti ; le vote détermine le nombre de délégués obtenu par chaque candidat pour cet État

▶ *Sanders had been running on high after securing a trio of primary victories in the early voting states.* (*Newsweek*, 21/5/2020)

National convention (n) : convention nationale

▶ *The coronavirus pandemic has forced the Democratic Party to push back its National convention from July to August.* (*Newsweek*, 2/4/2020)

Nominee (n) : candidat

▶ *The Democrats risk having no clear nominee to challenge Donald Trump.* (*The Economist*, 9/2/2020)

Swearing-in ceremony (n) : cérémonie d'investiture

▶ *Inauguration Day [...] includes a procession from the White House to the Capitol, where departing President Obama will accompany Mr Trump to the swearing-in ceremony.* (*The New York Times*, 10/1/2017)

Blue state (n) : État américain où les gens ont tendance à voter pour le Parti démocrate

▶ *The 2018 midterm elections cemented Virginia as a blue state. Clinton won it in 2016, and Obama had won it both in 2008 and 2012.* (Newsweek, 12/3/2020)

Red state (n) : État américain où les gens ont tendance à voter pour le Parti républicain

▶ *It was a surprise in 2016 when Trump [...] turned Florida red again after it had gone for Barack Obama in both of his White House runs.* (Newsweek, 12/3/2020)

Purple state (n) : État violet, synonyme de « *swing state* » ; se dit d'un État américain dont l'électorat est tout autant disposé à voter pour le Parti démocrate que pour le Parti républicain lors des élections ; terme découlant du fait que la couleur violette est un mélange de bleu et de rouge, soit ici du bleu représentant le Parti démocrate et du rouge représentant le Parti républicain

▶ *Republican incumbent Martha McSally is facing a tough re-election effort as Arizona becomes an increasingly purple state.* (Newsweek, 2/4/2020)

Swing state (n) : État pivot, État balançoire ou État bascule (synonyme de « *purple state* ») ; dans le contexte de l'élection présidentielle aux États-Unis, fait référence à tout État américain où aucun des deux partis politiques américains, le Parti démocrate et le Parti républicain, ne domine le vote populaire et qui pourrait donc être raisonnablement remporté par l'un ou l'autre candidat ; ces États sont généralement fortement ciblés par les campagnes des deux grands partis

▶ *It has been the most intense, vicious and expensive advertising campaign in history, and most Americans did not even see it. In 60 percent of the country the presidential campaign advertisements did not run on broadcast television, only on the cable news networks watched by a scant few million people a night. But in 18 swing states, viewers have been hit with thousands of spots a week, a seemingly ceaseless deluge.* (The New York Times, 26/10/2006)

Checks and balances (n) : freins et contrepoids = système de répartition du pouvoir entre les trois branches du gouvernement (exécutif, législatif et judiciaire) pour éviter que l'une d'entre elles n'ait trop de pouvoir ; chaque branche a une certaine autorité pour contrôler le pouvoir des autres, ce qui permet de maintenir un équilibre entre les trois

▶ *Our country was founded on the principle that no single branch of government should have unlimited power. This is why the writers of our Constitution painstakingly outlined the powers, checks and balances of each branch.* (Newsweek, 10/11/2016)

Congress (n) : Congrès = branche législative du gouvernement américain telle que prescrite par l'article I de la Constitution américaine

▶ *Members of Congress, especially in a time of crisis, need to be seen at work.* (The New York Times, 20/5/2020)

Convention (n) : congrès = réunion nationale d'un parti politique, où les délégués élisent officiellement le candidat d'un parti

▶ *Biden Calls for Democratic Convention to Be Delayed Because of Virus.* (*The New York Times*, 2/4/2020)

Filibuster (n) : obstruction / **(v)** : faire de l'obstruction = tentative d'empêcher l'adoption d'une loi par une perte de temps / tentative d'un sénateur ou d'un groupe de sénateurs d'entraver l'adoption d'un projet de loi, favorisé par la majorité, en parlant sans cesse ; comme il n'existe pas de règle au Sénat sur la durée de la parole d'un membre, un sénateur peut empêcher le vote d'un projet de loi en parlant sans fin ; le sénateur Strom Thurmond, de Caroline du Sud, a établi un record en 1957, en parlant pendant plus de 24 heures sans s'arrêter

▶ *A filibuster is so disruptive to Senate business that a mere threat of one is enough to bottle up legislation.* (*Newsweek*, 23/11/2003)

GOP (abrv) : *Grand Old Party* = Parti républicain aux États-Unis

▶ *Montana's GOP Senator Steve Daines currently trails Democratic contender Governor Steve Bullock by 7 points, a lead within the* Montana State University (MSU) poll*'s margin of error.* (*Newsweek*, 5/5/2020)

Lobby (n) : groupe de pression = groupe cherchant à influencer un élu, ou acte de le faire ; terme apparu au XVIIe siècle, lorsque les personnes qui attendaient dans le but de s'entretenir avec les législateurs à la Chambre des Communes anglaise patientaient dans un grand atrium à l'extérieur de la salle des législateurs, appelé le *lobby*

▶ *The data examined by* The Guardian *suggests that the pro-Israel* lobby *is highly active and spends heavily to influence US policy.* (*The Guardian*, 15/2/2019)

Lobbying (v) : faire pression

▶ Lobbying *rules prohibit former government ministers from engaging "in lobbying activities relating to any matter that they had official dealings with in their last 18 months in office".* (*The Guardian*, 14/1/2020)

Nomination (n) : nomination = lorsqu'un parti politique choisit son candidat officiel pour une fonction particulière

▶ *Hillary Clinton won the race for the Democratic presidential nomination after victories in primaries in California and New Jersey.* (*The Economist*, 8/6/2016)

Nominee (n) : candidat = candidat choisi par un parti politique pour se présenter à un poste particulier

▶ *Donald Trump gets the 1,237 delegates he needs for the Republican nomination. Donald Trump is going to be the Republican nominee.* (*The Economist*, 26/5/2016)

Gerrymandering (n) : redécoupage des circonscriptions électorales / découpage électoral partisan / découpage politique des circonscriptions = terme politique nord-américain pour désigner le découpage des circonscriptions électorales, ayant pour objectif de donner l'avantage à un parti, un candidat, ou un groupe donné ; cela se fait généralement lorsqu'un parti au pouvoir a les moyens de modifier ces limites ; ainsi, c'est lui qui, en quelque sorte, choisit ses électeurs en déformant les circonscriptions ; l'origine du gerrymandering est attribuée à l'ex-gouverneur du Massachusetts Elbridge Gerry, qui fut le premier, en 1811, à modifier un district pour favoriser son parti

▶ *This move is blatant gerrymandering by a government attempting to buy the votes of those aged over 65.* (*The Sunday Times*, 2015)

To run for president (v) : être candidat à la présidence

▶ *He announced he would run for president. (Collins)*

Witch hunt (n) : chasse aux sorcières = poursuite et élimination systématique, par les autorités, de tous ceux soupçonnés d'opinions jugées subversives ; persécution organisée et généralement injuste (très souvent par un gouvernement contre ses opposants) ; enquête vindicative, souvent irrationnelle, s'appuyant sur les peurs du public ; fait référence à la chasse aux sorcières à Salem, dans le Massachusetts, au XVIIe siècle, où de nombreuses femmes innocentes accusées de sorcellerie furent brûlées ou noyées.

▶ *"There has been no President in the history of our Country who has been treated so badly as I have", Trump tweeted early Wednesday morning. "This should never be allowed to happen to another President. Witch Hunt!"* (*Newsweek*, 29/9/2019)

Trumpism (n) : politique « à la Donald Trump »

▶ *The Americans that matter – whose votes must be counted, whose wishes must be heard, respected and fulfilled – are the white ones, and of them, only a subset. I call this "Trumpism," but none of this began with the president.* (*The New York Times*, 24/11/2020)

La politique au Royaume-Uni

MP (Member of Parliament) (n) : député

▶ *Should MPs be allowed to switch parties without consulting their voters?* (*The Economist*, 21/11/2011)

Cabinet (n) : un cabinet

▶ *Mr. Johnson said he had told his cabinet to start making preparations for "coming out on Australia terms", his euphemism for what is more commonly known as a "cliff-edge Brexit".* (*The New York Times*, 11/12/2021)

Shadow Cabinet (n) : équipe de membres influents de l'« opposition officielle », constituée en une sorte de « gouvernement virtuel ».

▶ *Shadow cabinet members are known to have expressed concerns about the idea of supporting the deal, though they are expected to abide by collective responsibility.* (*The Guardian*, 25/12/2020)

Frontbencher (n) : député d'avant-ban

▶ *Keir Starmer is facing a revolt from Labour frontbenchers over his decision to back the government's Brexit trade deal.* (*The Guardian*, 25/12/2020)

Backbencher (n) : député d'arrière-ban

▶ *Theresa May is today meeting nearly every Conservative backbench MP to head off a rebellion over her plans for a customs deal with the European Union.* (*The Telegraph*, 14/05/2018)

Safe seat (n) : siège sûr, imperdable

▶ *It is estimated that* over half *the parliamentary seats in the UK are safe seats.* (*The Guardian*, 6/5/2015)

Marginal seat (n) : circonscription dont le député ne dispose que d'une majorité très faible (*Larousse*)

▶ *He inherited a marginal seat and turned it into a safe one.* (*The Economist*, 20/6/2019)

General election (n) (used in the singular) : élections législatives

▶ *In Britain's electoral system, seats won at a general election are not shared out between the parties proportionally nationwide.* (*The Economist*, 8/6/2017)

Snap election (n) : élection surprise = élection convoquée plus tôt que prévu

▶ *Theresa May is thought to have called a snap election at least in part to take advantage of Labour's dire position in the polls.* (*The Economist*, 28/4/2017)

By-election (n) : élection partielle ; au Royaume-Uni, élection qui a lieu en dehors de l'élection générale, afin de choisir le remplaçant d'un membre du Parlement décédé ou démissionnaire

▶ *It is usually a mistake to try to derive a national message from a single* by-election. (*The Economist*, 9/12/2016)

Hung parliament (n) : parlement sans majorité

▶ *Britain is divided. That's why we need a hung parliament again.* (*The Guardian*, 4/11/2019)

The Treasury (n) : le Trésor

▶ *The Treasury is traditionally Whitehall's most powerful department and its civil servants some of the brightest and best.* (*The Guardian*, 12/2/2017)

Hard Brexit (n) : Brexit « dur ». Le pays renoncerait à la libre circulation des capitaux, des personnes, des services et des marchandises. En bref, il sortirait purement et simplement du cadre politique, économique et financier de l'Union européenne, et ce sans la moindre contrepartie

▶ *Once again there was talk of the dreaded specter of a "hard Brexit," with trade between Britain and the Continent abruptly disrupted with lines of trucks backed up on both sides of the English Channel.* (*The New York Times*, 11/12/2020)

Soft Brexit (n) : Brexit « moins dur »

▶ *Soft Brexit means giving priority to the single market at the price of accepting some limitations on control over borders and laws, as well as contributing to the EU budget.* (*The Economist*, 8/10/2016)

Brexiteer (n) : quelqu'un qui est pour le Brexit

▶ *Yet these objectives may prove impossible to square with the Brexiteers' goal of "taking back control" of Britain's borders, laws and the money it pays the EU* (*The Economist*, 8/10/2016)

No deal (n) : sortie sèche, sans accord. Retrait éventuel du Royaume-Uni de l'Union européenne sans accord de commerce ni de coopération entre les deux parties.

▶ *No deal would resurrect the threat of a border in Ireland between north and south, which all sides wish to avoid.* (*The Economist*, 22/10/2020)

Eurosceptic (n/adj) : eurosceptique

▶ *The Eurosceptic mission will not be over until the EU withers away.* (*The Telegraph*, 29/1/2020)

Remainer (n/adj) : quelqu'un qui souhaite que le Royaume-Uni reste dans l'UE

▶ *The coronavirus has forced even some of the most diehard Remainers to reassess the EU.* (*The Telegraph*, 27/3/2021)

Ulster Loyalist (n) : loyaliste d'Ulster (quelqu'un qui soutient l'union politique d'Irlande du Nord avec le Royaume-Uni)

▶ *Now violent threats to the border are emerging from Ulster loyalists.* (*The Economist*, 6/2/2021)

Le processus électoral

Electoral (adj) : électoral

▶ *After Republican victories in 2000, 2004 and 2016, for instance, Democrats in Congress used the formal counting of electoral votes as an opportunity to challenge election results.* (*The New York Times*, 6/1/2021)

Term (n) : mandat

▶ *Brad Parscale is the social media master who could win Trump a second term.* (*The Guardian*, 30/1/2020)

One-term (adj) : d'un seul mandat

▶ *He is in danger of becoming a one-term president.* (*Collins*)

Two-term (adj) : de deux mandats

▶ *Obama was a popular* two-term president *with a Gallup approval rating of 59 percent when he left office.* (*Newsweek*, 6/2/2020)

Swing vote (n) : vote décisif / vote pivot / électeur versatile = partie indécise, généralement indépendante, de l'électorat qui peut « faire basculer » le résultat d'une élection dans un sens ou dans l'autre

▶ *In 19 cases during the past year, the Supreme Court split down the middle along ideological lines. […] Each time, the tie was broken by a fifth vote belonging to Justice Anthony Kennedy. […] He does not love being called a "swing vote" […] because it indicates that you elect to swing for the purpose of accommodating one side or the other. Indeed, in the court's most important case of the year, Kennedy refused to accommodate either side.* (*Newsweek*, 15/7/2007)

Turnout (n) : participation

▶ *It does not seem to matter that Republicans can clearly compete and win in high turnout elections since hostility to democratic participation has become as much a part of the party's identity as its commitment to low taxes and so-called small government.* (*The New York Times*, 24/11/2020)

Front-runner (n) : chef de file

▶ *The best front-runner would be the candidate who can most effectively bridge the gap between religious and fiscal conservatives.* (www.esisc.net)

Upset victory (n) : victoire surprise

▶ *The senator's unexpected upset victory there against Hillary Clinton in 2016 was a turning point for his campaign as it highlighted his appeal among working-class voters in the Midwest.* (*Newsweek*, 10/3/2020)

Whistle-stopping (n) : visite éclair = pratique consistant à faire des discours dans de nombreuses villes en peu de temps, souvent au cours d'une seule journée (lorsque les hommes politiques voyageaient en train, les petites villes étaient appelées « *whistle-stops* » ; les politiciens utilisaient l'arrêt de ces petites villes pour prononcer un discours de campagne rapide, souvent à l'arrière du train, avant de se rendre à l'arrêt suivant)

▶ *He did a lot of whistle-stopping, delivering more than one hundred speeches during the general election alone.* (Thomas E. Paterson, *Out of Order*, 1994)

Photo-op (n) : séance photo = abréviation de « *photo opportunity* », un événement spécifiquement mis en scène pour les caméras des journalistes afin d'aider un homme politique à apparaître aux nouvelles du soir ou dans les journaux du matin

▶ *For once, an American president uses a British prime minister for a photo-op. Barack Obama woos Ohio with the help of David Cameron.* (*The Economist*, 14/3/2012)

Platform (n) : programme électoral = positions qu'un parti adopte et défend au début d'une campagne électorale

▶ *At its conference this week Labour set out a platform of wildly far-left policies, including the expropriation of a tenth of the equity of every large company, a big round of nationalisation, the seizure of private schools' assets and a four-day working week.* (*The Economist*, 26/9/2019)

Political suicide (n) : suicide politique = vote ou action susceptible d'être si impopulaire auprès des électeurs qu'il est probable que le politicien en question perde aux prochaines élections

▶ *In some alternate America imagined by Pixar the health-care system could simply be reinvented. In the real world it would be unworkable – and political suicide. Because American health-care costs are so high, making the government assume them all would require a huge increase in taxation.* (*The Economist*, 13/10/2018)

FICHE 5

L'exercice du pouvoir présidentiel

In office (adj) : en exercice

▶ *President George W. Bush is planning to push through a series of potentially unpopular regulation changes in his final weeks in office.* (*The Telegraph*, 5/11/2008)

White paper (n) : livre blanc

▶ *A 150-page* white paper, *prepared for the Joint Chiefs of Staff and acquired by* Politico, *says that Russia poses a particularly active threat to the U.S.-led world order.* (*Newsweek*, 21/5/2020)

Aide (n) : assistant

▶ *Trump aides postpone meeting as clashes over Paris climate deal continue.* (*The Guardian*, 9/5/2017)

Incumbent (adj) : en poste, en exercice, en place

▶ *The 39-year-old challenger of the incumbent senator held a 14-point lead in a poll released before official campaign launch last year.* (*Newsweek*, 2/3/2020)

Big government (n) : grand gouvernement = appellation désobligeante utilisée aux États-Unis – généralement par les conservateurs, les défenseurs du « laisser-faire » ou les libertariens – pour désigner un gouvernement ou un service public qu'ils considèrent trop grand, puissant, corrompu et inefficace, ou impliqué de manière inappropriée dans certains domaines de la politique publique et/ou du secteur privé

▶ *Gallup asked Americans in 2017 what they considered the bigger threat to their country: big government, big business, or big labor. Sixty seven percent chose big government, nearly a record high in the 50 years Gallup has been asking the question.* (*Newsweek*, 15/11/2019)

Implementation (n) : mise en œuvre

▶ *Gallup Judge Jeffrey S. White of U S. District Court for the Northern District of California temporarily blocked further implementation of the sweeping order, issued in June, as it applied to thousands of companies seeking to bring workers to the United States on a wide array of visas, including the H-1B for high-skilled workers, seasonal employees on guest-worker visas and others, such as au pairs, who enter the country on cultural exchange visas.*

FICHE

Les indispensables du vocabulaire économique

The economy (n) : économie

▶ *The worst is over, but recovery for the UK economy will take years.* (*The Guardian*, 21/5/2020)

Economic (adj) : économique (dans le sens de tout ce qui a un rapport avec l'économie)

▶ *The pandemic has scrambled the government's economic and political calculations.* (*The New York Times*, 5/6/2020)

Economical (adj) : économique, économe (chose)

▶ *Hybrid cars are very economical in congested areas because energy is used more than once.* (*The Sunday Times*, 2008)

Full employment (n) : plein-emploi

▶ The more *people in jobs, the thinking was, the closer America got to full employment.* (*The Economist*, 8/2/2020)

Growth (n) : croissance ; **GDP** (*Growth Domestic Product*) **(n)** : PIB

▶ *Economists cannot revise down their forecasts of GDP growth for the effects of the coronavirus pandemic fast enough.* (*The Economist*, 4/4/2020)

Taxpayer (n) : contribuable

▶ *'On one hand, Congress is asking taxpayers to help grow our military so we can compete with China. On the other hand, large US investment funds are dumping US dollars into China's military industrial base,' representative Jim Banks said.* (*The Telegraph*, 5/6/2020)

Mortgage (n) : hypothèque

▶ *Mortgage rates may be appealingly low, but people shopping for a new home this spring face a challenging market.* (*The New York Times*, 5/6/2020)

Tax cut (n) : réduction d'impôts

▶ *Tax cuts and infrastructure spending, on the other hand, look like an easy and unifying win for the new administration.* (*The Economist*, 19/11/2016)

To slash (v) : réduire drastiquement

▶ *Mr Trump's plan would slash the highest marginal income-tax rates, cut rates of tax on corporate income and on capital gains, and eliminate federal inheritance and gift taxes entirely.* (*The Economist*, 19/11/2016)

Income (n) : revenu

▶ *Researchers find that over 12% of firms in the rich world generate too little income to cover their interest payments.* (*The Economist*, 7/3/2020)

Gig economy (n) : économie reposant sur le travail précaire, les petits boulots

▶ *Under-30s have been hit particularly hard as the outbreak* ravaged jobs *in industries such as hospitality and insecure work in the so-called* gig economy, *the International Labour Organisation (ILO) warned.* (*The Telegraph*, 27/5/2020)

Data (n) : données

▶ *Before the financial crisis, data were thought to give a good signal about the likely actions of the Federal Reserve, which is tasked with ensuring maximum employment and stable inflation.* (*The Economist*, 8/2/2020)

Loan (n) : prêt ; **to loan (v)** : prêter

▶ *Why is the World Bank loaning money to China?* Donald Trump (*Twitter*, 7/12/2019)

To deregulate (v) : déréglementer

▶ *Plans to scrap Obamacare or re-deregulate America's financial sector, though dear to Republican hearts, are easier to champion on the campaign stump than to implement.* (*The Economist*, 19/11/16)

VAT (n) : TVA

Stamp duty (n) : droit de timbre

▶ *Policy Exchange recommends a cut to VAT and stamp duty on house sales to boost consumer spending and kickstart the housing market.* (*The Guardian*, 4/6/2020)

Supply chain (n) : chaîne logistique

▶ *After months of living with the coronavirus pandemic, American citizens are well aware of the toll it has taken on the economy: broken supply chains, record unemployment, failing small businesses.* (*The Atlantic*, 13/6/2020)

Retail (n) : commerce de detail

▶ *In Florida, one of the first states to reopen, Google mobility data* suggests *that visits to retail and recreation locations are still down twenty-eight per cent.* (*The New Yorker*, 12/6/2020)

Real estate (n) : immobilier

▶ *The real estate market* seized up *after the stay-at-home orders in March, and it is now slowly coming back to life in various parts of the country.* (*CNN Business*, 12/6/2020)

Consumer (n) : consommateur ; **consumer society (n)** : société de consommation

▶ *Richard Lim, who runs the consultancy firm Retail Economics, said: 'The big thing is no one really knows how consumers are going to react'.* (*The Guardian*, 13/6/2020)

FICHE

Récession et redressement

Unemployment insurance (n) : assurance chômage

▶ *The coronavirus pandemic has devastated the US economy, costing 42 million people to file for unemployment insurance.* (*The Guardian*, 6/6/2020)

Unemployment benefit (n) : allocation chômage

▶ *The surge in US joblessness notched up another staggering record yesterday. The number of Americans to have claimed new unemployment benefits passed 40m since the Covid-19 crisis struck.* (*The Telegraph*, 29/5/2020)

Unemployment rate (n) : taux de chômage

▶ *The unemployment rate tumbled for the month of May as the economy unexpectedly added 2.5 million jobs.* (*RealClearPolitics*, 6/6/2020)

Layoff (n) : licenciement ; **to lay off (v)** : licencier

▶ *A more recent data set released Thursday, initial claims for unemployment benefits, indicates that while job losses have slowed,* layoffs continued last week *even as businesses have begun to reopen.* (*The New York Times*, 5/6/2020)

Stimulus package (n) : programme de relance

▶ *Rishi Sunak has postponed a major stimulus package of tax cuts and spending pledges until the autumn to see how the economy fares before making further commitments.* (*The Telegraph*, 5/6/2020)

Relief package (n) : programme d'aide

▶ *House Democrats last month approved a $3 trillion* relief package. (*Washington Examiner*, 5/6/2020)

To recover (v) : se redresser ; **recovery (n)** : redressement

▶ *The May report is a sign that the US economy began to recover earlier than expected from sweeping lockdowns put in place in March to contain the spread of coronavirus.* (*Business Insider*, 5/6/2020)

V-shaped recovery (n) : reprise rapide (courbe en V)

▶ *All of a sudden, people are talking about a V-shaped recovery again.* (*CNBC*, 6/6/2020)

To bail out (v) : renflouer, sauver ; **a bailout (n)** : renflouement, sauvetage financier

▶ *Just £1.1bn of Covid-19 bailout loans have been issued to small UK firms.* (*The Guardian*, 15/4/2020)

To furlough (v) : mettre au chômage technique, mettre au chômage partiel ; **furlough (n)** : chômage technique ou partiel

▶ *Not every one of the furloughed workers is going to end up jobless, but some of them will.* (*The Guardian*, 24/5/2020)

Tax hike (n) : hausse d'impôts (massive)

Pay freeze (n) : gel des salaires

▶ *Treasury considers tax hikes and pay freezes to cover Covid-19 costs.* (*The Guardian*, 13/5/2020)

To shrink (v) : se replier

▶ *UK unemployment to double and economy to shrink by 14%, warns Bank of England.* (*The Guardian*, 7/5/2020)

Dole (n) : allocation chômage ; **on the dole (adj)** : au chômage

▶ *The* Resolution Foundation *(RF) said that in the absence of action an extra 600,000 people under the age of 25 would swell dole queues, with a risk of long-term damage to their career and pay prospects.* (*The Guardian*, 6/5/2020)

Downturn (n) : récession

▶ *Economic activity has collapsed around the world at the onset of an unprecedented synchronised downturn.* (*The Guardian*, 24/4/2020)

Credit-crunch (n) : crise du crédit

▶ *The realisation that global GDP will probably shrink for part of this year, and the looming risk of financial panic and credit-crunch has led central banks to slash interest rates at a pace last seen in the financial crisis of 2007-9.* (*The Economist*, 7/3/2020)

Rally (n) : une reprise ; **to rally (v)** : reprendre

▶ *Given the stock market's remarkable rally since March – the biggest upward move ever seen in such a short period – one down day doesn't mean very much.* (*The New Yorker*, 12/6/2020)

Cuts (n) : réductions, coupes

▶ *His government and most credible economic forecasters have painted a far bleaker picture, of cuts to the British economy by as much as 9 percent.* (*The New York Times*, 11/12/2020)

FICHE

Bourse et finance

To raise (v transitif) : lever

▶ New rules on funding and liquidity will force them to keep more liquid assets that can be easily sold should they need to raise funds urgently. (*The Economist*, 12/5/2011)

To rise (v intransitif) : augmenter, monter

▶ *If wages are to rise, workers need more bargaining power.* (*The Economist*, 31/5/2018)

To plummet (v) : chuter

▶ *On Friday, the Commerce Department* reported *that GDP plummeted nearly 5 percent in the first three months of the year.* (*The Atlantic*, 4/6/2020)

Stock market (n) : la Bourse

▶ *Is the stock market's optimism for economic recovery valid?* (*The Capital Spectator*, 4/6/2020)

Bear market (n) : marché baissier ; **bull market (n)** : marché haussier, marché à la hausse

▶ *By riding one of the great bull markets – the rally in equities from 1982 onwards, for example – or avoiding a crippling bear market like that of 2007-08, fortunes can be made, or saved.* (*The Economist*, 5/11/2016)

Peak (n) : point culminant ; **to peak (v)** : atteindre son niveau maximum

▶ *From the S&P 500 Index peak on February 19 to the bear market lows March 23, stocks lost 33.9%.* (*LPL Financial Research*, 4/6/2020)

Shareholder (n) : actionnaire

▶ *Most of the shareholders of Total SA voted on Friday* against a resolution *put forward by a group of investors demanding the French oil and gas supermajor amend its by-laws to do more under the Paris Agreement goals.* (*Oilprice*, 29/5/2020)

To slump (v) : s'effondrer ; **a slump (n)** : chute brutale, effondrement

▶ *Stock markets slump as hopes fade for swift economic recovery.* (*The Guardian*, 14/5/2020)

Bond (n) : obligation

Yield (n) : rendement ; **to yield (v)** : rapporter

To bottom (v) : atteindre son point le plus bas

▶ *The ten-year American Treasury bond yield bottomed at 1.37% on July 7th and has since risen to 1.80%.* (*The Economist*, 5/11/2016)

Surge (n) : poussée ; **to surge (v)** : monter en flèche

▶ *Sports bettors may be a driving force behind the stock market surge.* (*Axios*, 9/6/2020)

Fintech (n) : la technologie financière

▶ *Like the financial industry at large, fintech lost out to fish in negotiations with the EU, and got no mention in Britain's free trade deal with the bloc.* (*The Economist*, 18/2/2021)

FICHE

Les entreprises

Output (n) : production

▶ *Both Airbus and Boeing are also warning that it will take years for output to return to 2019 levels.* (*The Guardian*, 20/5/2020)

To fire (v) : licencier

▶ *The number of Americans who were outright fired last month – as opposed to being furloughed – is actually 295,000 higher than in April, with 2.3 million workers suffering permanent job losses.* (*New York Magazine*, 5/6/2020)

Balance sheet (n) : bilan

▶ *It will take several years for firms to rebuild their balance sheets, and for* new jobs to replace those that have been permanently lost. (*The Telegraph*, 31/5/2020)

Subsidiary (n) : filiale

▶ *In reality many companies raise funds through foreign subsidiaries set up for the purpose.* (*The Economist*, 22/2/2020)

Parent company (n) : maison mère

▶ *The authors stitch together seven data sets, including information on investor portfolios and the relationships between parent companies and their subsidiaries.* (*The Economist*, 22/2/2020)

Assets (n) : actifs

▶ *But despite the country's many assets (including a national income per person of over $18,000) it is eligible for loans from the World Bank, an institution dedicated to eradicating extreme poverty.* (*The Economist*, 12/12/2019)

The tech industry (n) : l'industrie technologique

Executive (n) : cadre

Chief Executive Officer (CEO) (n) : PDG

▶ *The tech industry's concentration means that a few unelected and unaccountable executives are in control.* (*The Economist*, 16/1/2021)

FICHE 10

Le commerce

Trade (n) : commerce ; **trader (n)** : commerçant, trader

▶ *Traders are losing interest in America's jobs figures.* (*The Economist*, 8/2/2020)

Emerging market (n) : marché émergent

▶ *American holdings of corporate bonds in emerging markets are revised up too: from $8bn to $44bn in the case of Brazil, and from $3bn to $37bn for China.* (*The Economist*, 22/2/20)

Investor (n) : investisseur ; **to invest (v)** : investir ; **an investment (n)** : un investissement

▶ *Investors at home and abroad are piling into American government debt.* (*The Economist*, 25/1/2020)

Borrowing (n) : emprunt ; **to borrow (v)** : emprunter ; **borrower (n)** : emprunteur

▶ *Fiscal hawks worry that continued high levels of government borrowing will lead to economic chaos as the engine overheats.* (*The Economist*, 25/1/2020)

Tariff (n) : tariff, droit de douane ; **import (n)** : importation ; **export (n)** : exportation

▶ *Mr Lighthizer said that American tariffs on around $120bn of Chinese imports would be reduced from 15% to 7.5%. In return, he said, China would ramp up imports of American agricultural products, manufactured goods, energy products and services by $200bn over two years.* (*The Economist*, 21/12/2019)

Commodity (n) : marchandise, produit, denrée, article

▶ *Negotiators had set targets for various categories of commodities.* (*The Economist*, 21/12/2019)

Purchase (n) : achat ; **to purchase (v)** : acheter

▶ *China has long insisted that it was unrealistic for President Donald Trump to demand that it double its purchases of agricultural products from America.* (*The Economist*, 21/12/2019)

To subsidise (v) : subventionner ; **subsidy (n)** : subvention

▶ *Poorer countries, led by India, are pushing for leeway to subsidise domestic food production in the name of "food security", to the rich world's dismay.* (*The Economist*, 12/10/2013)

Stand-off (n) : impasse

▶ *Even if the stand-off is resolved without a fiscal disaster, concern will linger that congressional resistance may frustrate any trade deals.* (*The Economist*, 12/10/2013)

Ban (n) : interdiction ; **to ban (v)** : interdire

▶ *This week Obama's officials approved a ban originally ordered by America's International Trade Commission on imports of certain products made by Samsung, a Korean conglomerate, after Apple alleged patent infringement.* (*The Economist*, 12/10/2013)

Deal (n) : affaire, marché

Debt-relief (n) : allègement de la dette

▶ *A debt-relief deal agreed in April excludes money that poor countries have borrowed from China and the private sector.* (*The Guardian*, 12/6/2020)

Free trade (n) : libre-échange

▶ *The EU published a series of contingency measures on Thursday "to ensure that basic air and road connectivity are maintained in the increasingly likely event that a free trade agreement is not reached", Axios reported.* (*The New York Times*, 11/12/2020)

To negotiate (v) : négocier

▶ *It is always possible that the two sides could agree to continue negotiating into the new year, at least on some aspects of a trade deal.* (*The New York Times*, 11/12/2020)

Imports (n) : les importations

Exports (n) : les exportations

▶ *Clinging to full control over fishing waters makes little sense given the potential disruption of an established trade in which Britain imports 70 percent of the fish it devours and exports 80 percent of what it catches – quite possibly including the turbot that Ms. von der Leyen served Mr. Johnson.* (*The New York Times*, 11/12/2020)

Trade border (n) : frontière commerciale

▶ *The UK and EU averted that danger by creating a trade border between Great Britain and Northern Ireland instead.* (*The Economist*, 6/2/2021)

Trading partner (n) : partenaire commercial

▶ *Britain would have no trade deal at all with its largest trading partner, and little prospect of getting one.* (*The Economist*, 22/10/2020)

Goods (n) : les marchandises

▶ *Many businesses would be devastated by tariffs, including 10% on cars and 5% on car parts, threatening an industry that employs 800,000 people and accounts for 14% of Britain's goods exports.* (*The Economist*, 22/10/2020)

Civilisation

1 Methodology

One of the keys to success in the "*concours Sciences Po*" (and therefore one of the main things to work on during the year) is to develop some knowledge of contemporary politics and civilisation in the US and UK. The jury's reports always talk about the need for "une connaissance suffisamment grande de l'**actualité** et des **enjeux politiques**" and "des références précises à l'**actualité**, **l'histoire**, les **institutions**, les **sociétés**".

First of all, you need to have this knowledge to help you to **understand the article**. The article will always be from the year preceding the "*concours*" (usually from between September and February), so it obviously makes sense to follow closely the news during this time. Secondly, you need to have this knowledge to give you some **content for the essay**. **Content and argument count for 50% of the mark**, so if you have zero knowledge of contemporary Britain and America you will fail.

The following pages give you an **introduction to some of the basics about Britain and America**, their **political systems** and **recent political history**, as well as some **interesting quotes and analyses** from varying sources. The focus is on issues and themes that are commonly tested in the "*concours Sciences Po*". In your own time, it's absolutely essential you take the time to **read the British and American press.** Many previous "*sujets*" have been taken from *The Guardian* and *The New York Times*, so read articles from their online sites. Other interesting newspaper websites include the following: *The Economist, the BBC, The Telegraph* and *The Independent* (from the UK) and *The Washington Post, The Huffington Post, The Atlantic, Politico* and *The Wall Street Journal* (from the US). An excellent American site which gives a range of articles from many sources is: www.realclearpolitics.com.

Online videos are also very useful to watch: you will find very easily online speeches by Presidents and Prime Ministers, parliamentary debates, interviews with politicians and documentaries about politicians and issues. During the year make some "fiches de civilisation", noting down some interesting facts, ideas and quotes.

2 Overview of Politics today

2020 – "The year that wasn't" to use the expression of *The Economist* (16/11/20) – will go down as a key year in the history of both humanity and politics. 2020 was the year of the COVID-19 crisis (so called, in fact, because it came to the attention of the World Health

Organisation on the last day of 2019). In the US it led to more than half a million deaths, the loss of millions of jobs and unprecedented disruption to almost every aspect of society and politics.

There is talk already of what a post-Covid world is likely to be like. Nobody is sure what the long effects of the coronavirus crisis will be. Future leaders will have to find solutions for the economic consequences, and the debate over personal freedom has been reignited with the restrictions suffered by populations under lockdown. As the Carnegie Endowment for International Peace wrote: "The coronavirus will likely transform other pillars of democratic governance – such as electoral processes, civilian control of militaries, and civic mobilisation – and potentially reset the terms of the global debate on the merits of authoritarianism versus democracy."

Gary Meltz (of the "realclearpolitics" site) on May 12 2020 even suggested "the 2020 election will be decided by the virus". He continued: "Generally speaking, Democrats believe we need to keep restrictions in place to slow the spread of Covid-19, and Republicans demand we open businesses to save the economy".

In the November 2020 presidential election, the Democrat Joe Biden defeated the Republican Donald Trump. However, the year 2021 began with another unprecedented crisis in US politics: on January 6 a mob of thousands of Donald Trump supporters stormed the Capitol contesting the election victory of Joe Biden. Congress was forced to evacuate during the counting of the electoral college votes. The hashtag "StoptheSteal" became popular as Trump refused to accept defeat. Democracy itself seemed to be endangered.

The times are uncertain. To quote Roland Oliphant writing in *The Telegraph* (16/3/21): "there are more conflicts raging than at any point since the end of the Second World War; the global advance of liberal democracy promised by the end of the Cold War threatens to go into reverse; and the threat of climate change is forcing fundamental changes in the way we live." In the wake of the coronavirus crisis, **conspiracy theories** also abound.

In addition to 2020, **2016** will also be a year that goes down in political history. Two world-shaking events in politics took place then: the **United Kingdom's decision to leave the European Union** – the vote for Brexit – in June, followed in November by **the election of the controversial figure of Donald Trump** in the presidential elections in America.

Political upheaval has become rather normalised in the last decade. A **hung Parliament** (when no political party has an absolute majority) is rare in the UK, but in the last few years there have been two. The first of these was in 2010, after which David Cameron's Conservative Party formed a coalition with Nick Clegg's Liberal Democrats. The second one was in 2017, when Theresa May called a **snap election** to strengthen her majority, but the plan backfired. Moreover, recently, the exceptional circumstances in the UK with the Brexit referendum led to there being **three general elections in four years** (in 2015, 2017 and 2019). In the US, meanwhile, between November 2000 and 2016, **partisan control of the House of Representatives flipped twice**; **control of the Senate four times**. (There was the same number of rotations, for each chamber, in the 55 years from VJ Day to November 2000.)

Lack of collaboration between parties is another feature of contemporary politics. This was symbolised by the **shutdown in the US in January 2020**. In the 1980s and 1990s, a certain **bipartisan consensus** was achieved; as Danial Hannan wrote in June 2019 in *The Telegraph*, "politics was a way to mediate competing interests, not a proxy war". Now, as Molly Ball wrote in *Time* in January 2019, "both parties seem to totally hate each other: 'The ends justify the means' to bring the other party down". Partisan hatred is also present in voters. To quote David Frum (senior editor of *The Atlantic*): "The election of 2016 popularised the political science concept of '**negative partisanship**'. While many Americans do not identify as Republican or Democrat, virtually all Americans dislike one of those parties much more than they dislike the other."

Demonstrations and political movements have also seen a rise in recent years. It is the era of "Occupy Wall Street", "Black Lives Matter", "Tea Party" and "Metoo". These movements are increasingly resorting to violence.

A word which characterises politics today is "**post-truth**". "Post-truth" was Oxford Dictionaries' **"word of the year" in 2016**. We are living in a "post-truth" society. An *Economist* article of February 25 2017 noted "an alarming change since 2009: a collapse in the belief that there is a single, shared version of the truth". Each side has its own version of the truth. Kellyanne Conway, the campaign manager for Trump, came up with the phrase "**alternative facts**", and Trump himself is frequent to dismiss anything he doesn't like as "**fake news**". To win elections, it is said now, **feelings are more important than facts**.

Another interesting topical issue is the **impact of social media** on politics. "Could Facebook influence the presidential election?" asked *The Economist* in May 2016, and much discussion followed involving the site's impact on the election results. "Bustle up for another Facebook Election", said *The New York Times* in January 2020.

The issue of **social media and censorship** has also become a hot topic. Following the January 2021 attack on the Capitol, Donald Trump was banned from Facebook. As its CEO Mark Zuckerberg said: "[in the context of Trump's] use of our platform to incite a violent insurrection against a democratically elected government [...] We believe the risks of allowing the President to continue to use our service during this period are simply too great." The fact that Facebook was able to "silence" an elected president raises the question of the power of social media (and also the GAFAM). Many on the right equate any type of moderation with censorship, and a **denial of free speech**. For those on the left, other social media sites "are a potent source of misinformation, in part because of the growing links between platforms and far-right news outlets" (*New York Times*, 7/1/21).

Recent years have also seen the rise of **populism**. Populism refers to a range of political stances that emphasise the idea of "**the people**" and often juxtapose this group against "**the elite**". Populists typically present "the elite » as comprising the political, economic, cultural, and media establishment, depicted as a homogeneous entity and accused of placing their own interests, and often the interests of other groups – such as large corporations, foreign countries, or immigrants – above the interests of "the people".

A related problem that leaders and politicians have to face today is that they are "**out of touch**" with ordinary people and reality. Many have lost faith in the traditional parties today. In the UK, one cause of this was the United Kingdom **parliamentary expenses scandal in 2009**. A report from *The Telegraph* revealed how MPs were shamelessly abusing their rights to expenses. *The Times* described the resulting controversy as "**Parliament's darkest day**" and a "full-blown political crisis". One notorious example was Sir Peter Viggers, a Tory grandee, who included with his expense claims the £1,645 cost of a floating duck house for his garden.

Political Institutions of the United States of America

The United States of America (also known as the US or America) is a country made up of 50 states. The 50 states are represented in the 50 stars on the American flag: the "stars and stripes". It is the world's oldest **federation**. A federation is a form of government in which sovereign power is formally divided between a central authority and a number of constituent regions so that each region retains some degree of control over its internal affairs.

The country's supreme legal document is the **US Constitution**. One of its key aspects is that the government is regulated by a system of **checks and balances**. Checks and balances allow branches of government to restrain each other's power. The separation of power prevents concentration and abuse of power. Thus, federalism balances the power between national and state governments.

According to the US Constitution, the federal government comprises three branches:

1 Legislative

The **Congress**, made up of the **Senate** and the **House of Representatives**, makes federal law, declares war, approves treaties, has the power of the purse and has the power of impeachment.

2 Executive

The **president** is the commander-in-chief of the military, can veto legislative bills before they become law (subject to Congressional override), and appoints the members of the **Cabinet** (subject to Senate approval) and other officers, who administer and enforce federal laws and policies.

3 Judicial

The Supreme Court and lower federal courts, whose judges are appointed by the president with Senate approval, interpret laws and overturn those they find unconstitutional.

The USA embraces the principle of **popular sovereignity**. This is the "**Rule of the People**" principle, by which the authority of a state and its government are created and sustained by the consent of its people, through their elected representatives. One of the most famous quotes in the history of American politics is Abraham Lincoln's "**government of the people, by the people, for the people**", from his **Gettysburg address** of 1863. The Constitution's first three words indeed are "We the People".

Since the Constitution came into force in 1789, there have been 27 amendments. The first ten amendments are known collectively as the **Bill of Rights**. They describe specific protections of **individual liberty** and justice and place **restrictions on the powers of government**. The majority of the 17 later amendments expand individual **civil rights** protections. Among the most important are the first two:

– **First Amendment**

"Congress shall make no law respecting an establishment of religion, or prohibiting the free exercise thereof; or abridging the freedom of speech, or of the press; or the right of the people peaceably to assemble, and to petition the Government for a redress of grievances."

– **Second Amendment**

"A well-regulated Militia, being necessary to the security of a free State, the right of the people to keep and bear Arms, shall not be infringed."

The American **Congress** is responsible for making laws. The **House of Representatives** and the **Senate** share responsibilities.

The **House of Representatives** is made up of 435 **Representatives**, based on state populations. Representatives serve two years. The political party which holds the most seats is the **majority party** (currently **the Democrats**). The political party with the fewer seats is the **minority party** (currently **the Republicans**).

The **Senate** is made up of 100 **Senators**. There are two for each state. Each senator represents his or her state. Before becoming president, Joe Biden had been a senator for Delaware, where he was reelected six times; before being president, Barack Obama had been a senator for Illinois. Senators serve six years. **The Presiding Officer of the Senate** is normally the **vice president of the US**. At the moment, it is **Kamala Harris** (Democrat); under the presidency of Trump it was **Mike Pence** (Republican).

Following the election victory of Joe Biden in November 2020, the Democrats hold a slim majority in Congress (219 seats as opposed to the Republicans' 211). According to *The New York Times* (14/1/21), the narrow margin means that "the most ambitious progressive policies will have to be put on hold."

In the Senate, a bill requires a **supermajority of 60 Senate votes**, so legislation can be blocked by the opposing party with the use of the **filibuster**. For this reason, Democrats are trying to remove the filibuster (as the Trump administration tried to too).

The balance of power could shift again as a result of **the 2020 census**. Because of their increasing populations, Texas and Florida (typically "Republican" states) could gain seats in Congress, whereas California, New York and Illinois (typically "Democratic" states) could lose seats because of their declining populations.

Election System in the United States

Elections in the United States are held for government officials at the federal, state, and local levels.

Presidential elections take place every four years. The most recent one was in November 2020 when the Democrat Joe Biden ousted the Republican Donald Trump. The next one is scheduled for **November 2024**. The **election of the president of the United States** is an **indirect election** in which US citizens who are registered to vote in one of the fifty US states or in Washington, DC, cast ballots for members of the US Electoral College, known as electors. These electors then in turn cast direct votes, known as **electoral votes**, for president, and for vice president. The candidate who receives an absolute majority of electoral votes (at least 270 out of a total of 538) wins.

The system is open to some criticism, as the candidate with the most **popular votes** doesn't necessarily win the election. It was notably the case in 2016 when **Hillary Clinton** won the popular vote, but **Donald Trump** was elected president. In addition, a close national popular vote can also lead to one candidate winning a large majority of electoral votes. The reality today is also – to quote from *The Economist* (January 30 2016) – that "general elections have become **50:50 affairs**, determined by a **few votes** in a **handful of states**".

Prior to the presidential elections, each party chooses its own candidate in the **primary elections** or **primaries**. Candidates are selected by the members of the party, or even by the public, depending on the state. Therefore, primary elections have been described as a significant vehicle for taking decision-making from political insiders to the voters. The Democrat primaries took place from February 2020, where **Joe Biden** was elected nominee.

Congressional elections take place in November every even-numbered year. All members of the House and one third of members of the Senate are elected in congressional election year. Each year a new Congress term begins on January 3. In the **mid-term elections** of November 2018, Democrats made a net gain of 41 votes on the House of Representatives. This ended the **federal trifecta** (control of both executive and legislative branches) which the Republicans had won in the 2016 elections. In the Senate, though, the Republicans expanded their majority by two seats The **Republican majority in the Senate** meant that Trump was always going to be **acquitted** in the **impeachment case in 2019**.

The next major elections in the US will be the **mid-term elections of 2022**. It will be the first election to be affected by the **redistricting** following the 2020 census. According to *Politico* (23/3/21), the killing of the filibuster will be "at the forefront of the nascent 2022 midterms." In three of the most competitive Senate races, Democratic candidates are already campaigning on the matter. In March 2021, *The Economist* predicted that "the 2022 midterm elections would probably reduce [the Democrats'] slender congressional advantage".

The Republican Party

The Republican Party is one of the two big parties in the US. It is also known as the **GOP** (**Grand Old Party**) and has for symbol the elephant. It is right-wing. The recently departed president **Donald Trump** is Republican (though many thought that his election spelled "the death of the party"). Previous Republican presidents include **George W. Bush** (2001-2009), **George Bush** (1989-1993) and **Ronald Reagan** (1981-1989). The Republicans have traditionally been **in favour of free-market capitalism, gun rights and military spending**, and for wanting to **restrict immigration, abortion and labour unions**.

FIGURE-CLÉ DONALD TRUMP (PRESIDENT 2017)

A billionaire businessman (author of the book *The Art of the Deal*) and reality TV star (presenter of *The Apprentice*), Donald Trump gatecrashed US politics in 2016, becoming Republican nominee and – to the world's, and indeed perhaps his own shock and amazement – US president in 2016. "The choice was supposed to be between a Bush and a Clinton – more a coronation than an election", as *The Economist* recounted in January 2016. Instead the election was won by an **outsider**, the **anti-establishment** Donald Trump.

1 Trump's Campaigns

Trump's campaigns can be defined as being (at best) **populist**, **protectionist**, and **nationalist**, and (at worst) **racist** and **sexist**. Some quotes give the general idea: "We got nothing but problems… We are dying. We are dying. We need money. We have losers."; on Mexico and Mexicans: "They're bringing drugs. They are bringing crime. They're rapists."; "Make America Great Again!"; "Americanism, not globalism, will be our credo."; "We will no longer surrender this country or its people to the false song of globalism."; on the Democrats' immigration policy: "The greatest betrayal of the American middle class and, frankly, American life."; "We're like a third-world country."; "America makes the worst trade deals ever made in the history of trade."; "China, it doesn't respect us."

2 Trump's Success

How can we explain Trump's success?

Here are three sample explanations. In the opinion of David Frum (senior editor at *The Atlantic*): "Trump gained the presidency thanks in great part to voters disgusted by a status quo that was ceasing to work for more and more of them. The largest and most loyal subset of those voters were men who felt devalued in the economy and disrespected in the culture." In the opinion of Tim Stanley of *The Telegraph*: "Trump's popularity reflects a broken political system awash with lies and failed policies. He is winning because he's honest, un-PC and crazy rich. Donald Trump is a monster, yes. But that's what many Americans actually want." Finally, in the opinion of Michael Wolff (author of the book *Fire and Fury in the White House*): "Trump had become the ultimate avatar of Fox's angry common man" (**Fox News** being the conservative cable TV news channel).

3 Trump's Style

Trump is not known for his diplomacy. He upsets very easily liberals in both the US and Europe. He is brash, brutish, bullying, unashamed and unapologetic, and anti-politically correct. He never fails to provoke outrage. According to Senator Ted Cruz, he is a "pathological liar". According to *Time* magazine: "Trump, true to his tendencies, acts on impulses, prevaricates, shreds norms and takes unilateral actions of questionable legality." He poses as the true champion of the people, a fighter, taking on the elites, a never-say-die counterpuncher, and a perpetual victim of a "witch hunt". He cultivates an image of being the "dominant alpha male". For him, there are just "winners" and "losers" in life. He is also very much the showman.

4 Key Moments of Trump's Presidency

A. Muslim Travel Ban

One of Trump's first executive orders was to deny entry to the US to citizens from Iraq, Iran, Libya, Somalia, Sudan, Syria, and Yemen. The justification was that the ban was necessary for **security concerns**, which had intensified after the November 2015 Paris attacks.

B. Repeal of Obamacare

This was no surprise as Trump had on many occasions pledged to repeal the **Patient Protection and Affordable Care Act (ACA)**. Trump wasted no time in urging Congress to repeal the act, which it did in May 2016.

C. Tax Cuts and Jobs Act of 2017

Notably, this cut the corporate tax rate to 21%. In the first three years of Trump's presidency, the US economy continued to expand. According to *The Washington Post* (11/2/2020): "Americans say they feel like this is the best economy since the late 1990s." Trump himself claimed that "this is the greatest economy that we've had in our history, the best".

D. Shutdown

The **longest ever government shutdown** in US history occurred from December 22 2018 to January 25 2019. Congress refused to finance **the $5.7bn Trump demanded for his border wall with Mexico**. A compromise was found, but the shutdown left some 800,000 federal workers without pay for more than a month.

E. Mueller Investigation/Impeachment Trials

Special counsel Robert Mueller was appointed in May 2017 to investigate Trump's implication in **Russian interference** in the 2016 presidential election. Beginning in October 2019, an impeachment trial ensued. Trump was **acquitted by a Republican-held Senate**. A second impeachment trial followed in February 2021, this time for "incitement of insurrection". The Senate voted 57–43 to convict Trump, not enough for the two-thirds majority, and so he was acquitted again.

F. Reaction to Coronavirus

Part of Trump's reaction was **to halt all American funding for the World Health Organisation (WHO)**. For *The New York Times* (15/4/2020), this was "a dangerous attempt to find a scapegoat for his own failings. It is like taking away a fire department's trucks in the middle of a blaze."

See also page on "**Trump's Foreign Policy**", coming up shortly…

5 Trump's Reelection Campaign 2020

Trump's slogan is "**Keep America Great**". Aides say Trump's campaign will focus on his Administration's achievements: **low unemployment rates, prison reform legislation, confirming conservative judges and gains against the Islamic state**. However, his strongest argument of the economy is jeopardised by the **economic destruction** caused by the **shutdown** following the **coronavirus crisis**.

For *The New York Times*: "We Have to Make the Republican Party Less Dangerous," the G.O.P. "is a party in near total thrall to its most radical elements, a party that in the main […] does not accept that it can lose elections and seeks to overturn or delegitimize the result when it does". For Eugene Robinson, in *The Washington Post:* "It is in everyone's interest that the G.O.P. become an actual political party again, rather than a cult dedicated […] to 'the weird worship of one dude'."

FICHE 4

The Democratic Party

The Democratic Party is the rival of the Republican Party. Its symbol is the donkey. It is **left-wing or liberal** ("one who is open-minded or not strict in the observance of orthodox, traditional, or established forms or ways", Merriam-Webster). It is therefore in favour of **social and economic equality**, the **welfare state**, **social programs**, **universal health care**, **affordable college tuition** and **LGBT rights**. Newly-elected president Joe Biden is Democrat, as were former presidents **Barack Obama** (2009-2017), **Bill Clinton** (1993-2001), and **John F. Kennedy** (1961-1963). The (defeated) Democratic presidential candidate in 2016 was **Hillary Clinton**. Other notable Democrats at the moment are **Nancy Pelosi** (Speaker of the House of Representatives) and **Alexandria Ocasio-Cortez** (Representative for New York's 14th district).

1 Joe Biden (President 2021-)

Biden was elected POTUS (President of the United States) in November 2020. Aged 78, he is the oldest president in the history of the US. Biden served for 8 years as Vice President under Barack Obama.

In his first days in office, Biden reversed a lot of the policies of his predecessor, Donald Trump. He signed up the US again to the Paris Climate Change Accord, revoked the permit for the Keystone XL Pipeline, put an end to the expansion of the wall on the border with Mexico and cancelled Trump's "America First" policy toward its allies.

A. The American Rescue Act

Biden's first major bill was a $1.9 trillion stimulus bill to revive the American economy following the devastating effects of the Covid pandemic. The relief passage provides for the largest infusion of help to the poor in generations, inviting comparisons with the "New Deal" of President F.D. Roosevelt during the 1930s.

For *The Economist* (13/3/21), Mr. Biden's stimulus is "a big gamble". "If it pays off, America will avoid the miserable low-inflation, low-rate trap in which Japan and Europe look stuck [...] The risk, however, is that America is left with rising debts, an inflation problem and a central bank facing a test of its credibility." For the Senate Minority Leader Mitch McConnell (Republican), the relief package is "far-left legislation that was passed after the tide had already turned". According to *The New York Times* (11/3/21): "This is not socialism [...] This is the Transfer State: government redistributing massive amounts of money by cutting checks to people, and having faith that they spend it in the right ways."

B. Inaugural Address, 20 January 2021

The beginning of Biden's speech focused not on his victory, but on the victory of democracy: "This is America's day. This is democracy's day. A day of history and hope. Of renewal and resolve. Through a crucible for the ages America has been tested anew and America has risen to the challenge. Today, we celebrate the triumph not of a candidate, but of a cause, the cause of democracy." He went on to provide some hints of his key concerns: "This is a time of testing. We face an attack on democracy and on truth. A raging virus. Growing inequity. The sting of systemic racism. A climate in crisis. America's role in the world."

In another speech on March 15 (one year to the day after the World Health Organization declared the COVID-19 outbreak as a pandemic), he gave Americans the promise of two days of hope: "All adult Americans will be eligible to get a vaccine no later than May 1" and "if we do this together, by July the 4th, there's a good chance you, your families and friends will be able to get together in your back yard or in your neighborhood and have a cookout and a barbecue and celebrate Independence Day".

C. Democratic Primaries 2020

In the Democratic primaries of 2020, Biden was elected over, notably, Bernie **Sanders**, **Elizabeth Warren** and **Pete Buttigeig**. Biden found himself in the rather unique position of having to **campaign for president from his basement**, due to the coronavirus-induced **confinement**.

In the words of his own website, "Joe's Vision" was the following:

"We are in a battle for the soul of America. It's time to remember who we are. We're Americans: tough and resilient. We choose hope over fear. Science over fiction. Truth over lies. And unity over division. We treat each other with dignity, we leave nobody behind, and we give hate no safe harbour. We are the United States of America. And together, there is not a single thing we cannot do."

Reading between the lines, it is easy to see an attack on Trump as being the president of "fear", "fiction", "lies", "disunity" and "indignity". Appearing on TV with Buttigieg in Texas, Biden said that the November election would be less about ideology than **character** – his versus Donald Trump's.

As regards policy, the choice of Biden by the Democrats was the choice for a relatively **moderate liberal** stance. (Bernie Sanders was much further to the left.) This "moderate" candidate, though, was still running on a more left-wing or progressive promise than Hillary Clinton did in 2016. The party has become much **more progressive**, especially on health care and climate-change policy. For example, where Mrs Clinton proposed a modest expansion of Mr Obama's health-care reform, at a cost to taxpayers of $200bn over a decade, Mr Biden promised to make Medicare available to anyone who wants it, at a cost of $1.3trn over a decade, according to analysis by the Committee for a Responsible Federal Budget. (Sanders had promised "Medicare for All".)

2 Barack Obama (President 2009-2017)

Euphoria greeted the election in 2009 of the first black president of the United States. Obama had campaigned on a clear message of **hope** and **unity**. Here are some representative quotes from his campaign speeches: "**Yes we can!**"; "There's not a liberal America and a conservative America; there's the United States of America. There's not a black America and white America and Latino America and Asian America; there's the United States of America."; "Do we participate in a politics of cynicism, or do we participate in a politics of hope?" Obama was presented as a modern-day Superman. Within a year of being elected, he was awarded the **Nobel Peace Prize**.

Among his actual achievements, Michael D'Antonio in his book *The Legacy of Barack Obama* lists the following:

> "Stabilization of the crisis-stricken financial system, The largest economic stimulus program in history, The turnaround of the failing auto industry, Sweeping reform of the health care system, Regulatory reform of Wall Street and the consumer credit business, Reversed the rise in unemployment begun under his predecessor, Expanded alternative energy, Achieved substantial reductions in air and water pollution, Advanced the Paris climate-change treaty, Ended Iran's progress towards acquiring nuclear weapons, Advanced rights of gays, lesbians, and the transgendered, Dramatically reduced US military presence in Iraq and Afghanistan, Improved international regard for the United States, Replaced No Child Left Behind education policy with Race to the Top, Began to normalize relations with Cuba."

There was criticism, though. The *Washington Times* found "signs that Mr Obama might not live up to his own hype" and Maureen Dowd in *The New York Times* criticised him for being **too cool** and then **too emotional**. A common criticism was that he needed to be **more engaged**. A picture on the front of *the Economist* in November 2013 showed Obama sinking, with the caption "The Man who used to walk on Water". The criticism was: "At home, the **chaos of his health reform** has made it harder for him to **get anything else done**. Abroad, he is seen as **weak** and **disengaged**, to the frustration of America's allies" and "Under Mr Obama, America seems rudderless".

It must be remembered Obama was president during a difficult time: he inherited two miserable wars, and began his first term during the worst recession for 80 years. Overall, as d'Antonio wrote, "The result was not the revolution that some liberals hoped to see, but the gradual progress the American system permits."

In November 2020, Obama published an account of his story in his book ***A Promised Land***. This followed on from his previous books: *Of Thee I Sing: A Letter to my Daughters* (November 2010), *The Audacity of Hope: Thoughts on Reclaiming the American Dream* (October 2006) and *Dreams from my Father: A Story of Race and Inheritance* (July 1995).

In May 2020, Obama delivered two **commencement speeches** to graduates unable to attend ceremonies due to the pandemic. You can watch them both online.

US Foreign Policy

1 Traditional Goals and Principles of US Foreign Policy

These have basically been constant: to **maintain national security**, **support democracy**, **promote world peace**, and **provide aid to people in need**. Since the mid-1930s, we can add to **establish free and open trade**. The US has been a **democratic country** from its birth, so there is a strong belief in aiding other countries move towards democracy.

As the world's leading superpower, the US has often assumed the responsibility for providing humanitarian and other relief to foreign countries. This aid has come in the form of money, food, and (controversially) military assistance. There has been some debate over this role of the US being the "**world's policeman**". Is it the role of America to police the world? From a US point of view, there is a certain degree of **self-interest** in this policy: the argument goes that the more nations are at peace, the less likely the US will be drawn into conflict. As regards free trade, one of the reasons to develop diplomatic relations with the Middle East is to secure access to the rich oil reserves there (although Martyn Indyck in *The Wall Street Journal* argued in January 2020 that "the Middle East isn't worth it anymore").

An opposing position to this "**internationalist**" approach to foreign affairs is the **isolationist** one, and the US has a certain history here, too. (Trump's "America First" policy of retreat from international commitments can in some ways be seen as traditional American policy.) In the 1800s and between the two world wars, America pursued this policy of **isolationism**. According to this position, most countries just look after themselves, so the US should do the same and not get involved in foreign wars. There is an argument for **non-interference**, which goes that it is best not just for the US to stay out of foreign countries, but best for the countries themselves too.

2 Biden's Foreign Policy

According to an October 2020 report written by Thomas Wright of the Lowy Institute, the 2020 election represented a potential "Point of No-Return" regarding US foreign relations. For Wright, Trump "tried to overturn key principles of American foreign policy since the Second World War – alliances, free trade, and support for democracy and human rights" and so a vote for him could have put an end to American leadership in the world. A Biden victory gives the US "a reprieve" in this respect. The question is not so much whether Biden will be different from Trump, but whether he will be different from Obama.

A key relation is **China**, and early relations are frosty. Top American and Chinese diplomats met in Alaska in March 2021 and angry words were exchanged. China's top foreign affairs policymaker Yang Jiechi snapped that: "The United States does not have the qualification [...] to speak to China from a position of strength." Otherwise, Biden seems set to restore the nuclear deal with Iran (though it will not be easy), and promises to remove all military presence in Afghanistan by October 2021. "It's time to end America's longest war" he said. Tensions with Russia are also high. In April 2021, Biden imposed sanctions in response to alleged cyber attacks.

3 Trump's Foreign Policy

Trump defined his foreign policy as being "**America First**". Notably he **withdrew the US from the Trans-Pacific Partnership trade negotiations** and the **Paris agreement on climate change**. He recognised **Jerusalem as the capital of Israel** and **withdrew US troops from northern Syria**. Here are some more developed notes on two key relations with foreign powers: China and Iran.

A. Trump and China

America's "superpower" status is threatened by China. Trump's response to China was a **policy of confrontation**. He tried to reassert American authority over China with a **bitter trade war** with a whole series of **tariffs, levies and duties** being introduced from July 2018. An accord was made in January 2020, but for *The Economist* (4/1/2020): "This modest accord cannot disguise how the world's most important relationship is at its most perilous juncture since before Richard Nixon and Mao Zedong re-established links five decades ago." Key areas of dispute between the US and China at the time of Trump were athletes kowtowing to China, naval docking rights and alleged censorship on TikTok, a Chinese app used by teenagers worldwide. There was also a risk of confrontation over Taiwan.

Relations became even more infected with the **coronavirus crisis**, or "the China virus" as Trump called it. Both countries blamed each other. Trump said to Fox News in May 2020 that "**We could cut off the whole relationship**". *The Telegraph* (16/4/2020) argued that "Trump is right to ditch the West's frighteningly naïve stance on China", but a complete breakdown in US-China relations could have dramatic consequences for the world economy.

B. Trump and Iran

On January 3 2020 **an American drone killed Qassem Suleimani**, mastermind of Iranian foreign policy. "Masterstroke or madness?" asked *The Economist* (11/1/2020). The strike threatened to bring the United States and Iran to war. To quote *The Economist* again: "It looks like the biggest roll of the dice of Mr Trump's presidency." The immediate Iranian response was feeble.

The background to the situation is **Trump's withdrawing of the US of the agreement signed in 2015 between Iran and six world powers** (including Barack Obama's America), which limited its ability to get a bomb. Some consider the **Joint Comprehensive Plan of Action (JCPOA)** to be Obama's greatest achievement. For Trump, it was the "worst deal ever negotiated".

4 Barack Obama's Foreign Policy

Obama spelled out his position on American foreign policy at the commencement speech he gave to the American military at **West Point in 2014**:

"Here's my bottom line: America must always lead on the world stage. If we don't, no one else will. The military that you have joined is, and always will be, the backbone of that leadership. But US military action cannot be the only – or even primary – component of our leadership in every instance. Just because we have the best hammer does not mean that every problem is a nail."

The speech showed Obama's awareness of the need to consider and use many policy instruments and his reluctance to further militarise US foreign policy. Speaking in 2012 about the possibility of American intervention against the Assad regime in Syria, he spoke of a "**red line**" that would need to be crossed (the use of chemical weapons), and pursued a policy of **non-intervention in Syria, even when the "red line" was crossed. As John McCain quipped, the red line was "apparently written in disappearing ink"**. Obama received a lot of criticism for his "**leading from behind**" foreign policy. For certain liberals, it was too "**withdrawn**", "**retrenched**" or "**declinist**", while for certain conservatives it was "**weak**", "**feckless**" and "**defenceless**".

However, according to the editor of *The Atlantic*, Jeffrey Goldberg, the criticisms were wrong. Obama was "**the greatest terrorist hunter in the history of the presidency**", his biggest "scalp" being **Osama Bin Laden** in 2011. Wanting to put an end to **costly and controversial wars in Iraq and Afghanistan**, Obama wanted to withdraw from the Middle East. In the event, though, he said he felt rather like Michael Corleone in the film *The Godfather* – **"just when I thought I was out... they pull me back in**".

Obama set American foreign policy on a new path with his "**pivot to Asia**". It was felt that **China** should be the central focus of American foreign policy.

Finally, in assessing Obama's successes and weaknesses as far as foreign policy is concerned, it is important to note the difficulties he had in implementing the policies he wished to. In their book *Sailing the Water's Edge*, Helen V. Milner and Dustin Tingley noted "the **domestic politics of America's foreign policy**" (the subtitle of the book). They show how **Congress, interest groups** and **public opinion** critically influence US foreign policy, and how "domestic politics – distributional and ideological disputes – has gotten in his way".

An interesting comparison between the foreign policies of Trump and Obama was made by *The New York Times* in June 2018: "If the two men use different rhetoric and often favor different alliances, they have both pursued the same kind of bigger-picture strategy – seeking to **extricate the United States** from some of its multiplying commitments, to shift our post-Cold War position away from a Pax Americana model of peace-through-hegemony and towards an 'offshore balancing' approach that makes deals with erstwhile enemies and makes more demands of longtime friends. '**America First**' and '**leading from behind**' may sound very different, but they can reflect similar impulses and produce similar results."

5 Foreign Policy of George W. Bush

On **September 11 2001**, America was changed forever by the **attacks on New York City and Washington, DC**. The date of September 11 or **9/11** is arguably the most important one in recent American history. In response to the attacks, President George W. Bush launched his "**War on Terror**". In his **State of the Union speech in 2002**, Bush spoke of a new "**axis of evil**" in Iraq, Iran and North Korea. Invasions of Iraq and Afghanistan followed.

FICHE

Immigration and Race in the US

The whole issue of **race relations** and **immigration** is a key part of American history: from the arrival of **settlers from the Old World** in the 17th century, through the legal **slavery period** which lasted until the **Thirteenth Amendment** of 1865, and then the **Civil Rights Movement** of the 1950s-mid 1970s. With the election of Barack Obama, many hoped America would become a "**post-racial society**", free from **racial preference**, **discrimination** and **prejudice**. "America has turned the page on racism", said *The Economist*.

However, it didn't quite turn out like that. Obama's attempt, for example, to coerce states to adopt a major Medicaid expansion as part of its national health-care program had the effect of **inflaming anti-immigration sentiment**.

Former President Donald Trump has **played the race card** on many occasions. Indeed, he has made immigration one of his key concerns, his **wall on the Mexican border** being a symbol of his presidency. In fact, as early as 2011, Trump seized on what was known as the **Birther hoax** (according to which Obama didn't have an American birth certificate, and so was ineligible to become president). During his presidency, in January 2018, Trump referred to some African countries as being "**shithole countries**", and in July 2019, in a tweet, he invited four congresswomen of colour to "**go home**". Yet, after such comments Trump's popularity rate shot up...

Trump's opponent in the 2020 presidential election, Joe Biden, also got into hot water at the end of May 2020, by saying to a black voter: "If you have a problem figuring out whether you're for me or Trump, then you ain't black." As *The Economist* said in July 2019: "The 2020 campaign will be more racially divisive than 2016 was."

With Biden's victory (and Trump's defeat), many hoped (once again) that race relations would improve. However, as the activist Toni Sanders said, "We were in the negative and now we're back at zero", implying that instead of huge progress, the fight for racial equality was just beginning all over again...

Biden moved very quickly to reverse a lot of Trump's anti-immigration policies, the White House calling them "immoral and horrific". Notably, he passed executive orders on child separation, border crossings and illegal immigration. A surge of immigrants arrived at the Mexican border, resulting in a "border crisis". Trump remarked that "the Biden Administration has turned a national triumph into a national disaster".

Biden has also pushed a bill to give legal status to the so-called "**dreamers**" (illegal immigrants who arrived in the US as children). The bill was voted in the House of Representatives, but could well get blocked by Republicans in the Senate. As one dreamer, Korina Iribe, wrote in *The New York Times* in January 2021, "For Dreamers, Action Will Speak Louder Than Words [:] undocumented people have been here before. Barack Obama also made big promises he couldn't keep...".

Finally, tensions remain high following the killing of George Floyd by the police and the subsequent **Black Lives Matter** protests.

Political Institutions in the UK

1 What is the United Kingdom?

The United Kingdom – to give it its full name – is **The United Kingdom of Great Britain and Northern Ireland**. It is made up of four nations: England, Wales, Scotland and Northern Ireland. (The Republic of Ireland has been independent since 1922.)

Thus, the United Kingdom is not the same as Great Britain (or Britain for short). Britain is comprised of just England, Scotland, and Wales.

2 The UK's political system

The UK's political system is a **Constitutional Monarchy**, a partnership between the crown and Parliament. The role of the monarch is mainly symbolic, although the Queen remains a powerful and respected figure. Real power lies with the **government** and **Parliament.**

The British Parliament is located in the **Houses of Parliament in Westminster**, London. There are two houses in Parliament: the **House of Commons**, whose members are elected, and the **House of Lords**, whose members are not elected.

In the House of Commons, the presiding officer is known as the **Speaker** of **the House.** He presides over the ceremonies and, with his famous cry of "**Order! Order!**", keeps the peace during the debates. Once elected as Speaker, he cannot represent a political party. From 2009 to 2019, the Speaker was **John Bercow**. He became a controversial figure due to his alleged lack of impartiality during the Brexit vote (he was accused of being very anti-Brexit). The current Speaker is **Sir Lindsay Hoyle**. He was previously a Labour MP, and was one of only a few MPs not to make public his vote on Brexit.

The **government** sit to the right of the Speaker. The most important members of the government sit on the front bench and are known as the **frontbenchers**. These include the **Prime Minister** and his **Cabinet** (the **ministers**). The **backbenchers** are the not so prominent MPs. On the opposite side of the room sit the **Opposition**, including the **Leader of the Opposition** and the **Shadow Cabinet**. The Shadow Cabinet consists of Opposition MPs who "shadow" or mirror the position of each particular minister. It is the Shadow Cabinet's responsibility to scrutinise the policies and actions of the government, as well as to offer an alternative program.

Prime Minister's Question Time takes place every Wednesday at noon. MPs can ask questions to the PM and raise concerns of their particular **constituency**.

The **House of Lords** is the upper chamber of the Houses of Parliament. Its members are also known as **peers**. Peers are not directly elected by the electorate. The **Lords Temporal** (lay peers) include **hereditary peers** who have inherited the position, and **life peers** who are appointed by the PM, usually in recognition of distinguished service. The **Lords Spiritual** (clerical peers) include the Archbishops of Canterbury and York, and senior members of the **Anglican church**.
The Labour (left-wing) leader Tony Blair removed under the **1999 House of Lords Act** 666 hereditary peers. Labour considered the system outdated and undemocratic. In January 2020, the Labour leadership contender Rebecca Long-Bailey said she wanted to abolish the House of Lords altogether: "I do want to abolish the House of Lords. There would need to be checks and balances in place, but to have a set of completely unelected people doing that I don't think is right."

The supreme power of the state is held by Parliament. When the UK was a member of the EU, British Parliament was subject to European Law. This was one of the reasons for the **"Leave" vote** in the Brexit referendum.

Finally, there is also a certain degree of **devolution** by which Scotland, Wales and Northern Ireland have their own parliaments. Following a referendum in 1997, the Scottish Parliament (or **Holyrood**), was formed. It has 129 members known as **Members of the Scottish Parliament** (or **MSPs**). The last election was held in May 2016, and the next one will be in May 2021. The **Scottish National Party** currently enjoys the majority. Similarly, since 1999 there has been the **Welsh Parliament** (or **Senedd Cymru**). It has powers over such matters as health, education, local government and the environment. In Northern Ireland, there is the **Northern Ireland Assembly** (or **Stormont**). Following disagreements, the Assembly was **suspended** in January 2017, and it was only in January 2021 that a deal was reached to restore devolved government.

Indeed (as *The Economist* wrote in April 2021), the UK seems more "untied" than "united" at the moment: "The bonds that hold England, Scotland, Wales and Northern Ireland together are weaker than at any time in living memory."

3 The Electoral System in the UK

Members of Parliament or **MPs** are elected during a **general election**. The **Prime Minister** is not elected directly: he is the leader of the political party which wins the most seats during the election.

In theory, the period of time between one general election and the next is **five years**. However, mitigating circumstances can lead to an election being called early. For electoral purposes, the UK is divided into **constituencies**. In the 2019 election, there were 650 constituencies in the UK. Each constituency retains one **seat** in the House of Commons. The political party which gains the most seats wins the election. The system is known as the "**First-Past-the-Post**" system (an image from horse racing). The system is often criticised, as it makes it difficult for minor parties, like the **Liberal Democrats**, to win constituencies. An alternative is **Proportional Representation**. There was a national referendum on this in 2011, but the FPTP system was retained.

FICHE 8

The Conservative Party

The Conservative Party (also known as "the **Tory Party**") is the main **right-wing** political party in the UK. Apart from between 1997 and 2010, it has been in power since 1979. The current Prime Minister, **Boris Johnson** (elected in 2019) is Conservative, and before him the following Prime Ministers were also all Conservative: **Theresa May** (PM 2016-2019), **David Cameron** (PM 2010-2016), **John Major** (PM 1990-1997) and "the Iron Lady" **Margaret Thatcher** (PM 1979-1990).

The Conservative Party is in favour of a **mixed economy** (an economic system combining private and state enterprise), **free enterprise** (an economic system in which private business operates in competition and largely free of state control), and **property ownership** (in other words, individuals should possess their own homes). Another traditional policy is low **personal taxation**, and the party is also normally strong on **law and order**.

Traditionally, the core of the Conservative vote is **middle class** or **upper class**, and from the South of England (though Boris Johnson managed to make gains in the North in 2019). British newspapers which support the party include ***The Times*** and ***The Telegraph*** (both of the « **quality press** ») and ***The Daily Mail*** and ***The Sun*** (both **tabloids** or « the **gutter press** »).

As written in *The Economist* issue of December 21 2019 (following the election of Boris Johnson), "the Tories are the world's most successful political party". The reasons that the journalist gives are a genius for anticipating "the winds of change" (a famous quote from Tory PM Harold Macmillan) and "harnessing those winds to its own purposes", a single-mindedness and ruthlessness in its "appetite for power", a strong sense of patriotism and, finally, a healthy degree of fun! All of these qualities are possessed in abundance by the current PM, Boris Johnson.

1 Boris Johnson (PM 2019-)

A. Personality

One thing we can definitely say about Boris Johnson is that he is a "character", and to a large extent this explains his success. His natural charisma, positivity and enthusiasm – for example in his determination to "**get Brexit done**" – are welcomed by the British electorate.

There is no shortage of colourful quotes to describe "BJ". Ian Hislop, the editor of the satirical magazine *Private Eye*, refers to him as "Beano Boris", as he possesses the love of life of a popular "character from an old-fashioned cartoon strip". A BBC documentary described him as a "classical scholar turned popular entertainer" and a "human bulldozer who snatched the ball from the back of the Tory scrum". His fellow-Conservative MP (but senior opponent in the Brexit debate), Amber Rudd, described him as the "life and soul of the party" ("but not the man you want driving you home at the end of the evening"). Johnson himself has a wonderful way with words, describing the BBC, for example, as the "Brexit Bashing Corporation". Finally, an interesting article in *The Guardian* in March 2021 discussed the nature of the "clown king." As Johnson is famous for his clownish stunts and pantomime-like character, the article asked the question: "what happens when you make the clown king?" Will Johnson be able to cast off his clownish nature and "lead his country with true seriousness and purpose?" asked the journalist. The question remains to be answered...

B. Background

Boris Johnson comes from a very cosmopolitan background. He was born in New York, and has Turkish as well as French and German ancestors. He is also very much a member of **the Establishment**, having been a pupil at Eton and student at Oxford, where he studied classics. Aside from politics, he has worked for many years as a journalist, first for *The Times* (where he was sacked for making up a quote), and then for *The Telegraph*, where as Brussels correspondent he wrote many **Eurosceptic** articles, lambasting the European Commission. He was also editor of *The Spectator.* He has also written a biography of Churchill, which is easy to interpret as "a disguised mission statement" (*The Economist*, February 22 2020).

In politics, in 2001, he became Tory MP for the **safe seat** of Henley-on-Thames, and, in 2008, became **Mayor of London**, an office which he held for two terms. He was sacked by the Tory leader Michael Howard for lying to him about a love affair. During the Brexit referendum, he was one of the **leading campaigners for "Leave"**, infuriating his friend, rival and PM David Cameron. During the government of Theresa May, he served as **Foreign Secretary**. He became PM when May resigned. In July 2019, he **prorogued Parliament**, suspending it until October 14, just a few weeks before the scheduled departure of the UK from the EU. For the Speaker John Bercow (and many others), this was "a constitutional outrage".

In the **general election** of December 2019, Johnson won a **landslide victory**. This has given him the most powerful government in a generation. Unlike his predecessor Theresa May, he has a huge (80-seat) **parliamentary majority**, so doesn't have to worry about Parliament rejecting his Brexit deal. In addition to delivering Brexit, Johnson, at the beginning of his premiership, talked opening about the need to "**level up**", boosting growth in the regions.

A major crisis arrived in the form of coronavirus, and Johnson himself fell ill. It left a huge power gap, as his ministers were left trying to think "what would Boris do?" It remains to be seen how "weakened" Johnson will be by the crisis in the long term...

C. Becoming PM

Johnson became PM when May resigned. Then, in the **general election** of December 2019, Johnson won a **landslide victory**. This has given him the most powerful government in a generation. Unlike his predecessor Theresa May, he has a huge (80-seat) **parliamentary majority**, so didn't have to worry about Parliament rejecting his Brexit deal. In addition to delivering Brexit, Johnson, at the beginning of his premiership, talked opening about the need to "**level up**", boosting growth in the regions.

D. Proroguing of Parliament

In July 2019, Johnson **prorogued Parliament**, suspending it until October14, just a few days before the scheduled departure of the UK from the EU. For the Speaker John Bercow (and for many others) this was "a constitutional outrage".

E. The Coronavirus Crisis

A major crisis arrived in the form of coronavirus, and Johnson himself fell ill. Johnson – contrary to other European leaders – was at first hesitant to restrict personal liberties by implementing strict lockdown measures. However, Johnson's government was heavily criticized as the UK suffered from the worst death toll per capita of any of the world's large economies. The number of deaths from Covid passed 100,000 in January 2021, and Johnson said he was "deeply sorry" and "take[s] full responsibility." As fatalities reached almost 126,000 in March 2021, there were many calls for a **public inquiry** into his handling of the affair. On the positive side, infections in March 2021 were at their lowest since September, and the UK lead the way as far as vaccinations were concerned with 25 million people vaccinated. "Forget Brexit. Britain is winning the vaccine World Cup," said *The Economist* in April 2021.

F. The Police, Crime, Sentencing and Courts Bill

At the time of writing (March 2021), Johnson is preparing for Parliament legislation that would allow the police to ban protests that seek to provoke serious annoyance. For *The Guardian* (16/3/2021), this amounts to "a **crackdown on one of our most basic freedoms.**" The government defends the bill by arguing that police costs for policing an "Extinction Rebellion" protest in April 2019 amounted to £16m. Angry protests to "Kill the Bill" took place in March, especially after a policeman was found to have killed a woman, Sarah Everard. Police were attacked as protests turned violent in Bristol.

G. Defending the Union

Describing himself as a "One Nation Tory", Johnson faces a huge struggle to keep the UK united. In Scotland are calling for a second referendum on independence, and in Ireland, there are tensions concerning the border. Johnson plans to improve transport connections within the UK, including a tunnel between mainland UK and Northern Ireland.

2 Theresa May (PM July 2016-2019)

Theresa May's premiership was consumed by one thing: Brexit. Ironically, she had not even voted for it herself! She became PM following the resignation of David Cameron after he lost the Brexit referendum, and in-fighting among the leading Brexiteers.

May is a vicar's daughter, and describes herself as driven by a sense of **public service** and as being committed to struggling, working families, "for you". She tried to shake off the image of the Conservatives as being "**the Nasty Party**". Before becoming PM, she had been the longest-serving **Home Secretary** for 60 years. She tried to modernise the country, picking fights notably with the police.

In 2017, despite saying she wouldn't, she called a **snap election**. With a campaign slogan of "**Strong and Stable**", the aim was to get a clear majority in the House of Commons to push through her Brexit bill. But the plan backfired: the Conservatives won the election but in fact lost their majority, resulting in a **hung parliament**. In order to make up the lost majority, May made a ("shoddy" according to *The Guardian)* deal with the Irish party **the Democratic Unionist Party (DUP)**, in exchange for £1bn worth of investment in Northern Ireland.

In her mission to deliver Brexit, she was optimistic to begin with: "**Brexit Means Brexit**", she repeated again and again. But every deal she negotiated was rejected by Parliament. The **Eurosceptic wing** of her party simply refused to support her withdrawal agreements. Her **cabinet** deserted her: Boris Johnson – the Foreign Secretary – then one **Brexit Minister** after another.

May was also criticised for rushing to meet the controversial new US President, Donald Trump, and also for her rather distant, unsympathetic reaction to the Grenfell Tower disaster, where 72 people died. At the end of the day, though, it was Europe that destroyed her (as it had destroyed two previous Tory PMs, Margaret Thatcher and David Cameron).

3 David Cameron (PM 2010-2016)

When David Cameron became leader of the Conservative Party in 2005, it was a party in opposition. To quote his own words in retrospect, the Tories were seen as "out of touch, out of date [and seemingly] permanently out of office". Cameron, a young leader, wanted to "modernise" the party, to make it more progressive and bring it more towards the centre. In more ways than one, he was the "heir to Blair".

The 2010 general election saw him pitched against the Labour leader and PM, Gordon Brown, and also the Liberal Democrats, who were themselves rejuvenated under Nick Clegg. Cameron and the Conservatives won the election, but no majority. After some frantic negotiations, a deal was made with the Lib Dems and Britain had its first **coalition government** since World War II. Cameron became PM and Clegg Deputy PM.

At the time, Britain was still very much feeling the effects of the **global financial crisis** of October 2008. Cameron's response was to impose **austerity cuts**. Cameron attacked the previous Labour government's policy of generous public spending as being reckless and argued that the cuts were essential to keep debt under control and to avoid another Greek tragedy. The British public were encouraged to "**keep calm and carry on**" (as they famously had done during the war), but in 2010 and 2011 there were **mass protests**. People didn't like the fact they had to bear the brunt of the banks' mistakes (whereas the government hadn't hesitated to **bail them out**). On the international stage, Cameron participated in the international coalition against Colonel Gaddafi in Libya, but he regretted after the chaos which followed.

Nevertheless, when the next general election came around in 2015, Cameron won the Tories their **first outright victory since 1992.** One of his most significant acts in power was legalising **gay marriage** (though the issue did very much divide his own party and he was accused of not being a "true Tory").

However, in the event of an election victory, he had promised an "in/out" referendum on Britain's place in the European Union. Cameron led the "Remain" campaign, but lost, and subsequently resigned as PM.

Cameron told his side of the story in his book *For the Record* (published in September 2020). He noted that two working titles were *Decisions* and *Right at the Centre*.

In April 2021, he was widely criticized for **lobbying ministers** on behalf of finance firm Greensill Capital. For *The Economist* (14 April 2021), the "scandal will scotch any hope of restoring a reputation ruined by Brexit." British PM Boris Johnson ordered an inquiry into the actions of his former rival Cameron. For *The Economist* (17/4/2021), "Mr. Johnson may hope the inquiry bolsters him while embarrassing his predecessor;" the government insits they owe the public a transparent review of the situation. The scandal reopens the debate about lobbies in Britain, and the **revolving door between politics and business**.

The Labour Party

FICHE

The **Labour Party** is left of centre. It is currently the **Official Opposition** in the Parliament of the United Kingdom. It won the second-largest number of seats in the 2017 and 2019 general elections. Its previous time in power was during the **Blair-Brown years** (1997-2010). Newspapers traditionally in favour of the Labour Party include ***The Guardian*** and ***The Independent*** amongst the "quality press" and ***The Mirror*** amongst the tabloids.

The Labour Party was initially formed as a means for the trade union movement to establish political representation for itself at Westminster. In the original party constitution of 1919, Clause IV showed its commitment to socialism and nationalisation:

"To secure for the workers by hand or by brain the full fruits of their industry and the most equitable distribution thereof that may be possible upon the basis of the common ownership of the means of production, distribution and exchange, and the best obtainable system of popular administration and control of each industry or service."

After the war, Clement Attlee's Labour government set up the **National Health Service** (the **NHS**), and developed the **welfare state** between 1945 and 1951.

Labour was rebranded as "New Labour" by Tony Blair. He reworked Clause IV to the following:

"The Labour Party is a democratic socialist party. It believes that by the strength of our common endeavour we achieve more than we achieve alone, so as to create for each of us the means to realise our true potential and for all of us a community in which power, wealth and opportunity are in the hands of the many, not the few, where the rights we enjoy reflect the duties we owe, and where we live together, freely, in a spirit of solidarity, tolerance and respect."

1 Sir Keir Starmer

The current leader of the Labour Party is Sir Keir Starmer (although he prefers to be known as just "Keir Starmer"). He was elected in April 2020. In fact, he was named after the Labour Party's first MP, Keir Hardie. From October 2016 to April 2020, he was Labour's **Shadow Brexit secretary**. During the Brexit negotiations he was an arch-Remainer.

Before becoming an MP, he was a defence barrister specialising in human rights, trade union and environmental cases. He has published a number of books on the subject. In addition, he gave legal advice to the Northern Ireland Policing Board for five years where he helped to oversee implementation of the Good Friday Agreement recommendations relating to policing. The initial impression of *The Guardian* was that he has "unified the party by retaining a tax-and-spend agenda" and that he is "clearly not a populist". In his first **Prime Minister's**

Questions face-off in Parliament with Boris Johnson, Starmer made an excellent first impression, putting pressure on the PM over his handling of the **Coronavirus crisis**.
Starmer seems to make a point of wanting to draw a line between himself and the previous Labour leader. On the home page of the party's website are the words "A New Leadership." He states that he "loves his country" and that he does believe in defence and the nuclear deterrent. After "a year of Keir," *The Guardian* (5/4/2021) lamented that "his cautious style and lack of defined policies have failed to gain traction." An Ipsos Mori poll of March 2021 found that only 33% were satisfied with the job Starmer was doing. A criticism from *The Telegraph* (1/4/2021) was that Starmer "is acting like a Tory superfan, robbing Britain of a real Oppositon," just going along with the government's policies.

2 Jeremy Corbyn

Corbyn was leader of the Labour Party, and therefore leader of the Opposition from 2015 to 2020. He was adored by party members, but not so much by voters, and following disastrous **general election results** in December 2019 – Labour winning just 202 seats in Parliament, its lowest total since 1935 – Corbyn stood down.

One of the greatest criticisms made against Corbyn was that he took the party **too far to the left**. *The Telegraph* mocked "Corbyn's manifesto to take Britain back to the 1970s" (a time of strikes, ended by "the Iron Lady", Margaret Thatcher); while *The Economist* (15/2/2020) reached the conclusion that "the Labour Party's naïve Lennonism is blinding it to radical changes in Britain's class structure [...] talking as though Big Capital faced Big Labour across a battlefield of picket lines ignoring the transformation of the economy brought about by globalisation and technology". Corbyn was also plagued by accusations of **anti-Semitism** in his party.

Corbyn had campaigned on a clear **anti-austerity** platform, and he also spoke at dozens of **anti-war rallies**. He was vehemently against a military interventionist policy and against the wars in Iraq and Afghanistan. He fiercely opposed Britain's **Trident nuclear weapons** project.

3 Gordon Brown (PM 2007-2010)

Gordon Brown, a Scot, was the son of a Presbyterian preacher, and this gave him a strong "moral compass" as he said. He was a great friend (and indeed rival) of Tony Blair and, following Blair's victory in 1997, Brown was appointed Chancellor of the Exchequer, a post he was to keep for a record ten years. The partnership between Blair and Brown was described as "a dual monarchy". The Brown years were dominated by the **economic crisis** and **global recession** of 2008. Brown made the mistake of failing to call a **snap election** when Labour was still high in the polls, and subsequently lost the 2010 election to David Cameron.

4 Tony Blair (PM 1997-2007)

Tony Blair is the most successful Labour leader in modern times, winning three general elections (in 1997, 2001 and 2005) and spending ten years in **10 Downing Street**. He enjoyed huge popularity after his **landslide victory** of 1997 and was seen as hailing a new era following years of Tory rule. It was the time of Britpop and "Cool Britannia". Blair wanted to be "modern" and renamed his party "**New Labour**", making it more **centrist**. "Call me Tony" was one of his famous lines: he wanted to be seen as everyone's friend. His popularity reached an unprecedented 80% after his "**people's princess**" speech after the death of Princess Diana in August 1997. As the political commentator Andrew Marr wrote, "he wanted to be the people's Prime Minister".

Blair had many grand ideas: he talked famously about "**Education, education, education**" and was strongly **pro-European**, arguing that "it is our destiny to lead in Europe" and indeed trying (but failing) to convince his Chancellor to adopt the euro. Among his successes was the achievement of the **Good Friday Agreement**, bringing **peace to Northern Ireland**, and the introduction of the **minimum wage** in 1998.

However, ultimately he was judged to be more of a visionary than an engineer. As Marr also wrote, Blair was a "**fully engaged media politician**", and one of the major criticisms levelled against him was that he resorted too much to **media soundbites** and **spin**.

On the international stage, Blair was convinced that Britain should be a **world leader**, not just a bystander. A Christian, he believed strongly that foreign policy should have a **moral purpose**, and he was for a doctrine of what he called "**humanitarian interventionism**". He believed passionately that democracy could be **exported by force**. He met with success with this policy in **1999 in Kosovo**, and was instrumental in the **surrender of Slobodan Milosevic**. However, it was to prove more problematic when he supported George Bush in his **invasion of Iraq in 2003**. Saddam Hussein was removed, but the consequences were grave. The war was hugely controversial as Blair went against the wishes of his people (2 million people protested against the war in February 2003) and the UN. The publication of the **Chilcot report** in 2016 found that Blair's assessment of Iraq's "**weapons of mass destruction**" were "presented with a certainty that was not justified".

FICHE 10

Other Political Parties in the UK

1 The Liberal Democrats

The Liberal Democrats are an alternative to the two mainstream parties. They can be described as a centrist, **middle-class protest party**. They enjoyed their greatest election success in 2010 under **Nick Clegg**, who lambasted the "Tweedledum-Tweedledee" false alternative of the two main parties: "The more they attack each other, the more they sound the same", he said of David Cameron and Gordon Brown during the first ever TV debates.

Clegg enjoyed huge popularity – **Cleggmania** was the term coined for it – and was the **Deputy Prime Minister** in the **coalition government** with Cameron from 2010 to 2015. However, many voters became angry with the Lib Dems for going along with the Conservative policy of **austerity and welfare cuts.** (Clegg later defended himself by arguing that "time and time and time again I had to veto further welfare cuts".) Clegg also agreed to **increases in university tuition fees**, provoking **mass protests**, as he had promised he would not do this.

The Lib Dems lost heavily in the 2015 general election, and under Vince Cable and then Jo Swinson repositioned themselves as the **anti-Brexit party**. But in the 2019 election they lost even more seats. The party was left without a clear strategy, and in March 2020 leadership candidate Layla Moran admitted that nine out of ten people don't know what the party stood for.

Moran lost the 2020 leadership election to Sir Edward Davey (or "Ed Davey" as he prefers to be called). The leaders of the two "anti-establishment" parties are now therefore both knights of the realm. An Oxford graduate, Davey served in David Cameron's coalition government as Secretary of State for Energy and Climate Change from 2012 to 2015. With just 6% of the national vote, according to *The Telegraph* (27/8/2020), Davey "has a mountain to climb to get people trusting the Liberals again."

On their website now, the Liberal Democrats say: "**We're liberal, progressive, and internationalist.** Our values have put us on the right side of history: From leading the fight against the Iraq war and tripling renewable energy production, to legalising same-sex marriage and fighting Brexit every step of the way."

Davey seems set to focus on the environment. He regards climate change skeptics as "blinkered" and wants to significantly reduce carbon emissions by 2030 and achieve net-zero emissions by 2045.

2 The Scottish National Party (SNP)

The Scottish National Party, led by **Nicola Sturgeon**, has displaced the Liberal Democrats as the third **biggest political party** in Britain, and it is also the main political party in **Holyrood**, the Scottish Parliament. Its main aim is to achieve **Scottish independence from the United Kingdom**, but to **stay a member of the European Union**.

The **2019 general election** in Britain was a **major victory** not just for Johnson and the Conservatives, but also for Nicola Sturgeon and the SNP. The **SNP won 48 of Scotland's 59 Westminster seats**, 13 more than in 2017. For Sturgeon, this sent out a clear message: "We don't want a Boris Johnson Conservative government, we don't want to leave the European Union, and we want Scotland's future to be in Scotland's hands." Indeed, there has always been a great deal of antagonism between the SNP and the Tories. Both Thatcher and Cameron were seen as imposing tough economic burdens on Scotland.

Scotland achieved a certain degree of political independence with the **formation of the Scottish Parliament in 1999**, but the Scottish people voted to **stay as part of the United Kingdom** in the **independence referendum of 2014**. This was a victory for the PM Cameron, who wanted to preserve the union. However, following the United Kingdom's vote for Brexit, and a strong vote for the SNP in 2019, Sturgeon feels she has been given a mandate to prepare **a second independence referendum**, something which Johnson (as May before him) will resist.

With the approaching Holyrood elections in May 2021, the SNP has applied to the Electoral Commision to register "Vote SNP for IndyRef2" as ways of defining itself on voting slips ("IndyRef2" being a popular way to refer to a second independence referendum).

Meanwhile, Sturgeon faces a fight to save her political career following a scandal involving Alex Salmond (the leader of the SNP for over 20 years). Salmond was accused of attempted rape and sexual assault, and Sturgeon could be found guilty of giving an "inaccurate account" of the affair under oath. In March 2021, Salmond launched his newly formed "Alba" party, hoping to secure a "super-majority" for independence at Holyrood.

3 UKIP/Brexit Party

The United Kingdom Independence Party (or UKIP for short) had one main aim: to get the United Kingdom out of the European Union. With the Brexit vote in June 2016, it succeeded. The party is known for being **right-wing** (even **far-right** and **racist** according to some), **Eurosceptic**, and **populist**. A related policy is to **reduce immigration**.

Nigel Farage (an MEP from 1999 to 2020) was its founder, inspiration and leader from 2006 to 2009 and 2010 to 2016, and the Brexit referendum and resulting "Leave" vote were great victories for him. Farage saw himself as championing the cause of "the little people" against the **Establishment** (the main political parties, big businesses and trade unions). UKIP did well in the 2013 local elections, 2014 European elections (outscoring even the Tories and

Labour) and 2015 general elections, putting pressure on Conservatives to hold the **in-out referendum**.

Even after the "Leave" vote, Farage and the **Brexit Party** continued to exert pressure on the Conservative government, who – in his opinion – had "sold out" the British people in what he called "the great Brexit betrayal". In the 2019 general election, though, the party helped Boris Johnson to get his 80-seat majority by **not standing in 317 Conservative-held seats**. In effect, the Tories had become "the Brexit Party", and – for Farage – his ideas, which had been dismissed as being "mad", "outsider" and "fruitcake" for years had become mainstream.

After three decades in politics, Farage retired in March 2021. However, he says he still wants to "do battle" on two "very big issues:" "One is the extent to which the Chinese Communist Party is taking over our lives and certainly has undue influence in our country. And the other thing [is] the 'woke agenda' – literally the indoctrination of our children from primary school all the way through university with now a completely different interpretation of history."

The UK and Europe

The United Kingdom left the European Union at 11 pm on January 31 2020. On the front page of *The Economist* that week was the title "Into the Unknown" with a picture of a ship bearing a curious resemblance to the Titanic (implying Brexit could well be a tragedy). The question now is what will the reality of **post-Brexit Britain** be, and what will **future UK-EU relations** be like?

A **transition period** of one year followed. During this time, a deal had to be made on such important issues as **trade** and **migration**. As negotiations began in February 2020, the offer from Europe was a **zero tariff**, **zero quota free trade deal**, but there were conditions. The EU wanted Britain to **observe EU rules on state aid to companies and the environment**, to keep a role for the **European Court of Justice** and to agree a deal on **European use of fishing waters**.

Negotiations were not easy. Following a meeting in December 2020, Johnson's explanation was that the EU position was "kind of a bit like twins, and the UK is one and the EU is another, and if the EU decides to have a haircut, then the UK is going to have a haircut or else face punishment." According to the European Commission President Ursula von der Leyen: "We gained a clear understanding of each other's positions. They remain far apart." The possibility of a "No Deal" or a "Hard Brexit" loomed.

However – just days before December 31 deadline – agreement was reached. The deal has become known as the "**Trade and Co-operation Agreement**" (or "TCA"). In a trade deal worth **£660 billion a year**, neither side will impose tariffs on goods being traded, and a zero quota agreement would mean no limit on the quantity of any type of goods that could be traded.

Johnson presented the deal triumphantly as a "Canada plus plus", the type of deal Brexiteers wanted, implying it had the advantages of the Canadian deal with the EU without any of the quotas or tariffs imposed on some Canadian goods. Johnson also boasted that the deal would enable the UK to pull free of the EU's "lunar pull."

A few months on, though, tensions are resurfacing. At the time of writing (March 2021), the EU has moved to block vaccine exports to Britain, it has launched legal action against the UK over Northern Ireland and is refusing to agree to equivalence in financial services. There is a danger the EU could refuse to ratify the TCA, and for the UK to be left with "No Deal" after all.

The Irish issue is complicated. Following a resolution of the "Troubles" with the "**Good Friday Agreement**" of 1988, the border between North and South became largely invisible. However, with Brexit, the border will separate the UK from the EU and risks becoming a symbol of Irish partition and therefore a target for dissident IRA factions. Arguments continue over the Northern Ireland Protocol, with unionists (those in favour of the union with the UK) being furious that (to quote from *The Economist*) "the province has been cynically used as a battleground for unrelated disputes between the EU and the UK."

A typical "Brexiteer" response to relations with the EU was given by Daniel Hannan in *The Telegraph* (20/3/2021): "Brussels does not regard us as a neighbour whose economic success will enrich its own peoples, but as a renegade province whose wings need clipping." He advocates developing relations with other parts of the world. For *The Economist*: "rather than heading into deep space, Britain will shift to a not-too-distant elliptical orbit of Europe; sometimes tracking closer, sometimes more distant, but never fully slipping its surly bonds."

The **Brexit referendum** took place on **June 23 2016**, and the **Leave** result sent shockwaves around the world. **51.89%** of voters voted Leave. The whole Brexit issue divided even many families, but there was a clear division between votes for **Leave** in the **provinces of England** and **Wales**, and votes for **Remain** in **London** and **Scotland**.

Why did people vote Brexit? Key issues included **national sovereignty** (a dislike of being ruled by "bureaucrats from Brussels"), **immigration** (particularly from Eastern Europe, but also from other parts of the world following the contemporary **migrant crisis**) and for **economic reasons** (the Leave argument was that Britain was a **net contributor** to the EU, paying more than it got back). There is even an argument that the Brexit vote had a great deal to do with completely non-related issues, for example that it was a **protest vote** against David Cameron and his **austerity measures**, and also that it was **little England's** revenge on Parliament ignoring the regions.

In any case, there has always been an ambivalence as regards Britain's attitude to Europe. Even geographically, it is apart. British governments refused to sign the original treaties shaping Europe in the 1950s, and then its first applications to join the **European Economic Community (EEC)** were vetoed by Charles de Gaulle. The UK did join the EEC on **January 1 1973** under the **pro-Europe** Conservative leader Edward Heath. In a **referendum in 1975**, it voted to **remain.**

During the 1970s, social issues made the Labour government pro-Europe, but the fiercely anti-European Margaret Thatcher came to power in 1979. Thatcher was in favour of trade agreements, but was against political integration. In her famous **Bruges speech** in 1988, she said: "We have not successfully rolled back the frontiers of the state in Britain, only to see them re-imposed at a European level, with a European super-state exercising a new dominance from Brussels." Opposition from within her party on Europe led to her downfall in 1990.

Her successor, John Major, ratified the **Maastricht Treaty** in 1992, but succeeded in negotiating a number of **opt-outs**. He didn't sign up for the **social chapter** or for the **single currency. Blair** (who was very much **pro-Europe**) did sign the social chapter. David Cameron tried to negotiate with Brussels a deal acceptable to all in Britain, but did not succeed. The British people voted "Leave" in the following referendum, and Britain's time in the EU came to an end.

FICHE

UK Foreign Relations

Dean Acheson, former American Secretary of State, said famously in 1962 that "Britain has **lost an empire, and not yet found a role**". Indeed, there has been much debate about the role in the modern world of the country that was the leading global power in the 19th century. Following Britain's exit from the EU, Jonathan Powell (Tony Blair's Chief of Staff from 1995 to 2007) wrote in the *Guardian* "Britain once punched above its weight. Now we are irrelevant."

In March 2021 a radical rethinking of Britain's foreign policy was published as the **"Integrated Review of Security, Defence, Development and Foreign Policy."** It sought to redefine Britain's role in the world in the wake of Brexit and the rising power of China.

The review promises investment in "hard power," including new aircraft carriers and an increase in the maximum number of nuclear warheads the UK can hold, putting an end to decades of commitment to post-Cold War disarmament. Russia has now reemerged as "the most acute direct threat to the UK."

Concerning "soft power," the UK promises to go back to spending 0.7% of its GDP on aid. As far as diplomacy is concerned, the UK seems set to go beyond traditional alliances with the US and Europe and to pivot towards Australia, India, and Japan. A final major theme is a serious investment in technological revolution, science and space.

An article in *The Guardian* of March 16 summarized the criticism: the review is "long on posture, grandstanding and ambition, short of any grounding in reality."

1 The "Special Relationship"

United by a common language and a common history, the United Kingdom has enjoyed with the United States what it likes to call "the Special Relationship" (the phrase was coined by Winston Churchill). The relationship was particularly strong during the Roosevelt-Churchill, Kennedy-Macmillan, Reagan-Thatcher and Bush-Blair years. One view has it Britain's best chance of keeping standing in world is to attach itself at all costs to the superpower US. However, the opposing view is that British politicians are totally deluded in thinking that a blind adherence to the special relationship is in British best interests. Moreover, Britain has been ridiculed in this sense of becoming America's "poodle".

The debate took a new turn with the election of Trump. For *The Guardian* (1/12/2017): "In the age of Trump, it's time to ditch the special relationship." Theresa May was criticised for being the first major foreign power to rush over and meet the new president, and there were widespread protests over Trump visiting Britain. Boris Johnson (writing in *The Telegraph*

in 2018) retorted that Britain could simply not do without the "swollen throbbing two way transatlantic pipeline of jobs and goods and services". Even with Johnson as PM, the special relationship is "no longer such a smooth ride" (*The Economist*, 1/2/2020). Johnson did not submit to US demands to keep Huawei out of Britain's mobile phone network.
With the election of Joe Biden in the US, the question of the "special relationship" is opened once more. Johnson reported an initial good contact with his American counterpart: "It was an excellent conversation that really flowed over all the things that have traditionally united the UK and the US. It was a return to the kind of business that we're used to doing together... sticking up for democracy around the world, human rights, free trade, Nato and our joint security."
Biden was, though, against Brexit. On Twitter in September 2020, he wrote: "Any trade deal between the US and UK must be contingent upon respect for the Good Friday Agreement and preventing the return of a hard border in Ireland. Period." A trade deal with the UK is not necessarily a priority of Biden, and he may wish to cultivate a stronger relationship with the EU than with the UK.

2 The UK and China

During the David Cameron years, the UK made great efforts to cultivate its **relations with China**. "The government makes a big bet on Asia's rising power", said *The Economist* in October 2015, as the red carpet was rolled out for the visit of Chinese leader, Xi Jinping.

More than **£30 billion worth of trade deals** were signed on the state visit and there was much talk of a new "**golden era**", which continued with the visit of Theresa May to China in February 2018. Boris Johnson also initially announced that his government would be very "pro-China".

Despite the economic interest, doubts were raised about having close ties to a nation with such a poor **human rights** record. The issue of **national security** has also arisen, with the debate over whether the Huawei deal could lead to spying. A further problem arose with the **coronavirus crisis**. Foreign Secretary Dominic Raab warned that it could no longer be "business as usual" with China, as he said the superpower had "questions to answer" over its handling of the coronavirus pandemic. In May 23 2020, Johnson announced that he would **reduce Huawei's role in Britain's 5G network**.

According to the "Integrated Review" of March 2021, Beijing's "increasing power and international assertiveness is likely to be the most significant geopolitical factor of the 2020s", but the UK should "engage with China and remain open to Chinese trade and investment."

Criticism was quick to arrive. Julian Lewis, chairman of the intelligence and security committee, criticised this position, saying it "demonstrates that the grasping naivety of the Cameron-Osborne years still lingers on." Defence committee chairman Tobias Ellwood regretted the opportunity to "finally call out China for the geo-political threat it is", adding there was a "1930s feel" to challenges posed by "rising authoritarian powers."

As William Hague (the former Conservative leader) wrote in *The Telegraph*, US and UK governments will have a very difficult dilemma in the coming years: "what to do when your main rival on earth is someone you can't manage without."

3 The UK and Immigration

The cover of *The Economist* (5/8/2016) talked of "**the new political divide**", and the title of the leading article was "**drawbridges up**". According to their analysis, "the new divide in rich countries is not between left and right but between **open and closed**". The former are in favour of **welcoming immigrants**, **opening up foreign trade** and **embracing cultural change**. The latter are in favour of **keeping out foreigners**, **protecting domestic industries** and **resisting cultural change**.

As Stephan Shakespeare, the British head of YouGov, a pollster, observed: "We are either '**drawbridge up**' or '**drawbridge down**'. Are you someone who feels your life is being encroached upon by criminals, gypsies, spongers, asylum seekers, Brussels bureaucrats? Do you think the bad things will all go away if we lock the doors? Or do you think it's a big beautiful world out there, full of good people, if only we could all open our arms and embrace each other?" The vote in favour of Brexit seemed to define Britain as a "drawbridge down" country. According to Nigel Farage in July 2017, "everybody knows that the issue which won Brexit was **open-door immigration**". A famous poster of the "Leave "campaign, issued six days before the vote, contained the words "**Breaking Point**" and a picture of hordes of Syrian immigrants.

During the 1950s and 1960s, a steady stream of newcomers arrived from the **Caribbean and the Indian subcontinent** (former British colonies). These people were seen as coming home to the "mother country". Anti-immigrant sentiment was highlighted in the infamous "**Rivers of blood**" speech by Enoch Powell in 1968. The Tony Blair years were "**drawbridge up**" ones, and many Eastern Europeans came to Britain during that time, making immigration once again an issue. The anti-immigrant argument went that higher rates of immigration placed an intolerable strain upon infrastructure, the welfare state and health services; the counterargument went that immigrants were actually an economic benefit, and that, for example, migrant nurses actually kept the NHS afloat. Nevertheless, David Cameron felt himself forced into trying to reduce immigration, pledging to **reduce it to the tens of thousands**. He failed. Theresa May, as Home Secretary in 2012, announced her "aim to create, here in Britain, a really **hostile environment for illegal immigrants**", and subsequently, as PM, established the **Immigration Act of 2014**.

The issue now is what will the **post-Brexit** situation be like? For *The Economist* (25/2/2017), "the impact of slashing the number of foreigners allowed into Britain could be as serious as anything that could happen to trade" and that "taking back control comes with a whopping bill". Boris Johnson, though, describes himself as "**pro-immigrant**" and indeed as being himself the proud descendant of Turkish immigrants. His Home Secretary, Priti

Patel, announced in February 2020 a **points-based immigration system** (somewhat inspired by that used in Australia). For Johnson, the new system would "**put people before passports**". For *The Guardian* (19/2/2020), there is "nothing sensible" about the "heartless" policy, which is representative of racism "directed at the displaced, the dispossessed and the uprooted".

Sujets corrigés

Sujet 1 Concours commun d'entrée en première année, épreuve d'anglais, sujet inédit

"Today, I aim to get arrested. It is the only real power climate protesters have",
par George Monbiot, *The Guardian*, 16 October 2019. Disponible sur le site du journal.

1 Questions

A. Compréhension

1. What three reasons does the journalist give to explain the government action compared to the scale of climate catastrophe?

2. According to the journalist, what can the people who take on the "pollutocrats" do, and what can they not do?

3. What criticisms does the journalist anticipate and what answers does he give to them?

4. What does the journalist say about the police in the penultimate paragraph?

B. Essai

"Getting arrested is the only real power climate protesters have". Discuss with reference to the current struggle against climate change.

2 Comment aborder le sujet ?

A. Compréhension

Étape 1. Analyser les mots clés

- **Question 1**

Les mots clefs sont « ***government action*** », et « ***scale of climate catastrophe*** ». Les mots interrogatifs sont « *What three reasons?* » : il faut donc trouver ces trois raisons pour expliquer la situation, et il y aura un point (ou un demi-point) par raison.

- **Question 2**

Les mots clefs dans la question sont « ***people… take on… pollutocrats*** ». Quant à la question, elle est en deux parties, « *what can they do?* » et « *what can they not do?* ». Cela donne la structure de la réponse.

- **Question 3**

Les mots clefs sont « ***criticisms*** » et « ***answers*** ». Notez bien que ces deux mots sont au pluriel : il faut donc trouver deux critiques et deux réponses à ces critiques pour avoir une réponse complète. En effet, la question se divise en quatre parties. Cela vous donne la structure de votre réponse : première critique, puis la réponse du journaliste à celle-ci, puis deuxième critique et la réponse à celle-ci.

- **Question 4**

Le mot clef est « ***police*** » et les mots interrogatifs « *What does the journalist say about?* ». Il faut donc expliquer les propos du journaliste concernant la police.

Étape 2. Mettre en évidence les phrases dans l'article qui répondent à chaque question.

- **Question 1**

Nous trouvons les mots clefs dans la *topic sentence* (la phrase introduisant le thème) du quatrième paragraphe. S'ensuivent les trois raisons : « *Part of the reason is the remarkably low level of public discussion and information on this crisis* » ; « *Another is that the political risks of action are higher than the perceived rewards* » et « *But perhaps the most important factor is the brute power of the pollutocrats driving this disaster* ».

- **Question 2**

Nous venons de voir le mot clef « *pollutocrat* » dans le texte, nous ne sommes donc peut-être pas loin de la partie du texte qui contient la réponse. Lisons un peu plus loin : « *Those who confront them* » est synonyme de « *the people who take on* », c'est donc bien dans ce paragraphe que se trouve la réponse.

- **Question 3**

Nous trouvons le mot clef « *criticisms* » au début des paragraphes 7 et 8. Nous pouvons en déduire que les réponses à la question se trouvent dans ces deux paragraphes.

- **Question 4**

On vous indique où se trouve la réponse : dans l'avant-dernier paragraphe. Par contre, le paragraphe est long, il faut donc être synthétique. Donnez la préférence à ce qui vous paraît le plus pertinent, ou éventuellement à ce que vous avez compris.

Étape 3. Reformuler ces phrases en utilisant vos propres mots.

- **Question 1**

Changeons déjà quelque chose en inversant l'ordre donné dans l'article, et en commençant par la raison la plus importante. Puis, il faut trouver quelques reformulations : « *big businesses* » (pour « *pollutocrats* »), « *the main culprits* » (pour ceux « *driving this disaster* »), « *so powerful* » (pour « *brute power* »), « *people do not know or talk enough* » (pour « *low level of public discussion and information* »), et « *dangerous to do* » (pour « *risks of action* »).

● Question 2

Voici quelques synonymes possibles : « *purchase media outlets* » (pour « *buy television channels* »), « *spend huge amounts of money on influencing* » (pour « *pour billions lobbying* »), « *raise awareness by risking personal injury* » (pour « *make issue impossible to ignore by putting bodies on the line* »).

● Question 3

Vous n'aurez jamais de point si vous recopiez simplement « *lambasted for hypocrisy* », mais vous pouvez transformer le mot « *hypocrisy* » en « *hypocrite* ». Nous pouvons trouver le synonyme « *try* » (pour « *strive* », « s'évertuer »). Nous pouvons reformuler la deuxième critique « *Extinction Rebellion is too white and too middle class* » par « *the movement is not very inclusive* ». Pour « *they must do more to break down cultural barriers* », nous pouvons dire « *they need to get more minorities involved* ».

● Question 4

Quelques transformations possibles : « *have prohibited* » (pour « *imposed ban* »), « *forty years* » (pour « *four decades* »), « *increasingly powerful* » (pour « *acquired an extraordinary array of powers* »), « *put an end to any demonstration* » (pour « *shut down any protest* »), et « *stop continual offenders* » (pour « *ban habitual protesters* »).

B. Essai

1. Analyse de la question

Les mots clefs sont : « ***getting arrested... only real power climate protesters*** ». Ce n'est pas une question ouverte et générale sur l'environnement, mais une question très précise. Le mot interrogatif est « ***discuss*** ». Que veut dire ce mot ? Cela veut dire examiner les arguments pour et contre. Il faudrait se faire l'avocat du diable, et ne pas accepter sans réfléchir le point de vue du journaliste. Par exemple, vous pouvez vous attarder sur le mot « *only* » et vous demander si les manifestants n'ont pas d'autres pouvoirs.

2. Brainstorming

Quelques possibilités :

History (for the introduction): essay of Henry David Thoreau on "Civil Disobedience". Effectiveness of arrests? Good for making headlines, raising awareness. Their part in declaration of a state of climate emergency. Are there more efficient ways to bring about change? For example, awareness campaigns, use of social media, democratically voting for parties with more "green" policies. Work of Greta Thunberg: speeches and gatherings. Work of Sheila Watt-Cloutier as advisor.

3. Construction de plan

Voici un exemple de plan logique :

Introduction: History of protesters getting arrested + Your opinion on / approach to the topic

First paragraph: Advantages of the "getting arrested" approach

Second paragraph: Other powers that protesters possess

Conclusion: Hope for the future?

3 Proposition de corrigé

A. Compréhension

1. The main reason is that the big businesses that are the main culprits of pollution are so powerful. Secondly, people in general do not know or talk enough about the disaster. Finally, it is dangerous to actually do something about it.

2. They cannot purchase media outlets, or spend huge amounts of money on influencing politicians. What they can do is to raise awareness by risking personal injury or prison.

3. The first is that of being a hypocrite. To this, he answers that it is better to at least try. The second is that the movement is not very inclusive: they need to get more minorities and working class people involved.

4. The police have prohibited in London demonstrations of the "Extinction Rebellion" movement. In the last 40 years, the police have become increasingly powerful and can put an end to any demonstration. On top of that, they want to be able to stop continual offenders.

B. Essai

We have known about global warming and the disastrous consequences for the planet for decades now. Measures were put in place in the Paris Agreement of 2016 to cut CO_2 emissions, but countries and companies are still not doing enough. Getting arrested is a rather radical way to bring about change, but we have reached a crisis point where such action is necessary.

Getting arrested – or "civil disobedience," to use a current term – can indeed be a useful tactic. We have seen that such peaceful approaches as merely signing a petition are powerless. As we have seen in France too recently, the only way you can really bring attention to a cause is by disruption. It's only arrests that get the national attention of the press, which in turn puts pressure on governments to react.

The strategy can indeed work. We can take the example of Standing Rock Sioux, where under the Obama administration in 2016 protesters blocked the construction of the Dakota Access pipeline. Following confrontation between the protesters and the builders, the government announced that it would deny Energy Transfer Partners (ETP), the developer of the pipeline, a permit to cross the Missouri River.

This is no surprise. Getting arrested is not just a wild, crazy decision on behalf of the protesters. It is clear that a lot of research, thought and planning lie behind the strategy. The founder of the Extinction Rebellion movement, Roger Hallam, while studying for a PhD at King's College, London, devoted a considerable amount of time to studying how to bring about social change. Taking inspiration from the suffragettes and the civil rights movement, he concluded that getting arrested was the key element.

Will it work this time? Some gains have been made, for example a recognition by governments of the critical situation we are now in. However, whether they will actually do anything about it is another issue. To go back to the Standing Rock Sioux situation, upon coming to power, Donald Trump merely reversed the decision.

(335 words)

Sujet 2 Concours commun d'entrée en première année, épreuve d'anglais, session 2019

Oxbridge needs to guarantee places for the best state school pupils

Owen Jones, *The Guardian*, December 7 2018

Oxbridge does not represent Britain's best or the brightest: let's just get that out of the way. Many of the country's most intelligent, thoughtful and perceptive people do not attend either Oxford or Cambridge. Both institutions are instead, disproportionately, attended by the best performing slice of the most economically privileged teenagers in the country. So the figures released today, which elicit a depressing sense of deja vu, that eight top schools send as many pupils to Oxbridge as three-quarters of all schools and colleges put together, might be shocking, but they are unsurprising. So are the findings that top performing state school students are much less likely to apply than their private school equivalents, or that private school pupils were seven times more likely to win a place than comprehensive students.

Undoubtedly, one of the key reasons for the disparity is the resources available to private schools to "polish" up their students for the application process. I attended what was then the biggest sixth-form in the country, Stockport's Ridge Danyers: the attitude among teachers towards applying to Oxbridge was very much: "Well, you might as well give it a go!" One did try to prepare me with a mock interview, which involved questions like "Why are you applying to Oxford? What are you extracurricular interests?" Bless them, but it was entirely counterproductive: imagine my shock when I sat down at my actual interview, in what seemed like a slightly sinister Harry Potter theme park, and an emeritus professor kicked off the proceedings with "Lenin was a German spy, wasn't he?" It was always instantly possible to tell who was privately educated: they had a certain confidence and posture built into them by their schooling. [...] Few of us actually knew much about that place – I confess, I thought "Oxbridge" was its own university, and the Oxbridge colleges on University Challenge were separate from the universities themselves – and arriving for the interviews was a far bigger culture shock than visiting France for the first time. [...]

I was one of a handful from my sixth-form to get in, and – like most of the comprehensive pupils, let alone anyone else who attends – I am no working-class hero: my dad had a white collar job at Sheffield city council, my mum was an IT lecturer at Salford University. Yet even I, from a northern, public sector, middle-class background, initially had a profound, sometimes debilitating sense of imposter syndrome, that there would be a tap on the shoulder at any moment to explain that "I'm sorry there's been a dreadful mistake we let you in by accident" which was not helped by fellow private school alumni making barbed comments like "comprehensive school students only get in because of quotas". That's not to say this was three years of trauma – I had some of my happiest days there – but it's unsurprising that an Old Etonian feels at home dressing up in an absurd costume for exams (you got turned away if you wore the wrong shoes).

There are genuine attempts by Oxbridge authorities to widen access. I think of Alan Rusbridger, former *Guardian* editor turned principal of Lady Margaret Hall, who launched a fantastic scheme to attract young people from less privileged backgrounds. But there are such profound structural problems that are very difficult to overcome. If you grow up in an overcrowded house, suffer the stresses poverty can place on family life, sometimes have gone hungry or had a poor diet, and don't have parents with huge "cultural capital" – like owning lots of books – then the odds are stacked against you from day one.

The educational segregation of children according to the bank balances of their parents – private education – needs to be abolished. But in the interim, it has always struck me that the only solution is to automatically enrol the best performing students from state school, taking class into account. If you grow up in a deprived ex-mining community and get two As and two Bs at A-level, you have outperformed someone at Harrow or Eton from a family of millionaires who gets four As. And until Oxbridge does this, it needs to stop pretending it represents Britain's academic elite: because it doesn't.

1 Questions

A. Compréhension

Answer the following questions in full sentence form using your own words (c. 40-60 words per question).

1. Why did the journalist experience a culture shock when he first applied to Oxbridge?
2. Why are so few state school students accepted to Oxbridge?
3. What solution does he suggest for overcoming social inequality at Oxbridge?

B. Essai

Write an essay on the following subject:

To what extent does education promote social mobility in today's world?

2 Comment aborder le sujet ?

A. Compréhension

Étape 1. Analyser les questions en soulignant les mots clés.

1. Why did the journalist experience a culture shock when he first applied to Oxbridge?
2. Why are so few state school students accepted to Oxbridge?
3. What solution does he suggest for overcoming social inequality at Oxbridge?

- **Question 1**

Le mot clé est « ***culture shock*** ». C'est l'expression qu'il faut trouver dans l'article pour situer les phrases qui vont nous permettre de répondre à la question. Quant au mot interrogatif, il s'agit de « ***Why?*** ». Pour répondre à cette question, vous devrez donc donner une ou plusieurs **raisons** pour expliquer pourquoi le journaliste a ressenti un choc culturel quand il a postulé à Oxbridge.

- **Question 2**

Les mots clés sont « ***so few state school students accepted to Oxbridge*** » (« si peu d'étudiants venant des écoles publiques sont acceptés à Oxbridge »). Là encore, le mot interrogatif est « ***Why?*** », il faut donc chercher **une ou plusieurs raisons** pour expliquer cette situation.

● **Question 3**

Les mots clés sont « ***overcoming social inequality at Oxbridge*** » (« surmonter l'inégalité sociale à Oxbridge »). Cette fois-ci la proposition interrogative est « ***What solution does he suggest?*** ». Il y a deux points importants à relever ici. D'abord, notez que le mot « *solution* » est **au singulier** : il faut donc chercher la (une) solution. Ensuite, la question est bien « *what solution does* ***he*** *suggest* », « *he* » étant le journaliste, c'est la solution proposée par **le journaliste** qu'il faut chercher (et non pas les solutions proposées par d'autres personnes).

Étape 2. Mettre en évidence les phrases dans l'article qui répondent à chaque question.

Cette étape comporte deux grandes difficultés :

a. Les phrases qui peuvent vous permettre de répondre aux deux premières questions s'étendent sur deux paragraphes très longs. Il faut **sélectionner très précisément les informations qui vous permettront de répondre au mieux à la question**.

b. Il existe un certain lien (et donc une certaine confusion possible) entre les deux premières questions. Les raisons qui peuvent expliquer le choc culturel peuvent aussi être celles qui expliquent le manque d'étudiants issus d'écoles publiques acceptés à Oxbridge.

Après un peu de réflexion, voici les phrases qui semblent les plus pertinentes :

● **Question 1**

> One did try to prepare me with a mock interview [...] imagine my shock [le mot clé] when I sat down at my actual interview, in what seemed like a slightly sinister Harry Potter theme park, and an emeritus professor kicked off the proceedings with "Lenin was a German spy, wasn't he?" It was always instantly possible to tell who was privately educated: they had a certain confidence and posture built into them by their schooling. Few of us actually knew much about that place [...] arriving for the interviews was a far bigger culture shock [le mot clé] than visiting France".

● **Question 2**

> So are the findings that top performing state school students are much less likely to apply than their private school equivalents [...] Undoubtedly, one of the key reasons for the disparity is the resources available to private schools to "polish" up their students for the application process. One did try to prepare me with a mock interview [...] Bless them, but it was entirely counterproductive.

● **Question 3**

Pour la troisième question, les phrases qui relèvent du sujet (« *overcoming social inequality* ») se trouvent vers la fin de l'article (l'avant-dernier paragraphe) : « *genuine attempts to widen access* » et « *fantastic scheme to attract young people from less privileged backgrounds* ».

Par contre, il y a un piège. Il faut arriver à la conclusion pour trouver la solution proposée par **le journaliste lui-même** :

> The educational segregation of children according to the bank balances of their parents – private education – needs to be abolished. But in the interim, it has always struck me that the only solution [le mot interrogatif] is to automatically enrol the best performing students from state school, taking class into account. If you grow up in a deprived ex-mining community and get two As and two Bs at A-level, you have outperformed someone at Harrow or Eton from a family of millionaires who gets four As. And until Oxbridge does this, it needs to stop pretending it represents Britain's academic elite: because it doesn't.

Étape 3. Reformuler ces phrases en utilisant vos propres mots.

● Question 1

Il est utile ici de **commencer par donner la raison générale**. Comparé aux étudiants typiques d'Oxbridge, le journaliste vient d'un autre milieu (« *background* ») : l'école publique (« *comprehensive school* » en anglais : le mot se trouve dans l'introduction).

Ensuite, il faut donner quelques détails précis. Pour rendre l'idée de la phrase « *It was always instantly possible to tell who was privately educated: they had a certain confidence and posture built into them by their schooling* », vous pouvez partir d'elle pour expliquer ce qui manque à notre pauvre jeune étudiant (« *He lacked…* »). Utilisez quelques synonymes aussi : « *self-assurance* » (pour « *confidence* »), « *installed in* » (pour « *built into* ») et « *from a young age* » (pour « *schooling* »).

Enfin, il faut faire une synthèse de beaucoup d'éléments pour expliquer son malaise lors de l'entretien. « *One [of his teachers] did try to prepare me* », mais « *imagine my shock* [mot clé de la question] *when I sat down […] and a professor kicked off the proceedings with "Lenin was a German spy, wasn't he?"* ». Vous pouvez transformer le verbe « *prepare* » en adjectif (« *he was totally unprepared* »), puis expliquer que la première question posée est difficile et déroutante.

● Question 2

D'abord, « *[they] are much less likely to apply* » peut être transformé en « *they do not bother going through the application process* ». Ensuite, il faut trouver un synonyme pour « *resources* » : « *money and material* ». Enfin, il faut expliquer que les étudiants ne sont pas bien préparés pour l'entretien.

● Question 3

D'abord, il faut trouver un synonyme pour « *abolished* » : « *get rid of* ». Ensuite, pour reformuler la phrase « *the only solution is to automatically enrol the best performing students* », vous pouvez écrire : « *Oxbridge should systematically select the students from comprehensive schools with the best results.* »

B. Essai

1. Analyse de la question

Les mots clés sont : « ***education*** », « ***promote*** », « ***social mobility*** » et « ***today's world*** ». Le thème est l'éducation, mais la question ne porte pas sur l'éducation en général, mais sur la **mobilité sociale** que celle-ci encourage. Enfin, la question précise « *in today's world* ». Vous serez donc hors sujet si vous faites trop de références au passé. Le **temps** de la question est toujours important : ici, il s'agit du **présent**.

En ce qui concerne les mots interrogatifs, il s'agit (encore une fois) de « ***to what extent?*** » (« dans quelle mesure ? »). Ainsi, en principe, vous avez le choix entre cinq « *thesis statements* » : « *Education totally / to a large extent / to a certain extent / to a small extent / does not at all promote(s) social mobility in today's world* ».

2. Brainstorming

Le sujet ne précise pas de quel pays il est question, mais le mieux serait de trouver des **exemples anglo-saxons**. Vous pouvez ainsi vous rendre compte de la nécessité d'avoir un minimum de connaissances culturelles pour pouvoir répondre à la question. Si vous n'avez pas de connaissances sur le sujet, vous pouvez consacrer une partie de votre essai à la France, par exemple à la situation qu'entraîne la suppression de certains concours.

Quelques possibilités :

➤ *In the US incredibly high fees (almost $50,000 per year at Harvard) function as a trapdoor to social mobility.*

➤ *College admissions fraud scandal: rich or influential people can obtain (legally, but controversially) access for their children to such elite Ivy School universities. An example: Trump's son-in-law after Trump made a hefty donation.*

3. Construction du plan

Voici un plan simple et logique à utiliser pour répondre à cette question :

- Introduction: background / explanation of key terms + answer to the question
- 1st main paragraph: first way in which education promotes (or doesn't) social mobility.
- 2nd main paragraph: second way in which education promotes (or doesn't) social mobility.
- Conclusion: hope for the future?

Vous pouvez aussi structurer votre essai par pays : un paragraphe sur la situation aux États-Unis et un autre sur celle en Angleterre (ou éventuellement en France ou un autre pays).

3 Proposition de corrigé

A. Compréhension

1. The main reason is the journalist's background: he is from a comprehensive (and not a public) school. He lacked the self-assurance installed in public schoolboys from a young age. Also, he was totally unprepared for the unconventional and extremely testing type of questions asked at an Oxbridge interview.

2. First of all, many intelligent state school students do not bother going through the application process. Secondly, their schools do not have the necessary money and material to prepare them adequately. Finally, given their inadequate preparation for interview questions, the students are unlikely to do well in interview.

3. He suggests that in the long term we need to get rid of private education altogether. Before that, he thinks that Oxbridge should systematically select the students from comprehensive schools with the best results. For him, these students have more merit than rich kids with straight A's.

B. Essai

Education is often seen as one of the main means to social mobility. Better qualifications can lead to a better income and help people to climb up the social ladder. In fairness, some UK leading educational institutions are in fact doing what they can to promote social mobility.

First, the efforts to which Owen Jones makes reference in the article are not to be neglected. The scheme at Lady Margaret Hall, Oxford, offers intelligent pupils from poor backgrounds the opportunity to study – for free – for a whole year, before going through the normal application process. It's already a great effort to promote social mobility.

In addition, since the publication of Owen Jones's article, there have been a number of efforts to increase the intake of students at Oxbridge from less privileged backgrounds. Both Oxford and Cambridge universities have announced radical plans to have more diversity within the next five years.

The danger, though, is that more social mobility for some could lead to less social mobility for others. If positive discrimination gives greater access to Oxbridge to poorer families, bright children from middle-class backgrounds could lose out through no fault of their own.

(193 words)

Sujet 3 Concours commun d'entrée en première année, épreuve d'anglais, session 2018

The Heartbeat of Racism Is Denial

Ibram X. Kendi, *The New York Times,* January 13 2018

When our reality is too ugly, we deny reality. It is too painful to look at. Reality is too hard to accept.
Mental health experts routinely say that denial is among the most common defense mechanisms. Denial is how the person defends his superior sense of self, her racially unequal society.
Denial is how America defends itself as superior to "shithole countries" in Africa and elsewhere, as President Trump once reportedly described them in a White House meeting [...] It's also how America defends itself as superior to those "developing countries" in Africa, to quote how liberal opponents of Mr. Trump might often describe them.
Mr. Trump appears to be unifying America – unifying Americans in their denial. The more racist Mr. Trump sounds, the more Trump country denies his racism, and the more his opponents look away from their own racism to brand Trump country as racist. Through it all, America remains a unified country of denial.
The reckoning of Mr. Trump's racism must become the reckoning of American racism. Because the American creed of denial – "I'm not a racist" – knows no political parties, no ideologies, no colors, no regions.
[A few weeks ago], Senator Richard J. Durbin, Democrat of Illinois [...] rightfully described Mr. Trump's words as "hate-filled, vile and racist," and added, "I cannot believe that in the history of the White House in that Oval Office, any president has ever spoken the words that I personally heard our president speak yesterday."
But Mr. Trump is no exception. In framing Mr. Trump's racism as exceptional, in seeking to highlight the depth of the president's cruelty, Mr. Durbin, a reliably liberal senator, showed the depth of denial of American racism
Begin with the eight presidents who held slaves while in the Oval Office. Then consider how Abraham Lincoln urged black people to leave the United States. "Even when you cease to be slaves, you are yet far removed from being placed on an equality with the white race," Lincoln told five black guests at the White House in 1862. So "it is better for us both, therefore, to be separated". [...]
Presidential history also includes the social Darwinism of Theodore Roosevelt, the federal-government-segregating, "Birth of a Nation" – praising Woodrow Wilson – and the bigotry that came from the mouths of presidents who are generally seen as essential to racial progress. President Lyndon B. Johnson said "nigger" nearly as often as Ku Klux Klansmen did.
This denial of racism is the heartbeat of racism. Where there is suffering from racist policies, there are denials that those policies are racist. The beat of denial sounds the same across time and space. [...]
Fifty years ago, Richard Nixon transformed this historic heartbeat of denial into an intoxicating political philosophy. His presidential candidacy appealed to George Wallace-type segregationists while also attracting Americans who refused to live near "dangerous" black residents, obstructed the desegregation of schools, resisted affirmative action policies, framed black mothers on welfare as undeserving, called the black family pathological and denigrated black culture – all those racists who refused to believe they were racist [...].
Mr. Trump opened his candidacy with racism, calling Mexicans criminals and rapists. Since taking office, he has looked away from the disaster zone in Puerto Rico, he has called some violent white supremacists "very fine people," and he has described Nigerians as living in "huts."
When someone identifies the obvious, Mr. Trump resounds the beat of denial as he did before he was president: "I'm the least racist person that you've ever met," that "you've ever seen," that "you've ever encountered."
These are ugly denials. But it's the denials from those who stand in strong opposition to this president that are more frustrating to me: denials that their attacks on identity politics are racist. Denials that the paltry number of people of color in elite spaces marks racism. [...]

> Because we naturally want to look away from our ugliness [...], we paint over racist reality to make a beautiful delusion of self, of society. We defend this beautiful self and society from our racist reality with the weapons of denial.
> Denial is fueled by the stigma associated with being a racist. Feeding the stigma is how "racist" is considered almost like an identity, a brand.
> But a racist is not who a person is. A racist is what a person is, what a person is saying, what a person is doing. Racist is not a fixed category like "not racist," which is steeped denial. Only racists say they are not racist. Only the racist lives by the heartbeat of denial.
> The antiracist lives by the opposite heartbeat, one that rarely and irregularly sounds in America – the heartbeat of confession.

1 Questions

A. Compréhension

Answer the following questions in full sentence form using your own words.

1. What does the author mean when he states that Trump "is unifying Americans in their denial"?

2. The author argues that Trump is not an "exception": what is implied by this and how is this claim justified?

3. Whose denials are most upsetting to the author? Explain why.

B. Essai

Write an essay on the following subject:

To what extent can we say that racism remains a major challenge to be overcome?

2 Comment aborder le sujet ?

A. Compréhension

Dorénavant, on prendra les questions de compréhension l'une après l'autre.

- **Question 1**

Étape 1 : les mots clés sont « ***Trump*** », « ***unifying*** », « ***Americans*** » et « **denial** ». Les mots interrogatifs sont « ***What*** *does the* ***author mean****?* » (Qu'est-ce que l'auteur veut dire par cette phrase ?). Il vous faut donc **expliquer** les propos du journaliste.

Étape 2 : Sciences Po précise où se trouve la citation dans l'article. Par contre, le sens de la phrase elle-même n'est pas clair. C'est **tout le contexte** qui va vous aider à la comprendre. Les mots clés reviennent constamment dans les cinq premiers paragraphes, c'est donc là qu'il va falloir rechercher les éléments qui vous permettront de répondre à la question.

Étape 3 : il faut toujours rester **très proche du texte** quand vous rédigez la réponse. Dans les trois premiers paragraphes, l'auteur explique ce qu'il entend par « *denial* ». C'est un bon début pour expliquer sa phrase. « *When our reality is too ugly, we deny reality* », commence-t-il. Autrement dit, pour lui, le déni, c'est le refus d'accepter la réalité. C'est le premier point.

Ensuite, il développe : « *[...] denial is among the most common defense mechanisms. Denial is how the person defends his superior sense of self, her racially unequal society.* » C'est le deuxième point à relever, **en utilisant vos propres mots, bien sûr**. Pour « *defend* », vous pouvez penser à « *assert* » ou « *affirm* » ; pour « *superior* », « *better* » pourrait convenir, mais préférez le nom « *supremacy* » (d'après l'expression « *white supremacy* »).

Enfin, il faut expliquer le reste de la citation. L'auteur le fait lui-même juste après : « *The more racist Mr. Trump sounds, the more Trump country denies his racism, and the more his opponents look away from their own racism to brand Trump country as racist. Through it all, America remains a unified country of denial.* » L'idée de « *unifying all Americans* » est donc que les propos racistes de Trump font que même ses adversaires (c'est-à-dire « *liberals* » ou « *Democratics* »), lorsqu'ils dénoncent ses propos, sont dans le déni de leur propre racisme.

● **Question 2**

Étape 1 : la question reprend là encore une citation du texte. Le mot clé est évident : d'après l'auteur, le racisme de Trump n'est pas « **une exception** ». Quant à la question elle-même, elle est en deux parties : dans un premier temps, il faut expliquer ce que cela « **implique** » pour l'auteur (ce qu'il sous-entend), et, dans un second temps, il faut montrer comment il « **justifie** » son argument.

Étape 2 : Sciences Po nous indique où se trouve la citation. Le paragraphe précédent donne le contexte, et les deux paragraphes suivants donnent la justification.

Étape 3 : si l'auteur indique que les propos racistes du président ne sont pas une exception, il suggère implicitement que, en réalité, beaucoup d'autres présidents en ont fait autant, et sous-entend ainsi qu'il y a une véritable tradition de racisme chez les présidents americains. Pour justifier sa thèse, il donne des exemples (c'est la réponse directe à la question). Pour avoir tous les points, il faut **relever deux ou trois de ces exemples**. Les deux paragraphes étant assez longs, il faut donc être un peu **sélectif et synthétique**. Choisissez les exemples qui vous paraissent les plus pertinents et/ou ceux que vous avez bien compris.

Pour montrer que vous avez bien compris l'article sans recopier mot à mot, utilisez nos trois techniques :

a. **Synonymes :** « *Lincoln urged black people to leave the United States* » devient « Lincoln encouraged people of colour to emigrate ».

b. **Changement de la nature du mot :** « *'Even when you cease to be slaves, you are yet far removed from being placed on an equality with the white race', Lincoln told five black guests* » devient « *Lincoln did not consider coloured people as being equal* » (le nom « *equality* » devient l'adjectif « *equal* »).

c. **Reformulation :** « *Johnson said 'nigger'* » devient « *Johnson used offensive terms* ».

● **Question 3**

Étape 1 : les mots clés sont « ***denials*** » (encore), mais plus précisément ici « ***most upsetting*** » et « ***to the author*** ». Quant à la question elle-même, elle est, là encore, en deux parties. D'abord, le mot interrogatif est « ***whose?*** » : la réponse va donc concerner **une personne ou un groupe de personnes**. Ensuite, les mots interrogatifs sont « *Explain why* » : il faudra donc **expliquer** pourquoi.

Étape 2 : c'est le paragraphe qui commence par « *These are ugly denials* » qui répond à la question. Vous y trouvez le mot clé « *denials* » à côté de quelques synonymes des autres mots clés : « *more frustrating* » (« *most upsetting* »), « *for me* » (« *to the author* »).

Étape 3 : pour répondre à la première partie de la question, il faut **reformuler la phrase** « *those who stand in strong opposition to the president* » : pour « *in opposition* », vous pouvez utiliser les synonymes « *against* » ou « *anti-* » ; pour « *the president* », ne cherchez pas trop loin et optez pour « Trump ».

B. Essai

1. Analyse de la question

Le mot clé est « ***racism*** » : c'est le thème de l'essai. Le temps est **le présent :** le racisme **reste**-t-il un défi **aujourd'hui ?** Il faut que vos références soient aussi **à jour** que possible. Vous ne pouvez pas consacrer tout votre essai au XIXe siècle ou aux années 1960.

On retrouve le même **mot interrogatif** que dans l'essai précédent : « *To what extent?* » Les réponses potentielles sont donc les mêmes : « *Racism is definitely / to a large extent / to a certain extent / to a small extent / no longer a major challenge to be overcome.* »

2. Brainstorming

Quelques possibilités :

➤ *Examine how racism has been overcome (or not) in different sectors of society.*

➤ *Number of black people in politics: Obama, of course, but also Colin Powell and Condeleezza Rice recently and current Senators Tim Scott (Republican) and Mo Cowan (Democrat).*

➤ *Question of racism and law / justice.*

➤ *Ferguson riots 2014, deaths due to police brutality.*

➤ *Death of George Floyd May 2020 and subsequent protests.*

➤ *Racism in education, for example Grutter vs Bollinger case.*

➤ *Issue of white supremacy in the US (Charlottesville march).*

➤ *Trump's various racist tweets.*

3. Construction du plan

Voici un plan logique :

- Introduction: background / definition of the key term "racism" + answer to the question.
- 1st main paragraph: 1st reason why racism remains / doesn't remain a major challenge.
- 2nd main paragraph: 2nd reason why racism remains / doesn't remain a major challenge.
- Conclusion: look towards the future.

Vous pouvez aussi organiser vos paragraphes par secteur (politique / justice / éducation, par exemple) ou par pays (États-Unis / Angleterre).

3 Proposition de corrigé

A. Compréhension

1. "Denial" for the author means a refusal to accept reality. It is a way for Americans to assert their feeling of supremacy, compared to people coming from "inferior" countries. By "unifying" Americans, the author means that Trump encourages *all* Americans (not just Republicans) to continue being racist in the very act of denying it.

2. The author implies that Trump's racism is part of a long tradition of racism among American presidents. He justifies the claim with many examples. Many former presidents had slaves. Lincoln did not consider coloured people as being equal, and encouraged them to emigrate. Johnson talked about them using offensive terms.

3. The most upsetting demands for him are those which come from people who are actually anti-Trump. For him, these people do not realise that their very criticism of Trump's racism is itself racist.

B. Essai

Racism is firstly a belief in the superiority of one race over another, and secondly the abusive or aggressive behaviour which can result from it. Despite the undoubted achievements of the likes of Martin Luther King, Nelson Mandela and Barack Obama, it is clear that racism is still to a great extent a major challenge to be overcome today.

Firstly, we need look no further than the current president to see this in the US. Trump reignited latent feelings of racism as he played the racist card during the elections, and this undoubtedly helped him to the White House. It is difficult to overcome the problem of racism in a country whose very president delights in firing off racist (in both senses) tweets inviting Congresswomen from minority backgrounds to "go home" and who refers to African countries as "shithole countries".

Secondly, we need only to watch the news to see that racism is still a major challenge in the US. This very week (in June 2020), riots are taking place in response to the death of

George Floyd. It shows that the problem of police brutality against blacks has not yet been overcome.

To conclude, we can say that there are undoubtedly still problems of racism in the US. As Obama himself said, "None of us can or should expect a transformation of race relations overnight."

(223 words)

Sujet 4 Concours commun d'entrée en première année, épreuve d'anglais, session 2017

Blair is right on Brexit: parliament must have a democratic debate

Anatole Kaletsky, *The Guardian,* February 24 2017

Former UK prime minister Tony Blair's recent call for voters to think again about leaving the EU, echoed in parliamentary debates ahead of the government's official launch of the process in March, is an emperor's new clothes moment. [...] Such is the tyranny of the majority in post-referendum Britain that a "remainer" proposal for rational debate and persuasion is considered an insurrection. And anyone questioning government policy on Brexit is routinely described as an "enemy of the people," whose treachery will provoke "blood in the streets."

What explains this sudden paranoia? After all, political opposition is a necessary condition for functioning democracy – and nobody would have been shocked if Eurosceptics continued to oppose Europe after losing the referendum [...].

The difference with Brexit is that last June's referendum subverted British democracy in two insidious ways. First, the leave vote was inspired mainly by resentments unconnected with Europe. Second, the government has exploited this confusion of issues to claim a mandate to do anything it wants.

Six months before the referendum, the EU did not even appear among the 10 most important issues facing Britain as mentioned by potential voters. Immigration did rank at the top, but, as Blair noted in his speech, anti-immigration sentiment was mainly against multicultural immigration, which had little or nothing to do with the EU. The leave campaign's strategy was therefore to open a Pandora's box of resentments over regional imbalances, economic inequality, social values and cultural change. The remain campaign completely failed to respond to this, because it concentrated on the question that was literally on the ballot, and addressed the costs and benefits of EU membership.

The fact that the referendum was such an amorphous but all-encompassing protest vote explains its second politically corrosive effect. Because the leave campaign successfully combined a multitude of different grievances, May now claims the referendum as an open-ended mandate. [...] Anyone who disagrees is dismissed as an elitist "remoaner" showing contempt for ordinary voters.

Making matters worse, the obvious risks of Brexit have created a siege mentality. "Successful Brexit" has become a matter of national survival, turning even the mildest proposals to limit the government's negotiating options – for example, parliamentary votes to guarantee rights for EU citizens already living in Britain – into acts of sabotage. As in wartime, every criticism shades into treason. That is why the Labour Party has collaborated in defeating all parliamentary efforts to moderate May's hardline Brexit plans, even on such relatively uncontentious issues as visa-free travel, pharmaceutical testing or science funding.

[...] But this scenario is not inevitable. A more constructive possibility is now emerging along the lines suggested by Blair. Instead of vainly trying to influence May's hardline stance in the negotiations, the new priority should be to restart a rational debate about Britain's relationship with Europe and to convince the public that this debate is democratically legitimate.

This means challenging the idea that a referendum permanently outweighs all other mechanisms of democratic politics and persuading voters that a referendum mandate refers to a specific question in specific conditions, at a specific time. If the conditions change or the referendum question acquires a different meaning, voters should be allowed to change their minds.

The process of restoring a proper understanding of democracy could start within the next few weeks. The catalyst would be amendments to the Brexit legislation now passing through Parliament. The goal would be to prevent any new relationship between Britain and the EU from taking effect unless approved by a parliamentary vote that allowed for the possibility of continuing EU membership. [...]

> Allowing parliament to decide about the new relationship with Europe, instead of leaving it entirely up to May, would restore the principle of parliamentary sovereignty. More important, it would legitimise a new political debate in Britain about the true costs and benefits of EU membership, possibly leading to a second referendum on the government's Brexit plans.
> This is precisely why May vehemently opposes giving parliament any meaningful voice on the outcome of the Brexit negotiations. Presumably, she will block any such requirement from being attached to the Brexit legislation in March. But that may not matter: if a genuine debate about Brexit gets restarted, democracy will prevent her from closing it down.

1 Questions

A. Compréhension

Please use your own words and do not copy from the text.

1. Why was Blair right according to the journalist?

2. Why does the journalist suggest that the vote in favour of Brexit was not really a vote on the UK's EU membership?

3. Why is the Labour Party so timid in its opposition to the government?

4. How can a "rational debate" on Brexit be restarted at this stage?

B. Essai

Write an essay on the following subject:

In what ways is Brexit the result of a troubled relationship between the UK and its European partners?

2 Comment aborder le sujet?

A. Compréhension

- **Question 1**

Étape 1 : les mots clés sont « ***Blair*** » et « ***right*** » ; les mots interrogatifs sont « *according to the journalist, why?* ». Il faut donc chercher les références à l'ancien Premier Ministre dans le texte, et les **justifications du journaliste** pour lui donner raison.

Étape 2 : le titre en lui-même n'est déjà pas à négliger : « *Blair is right on Brexit: parliament must have a democratic debate* ». Le journaliste justifie sa position un peu plus loin : « *After all, political opposition is a necessary condition for functioning democracy* ». En outre, le mot clé « *Blair* » revient encore dans un autre paragraphe: « *but, as Blair noted in his speech, anti-immigration sentiment was mainly against multicultural immigration, which had little or nothing to do with the EU* ».

Étape 3 : il faut rendre ces idées en utilisant ses propres mots. Voici quelques synonymes et reformulations possibles : « *discussion* » (pour « *debate* »), « *checks on the ruling party* » (pour « *political opposition* ») et « *xenophobic* » (pour « anti-immigration »).

● Question 2

Étape 1 : le mot interrogatif est « ***why?*** », et les mots clés sont « ***vote in favour of Brexit was not really a vote on UK's EU membership*** ».

Étape 2 : on retrouve à peu près les mêmes mots dans l'article (« *had little or nothing to do with the EU* »), ce qui indique que la réponse à la question se trouve à cet endroit-là. Soulignons les phrases suivantes : « *The leave campaign's strategy was therefore to open a Pandora's box of resentments over regional imbalances, economic inequality, social values and cultural change. [...] The referendum was such an amorphous but all-encompassing protest. [...] Because the leave campaign successfully combined a multitude of different grievances.* »

Étape 3 : voici quelques synonymes et reformulations possibles : « *people were unhappy* » (pour « *resentments* ») et « *injustices* » (pour « *imbalances* » / « *inequalities* »). Vous pouvez aussi utiliser la technique qui consiste à changer la nature du mot pour transformer « *economic* » en « *economy* », « *social* » en « *society* » et « *cultural* » en « *culture* ».

● Question 3

Les mots clés sont « ***Labour Party*** » : on trouve facilement dans l'article la phrase : « *That is why the Labour party has collaborated in defeating all parliamentary efforts to moderate May's hardline Brexit plans, even on such relatively uncontentious issues as visa-free travel, pharmaceutical testing or science funding.* » Il faut aussi comprendre que « *That is why* » (« C'est la raison pour laquelle ») renvoie à ce qui **vient d'être dit** dans l'article, et qu'il faut aussi en tenir compte.

● Question 4

« ***Rational debate*** » sont les mots clés, et on les trouve facilement dans l'article. C'est toute la suite de la phrase qui répond à cette question. Voici quelques synonymes et reformulations possibles : « *persuade* » (pour « *convince* »), « *British people* » (pour « *the public* »), « *justified from a democratic point of view* » (pour « *democratically legitimate* »), « *the electorate* » (pour « *voters* ») et « *grant the opportunity* » (pour « *allow* »).

B. Essai

1. Analyse de la question

Commencez par noter l'absence de surprise concernant le sujet. La question porte en effet sur l'événement majeur de l'année qui précédait le concours : le référendum sur le Brexit en juin 2016. Le sujet s'imposait.

Voici les mots clés : « ***result*** », « ***troubled relationship*** », « ***UK*** » et « ***European partners*** ». Il s'agit des termes qu'il faut toujours avoir en tête et auxquels il faut faire référence.

Les « **mots interrogatifs** » sont « ***In what ways?*** » (« de quelles façons ? »). « *Ways* » est bien **au pluriel**, il faut donc envisager **plusieurs** façons.

Notez aussi que la question est **très précise**. Ce n'est pas une question « générale » sur le Brexit : ce n'est pas « Le Brexit est-il une bonne ou une mauvaise idée à votre avis ? », ou « Qu'est-ce que vous pensez du Brexit », ou encore « Quelles seront les conséquences du Brexit ?» Si vous inventez votre propre question sur le Brexit, vous serez hors sujet.

2. Brainstorming

Notez tout de suite que ce sujet nécessite absolument **des connaissances sur l'actualité** et même sur **l'histoire britannique**. Un candidat n'ayant pas fait le travail nécessaire à ce propos pendant l'année n'aura rien ou presque rien à dire sur le sujet et ne sera pas admissible.

Voici quelques possibilités :

➤ *The various disagreements and arguments between the UK and the EU over the years.*

➤ *Notable bones of contention: the European Monetary System and the single currency; free movement and the Schengen area; immigration (a key issue in Cameron's negotiations); money (Margaret Thatcher in 1984: "I want my money back"); increasing European integration (the "ever closer union"); the idea of a European superstate.*

➤ *You could also write about some "troubled relationships" between past leaders: Margaret Thatcher and Jacques Delors, David Cameron and Jean-Claude Juncker. Also, Charles de Gaulle even originally prevented the UK from joining.*

3. Construction du plan

La question étant « *in what ways?* », le plan logique à suivre est :

- Introduction: historical background, indication of your own response to the question.
- 1st main paragraph: first way in which Brexit is the result of a troubled relationship between the UK and its European partners.
- 2nd main paragraph: second way in which Brexit is the result of a troubled relationship between the UK and its European partners.
- Conclusion: future relations post-Brexit.

Vous devez organiser vos idées en paragraphes cohérents. Une possibilité consisterait à faire une première partie sur les **différends économiques** et une seconde sur les **différends sociaux**. Une autre possibilité, idéale pour une troisième partie ou pour une conclusion, serait de prendre la contrepartie : « *We could, though, also argue that Brexit is not just the result of a troubled relationship with the EU. There were other reasons for it too.* » Il faudrait ensuite développer ces autres raisons.

3 Proposition de corrigé

A. Compréhension

1. According to the journalist, Blair was right because discussion on key matters and some checks on the ruling political party are an essential part of democracy. Blair made the point that the xenophobic feelings behind the Brexit vote had little to do with the EU. They were more to do with the immigrants from other parts of the world.

2. He suggests that people actually voted Brexit because they were unhappy about other issues. These included injustices to do with the economy, and transformations in British culture. Thus, the vote was actually a way to express their discontent at all of this.

3. It is due to the fact that anyone daring to make the slightest criticism of the Brexit negotiations is dismissed as being a traitor to the national interests of Britain.

4. The first thing to do is to persuade the British people that a debate is indeed justified from a democratic point of view. Then we need to grant the electorate the opportunity to vote again on an issue if the circumstances change.

B. Essai

The course of the relationship between the UK and its European partners has rarely run smooth. Over the years, there have been a number of tensions, and in many ways it is possible to see Brexit as the natural result.

The "divorce" of Brexit can be seen as the inevitable result of a partnership which was never really fully embraced. Britain was never really fully committed to the grand European project. Notably, Britain chose to keep its own currency rather than adopt the euro. This inevitably led to tensions between Britain and members of the eurozone.

In retrospect, we can see the attempts of David Cameron to make a deal with Donald Tusk and the EU in 2017 as being doomed from the beginning. Europe was moving in a way in which Britain was simply not prepared to follow. Britain's European partners wanted a "federal" state of Europe with an "ever closer union", but Britain wanted just a loose alliance of countries bound by a single market. Britain wanted to impose some limits on immigrants and benefits for foreigners, but this was completely against the fundamental European idea of free movement. The two visions were incompatible.

Cameron's deal could never really satisfy the British people, who subsequently voted "Leave" in the referendum. However, it was a vote that divided a nation, showing not only Britain's troubled relationship with Europe, but also its troubled relationship with itself.

(236 words)

Sujet 5 Concours commun d'entrée en première année, épreuve d'anglais, session 2016

Donald Trump will not be barred from Britain despite Muslims outburst

The Guardian, December 9 2015

Petition calling for US presidential candidate to be denied entry to UK on grounds of hate speech racks up nearly 360,000 signatures in 24 hours.

The government has signalled it will not refuse the US presidential candidate Donald Trump entry to Britain following his controversial comments about Muslims, despite a petition calling for a ban gathering more than 360,000 signatures in just over 24 hours. At the height of its popularity on Wednesday afternoon, the petition, which calls for Trump to be stopped from entering Britain on the grounds of hate speech, was racking up more than 30,000 signatures an hour, according to parliament's petitions website.

Parliament considers all petitions that receive more than 100,000 signatures for a debate. The petition to ban Trump, which became open for signatures at 4.39 pm Tuesday, had been signed by 360,000 people by midnight on Wednesday. It says: "The signatories believe Donald J Trump should be banned from UK entry. The UK has banned entry to many individuals for hate speech. The same principles should apply to everyone who wishes to enter the UK. "If the United Kingdom is to continue applying the 'unacceptable behaviour' criteria to those who wish to enter its borders, it must be fairly applied to the rich as well as poor, and the weak as well as powerful."

The petition comes after Trump was widely criticised for saying on Monday that Muslims should be banned from entering the US. He said in a speech following a mass shooting committed by a Muslim couple in San Bernardino, California, last weekend: "We need a total and complete shutdown of Muslims entering the United States while we figure out what the hell is going on. We are out of control."

On Tuesday, there was widespread condemnation of Trump's comments, including from fellow Republican presidential contenders. And later comments from the presidential hopeful in a radio interview that there were districts of London and Paris so "radicalised" that they were off limits to police led to further angry rebuttals from UK politicians and the police.

The London Metropolitan police said Trump "could not be more wrong", while the mayor of London, Boris Johnson, said: "London has a proud history of tolerance and diversity and to suggest there are areas where police officers cannot go because of radicalisation is simply ridiculous." The UK chancellor, George Osborne, said on Wednesday it was best to combat Donald Trump through robust democratic debate and not to try to ban him from the UK on the grounds that his remarks incited racial hatred. Speaking at prime minister's questions, Osborne said Trump's views "flew in the face of the founding principles of the American founding fathers", adding that those principles had been an inspiration all round the world.

He continued: "The best way to defeat nonsense like this is to engage in robust and democratic debate, and to make it clear his views are not welcome." Osborne's aides said the previous occasions when foreigners had been banned from the UK reflected moments when individuals had been repeatedly convicted of race hate crimes, and this did not apply to Trump. A Downing Street spokesman said there were no known plans for Trump to visit the UK, so suggestions of a ban from Britain were hypothetical. He added the remarks should be seen in the context of an internal Republican election campaign. Jon Trickett, the shadow communities secretary, praised Osborne's remarks as clear and straightforward. He said it was "entirely inappropriate to suggest every follower of one of the world's great religions has to be suspected of terrorism". He added it was "wrong, divisive, dangerous and may speed up the radicalisation of individuals". Although he said it was interesting that so many people had called for a ban, Trickett said he preferred staging a debate, rather than imposing travel bans.

The home secretary can decide to exclude a person from the UK if it is believed that an "individual's presence in the UK would not be conducive to the public good", according to government guidance. In effect, that usually means people seen to be preaching hate or inciting extremism. However, individuals can also be blocked on the grounds of their criminal records. People previously banned from Britain include Mike Tyson, over his rape conviction, Dieudonné M'bala M'bala, the controversial French comedian accused of antisemitism, and Stephen Donald Black, founder of the white-supremacist website Stormfront.

1 Questions

A. Compréhension

Please use your own words and do not copy from the text.

1. Why was a petition signed to ban Donald Trump from entering the UK?

2. What did UK Chancellor Osborne mean when he said Trump's views "flew in the face of the founding principles of the American Founding Fathers"?

3. When can a person be excluded from entering the UK according to the text?

B. Essai

Write an essay on the following subject:

Should Western democracies – where tolerance and freedom of speech are core principles – combat hate speech through democratic debate or issuing bans? Feel free to refer to the history of tolerance and speech rights in the UK, but also in the USA, France or other countries.

2 Comment aborder le sujet ?

A. Compréhension

- **Question 1**

Étape 1 : le mot interrogatif est « ***why?*** » (« pourquoi ? ») : il faut donc trouver **les raisons** pour lesquelles cette pétition a été signée.

Étape 2 : la raison apparaît dès le titre (« *Muslims outburst* ») et dans le premier paragraphe (« *on grounds of hate speech* »). La citation de la pétition nous donne des éléments plus précis : « *The signatories believe Donald J Trump should be banned from UK entry. The UK has banned entry to many individuals for hate speech. The same principles should apply to everyone who wishes to enter the UK. If the United Kingdom is to continue applying the 'unacceptable behaviour' criteria to those who wish to enter its borders, it must be fairly applied to the rich as well as poor, and the weak as well as powerful.* » Plus d'informations concernant le discours de Trump sont également données dans le paragraphe qui commence par : « *The petition comes after Trump…* ».

Étape 3 : il faut faire une synthèse de ces éléments en utilisant ses propres mots. Commençons par reformuler le discours du président : « *We need a total and complete shutdown of Muslims entering the United States* » peut être rendu par « *Trump proclaimed that all people of the Islamic faith should be prevented from coming to the US* ». Ensuite, il faut expliquer l'origine de cette pétition : « *on the grounds of hate speech* ». La consigne précise bien « *do NOT copy from the text* » : il est donc interdit de reprendre le terme « *hate speech* ». Vous pouvez transformer le verbe « hate » en nom (« *hatred* ») et trouver un autre verbe : on aurait alors « *incite hatred* ».

● Question 2

Étape 1 : vous avez une citation du chancelier britannique qui contient une expression idiomatique « *flew in the face of* ». Les mots interrogatifs sont « ***What did [he] mean?*** ». Il faut donc **expliquer** cette citation.

Étape 2 : il ne faut pas paniquer si vous ne comprenez rien à l'expression idiomatique. En effet, la réponse se trouve **dans le contexte**, c'est-à-dire dans les phrases entourant la citation. Lisez-les attentivement. Les connaissances acquises pendant l'année de préparation sur l'histoire et l'actualité américaines devraient aussi vous aider.

Étape 3 : le sens de l'expression « *fly in the face of* » est « *défier* » ou « battre en brèche ». L'idée est que les opinions de Trump vont à l'encontre des principes des fondateurs du pays. Il faut l'expliquer avec vos propres mots. Des synonymes peuvent vous aider : par exemple, « *original ideals* » (pour « *founding principals* »).

● Question 3

Étape 1 : les mots clés sont « ***person*** », « ***excluded entering*** » et « ***UK*** ». **Le mot interrogatif** est « ***when?*** » (« quand ? », autrement dit « en quelles circonstances ? »).

Étape 2 : ces mots clés sont présents au début de la conclusion de l'article, c'est donc là qu'il faudra rechercher les informations permettant de répondre à la question. Une phrase située plus haut y répond également : « *...previous occasions when foreigners had been banned from the UK reflected moments when individuals had been repeatedly convicted of race hate crimes* ».

Étape 3 : il faut répondre en utilisant ses propres mots. Voici quelques synonymes et reformulations possibles : « *harmful for the British people* » (pour « *not be conducive to the public good* »), « *spreading hate messages* » (pour « *preaching hate* »), « *encouraging radical views* » (pour « *inciting extremism* ») et « *when the person is a criminal* » (pour « *on the grounds of their criminal records* »).

B. Essai

1. Analyse de la question

La question est longue : il faut donc la décortiquer. Le mot le plus important est « ***hate speech*** » (les discours haineux) : c'est le sujet à traiter. Plus précisément, c'est la manière de **combattre** (« combat ») ces discours qui est au cœur de cette question. Pour ce faire, deux possibilités sont évoquées : « ***democratic debate*** » et « ***issuing bans*** ». Il faut choisir celle qui, selon vous, est la plus efficace. Deux possibilités se présentent immédiatement pour votre « *thesis statement* » :

- *Hate speech should be combated through democratic debate.*
- *Hate speech should be combated by issuing bans.*

De plus, la question vous invite à faire référence à « ***the history of tolerance and speech rights*** ». Ce n'est pas obligatoire, mais l'idéal serait quand même d'y faire quelques références. La question vous invite à utiliser des exemples britanniques, mais aussi américains, français ou d'autres **démocraties occidentales** si vous le souhaitez.

2. Brainstorming

Voici quelques possibilités :

➤ ***For issuing bans.*** *Freedom of speech should not be allowed when it causes harm, or can potentially cause harm. Censorship is not always wrong. Censoring speech can indeed prevent the spreading of hate. Banning it would lead to fewer people being subject to such views and being "converted" to them. The less hate speech is part of our society, the better.*

➤ ***Against issuing bans.*** *Who will decide on what is banned and what is not? The state? It could be dangerous to give the state the power to decide what people can and cannot say. We would expect such censorship in countries like Erdogan's Turkey, but we shouldn't accept it in the West. To return to the issue of the article, Trump represents the US, and so Britain should not turn its back on a major ally just because we disagree with some of his views.*

3. Construction du plan

Voici le plan le plus logique :

- Introduction: background + "thesis statement".
- 1st main paragraph: first reason why democratic debate (or issuing bans) is better.
- 2nd main paragraph: second reason why democratic debate (or issuing bans) is better.
- Conclusion: « branching out » / look towards the future.

Un autre plan potentiel consisterait à inclure les deux possibilités dans votre structure :

- Introduction: history / background.
- 1st main paragraph: reason(s) why democratic debate would be better.
- 2nd main paragraph: reason(s) why issuing bans would be better.
- Conclusion: your own response having analysed the evidence on both sides.

3 Proposition de corrigé

A. Compréhension

1. It was because Trump proclaimed that all people of the Islamic faith should be prevented from coming to the US. In the past, the UK has denied entry to those who incite hatred in this way.

2. He meant that it went completely against the original ideals of the country. In other words, Trump's acts are not representative of the true spirit of America, which is normally a beacon for the whole world.

3. The first case is when the presence of that person is deemed harmful for the British people. This is usually applied to people spreading hate messages and encouraging radical views. The second case is when the person is a criminal, for example the rapist Mike Tyson.

B. Essai

Hate speech is becoming increasingly common today. Indeed, one of the biggest perpetrators is the President of the United States himself. In my opinion, though, democratic debate is a better solution than issuing bans.

The main reason for this is that issuing bans violates tolerance and freedom of speech, and so goes against the fundamental values of Western democracy. Freedom of speech is a key element in no less a document than the First Amendment of the US Constitution. It is a core value in the UK too, where at Speakers' Corner in Hyde Park, London, anybody is free to say anything they like. Censorship should not be cultivated in the West.

Secondly, banning people would not solve anything. Racists would continue to be racists. Rather than preventing them from spreading their hatred, it would drive it underground, where it would become much more extreme and dangerous.

It would be far more effective to combat hate speech in rational and democratic debate. It is by countering misguided views with facts and intelligent reason that it can be proved wrong. Viewers would be able to see for themselves the folly of it all, and so not be influenced in a bad way.

(201 words)

Dépôt légal : août 2021 – N° éditeur : MAGSI20200502
Achevé d'imprimer en août 2021 en France par Présence Graphique en France - Monts
PEFC™ 10-31-2677